이 책에 쏟아진 찬사

필립 E. 테틀록은 세계 지정학을 예측하는 주제에 관한 한 세계적인 전문가다. 《슈퍼 예측, 그들은 어떻게 미래를 보았는가》는 그의 연구에 자원한 평범한 사람들이 매우 진지한 게임을 통해 전문가들을 따돌리는 과정을 보여주는 유쾌한 이야기다. 아울러 이 책은 불확실한 세계에서 명확하게 사고하는 방식을 알려주는 안내서다. 일독을 권한다.

_대니얼 카너먼Daniel Kahneman,
노벨 경제학상 수상자이자 《생각에 관한 생각Thinking, Fast and Slow》의 저자

《슈퍼 예측, 그들은 어떻게 미래를 보았는가》는 내가 이제까지 읽어본 예측에 관한 책 중 가장 중요한 과학연구서다.

_캐스 선스타인Cass R. Sunstein, 《넛지Nudge》의 공저자

이 책은 독자들을 더 똑똑하고 현명하게 만드는 보기 드문 책이다. 이들 행동과학의 두 거장은 미래에 대한 예측의 정확도를 높이는 방법을 실증으로 보여준다.

_애덤 그랜트Adam Grant, 《오리지널스Originals》의 저자

어떤 아이디어가 맞는지 알고 싶으면 그 아이디어가 미래를 얼마나 잘 파악하고 있는지 알아보면된다. 그런데 어떤 아이디어, 어떤 방법, 어떤 사람들이 사건의 추이를 통해 뚜렷하지 않은 예측의정당성을 입증할 수 있는가? 이 책이 제시하는 그 답은 매우 뜻밖이다. 그리고 그것은 정치, 정책,언론, 교육, 심지어 세계를 가장 잘 파악하는 방법에 관한 인식론에서도 매우 혁신적인 의미를 담고 있다. 《슈퍼 예측, 그들은 어떻게 미래를 보았는가》의 문체는 평이하지만 그 메시지는 매우 의미심장하다.

_스티븐 핑커Steven Pinker,
하버드 대학교 심리학 교수이자 《우리 본성의 선한 천사The Better Angels of Our Nature》의 저자

필립 E. 테틀록은 내가 가장 흠모하는 사회과학자다!

_팀 하포드Tim Harford, 《경제학 콘서트The Undercover Economist》의 저자

그동안 사람들은 자신 있게 미래를 예측하는 사람들의 믿을 수 없는 말을 수없이 들어왔다. 이 책에서 테틀록과 가드너는 그런 솔깃한 말에 귀를 기울이는 우매함으로부터 우리를 벗어나게 해준다. 이 책은 흥미로운 사례와 간단한 통계를 통해 세상의 복잡성, 우리 마음의 한계에 대한 새로운 사고방식, 그리고 다트를 던지는 원숭이보다 더 예측을 잘하는 사람이 존재하는 이유를 보여준다. 테틀록의 연구는 외교 및 경제 정책과 아울러 우리 자신의 일상적 결정을 혁신하는 데 필요한 잠재력을 가지고 있다.

_조너선 하이트Jonathan Haidt,
뉴욕 대학교 스턴 경영대학교 교수이자 《바른 마음The Righteous Mind》의 저자

《슈퍼 예측, 그들은 어떻게 미래를 보았는가》는 학구적이면서도 재미있는 보기 드문 책이다. 이 책이 주는 교훈은 과학적이면서도 매력적이고 매우 실용적이다. 예측 사업을 하는 사람이라면, 아니 우리 모두가 잠깐 하던 일을 중단하고 이 책을 한번 읽어봐야 할 것 같다.

_마이클 모부신Michael J. Mauboussin, 크레디트스위스 글로벌금융전략 연구소 대표이자
《왜 똑똑한 사람이 어리석은 결정을 내릴까?Think twice : harnessing the power of counterintuition》의 저자

《슈퍼 예측, 그들은 어떻게 미래를 보았는가》에는 가장 효율적이고 새로운 예측 방식이 요약되어 있다. 우리 주변의 어수선한 세상을 보다 정확히 이해하고 지적으로 대응할 기회를 제공한다.

_〈뉴욕타임스〉

필립 E. 테틀록은 예측 능력은 타고나는 것이 아니라고 강조한다. 앞으로 벌어질 일을 짚어내는 능력은 가르치고 배울 수 있다는 것이다. 그가 밝힌 '슈퍼 예측가를 꿈꾸는 사람들을 위한 십계명'은 아마도 업무회의실에서 가장 상석에 자리해야 할 것이다.

_〈포브스〉

이 책에 실린 마인드세트의 기술과 습관은 앞날의 의미를 생각해야 하는 사람들에게 주는 하나의 선물이다. 다시 말해 모든 사람에게 주는 선물이다.

_〈이코노미스트〉

《슈퍼 예측, 그들은 어떻게 미래를 보았는가》는 올해 출간된 모든 경영 및 금융 관련 서적 중 가장 흥미로운 책이다.

_〈파이낸셜타임스〉

금융 및 경제 분야 세계 최고의 명망가들을 위한 최고의 선택! 유라시아그룹의 설립자 이안 브레머 Ian Bremmer, 도이체방크 미국지부 수석이코노미스트 조 라보냐Joe LaVorgna, 시티그룹의 의장 피터 오재그Peter Orszag 등이 이 책에 엄지를 치켜세웠다.

_〈블룸버그 비즈니스〉

테틀록과 가드너는 그들이 제시하는 방법만 따르면 누구든 미래를 예측하는 능력을 개발할 수 있다고 믿는다. 조금이라도 더 정확한 예측을 하기 위해 애쓰는 업계와 재계의 관련자들은 이 책을 통해 많은 소득을 얻을 것이다. 따라서 이런 방법을 터득하지 못한 사람은 많은 것을 잃을 수 있다.

_〈파이낸셜포스트〉

《슈퍼 예측, 그들은 어떻게 미래를 보았는가》는 매우 유익한 책이다. 아니 필독서다. 나는 여태까지 이런 말을 한 번도 한 적이 없다. 이 책은 의사결정과 예측, 행동경제학의 당면 주제와 관련한 모든 경영자와 투자자들의 도서 목록에 올라야 한다.

_〈매니지먼트 투데이〉

지금까지 사회과학에는 항상 엄밀한 잣대를 들이댔다. 심지어 '사회과학'은 모순어법이라고까지 얘기해왔다. 그러나 사회과학이 엄청난 잠재력을 가지고 있다는 사실을 깨달았다. 그것이 '준엄한 경험주의로 확실한 답에 대한 거부감'을 표출할 때 특히 그렇다. 필립 E. 테틀록의 저술에는 이런 특성들이 담겨 있다.

_〈사이언티픽 아메리칸〉

탁월한 조언으로 가득한 이 책은 그동안 내가 읽어본 것 중 가장 좋은 책이다. 예측은 내가 특히 관심을 많이 갖는 주제다. 가드너는 엄정함을 유지하면서 쉽지 않은 주제를 술술 읽히는 사례와 유려한 문장으로 바꾸었다.

_〈런던타임스〉

슈퍼 예측,
그들은 어떻게 미래를 보았는가

슈퍼 예측,
그들은 어떻게 미래를 보았는가

필립 E. 테틀록, 댄 가드너 지음 | 이경남 옮김 | 최윤식 감수

S U P E R F O R E C A S T I N G

알키

누구나 미래를 볼 수 있다

2017년 5월, 구글의 알파고2가 중국 바둑의 최고수인 커제 9단을 이겼다. 미래예측에서는 특정 사건이 1번 일어나면 '이벤트event'로 여긴다. 같은 사건이 2번 일어나면 '주목해서 볼 일'로 여긴다. 만약, 3번 반복해서 일어나면 시스템화되어 '거의 정해져가는 미래'로 본다.

구글의 인공지능 알파고가 한국의 이세돌 9단과 중국의 커제 9단을 연거푸 이긴 사건은 미래 변화와 관련해 아주 주목해서 볼 사건이다. 알파고가 이세돌 9단을 이길 때는 여기저기서 놀라움의 탄성이 터져 나왔다. 하지만 커제 9단이 알파고에게 무릎을 꿇자 놀라움은 절망적 한숨으로 바뀌었다. 인공지능 바둑기사 알파고가 세계 최고 기사들과 벌인 대국에서 획득한 총 전적은 68승 1패다. 이세돌 9단과의 대국에서 5승 1패, 2017년 초 인터넷 대국에서 60전 전승, 커제 9단과의 대국에서 3전 전승, 단체 상담기에서 1승이다. 이 정도 성적이면 인공지능이 미래

변화의 핵심동력이 될 것이라는 것은 '거의 정해져가는 미래'다.

커제 9단을 완파한 후 더 이상 적수가 없는 알파고는 바둑계에서 은퇴를 선언했다. 이세돌 9단이 알파고에게 얻은 1승은 바둑 역사에서 인간이 인공지능을 이긴 유일한 1승으로 남았다. 이런 결과는 '머지않아 인간이 인공지능의 지배를 받게 될 것'이라는 두려운 미래를 상상하게 만든다.

그런데 정말 그렇게 될까? 인공지능이 인간을 지배하는 극단적 미래상未來像은 '생각해볼만한 미래'이긴 하지만, 이런 미래가 도래할 가능성은 현저히 낮다. 그럼에도 불구하고, 극단적인 두려움이 활개를 치는 이유는 무엇일까? 여러 가지 이유가 있지만, 가장 중요한 이유 중 하나는 미래에 대해 생각하는 방식이 잘못되었기 때문이다.

미래학Futures Studies과 미래적 사고Futures Thinking를 가르치고 연구해온 한 사람으로서, 《슈퍼 예측, 그들은 어떻게 미래를 보았는가 Superforecasting: The Art and Science of Prediction》는 일반인은 물론이고 미래연구자가 되고 싶은 이들에게 적극 추천하고 싶은 책이다. 한마디로, '미래를 예측하는 방법'을 제대로 가르쳐주는 책이기 때문이다.

이 책은 정치 영역에서 인간의 사고, 예측과 판단이라는 주제에 대해 오랫동안 과학적 연구를 하고 그 성과를 국제적으로 널리 인정받은 필립 E. 테틀록Philip E. Tetlok 교수와 언론인으로서 《이유 없는 두려움 Risk: The Science and Politics of Fear》과 《앨빈 토플러와 작별하라 Future Babble: Why Pundits Are Hedgehogs and Foxes Know Best》라는 책을 저술할 정도로 미래 예측에 관심을 가지고 있는 댄 가드너Dan Gardner가 공동으로 만든 걸출한 작품이다.

여전히, 많은 사람이 미래예측에 대해 회의懷疑를 품는다. '미래는 예측할 수 없다'는 주장도 서슴지 않는다. 미래예측에 대해 의구심을 품을 수 있다. 미래를 완벽하게 예측할 수 있는 사람은 없다. 애초에 불가능한 일이다. 이 책의 저자들은 말한다. "예측가능성의 한계를 인식하는 것과 '모든 예측'을 쓸모없는 짓이라고 치부하는 것은 다른 문제다." 미래예측을 하지 않으면 의사결정을 내리지 못한다. 중요한 것은 미래를 생각하는 방법과 미래예측의 한계를 아는 것이다. 이 2가지를 잊지 않는다면 미래에 대한 의미 있고 좋은 통찰력을 확보할 수 있다.

이 책의 저자인 테틀록 교수는 2,800명의 자원자를 대상으로 실시한 '좋은 판단 프로젝트Good Judgment Project, 이하 GJP'에서 탁월한 성과를 낸 2%의 사람들이 공통적으로 사용한 전략에 주목했다. 그리고 테틀록 교수는 '슈퍼 예측가'라고 이름붙인 이들의 탁월한 예측 능력에 그들의 지능과 지식은 약간의 도움만 될 뿐, 그 이상은 아니었다는 결론에 도달했다. 그렇다면, 무엇이 그들을 탁월한 예측가로 만든 것일까?

저자들이 발견한 슈퍼 예측의 비법은 그들이 사용한 '미래를 생각하는 방법'이었다. 그들의 방법은 간단하지만 탁월한 효과를 냈다. 기본적으로 그들은 사실fact을 수집하고 상반되는 논지의 균형을 맞춰 예측한다. 개인적인 편견이나 의견보다 데이터와 논리를 기반으로 예측하는 것만으로도 의미 있는 성과를 거둔다. 정확도를 높이기 위해 꾸준히 기록하고, 매우 개방적인 자세를 유지한 채 정보를 공유하고 자신의 가정을 비판적으로 다룬다. 사실이 바뀌면 생각(예측)을 바꾸며, 매사를 확률의 관점에서 생각한다. 막연한 직관이나 아주 정확한 예측이라는 극단을 피하고 페르미나 베이즈 추정기술 등을 활용하여 근사한 추정치를 도출하는 것에 목표를 둔다. 시행착오를 통해 더 나은 예측 기술을 배우는 것이다.

초불확실성의 시대를 살아가는 우리에게 미래예측은 대단히 중요한 기술이다. 하지만 미래예측에 대한 신화적 사고나 잘못된 인식 때문에 많은 사람들이 이 기술을 습득하는 것을 포기하거나 폄하한다. 물론 미래를 예측한다는 건 쉬운 일이 아니다. 그렇다고 불가능한 것만도 아니다. 누구나 노력하면 충분히 습득할 수 있다. 저자들의 말처럼 슈퍼 예측가들이 사용하는 방식들은 타고난 능력이 아니며, 누구나 훈련을 통해 충분히 장착할 수 있는 생각의 기술이다. 이것이 바로 미래를 연구하는 학자로서 이 책을 많은 이들에게 추천하고 싶은 이유다.

〈블룸버그 비즈니스*Bloomberg Business*〉가 "금융 및 경제 분야 세계 최고 명망가들을 위한 2015년 최고의 선택"이라고 엄지를 치켜든 것이 괜한 찬사가 아니다.

최윤식_미래학자이자 아시아미래인재연구소장,
전 뉴욕주립대 미래연구원장

SUPERFORECASTING

1장

낙관적 회의론자

: 미래를 보다 명확하게 볼 수 있다는 희망

우리는 누구나 앞일을 예측하며 산다. 직업을 바꾸고 결혼을 하고 집을 구입하고 투자를 하고 신제품을 출시하고 은퇴를 고려할 때, 우리는 앞으로 벌어질 일을 예상하면서 그것을 바탕으로 중요한 결정을 내린다. 이것이 바로 예측이다. 이러한 문제에 대한 예측은 우리가 직접 하지만, 시장이 붕괴되고 전운이 감돌며 지도층이 동요하는 큰일이 벌어지면 우리의 시선은 전문가들에게 향한다. 그래서 〈뉴욕타임스*New York Times*〉 칼럼니스트인 토머스 프리드먼Tomas Friedman 같은 사람의 말에 귀를 기울이게 된다.

　백악관 직원이라면 대통령 집무실에서 미국 대통령과 머리를 맞대고 중동 문제를 논의하는 사람에게 물어보면 된다. 〈포천*Fortune*〉 500대 기업의 CEO라면 다보스의 호텔 로비를 서성이다가 헤지펀드 억만장자나 사우디 왕자들과 담소하는 사람의 말을 엿들으면 도움이 될 것이다.

백악관이나 스위스의 호화 호텔과 거리가 먼 사람이라면 〈뉴욕타임스〉지를 펼쳐서 지금 벌어지고 있는 일과 앞으로의 전망을 알려주는 칼럼이나 베스트셀러를 들춰보면 된다.[1] 대부분의 사람들이 그렇게 한다.

빌 플랙Bill Flack도 토머스 프리드먼처럼 세계에서 일어나는 여러 가지 사건들을 예견한다. 그러나 그의 예리한 안목을 눈여겨보는 사람은 많지 않다.

빌은 몇 년 동안 애리조나에 위치한 미 농무부에서 몸을 쓰는 일도 하고 스프레드시트 작업도 했지만, 지금은 네브래스카의 키어니Kearney에서 산다. 네브래스카 토박이인 그는 네브래스카의 농촌 마을 매디슨에서 자랐다. 그의 부모님은 지역 스포츠와 카운티 소식을 전해주는 〈매디슨 스타메일Madison Star-Mail〉이라는 신문의 소유주이자 발행인이었다.

고등학교 때부터 모범생이었던 빌은 네브래스카 주립대학에 진학하여 이학사 학위를 받았다. 그는 공부를 더 하기 위해 애리조나 대학으로 가서 수학박사 과정을 시작했지만 수학박사는 그의 능력 밖이었다. "벽에 부딪힌 거죠." 빌은 그렇게 말했다. 그는 박사 과정을 중단했다. 그러나 시간 낭비는 아니었다. 그때 들은 조류학 수업이 계기가 되어 그는 한동안 조류를 관찰하는 재미에 푹 빠져 지냈다. 애리조나는 새를 관찰하기에 좋은 지역이 많았기에 빌은 과학자들을 도와 현지 조사를 벌였고 농무부 일도 했다.

55세의 빌은 지금 은퇴한 상태다. 하지만 그는 누가 일자리를 제의했다면 생각해봤을 것이라고 말한다. 어쨌든 그는 시간이 많다. 그렇게 남아도는 시간을 그는 주로 예측하는 데 쓴다. 빌은 대략 300개의 질문에 대한 답을 내놓았다.

"러시아가 석 달 뒤에 우크라이나 영토를 추가로 합병할 것인가?"
"내년에 유로존을 탈퇴하는 나라가 나올까?" 이런 것들은 중요하면서도
어려운 질문이다. 기업이나 은행, 대사관, 정보기관들은 늘 이런 질문의
답을 알아내려고 고심한다. "올해가 가기 전에 북한이 핵무기를 사용할
까?" "8개월 뒤에 에볼라 바이러스 환자의 발생을 보고하는 나라가 몇
이나 추가될까?" "인도나 브라질이 향후 2년 내에 UN 안전보장이사회
의 상임이사국이 될 수 있을까?" 이런 질문들은 우리 같은 보통사람들
이 대답하기에는 너무 막연하다. "NATO가 앞으로 9개월 이내에 새로
운 나라들을 회원국 행동계획Membership Action Plan에 끌어들일 것인가?"
"쿠르드 자치정부가 올해 독립 여부를 국민투표에 붙일 것인가?" "비중
국계 전기통신사가 향후 2년 내에 상하이 자유무역 시험 지구에 인터넷
서비스를 제공하는 계약을 따낸다면, 중국 시민들이 페이스북이나 트위
터에 접속할 수 있을까?"

빌도 이런 질문을 처음 받았을 때는 실마리를 찾지 못해 막막했을
것이다. '상하이 자유무역 시험 지구가 도대체 뭐지?' 그렇게 생각하면
서도 그는 숙제를 하듯 묵묵히 문제를 푼다. 그는 팩트를 수집하고 상반
되는 논지의 균형을 맞춰 답을 찾아낸다.

하지만 빌 플랙의 예측을 근거로 삼아 결정을 내리는 사람은 없다.
그에게 CNN에 출연해 의견을 말해달라고 부탁하는 사람도 없다. 토머
스 프리드먼은 다보스에 패널로 초대받지만 빌을 부르는 사람은 없다.
무척 안타까운 일이다. 빌 플랙의 예측 능력이 그만큼 대단하기 때문이

다. 과학적인 방법을 사용하는 독립적 관측통들이 빌의 예측을 날짜별로 기록하여 그 정확성을 평가하는데, 그의 실적은 매우 뛰어나다.

빌 이외에도 많은 사람들이 이런 질문에 답을 내놓는다. 모두 자발적으로 예측하는 사람들이다. 빌만큼 뛰어난 성적을 올리는 사람은 많지 않지만, 그중 2% 정도는 빌에 결코 뒤지지 않는다. 그들 중에는 엔지니어도 있고 변호사, 예술가, 과학자, 금융가, 실업가, 교수, 학생 들도 있다.

책에서 우리는 수학자, 영화 제작자 그리고 은퇴한 사람들을 비롯해 자신의 아까운 재능을 썩히지 않고 열심히 다른 사람들과 공유하려는 사람들을 많이 만나볼 것이다. 나는 그들을 '슈퍼 예측가superforecasters'라고 부른다. 실제로 그들의 예측 능력은 놀라울 정도다. 이를 입증할 증거도 있다. 그들이 그렇게 대단한 실적을 올리는 이유를 설명하고 그들이 예측하는 방법을 알아내는 것이 이 책의 목적이다.

누군가는 제아무리 슈퍼 예측가라고 해도 사람들의 관심을 끌지 못하는 이들을 어떻게 토머스 프리드먼 같은 유명인사와 비교할 수 있느냐고 반문할 수도 있다. 당연히 비교할 수 없다. 프리드먼의 예언은 정확성을 제대로 검증받아본 적이 없기 때문이다. 물론 프리드먼의 팬도 그를 비판하는 사람도 나름의 의견을 갖고 있을 것이다. "그는 아랍의 봄을 정확히 짚었다" 또는 "2003년 이라크 침공은 감도 못 잡았다" 또는 "NATO의 팽창을 예견했다" 등이다. 그러나 토머스 프리드먼의 실적에 관한 정확한 사실은 아무것도 없다. 그저 이런저런 의견이나 의견에 대한 의견만 무성할 뿐이다.[2] 늘 있는 일이다.

언론 매체는 매일 누군가의 예측을 소개하지만 그 예측이 얼마나 정확한지에 대해서는 확인하지도 묻지도 않는다. 그리고 매일 한 나라의 지도자나 기업의 간부들이나 투자자나 유권자들은 이런 검증되지도 않은 예측을 근거로 중요한 결정을 내린다.

야구단을 운영하는 사람들은 특정 선수를 스카우트할 때 그 선수의 기록을 반드시 검토한다. 2번, 3번 꼼꼼히 확인하지 않고는 절대로 지갑을 열지 않는다. 팬들도 경기를 볼 때 스코어보드나 TV 화면 아래쪽에서 선수의 기록을 확인한다. 그런데 야구 경기보다 훨씬 중요한 결정을 내릴 때는 아무렇지도 않게 이런 무지를 당연히 여긴다.[3] 적어도 예측하는 사람들에 관한 한은 그렇다.

이렇게 볼 때, 빌 플랙의 예측에 신뢰를 보내는 것은 아주 합당해 보인다. 나중에 알게 되겠지만 이 책의 많은 독자들이 내놓을 예측도 신뢰할만하다. 예측력은 '누구에게는 있고 누구에게는 없는' 재능이 아니다. 예측은 배우고 다듬을 수 있는 기술이다. 이 책이 그 방법을 일러줄 것이다.

📍 원숭이보다 못한 예측 전문가들

세간에 나도는 우스갯소리에 대해 해명을 좀 해야겠다. 우선 웃기는 이야기가 하나 있다. 정확성으로만 따지자면, 전문가들이 내놓는 예측이나 원숭이가 다트를 던져 나오는 예측이나 대충 비슷하다는 것이다.

다트를 던지는 원숭이의 이야기를 들어본 사람은 많을 것이다. 유명한, 사실 어떤 면에서는 안 좋은 쪽으로 유명한 이야기이니까 말이다. 이 이야기는 〈뉴욕타임스〉, 〈월스트리트저널Wall Street Journal〉, 〈파이낸셜타임스Financial Times〉, 〈이코노미스트Economist〉 등 전 세계 유명 매체에 소개되었다. 어떤 연구원이 다수의 학자와 전문가로 구성된 그룹에게 경제, 주식, 선거, 전쟁 등 여러 당면 문제를 예측해달라고 요청했다. 시간이 지난 뒤 그 연구원은 전문가 그룹이 내놓은 예측의 정확성을 측정했다. 결과는 전문가의 예측이나 무작위적인 추측이나 별 차이가 없었다. 여기서 끝났다면 그렇게 유명한 이야기가 되지는 않았을 것이다. '무작위 추측'이 그렇게 재미있는 이야기는 아니니까. 하지만 다트를 던지는 원숭이라면 다르다. 원숭이는 재미있지 않은가.

그 연구원이 바로 나다. 한동안 나는 누가 이런 우스갯소리를 입에 올려도 별다른 신경을 쓰지 않았다. 내 연구는 과학적 문헌에 나타난 전문가의 판단을 대상으로 실시한 평가 중에 가장 포괄적인 평가였다. 이 연구는 1984년부터 2004년까지 약 20년에 걸쳐 진행된 힘겨운 작업이었고, 결과는 원숭이라는 흥밋거리가 암시하는 것보다 훨씬 더 풍부하고 더 건설적이었다. 나는 그 원숭이라는 소재를 대수롭지 않게 여겼다. 이러한 소재가 내 연구를 알리는 데 도움이 되었기 때문이었다(그렇다, 과학자들도 15분 동안 유명해지는 일을 즐긴다). 나 역시 '다트를 던지는 원숭이'라는 은유를 꾸준히 사용해왔기에 이 비유에 대한 농담에 대놓고 불평할 수 없었다.

나는 또한 그 유머의 논지가 타당하지 않기 때문에 신경 쓰지 않았다. 신문이나 TV 뉴스에서 우리는 앞으로 일어날 일들을 예측하는 전문가들을 쉽게 찾을 수 있다. 조심스레 말하는 사람도 있지만 이들 중 대부분은 대담하고 자신 있는 어조로 말한다. 많지는 않지만 몇십 년 정도는 어렵지 않게 내다볼 수 있다고 주장하는 대단한 예언가들도 있다. 그들은 카메라 앞에 자주 서지만 그것이 그들에게 입증된 능력이 있기 때문은 아니다. 그들이 내놓은 예측의 정확성은 거의 언급되지도 않는다. 낡은 예측은 낡은 뉴스와 같아서 곧 잊힌다. 전문가들이 말한 내용과 실제 일어난 일이 맞는지 대조하는 일도 거의 없다. 카메라 앞에서 말하는 이들에 대해 분명히 인정해주어야 할 것 1가지는, 그들에게는 재미있는 이야기를 확신을 가지고 풀어내는 능력이 있다는 사실이다. 그 1가지면 족하다.

그들 중에는 기업 간부나 정부 관리나 일반 사람들에게 가치가 검증되지 않은 예측을 팔아 부자가 된 사람도 많다. 하지만 그런 예측을 사는 사람들 중에 자신이 효능과 안전성이 알려지지 않은 약을 삼켰다고 생각하는 사람은 없다. 그들은 마차 뒤에서 파는 만병통치약만큼이나 수상한 예측에 기꺼이 돈을 낸다. 예측을 하는 전문가와 그들의 고객들에게는 한 번쯤 경고가 있어야 했다. 내 연구가 그들의 주의를 환기시켰다는 것은 그나마 다행이다.

그러나 내가 한 작업이 널리 알려지면서 언젠가부터 내 연구 본래의 의미가 왜곡되기 시작했다. 일반적으로 전문가들은 내가 제기한 대부분의 정치 및 경제 문제에 대한 추측에서 별다른 실력을 보여주지 못했다. '대부분'이 전부라는 말은 아니다. 1년 앞만 내다보면 되는 문제에서는 그들의 적중률도 높게 나왔다. 하지만 1년이 넘는 장기간의 예측에서는 정확성이 떨어졌다. 가령 3~5년 정도 기한의 예측에서 전문가들은 다트를 던지는 원숭이들보다도 좋은 성적을 내지 못했다. 중요한 발견이었다. 이런 결과는 복잡한 세상을 분석하는 전문가의 한계를 보여준다. 그리고 이 사실은 슈퍼 예측가들이 해낼 수 있는 가능성에도 한계가 있다는 사실을 알려준다. 그러나 아이들의 전화놀이에서 보듯, 이 아이가 저 아이에게 그리고 그 아이가 또 다른 아이에게 어떤 말을 속삭이며 전달하다 보면 결국 어이가 없을 만큼 전혀 다른 말이 되고 만다. 입에서 입으로 전해지는 과정에서 본래의 의도는 왜곡되고 어감의 미묘한 뉘앙스가 완전히 사라진다. 어떤 경우는 잔인하기까지 하다. "전문가들이 원숭이보다 나을 것이 없다"는 말도 그렇다. 내 연구는 본질적으로 미래는 예측할 수 없는 것이라고 생각하는 염세주의자나 '전문가'라는 말 앞에 꼭 '소위'라는 말을 붙여야 직성이 풀리는 포퓰리스트들이 안전하게 피신할 수 있는 근거 자료가 되었다.

그래서 나는 이런 우스갯소리가 짜증났다. 내 연구는 이런 극단적인 결론을 뒷받침하지도 못했고, 나도 그런 결론에 좋은 느낌을 갖지 못했다. 요즘은 더욱 더 그렇다.

전문가와 그들의 예측을 옹호하는 사람들 그리고 그들을 우습게 여기는 디벙커debunker(비과학적인 주장의 허구를 폭로하려는 과학적 회의주의자들-옮긴이) 사이에서 찾을 수 있는 합리적인 지점은 얼마든지 있다. 디벙커도 일리가 있다. 검증되지 않은 통찰력으로 시장을 예측하여 상품화하는 수상한 장사꾼들이 존재하기 때문이다. 예측에는 넘을 수 없을 것 같은 한계도 있다. 인간은 늘 미래로 손을 뻗고자 하는 욕구를 갖고 있지만, 우리의 이해 범위를 벗어나는 부분이 분명히 있다. 그러나 모든 예측을 쓸데없는 짓으로 매도하는 디벙커들도 지나치기는 마찬가지다. 경우에 따라서는 미래도 어느 정도 예측할 수 있다. 마음을 열고 예리한 눈으로 열심히 연습하면 그에 필요한 능력을 연마할 수 있다.

그러니 나를 '낙관적 회의주의자'라고 불러도 나쁘지 않을 것 같다.

♀ 예측할 수 없는 미래

'회의주의자'라는 딱지가 붙은 절반의 부류를 이해하고 싶다면 튀니지로 가보자. 튀니지의 시디부지드Sidi Bouzid에서 과일과 야채를 실은 손수레를 끌고 먼지 날리는 길을 따라 시장으로 들어갔던 한 젊은 튀니지 청년의 이야기다. 청년은 세 살 때 아버지를 잃었다. 그는 가족을 부양하기 위해 돈을 빌려서 손수레를 채울 과일과 야채를 샀다. 열심히 팔아 빌린 돈을 갚고 조금 남는 돈으로 생계를 해결할 수 있기를 바라면서 그는 수레를 끌었다. 하루하루가 힘겨운 나날이었다.

그런데 어느 날 아침 경찰관이 다가와 법규를 위반했다며 저울을 압수하겠다고 한다. 그는 엄포라는 것을 안다. 돈을 뜯어내려는 수작이다. 하지만 그에게는 돈이 없다. 여경 하나가 청년의 뺨을 때리고 고인이 된 그의 아버지를 모욕한다. 그들은 저울과 손수레를 압수해간다. 청년은 항의하기 위해 시청을 찾아간다. 하지만 담당자는 회의 중이라는 둥 바쁘다는 둥 발뺌만 한다. 수치심과 분노와 무력감을 안고 그는 자리를 뜬다.

청년은 휘발유를 갖고 돌아온다. 그는 시청 앞에서 자신의 온몸에 휘발유를 끼얹고 불을 붙인다.

이야기의 결론은 심상치 않다. 가난한 노점상은 튀니지가 아니더라도 아랍 전역에 셀 수 없이 많다. 경찰의 부패도 어제오늘 일이 아니고 이 청년이 당한 굴욕도 새삼스러울 것 없다. 경찰과 공무원에게 희생된 청년을 제외한다면 이런 일들은 누구에게도 중요한 사건이 아니다.

그러나 2010년 12월 17일에 있었던 어떤 모욕적인 일로 인해 무하마드 부아지지Muhammad Bouazizi라는 스물여섯 살의 청년은 분신했다. 그의 분신은 거센 저항 운동으로 이어졌고 늘 그렇듯 경찰은 탄압으로 대응했다. 저항의 불길이 삽시간에 사방으로 번졌다. 튀니지의 독재자 지네 엘 아비디네 벤 알리Zine el-Abidine Ben Ali 대통령은 군중의 분노를 가라앉히기 위해 병상의 부아지지를 방문했다.

부아지지는 2011년 1월 4일에 숨을 거두었다. 민심은 더욱 사나워졌다. 1월 14일 벤 알리 대통령은 비행기를 타고 사우디아라비아로 망명했고 23년에 걸친 학정은 그렇게 끝났다.

아랍 세계 전체가 술렁거리기 시작했다. 이집트, 리비아, 시리아, 요르단, 쿠웨이트, 바레인에서 저항 운동이 일어났다. 30년 동안 철권을 휘둘렀던 이집트의 독재자 호스니 무바라크Hosni Mubarak는 권좌에서 축출되었다. 어떤 곳에서는 저항이 폭동으로 이어지고 폭동은 내란으로 발전되었다. 바야흐로 '아랍의 봄'이었다. 아랍의 봄은 가난한 한 청년으로부터 시작되었다. 다른 수많은 사람들과 다를 것도 없고 다른 많은 사람들처럼 경찰에게 시달렸던 청년이었지만, 그 전에도 그 후로도 그만큼 확실한 파급 효과는 없었다.

지금 여기서 내가 설명한 대로 지난 일을 돌이켜 이야기를 전개시켜가며 무하마드 부아지지의 외로운 저항에서 비롯된 모든 사건과 그를 연결하는 것은 의미가 없다. 그에게 일어난 일과 이후 사태는 별개의 문제다. 많은 엘리트 전문가들처럼 토머스 프리드먼은 이런 종류의 재구성에 능하다. 특히 프리드먼은 중동 문제에 남다른 식견을 가지고 있어서 〈뉴욕타임스〉 레바논 특파원으로 뚜렷한 족적을 남겼다.

그러나 토머스 프리드먼이 운명의 그날 그 시청 앞에 있었다고 가정해보자. 그는 과연 청년의 분신 현장에서 미래를 엿보고 소요와 독재자의 몰락과 그 이후의 모든 사태를 예견할 수 있었을까? 당연히 아닐 것이다. 그렇게 할 수 있는 사람은 아무도 없다. 프리드먼은 그 지역을 잘 알고 있었기에 빈곤과 실업에 허덕이며 절망 속을 헤매는 청년들의 수가 계속 늘고 부패가 들끓고 갈수록 탄압이 가혹해지는 것을 지켜보며 튀니지 등 여러 아랍 국가들을 가리켜 폭발 일보 직전의 화약고라는 진단을 내렸을 수 있다. 그러나 그가 아니더라도 웬만한 중동 관계자라면 한 해 전에도 정확히 같은 결론을 끌어낼 수 있었다. 그 지지난해라고 해도 마찬가지다. 실제로 튀니지와 이집트 등 몇몇 나라들에 대해서는 수십 년 동안 그런 예측이 가능했다. 그곳은 분명 화약고였지만 터진 적은 없었다. 경찰 몇몇이 한 가난한 청년을 몰아붙였던 2010년 12월

17일까지는 말이다.

1972년에 미국의 기상학자 에드워드 로렌츠Edward Lorenz는 흥미로운 제목의 논문을 발표했다. 〈예측가능성 : 브라질에 있는 나비 한 마리의 날갯짓이 텍사스에서 토네이도를 일으킬 수 있을까?*Predictability : Does the Flap of a Butterfly's Wings in Brazil Set Off a Tornado in Texas?*〉. 그에 앞서는 10년 전, 로렌츠는 기상 패턴을 컴퓨터로 시뮬레이션하는 과정에서 '0.506127'을 '0.506'으로 입력하는 것처럼 입력 자료에 조금만 변화를 주어도 장기 예보에서 엄청난 차이를 초래할 수 있다는 사실을 우연히 발견했다. '카오스 이론Chaos theory'의 단서가 된 놀라운 통찰이었다. 대기 같은 비선형적 체계에서는 초기 상태의 사소한 변화가 엄청난 비율로 확대될 수 있다. 그래서 이론적으로는 브라질의 나비 한 마리의 날갯짓이 텍사스에서 토네이도로 발전할 수 있다.

물론 실제 브라질에 있는 다른 많은 나비 떼들이 죽을 때까지 날개를 아무리 요란하게 퍼덕여도 몇 km 떨어진 곳에서는 바람 한 점 일어나지 않는다. 로렌츠는 나비가 토네이도를 '일으켰다'고 말했지만, 이는 내가 망치로 와인 잔을 쳤을 때 내가 와인 잔이 깨지는 현상을 유발했다는 것과 같은 의미로 한 말은 아니었다. 로렌츠가 말하고 싶었던 것은 그 순간 어떤 나비가 날개를 퍼덕이지 않았다면 예측하기 어려운 대기의 작용과 반작용의 복잡한 네트워크가 다른 방식으로 움직였을 것이고, 그랬다면 토네이도도 만들어지지 않았을 것이라는 의미였다. 경찰이 2010년 그날 아침 과일과 야채를 파는 무하마드 부아지지를 건드리지 않았다면 적어도 그때 그런 식의 아랍의 봄은 없었을 것이다.

에드워드 로렌츠는 예측가능성에 넘을 수 없는 한계가 있다는 입장에 대한 과학적인 견해를 바꾸어놓았다. 그것은 매우 철학적인 문제였다.4) 수세기 동안 과학자들은 지식이 증가하면 예측가능성도 커진다고 주장했다. 현실은 엄청나게 크고 복잡한 시계 같은 구조를 갖고 있지만, 그래도 시계는 시계이기 때문에 구조와 톱니의 맞물리는 방식을 파악하고 추와 스프링의 기능을 알아내는 과학자들이 많아지면 방정식을 동원하여 작동 원리를 포착함으로써 시계가 어떤 식으로 움직일지 더 잘 예측할 수 있다는 이야기였다. 1814년에 프랑스의 수학자이자 천문학자인 피에르 시몽 라플라스Pierre-Simon Laplace는 이런 꿈을 논리적 극한으로까지 밀고 나갔다.

우주의 현재 상태는 과거의 결과이자 미래의 원인으로 볼 수 있다. 자연을 움직이는 모든 힘과 자연을 구성하는 모든 요소의 위치를 알고 그 데이터를 분석할 수 있을 만큼 거대한 어떤 지성적 존재가 있다면, 그는 우주에서 가장 큰 천체들부터 가장 작은 원자에 이르는 모든 만물의 움직임을 하나의 공식에 대입할 수 있을 것이다. 그런 지성에게는 불확실한 것이 전혀 없어서 미래는 과거처럼 눈앞에 놓인 현재가 된다.

라플라스는 그런 가상의 실체를 '데몬demon'이라고 불렀다. 그 데몬이 현재의 모든 일을 안다면 미래에 대한 것도 모두 예측할 수 있다고 그는 생각했다. 데몬은 전지全知하다.5)

로렌츠는 그런 라플라스의 꿈에 찬물을 끼얹었다. 시계가 라플라스의 완벽한 예측가능성을 상징한다면, 그 반대편에 자리하는 것은 로렌츠의 구름이다. 고등학교 과학 수업시간에 우리는 먼지 입자에 물방울이 들러붙어 구름이 만들어진다고 배웠다. 말은 간단하지만 특정 구름이 만들어지는 방법과 그 형태는 정확히 물방울들 사이에서 벌어지는 복잡한 피드백의 상호작용에 따라 달라진다. 그래서 구름이 만들어지는 과정에 대해 알아낼 수 있는 모든 것을 알아낸다고 해도, 특정 구름이 어떤 모습을 가지게 될지는 예측할 수 없다. 그저 지켜보는 수밖에 없는 것이다. 오늘날의 과학자들은 한 세기 전의 과학자들보다 아는 것이 훨씬 더 많고 데이터 처리 능력도 훨씬 더 우수하지만 완벽한 예측가능성에 대해서는 예전 과학자들만큼 자신감을 갖지 못한다. 세월이 가르쳐주는 위대한 역설이다.

이것이 내가 '낙관적 회의주의자'의 반쪽인 '회의적' 입장을 취하는 주된 이유다. 우리는 아주 무기력한 한 사람의 행동이 우리 모두에게 다양한 방식으로 영향을 미치는 세계적 파급 효과의 물결 속에 살고 있다. 캔자스시티에 사는 어떤 여성은 튀니지를 다른 행성쯤으로 생각할지 모른다. 그리고 그녀의 삶은 튀니지와 아무런 연관이 없다고 생각할 것이다. 하지만 그녀가 화이트먼 공군기지 소속의 미 공군 항법사와 결혼했다면, 그래서 잘 모르는 튀니지 청년의 행동이 일으킨 저항 운동이 폭동으로 발전하여 독재자를 퇴위시키고 이어 리비아에 저항 운동을 일으켜 내란을 조성하게 되어 2012년 NATO의 개입으로 그녀의 남편이 트리폴리 상공에서 대공 포화를 피해 다니게 될 거라는 사실을 알게 된다면, 그녀도 그 사건에 그렇게 무심할 수는 없을 것이다. 이 정도는 어렵지 않은 연관성의 추리다. 이런 연관성은 알아내기 어려울 때가 많지만 주유소에서 우리가 내는 휘발유 값이나 저잣거리에서 벌어지는 해고처럼 우리 주변에서는 늘 이런 일이 얽히고설킨다. 그러니 브라질의 나비 한 마리가 텍사스의 화창한 어느 날과 도시 하나를 초토화시키는 토네이도의 차이를 만드는 세상에서, 누가 아주 먼 미래를 예측할 수 있다고 하는 건 터무니없는 발상일 것이다.[6]

📍 가능성 있는 미래

그러나 예측가능성의 한계를 인식하는 것과 '모든 예측'을 쓸모없는 짓이라고 치부하는 것은 다른 문제다.

캔자스시티 교외에 사는 방금 전 그 여성의 하루를 현미경으로 좀 더 자세히 들여다보자. 그녀는 아침 6시 30분에 서류를 가방에 넣고 차에 올라타 평소처럼 출근을 한다. 주차장에 차를 댄 그녀는 주중 아침에 늘 하는 대로 사자상을 지나 그리스풍으로 지어진 캔자스시티 생명보험사 건물로 들어간다. 자리에 앉은 그녀는 스프레드시트 작업을 한 다음 10시 30분에 화상회의를 하고, 회의가 끝나면 몇 분 동안 아마존Amazon 사이트를 둘러본 후 11시 50분에 이메일 답장을 보낸다. 시계를 슬쩍 쳐다본 그녀는 작은 이탈리아 식당으로 이동해 언니와 점심을 먹는다.

이 여성의 생활은 지갑 속의 로또 복권과 남편을 리비아 상공에서 실종되게 만든 아랍의 봄, 그녀가 들어본 적도 없는 나라에서 일어난 쿠데타로 인해 갤런당 5센트 오른 휘발유 값에 이르기까지 예측할 수 없는 수많은 요소들의 영향을 받는다. 그런데 여기 충분히 예측이 가능한 상황도 있다.

그녀는 왜 6시 30분에 집을 나설까? 러시아워에 붙잡히고 싶지 않기 때문이다. 다르게 말하면 그녀는 늦게 출발할수록 교통 사정이 더 나빠질 것이라고 예측했다. 러시아워의 상황은 예측하기가 쉽기 때문에 그녀의 예측은 거의 매번 적중한다. 운전하는 중에도 그녀는 수시로 다른 운전자들의 행동을 예측한다. 신호가 빨간불로 바뀌면 차들이 교차로에서 멈춰 설 것이다. 차로를 바꿀 때는 깜빡이를 켤 것이다. 그녀는 10시 30분에 화상회의에 참석하겠다고 말한 사람들이 예정대로 참석하리라 예측했고 그녀의 예측은 맞았다. 그녀가 자주 가는 이탈리아 식당은 영업시간을 미리 알리는 식당이고 또 그런 안내는 신뢰할 수 있기 때문에 그녀는 안심하고 정오에 언니와 그 식당에서 만나기로 약속했다.

우리는 이런 현실적인 예측을 일상적인 것으로 여기며 살아가지만, 우리의 삶을 형성하는 예측을 일상적으로 하는 사람들도 있다. 그 여성이 컴퓨터를 켰을 때, 그녀는 캔자스시티의 전기 소모량을 조금 늘리는 행동을 했다. 물론 다른 직원들도 모두 그날 아침 전기 소모량을 늘렸기 때문에 그들은 전기 수요량을 크게 늘리는 집단 행동을 한 셈이다. 주중 이 시간에는 늘 그렇다. 하지만 이런 일이 문제를 일으키지는 않는다. 전력회사들이 이런 수요를 예측하고 그에 맞춰 발전량을 조절하기 때문이다. 그 여성이 아마존에 접속했을 때, 사이트는 그녀가 좋아할 만한 제품들을 특히 강조해서 보여주었다. 이것은 그녀의 과거 구매내역과 검색 습관은 물론 다른 수많은 사람들의 검색 습관을 바탕으로 만들어진 예측이었다. 인터넷에서 우리는 그런 예측을 기반으로 한 운영방식을 자주 만나지만(구글은 우리가 가장 흥미를 보일 것이라 예측한 항목을 맨 앞자리에 놓아 검색 결과를 맞춤형으로 바꾼다), 그들은 그 작업을 아주 유연하게 처리하기 때문에 우리는 그런 사실을 눈치채지 못한다.

그녀의 직장도 마찬가지다. 캔자스시티 생명보험사는 인간 신체의 무기력과 죽음을 예측한다. 아주 좋은 일이다. 그렇다고 해서 내가 언제 죽을지 그들이 정확히 안다는 뜻은 아니다. 그들은 성별, 소득, 라이프 스타일 등 내 또래의 비슷한 프로필을 가진 사람이 얼마나 오래 사는지 누구보다 잘 알아낸다. 캔자스시티 생명은 1895년에 설립되었다. 그 회사의 보험계리사들이 제대로 예측을 하지 못했다면, 그 회사는 오래전에 망했을 것이다.

우리 주변은 이렇게 예측할 수 있는 것들로 가득 차 있다. 나는 방금 검색을 통해 미주리 캔자스시티의 내일 일출과 일몰 시각을 분 단위까지 알아냈다. 일출과 일몰 시각은 내일이나 모레뿐 아니라 지금부터 50년 뒤의 것까지도 맞힐 수 있다. 그런 자료는 믿을 만하다. 간만 시각, 일식, 달의 위상도 마찬가지다. 이런 것들은 라플라스의 예측 데몬을 만족시킬 만큼 정확하기 때문에 시계 같은 과학 법칙에 따라 얼마든지 예측할 수 있다.

물론 이런 예측가능성의 주머니가 어느 순간 갑자기 구멍이 나는 수도 있다. 식당은 영업시간에 영업을 할 가능성이 크지만 그렇지 않을 수도 있다. 매니저가 늦잠을 자거나 식당에 불이 나거나 파산하거나 유행병이 돌거나 핵전쟁이 일어나거나 물리 실험을 하다 잘못되어 태양계를 빨아들이는 블랙홀이 생기면 식당을 열지 못할 수도 있다. 다른 것들도 마찬가지다. 50년 뒤의 일출과 일몰 시간 예측도 그 50년 사이에 거대한 운석이 궤도를 이탈하여 지구와 충돌한다면 다소 차이가 생길 수 있다.

인간이 살아가는 일에 확실한 것은 없다. 만약 우리가 인간 두뇌의 콘텐츠를 클라우드 컴퓨팅 네트워크에 올릴 수 있는 기술이 나오고 사람들의 공익에 관한 관심이 많아지고 또 사람들의 주머니 사정이 풍족해져 너그러운 기증 행위로 국가의 재정을 채우는 미래 사회가 등장할 확률이 전혀 없는 건 아니라고 여긴다면, 확실하다는 죽음과 세금도 확실하지 않게 된다.

그렇다면 현실은 시계 쪽인가 구름 쪽인가? 미래는 예측할 수 있는가 없는가? 이는 잘못된 이분법이다. 이제 우리는 그런 많은 이분법 중 첫 번째 잘못된 사례를 만나게 될 것이다. 우리는 시계와 구름과 다른 은유가 거대하게 뒤범벅되어 있는 세계에 살고 있다. 예측불가능성과 예측가능성은 우리의 신체와 우리의 사회와 우주를 구성하는 체계 내에 불편하게 공존한다. 무언가에 대한 예측은 얼마나 먼 미래에 어떤 환경에서 무엇을 예측하려 하는가에 따라 달라진다.

에드워드 로렌츠가 몸담았던 분야를 보자. 기상예보는 대부분의 경우 며칠 정도를 미리 내다보는 것이고 그런대로 믿을 만하다. 그러나 그것도 사흘, 나흘, 닷새 정도만 넘어가면 정확도가 떨어진다. 일주일 정도 지나면 차라리 원숭이더러 다트를 던지라고 하는 편이 낫다. 따라서 날씨를 예측할 수 있다 혹은 없다고 말하는 것은 문제가 있다. 그보다는 어떤 환경에서 어느 정도까지 예측할 수 있는지를 물어야 한다. 그 한계를 넘어 정확하게 예측해야 할 때는 아주 조심스럽게 해야 한다.

시간과 예측가능성의 관계만큼이나 간단해 보이는 것을 예로 생각해보자. 예측하려는 미래가 멀수록 정확도는 떨어질 수밖에 없다. 주식에서 상승 장세가 오래 지속되는 경우를 예측할 수 있다면 몇 년 동안 꾸준히 이익을 낼 수 있을 것이다. 그런데 사람들은 갑자기 빈털터리가 되고 만다. 공룡이 먹이사슬의 꼭대기에 계속 머물 것이라고 생각한 예측은 분명 몇천만 년 동안 안전한 베팅이었다. 그러다 소행성 하나가 지구에 충돌하여 지각변동을 일으켰고 어떤 작은 포유동물이 생태계에서 우위를 차지하여 결국 미래를 예측하려는 하나의 종으로 진화했다. 물리법칙 이외에는 어떤 보편상수도 없기 때문에 예측할 수 있는 것과 없는 것을 구분하는 일은 난감하기 짝이 없다. 달리 방법도 없다.

기상학자들은 누구보다 이런 사정을 잘 안다. 그들은 수없이 예보하고 그 정확성을 확인한다. 우리 역시 하루나 이틀 정도의 예보는 보통 정확하지만 8일 뒤의 예보는 정확하지 않다는 것을 안다. 기상학자들은 분석을 통해 날씨가 어떤 일을 하고 그들이 만든 모형을 어떻게 왜곡시키는지 좀 더 정확히 파악할 수 있다. 모형이 맞지 않으면 그들은 방법을 바꿔 새로운 모형을 만든다. 그들은 예측하고 평가하고 수정한다. 그리고 그 과정을 반복한다. 조금 더디기는 해도 기상예보가 계속 좋아지는 이유는 이런 끊임없는 개선 절차가 있기 때문이다. 그러나 이런 개선에도 한계가 있다.

날씨는 비선형적 사례의 전형이다. 더 멀리 예측하려 할수록, 카오스가 날개를 퍼덕여 예상과 어긋날 기회가 더 많아진다. 컴퓨터의 연산 능력의 비약적인 발전과 예보 모형의 꾸준한 개선으로 미래의 한계가 조금 더 밀려날 수는 있겠지만, 한 발짝 전진하기가 점점 더 어려워지고 성과는 계속 줄어든다. 지금보다 어느 정도 좋아질 수 있을까? 아무도 모른다. 그저 현재의 한계를 아는 것만도 다행으로 여겨야 한다.

이처럼 예측을 하는 사람들은 애를 써가며 어둠 속을 더듬는다. 자신의 예보가 단기, 중기, 장기적으로 얼마나 정확한지, 앞으로 얼마나 더 좋아질지는 그들도 모른다. 기껏해야 막연한 짐작만 있을 뿐이다. 예측하고 평가하고 수정하는 과정은 고도의 전문성을 내세우는 집단의 내부나 사람들의 내면에서만 이루어지기 때문에 그럴 수밖에 없다. 중앙은행의 거시경제학자나 대기업의 마케팅 금융 전문가, 혹은 네이트 실버Nate Silver 같은 여론조사 전문가들이 하는 평가 수정 작업은 외부로 잘 공개되지 않는다.[7] 그래서 예측은 자주 나오지만 그다음에 할 일은 아무것도 없다. 사실이 드러난 뒤에도 정확성을 따지는 경우는 거의 없고 정확성 여부를 판단할 수 있을 만큼의 규칙성과 엄밀함도 없다.

이유가 무엇일까? 대개의 경우 그것은 수요 쪽의 문제이기 때문이다. 정부나 기업이나 일반 대중 등 예측의 소비자는 정확성에 대한 증거를 요구하지 않는다. 그러니 평가가 없다. 따라서 수정도 없다. 수정이 없으니 개선도 있을 수 없다. 달리기를 좋아하는 세상이 있다고 하자. 하지만 트랙을 벗어나면 안 된다거나 총소리가 울려야 출발할 수 있다거나 일정 거리를 달리면 경기가 끝난다는 등의 기본적인 규칙에 대한 합의가 없다면, 그들은 다른 사람들이 어느 정도로 빨리 달리는지, 얼마나 빨리 달려야 가장 빠른 것인지를 알지 못하게 된다. 이런 세상에서는 달리는 시간이 단축되고 달리기 능력이 향상될 가능성이 희박하다. 인간의 신체적 한계 내에서 가장 빨리 달리는 사람이 나와도 가장 잘 달린 것으로 단정할 수도 없다.

"나는 인간의 조건을 개선하는 데 평가가 중요하다는 사실을 깨닫고 크게 놀랐다." 빌 게이츠Bill Gates는 그렇게 썼다. "인간은 분명한 목표를 정하고 그 목표를 향해 나갈 수 있는 수단을 찾았을 때 놀라운 진전을 이룰 수 있다. (중략) 아주 기본적인 수칙처럼 보이지만 사실 이런 기본이 지켜지지 않는 경우가 많다. 게다가 그 기본을 제대로 지키기가 얼마나 어려운지 알면 놀라지 않을 수 없다."[8] 맞는 말이다. 그리고 예측에서 그런 기본이 좀처럼 지켜지지 않는다는 사실도 꽤나 의아한 일이다. 단순한 첫 단계, 그러니까 분명한 목표를 세우는 일조차 쉽게 지켜지지 않는다.

예측의 목표는 미래를 정확하게 예견하는 것이지만 그런 것이 목표가 아닌 경우도 있고 적어도 그것이 유일한 목표가 아닌 경우도 많다. 흥을 돋우거나 재미로 하는 예측도 더러 있다. 주식전문 채널 CNBC의 짐 크레이머Jim Cramer가 엄지를 치켜들며 특유의 "야호!"라는 감탄사를 외치는 것도 그런 경우다. 〈맥러플린 그룹The McLaughlin Group〉의 진행자 존 맥러플린John McLaughlin은 패널들에게 어떤 사건이 일어날 가능성을 예측하라고 다그치면서 말한다. "0에서 10까지 숫자로 예측해주세요. 0은 일어날 가능성이 전혀 없는 경우고 10은 확실하게 일어나는 경우를 의미합니다!" 정치적 안건을 제출하거나 어떤 활동을 촉구할 때도 예측을 사용한다. 특정 분야의 활동을 주도하는 사람들은 우리가 태도를 바꾸지 않으면 무시무시한 일이 일어날 것이라고 경고하면서 예측을 내놓는다. 겉만 번드르르한 예측도 있다. 은행들은 유명 전문가들에게 큰손 고객들을 위해 2050년의 세계 경제에 관한 전망을 내놓게 한다. 그리고 안심시키기 위한 예측도 있다. 그런 예측을 내놓는 사람들은 그들의 신념이 옳으며 미래는 그들이 예측한 대로 전개될 것이라며 사람들을 안심시킨다. 이데올로기 신봉자들은 예측을 좋아한다. 그런 예측은 따뜻한 욕조에 몸을 담글 때처럼 마음을 편안하게 해준다.

이렇게 목표가 뒤범벅이 되면 예측의 정확성을 알아차리기가 힘들다. 그래서 예측을 평가하고 개선하기가 어려워진다. 상황이 어수선해지면 정확한 예측도 하기 어렵다.

바로 이런 지지부진한 상황 때문에 나는 낙관적인 회의주의자를 자처할 수 있다. 정치, 경제, 금융, 사업, 기술, 일상생활 등 사람들이 예측하고 싶어 하는 것들은 대부분 어느 정도 예측이 가능하다. 우리는 그런 사실을 안다. 그러나 우리가 모르는 것도 많다. 과학자들은 바로 그 모른다는 사실에 자극을 받는다. 그들에게 모른다는 것은 알아낼 수 있는 기회가 된다. 모르는 것이 많을수록, 기회는 커진다. 예측할 것은 많은데 엄정함은 놀라울 정도로 부족하기 때문에, 역설적으로 기회는 대단한 것이 된다. 그 기회를 붙잡기 위해 해야 할 일은 단 1가지다. 분명한 목표(정확성!)를 세우고 철저히 평가하는 것이다.

내가 평생 해온 일이 바로 그런 것이다. 다트를 던지는 원숭이 실험은 1단계였다. 2단계에 착수한 건 2011년 여름이었다. 그때 나는 내 연구 파트너이자 평생의 반려인 바버라 멜러스Barbara Mellers와 '좋은 판단 프로젝트'를 발족한 후, 자원자를 모집하여 미래를 예측하게 했다. 첫해에만 2,000명이 지원했고 이후 4년 동안 자원자는 계속 늘어났다. 결국 2만 명 이상의, 지적 호기심이 남다른 보통사람들이 러시아의 저항 운동이 확산될지, 금값이 급락할지, 닛케이지수가 9,500 선 이상에서 마감될지, 한반도에서 전쟁이 일어날지와 같은 복잡하고 풀기 어려운 국제 문제 등에 관해 예측했다.

우리는 실험 조건을 계속 바꿔가면서 일정 기간의 틀 속에서 예측의 정확성을 향상시키는 방법과 요인을 찾아내고 측정했다. 말은 간단해 보여도 실제로는 쉽지 않은 작업이었다. 이처럼 힘들고 까다로운 작업에는 캘리포니아 대학 버클리 캠퍼스와 펜실베이니아 대학에 기반을 둔 다양한 분야의 인재들이 동원되었다.

규모가 큰 작업이지만 GJP는 정보고등연구프로젝트활동국Intelligence Advanced Research Projects Activity, 이하 IARPA이 후원하는 훨씬 더 큰 연구 계획의 일환이다. 이름만 보고 주눅 들 필요는 없다. IARPA는 미 국가정보국National Intelligence 국장에게 보고하는 정보 커뮤니티Intelligence Community, 이하 IC 내의 한 기관으로, 미국 정보기관의 수준 향상을 위해 여러 가지 과감한 연구를 지원하고 있다. 그중에도 세계 정세와 경제 동향을 살피는 일이 특히 중요하다.

현재 미국에는 사소한 수수께끼부터 이스라엘이 이란 핵시설을 기습할 가능성이나 유로존에서 그리스가 탈퇴할 가능성 같은 주요 문제에 이르기까지 많은 국제 문제들을 평가하는 작업에 종사하는 정보 분석가들이 약 2만 명 정도 있다.9) 이들의 예측이 얼마나 적중할까? 쉽게 답하기 어려운 질문이다.

예측을 하는 주체들이 대부분 그렇지만 IC는 이런 일에 돈을 많이 쓰려고 하지 않는다. 많은 이유가 있지만 그 문제는 나중에 알아보기로 하자. 정작 큰 문제는 이런 예측이 국가 안보에 매우 중요한 사안인데도 예측이 얼마나 정확한지, 2만 명에게 수십억 달러를 들여야 할 만큼 가치가 있는 일인지 확신할 수 없다는 사실이다. IARPA는 이런 문제를 해결하기 위해 최고 수준의 과학자들이 이끄는 팀을 5개 만들었고, 정보 분석가들이 매일 다루는 까다로운 문제들을 정확하게 예측할 수 있도록 경쟁을 기반으로 하는 예측 토너먼트를 만들었다. GJP는 그 5개 팀 중 하나였다. 각 팀은 각각 자체적인 연구를 효율적으로 수행하면서 효과가 있다고 생각하는 방법들을 마음대로 활용할 수 있지만, 단 2011년 9월부터 2015년 6월까지 미국 동부 표준시간으로 매일 오전 9시에 예측 결과를 제출해야 했다. 5개의 팀이 같은 문제를 동시에 예측하기 때문에 경쟁은 공평했다. 그렇게 해서 어떤 방법이, 언제, 얼마나 효과가 있었는지 등에 관한 풍부한 자료들이 수집되었다. IARPA는 4년에 걸쳐 세계 문제에 관한 질문을 500개가량 제시했다. 설정 기간은 내가 예전에 실시했던 연구보다 더 짧았다. 예측은 대부분 한 달 이상 1년 이하로 제한되었다. 이렇게 해서 우리는 미래에 관한 개인적 판단을 100만 개 정도 확보할 수 있었다.

1년 뒤에 GJP는 공식적인 통제집단의 예측 적중률을 60% 차이로 눌렀다. 2년 뒤에는 통제집단을 78% 차이로 눌렀다. GJP는 또한 대학에 소속된 경쟁자들도 눌렀다. 미시건 대학과 MIT를 30%에서 70%라는 큰 차이로 제압한 것이다. 심지어 우리는 기밀자료를 다루는 전문 정보 분석가들까지 따돌렸다. 2년 뒤에 GJP는 학계의 경쟁자들보다 훨씬 뛰어난 성적을 보였고, IARPA는 결국 다른 팀들을 탈락시켰다.10)

자세한 내용은 나중에 설명하겠지만, 이 연구를 통해 얻을 수 있었던 중요한 결론 2가지만 먼저 소개하겠다. 첫째, 예지력은 실제로 있다. 빌 플랙 등 몇몇 사람들은 특히 뛰어난 예지력의 소유자였다. 그들은 전문가도 아니고 몇십 년 뒤를 내다보는 예언자도 아니지만, 민감한 사안들이 3개월, 6개월, 1년, 1년 반 뒤에 어떤 식으로 전개될지 미리 판단할 수 있는 실질적이고 중요한 능력을 갖고 있었다. 둘째는 이들 슈퍼 예측가들의 성적을 그렇게 좋게 만든 요인이 있다는 사실이다. 그들이 누구인가 하는 점은 중요하지 않았다. 중요한 것은 그들이 구사한 방식이었다.

예지력은 태어날 때부터 갖고 나오는 불가사의한 재능이 아니다. 그들의 예측 성적은 생각하고 정보를 수집하고 신념을 업데이트하는 그들만의 특별한 방법의 산물이다. 지각 능력이 있고 생각이 깊으며 결단력만 있다면 누구라도 이런 사고 습관을 익히고 가꿀 수 있다. 시작하기 어려운 일도 아니다. 내가 특히 놀랐던 점은 몇 가지 기본 개념을 다룬 지침의 효과였다. 이 책에서 그 지침의 내용을 살펴보겠지만 편의를 위해 따로 부록에 십계명으로 요약해놓았다. 읽는 데 6분 정도밖에 걸리지 않는 짧은 내용이지만 이 개념은 토너먼트를 실시한 1년 동안 정확성을 10% 정도 향상시킨 원동력이 되었다. '10%'라고 하니 대수롭지 않게 보일 수도 있지만 별다른 수고를 치르지 않고 얻은 성과라는 점에 주목해야 한다. 예측 분야에서는 아무리 대수롭지 않은 개선책이라고 해도 시간이 지나면 그 효과가 누적된다. 이 문제에 대해 아론 브라운 Aaron Brown과 이야기한 적이 있다. 그는 저술가인 동시에 월스트리트의 베테랑이고 자산이 1,000억 달러가 넘는 헤지펀드인 AQR캐피털매니 니먼트AQR Capital Management의 리스크관리 수석 책임자다. "드라마틱하지 않으니 알기가 쉽지 않죠." 그는 그렇게 말했다. 하지만 그 점만 극복한다면 "생계를 책임지는 불변의 승자와 늘 돈을 까먹는 패자의 차이를 알게 될 겁니다."[11] 우리가 곧 만나게 될 세계 최고의 포커 플레이어도 맞장구를 칠 것이다. 고수와 아마추어의 차이는 60/40의 베팅과 40/60의 베팅의 차이를 아느냐 모르느냐에 있다.

이처럼 예측에 대한 평가만 제대로 이루어져도 예지력이 달라지고, 예지력이 달라지면 보상도 달라지는데 왜 평가가 표준 관행으로 자리 잡지 못하는 것일까? 그 답은 심리적인 요인에 있다. 우리는 토머스 프리드먼이 내놓는 예측의 정확성 여부같이 우리가 잘 알지 못하는 것들을 잘 안다고 믿는 경향이 있다. 이런 심리적 요인에 대해서는 2장에서 알아보겠다. 이와 같은 인간의 심리는 수세기 동안 의학의 발전을 방해해왔다. 의사들이 자신의 경험과 견해가 환자를 치료하는 데 믿을만한 수단이 못 된다는 사실을 인정하기 시작한 순간, 그들은 과학적 실험에 눈을 돌릴 수 있었고 그때서야 의학이 마침내 급진전을 보이기 시작했다. 예측에서도 이런 혁명이 일어나야 한다.

쉽지는 않을 것이다. 3장에서 우리는 현대 의학에서 치료 효과를 검증하는 것만큼이나 엄격한 잣대로 예측을 검증하는 데 필요한 요소를 검토할 것이다. 보기보다 어려운 과제다. 1980년대 후반에 나는 특정 방법을 적용하여 정치 문제에 대한 전문가들 예측의 정확성을 대대적으로 검토했다. 당시로서는 가장 큰 규모의 검증이었다. 그리고 몇 해 뒤에 나온 결과는 지금도 당혹스러운 원숭이 이야기였다. 당시 그 연구에서 밝혀진 것보다 훨씬 더 중요한 사실이 있었지만 그 내용은 별다른 주목을 받지 못했다. 소박하기는 하지만 진짜 예지력을 가진 전문가들의 존재였다. 예지력을 가진 전문가와 다트를 던지는 원숭이 수준밖에 되지 않는 한심한 전문가를 가르는 것은 무엇일까? 슈퍼 예측가들에게 어떤 특별한 예지력이 있거나 다른 사람이 가지지 못한 정보를 그들이 가지고 있기 때문은 아니었다. 어떤 특별한 믿음을 가져서도 아니었다. 그들이 '무엇을' 생각하느냐의 문제는 중요하지 않았다. 다만 중요한 것은 그들이 '어떻게' 생각하느냐의 문제였다.

이와 같은 사실에 고무되어 IARPA는 전례 없는 예측 토너먼트를 만들어냈다. 4장은 예측 토너먼트를 치르는 과정과 슈퍼 예측가를 가려내는 이야기다. 그들은 어떤 이유로 그렇게 예측을 잘하는가? 이런 질문은 5장부터 9장까지 계속 이어진다. 실제 만나면 그들이 무척 똑똑한 사람들이라는 사실에 새삼 놀라게 된다. 그렇다면 중요한 것은 지능지수인 걸까? 그렇지 않다. 그들은 또한 숫자에 밝다. 빌 플랙처럼 그들 중에는 수학과 과학 분야의 학위를 가진 이들도 많다. 그렇다면 난해한 수학이 비결일까? 아니다. 진짜 수학자인 슈퍼 예측가도 수학을 그다지 많이 사용하지 않는다. 그들은 또한 최근 사건의 현황을 꿰뚫고 있는 건 물론 일정한 간격으로 그들의 예측을 업데이트하는 뉴스 중독자다. 그런 일에 많은 시간을 투자하고 있기에 그들이 그렇게 뛰어난 성적을 거두는 건 아닐까 하는 생각도 든다. 하지만 이것 역시 잘못 짚은 것이다.

슈퍼 예측가가 되려면 최소한의 지력과 수치에 대한 애착이나 세계 정세에 관한 지식이 있어야 하는 건 맞다. 하지만 심리 연구를 본격적으로 다루는 책 몇 권만 읽어도 이런 요건들은 얼마든지 갖출 수 있다. 나의 초기 연구에서 진정한 예지력을 보여준 전문가들처럼, 가장 중요한 것은 예측가들의 생각하는 방식이다. 앞으로 이 문제를 자세히 설명하겠지만 간단히 말하자면, 슈퍼 예측가가 되려면 열린 마음으로 신중히 생각하는 동시에 매사에 호기심을 가지는 것은 물론, 무엇보다 자기비판적인 태도를 가지고 생각해야 한다. 집중하는 능력도 필요하다. 탁월한 판단을 낳는 사고는 노력 없이 오지 않는다. 결단력 있는 사람만이 그런 판단을 합리적이고 일관되게 내놓을 수 있다. 우리의 분석가들이 그렇게 대단한 실적의 예측가가 되기 위해 자기 향상에 몰두하는 것도 그 때문이다.

마지막 장에서는 효과적인 리더십과 정확한 판단에 대한 수요가 자아내는 명백한 반목을 해소하고자 한다. 그리고 내 연구에서 가장 강력한 난제라고 생각되는 2가지 문제에 대답한 다음, 앞으로 나타날 상황을 생각하면서 예측을 다루는 책에 어울릴법한 결론을 내릴 것이다.

📍 예측에 관한 예측

하지만 독자들은 이 모든 것이 시대에 뒤떨어진 이야기라고 생각할지 모르겠다. 우리는 이미 현란할 정도로 강력한 컴퓨터와 불가해한 알고리즘과 빅데이터 시대에 살고 있다. 그런데 기본적으로 내가 다루는 예측에는 주관적인 판단도 포함되어 있다. 생각하고 결정하는 주체는 사람일 뿐 그 이상도 그 이하도 아니다. 인간의 어설픈 추측은 이제 그만두어야 할 때가 아닐까?

1954년에 폴 밀Paul Meehl이라는 재기 넘치는 한 심리학자가 쓴 책이 사회에 큰 물의를 일으켰다.[12] 그는 20번에 걸친 실험을 통해 정보를 많이 가진 전문가의 예측 능력을 검토했다. 어떤 학생이 대학에서 공부를 잘 마칠 수 있을지, 가석방 죄수가 다시 감옥으로 돌아가지는 않을지 등에 대해 전문가들이 내린 판단은 시험 점수나 과거 전과기록 같은 객관적인 지표를 종합적으로 판단한 단순한 알고리즘보다도 정확하지 않았다. 밀의 주장은 많은 전문가들의 심기를 불편하게 만들었지만 이어진 연구에서 그는 200번이 넘은 실험을 통해 대부분의 경우 통계적 알고리즘이 주관적 판단보다 더 정확하며, 그렇지 않은 일부 소수의 경우에서도 대등한 수준을 유지했다는 사실을 입증해 보였다. 주관적인 판단과 다르게 알고리즘이 속도도 빠르고 비용이 싸다는 점을 고려하면 알고리즘을 사용하는 편이 훨씬 더 나을 것이다. 그렇다면 결론은 분명하다. 쓸만한 통계 알고리즘이 있다면 '그것'을 사용하라.

그러나 이런 사실로 인해 주관적인 판단의 권위가 위협받는 일은 없었다. 현재로서는 이런 문제를 다룰 만큼 쓸만한 알고리즘이 거의 없기 때문이다. 수학이 평범하고도 오래된 사고를 대체하는 일은 아직 요원하다. 1954년이나 지금이나 그 점은 마찬가지다.

그러나 정보기술의 놀라운 진보로 인해 인간과 기계와의 관계가 단절될 역사적인 날이 가까워지고 있다는 조짐이 나타나고 있다. 1997년에 IBM의 슈퍼 컴퓨터 딥블루Deep Blue가 체스 챔피언 게리 카스파로프Garry Kasparov를 물리쳤다. 2011년에 IBM의 슈퍼 컴퓨터 왓슨Watson은 저파디Jeopardy! 챔피언 켄 제닝스Ken Jennings와 브래드 러터Brad Rutter를 눌렀다. 대단히 까다로운 계산 문제였지만 왓슨의 엔지니어들은 아무렇지도 않게 처리했다. 그렇다면 슈퍼 컴퓨터가 정확한 예측으로 슈퍼 예측가와 슈퍼 전문가 들을 물리치는 장면을 상상하는 건 힘든 일이 아니다. 그런 일이 현실이 된 뒤에도 예측을 하는 사람은 여전히 나오겠지만, 그들은 저파디의 챔피언처럼 흥밋거리 이상의 존재가 될 수 없을 것이다.

그래서 나는 왓슨의 수석 엔지니어인 데이비드 페루치David Ferrucci와 이야기를 나누었다. '지난 10년 사이에 자리를 바꾼 두 러시아 최고 지도자는 누구인가?'와 같은 현재나 과거에 관한 질문에는 왓슨도 쉽게 대답할 것이다. 정작 궁금한 것은 미래에 관한 질문이었다. 왓슨이나 그 후속 작품들이 '다음 10년 사이에 2명의 러시아 최고 지도자가 자리를 바꿀까?' 같은 질문을 처리하기까지 어느 정도의 시간이 걸릴까?

1965년에 사회학자이자 행동과학 조직이론가로서 다방면에서 뛰어난 활약을 보였던 허버트 사이먼Herbert Simon은 20년 정도만 지나면 기계가 "사람들이 할 수 있는 일은 무엇이든" 대신할 수 있다고 내다보았다. 그때는 그런 순진한 낙관론을 펴는 사람이 꽤 많았다. 그래서인지 30년 동안 인공지능을 연구해온 페루치는 요즘 더 조심스럽다.[13] 그는 컴퓨팅은 인류 문명에 거대한 진전을 가능하게 했다고 말했다. 패턴을 찾아내는 컴퓨터의 능력은 가공할 수준이다. 그리고 이제 막 태동한 인간과 기계의 상호 결합으로 학습과정의 입력 방식이 달라지면서 기계 학습machine learning에도 훨씬 더 혁신적인 진보가 이루어질 것이 거의 틀림없다. "상승세는 가파른 곡선을 그릴 것이고 우리는 지금 그 아래쪽 어딘가에 있습니다." 페루치는 그렇게 말했다.

그러나 '지난 10년 사이에 자리를 바꾼 두 러시아 최고 지도자는 누구인가?'와 '다음 10년 사이에 2명의 러시아 최고 지도자가 자리를 바꿀까?'는 전혀 다른 질문이다. 전자는 역사적 사실이며 컴퓨터는 그런 사실을 쉽게 찾아낼 수 있다. 후자의 경우 컴퓨터는 블라디미르 푸틴Vladimir Putin의 의도, 드미트리 메드베데프Dmitri Medvedev라는 인물과 러시아 정치의 인과적 역동성 등을 토대로 추측한 다음, 그렇게 얻어진 정보를 하나의 판단으로 통합해야 한다. 사람들은 그런 종류의 일을 늘 수행하지만 그렇다고 해서 이게 쉬운 일은 아니다. 그만큼 인간의 두뇌는 놀라운 능력을 가지고 있다. 무섭게 진보하는 컴퓨터가 옆에 있어도 슈퍼 예측가들이 하는 그런 종류의 예측은 만만한 일이 아니다. 나는 페루치에게 "스미소니언 박물관의 진열장 안에서 '주관적 판단'이라고 쓰인 표지가 붙은 인간을 보게 될 날이 올 수도 있는가?"라고 질문했지만 그는 확답을 하지 않았다.

기계가 "인간의 의도를 더욱 잘 따르게 되고" 그래서 인간의 행동을 예측하는 일도 더 잘 해낼 수 있을지는 모른다. 그러나 페루치는 "의도를 흉내 내고 반영하는 것과 의도를 만들어내는 것은 다르다"라고 말했다. 그곳은 여전히 인간의 판단이 지배하는 영역이다.

화이트칼라들은 놀라겠지만 다른 분야처럼 예측 분야에서도 인간의 판단이 빗나가는 경우를 앞으로도 계속 보게 될 것이다. 그러나 앞으로는 '프리스타일의 체스(인간과 컴퓨터의 조합에 제한을 두지 않는 방식의 체스-옮긴이)'처럼 복합적인 판단 방식도 자주 보게 될 것이다. 인간과 컴퓨터가 한 팀을 이루어 다른 팀과 경쟁할 때 인간은 컴퓨터의 확실한 강점을 빌리지만 가끔 컴퓨터를 무시하기도 한다. 때로는 이런 방식으로 인간과 기계를 모두 물리칠 수 있다. 인간 대 기계라는 이분법의 틀에서 벗어나 개리 카스파로프와 딥블루가 손을 잡는다면 인간이나 기계만으로 구성된 방식보다 더 강력한 능력을 구사할 수 있다는 사실을 입증할 수 있을 것이다.

페루치는 많은 정책 토론을 유치하게 만드는 구루 모델을 진부하게 여겼다. "누가 미국의 경제학자 폴 크루그먼Paul Krugman을 들고 나오면 나는 하버드 대학교 경제사학자 니얼 퍼거슨Niall Ferguson으로 맞받아칠 것입니다. 누가 〈뉴욕타임스〉 칼럼니스트 토머스 프리드먼의 논평을 들고 나오면 나는 〈월스트리트저널〉의 브렛 스티븐스Bret Stephens의 블로그로 반박하겠습니다." 페루치는 이런 길고 어두운 터널의 끝에서 빛을 봤다. 주관적인 판단에만 의존하는 전문가의 충고를 듣는 일은 "내가 보기에 점점 더 낯설어질 것 같다"고 지적했다. 최근 10년, 20년 사이에야 겨우 인정받게 된 사실이지만, 인간의 생각은 여러 가지 심리적 함정에 갇혀 있다. 그는 말했다. "그래서 내가 원하는 것은 인간 전문가와 컴퓨터가 짝을 이루어 인간의 인식적 한계와 편견을 극복하는 모습입니다."[14]

페루치의 생각이 맞다면(그럴 것이라고 나는 생각하지만), 앞으로는 컴퓨터를 기반으로 한 예측과 인간의 주관적인 판단을 융합하는 방법에 주력해야 할 것이다. 그래서 양쪽을 모두 좀 더 진지하게 생각해보아야 할 때다.

2장

지식의 허상

: 왜 전문가의 판단을 의심하지 않는가?

어느 피부과 전문의가 환자의 손등에 있는 점을 수상히 여겨 피부를 조금 떼어내 병리학자에게 보냈다. 병리학자는 기저세포암이라는 진단을 내렸다. 환자는 당황하지 않았다. 그 역시 의사였기 때문이다. 이런 형태의 암은 쉽게 퍼지지 않는다는 사실을 그는 알고 있었다. 암종癌腫은 제거되었고 만일을 대비해 그 환자는 유명 전문의의 병원에 예약을 해놓았다.

그 유명 전문의는 환자의 오른쪽 겨드랑이에서 혹을 하나 발견했다. "언제부터 있었습니까?" 환자는 알지 못했다. 전문가는 떼어내야 한다고 말했고 환자도 동의했다. 그 전문가는 저명인사였다. 그가 "제거해야 한다"고 말하는데 누가 이의를 달겠는가? 수술 날짜가 잡혔다.

마취가 풀리고 깨어난 환자는 가슴 전체에 붕대가 감겨 있는 것을 보고 기겁했다. 전문의가 왔다. 그의 설명은 가혹했다. "사실대로 말씀

드려야겠군요." 그는 그렇게 말문을 열었다. "겨드랑이가 암세포로 가득 차 있었습니다. 최선을 다해 혹을 제거하다가 소흉근까지 제거했지만 제 힘으로는 선생님을 살리기 어려울 것 같습니다."[1] 환자가 받을 충격을 조금이라도 덜어주려는 겸손한 시도였다. 전문가가 모든 것을 분명히 설명했지만 환자가 살 수 있는 날은 얼마 남지 않았다.

"갑자기 세상이 끝나는 것 같았다." 나중에 환자는 그렇게 썼다. "놀라움과 충격에 휩싸여 나는 돌아누워 창피한 줄도 모르고 흐느꼈다. 그날 하루가 어떻게 지나갔는지 기억조차 나지 않는다." 다음 날 아침 맑은 정신으로 그는 "남은 시간을 보낼 방법을 간단히 계획해보았다. (중략) 계획을 모두 세우고 나자 호기심 어린 감정이 평화롭게 찾아왔고 나는 다시 잠에 빠졌다." 다음 날부터 방문객들이 찾아와 위로를 건넸다. 표정들은 따뜻했지만 어딘가 거북하기만 했다. "그들은 분명 나보다 더 당황하고 있었다." 그는 그렇게 썼다.[2] 그는 죽어가고 있었다. 그것은 사실이었다. 침착하게 할 일을 해야 했다. 울고불고 해봐야 소용없었다.

이런 우울한 일이 일어난 때는 1956년이었지만 그 환자 아치 코크란Archie Cochrane은 죽지 않았다. 나중에 그는 의학 분야에서 존경받는 저명인사가 되었으니까. 다행히도 전문가가 틀렸다. 코크란은 말기 암이 아니었다. 수술 과정에서 떼어낸 조직을 검사한 병리학자는 아무런 암세포도 찾아내지 못했다. 코크란은 병리학자로부터 나온 집행유예 선고에 사망 선고를 들었을 때만큼이나 충격을 받았다. "하긴 병리학자의 소견이 아직 나오지 않았다는 말은 나도 들었다." 그는 몇 해 뒤에 그렇게 썼다. "그러나 나는 수술한 의사의 말을 의심하지 않았다."[3]

그것이 문제였다. 코크란은 전문가의 말을 의심하지 않았고 전문가는 자신의 판단을 의심하지 않았다. 그래서 두 사람 모두 진단이 잘못됐을 수 있다는 생각을 하지 않았고, 생명의 책을 덮기 전 병리학자의 소견을 기다려봐야 한다는 생각도 미처 하지 못했다. 그들을 나무랄 수만도 없다. 사람이 하는 일이 원래 그렇다. 우리는 너무 빨리 결정하고 너무 늦게 그 결정을 바꾼다. 이런 실수가 왜 나오는지 검토하지 않는다면, 실수는 계속 반복될 것이다. 이런 정체 현상은 몇 해씩 계속될 수 있다. 아니, 평생 갈 수도 있다. 의학의 길고 초라한 역사가 보여주듯이 그런 일은 몇백 년이고 지속될 수 있다.

📍 장님 코끼리 만지기

그 길고 초라한 역사 중 '긴' 부분은 아주 분명하다. 사람들은 환자가 아픈 동안에는 어떻게든 건강을 회복시켜주려고 애를 쓴다. 그렇다면 '초라한' 부분은? 의학의 역사를 잘 알고 있는 사람들에게도 초라한 부분은 그렇게 뚜렷하지 않다. "의학의 역사는 놀라울 정도로 어처구니가 없다." 영국의 의사이자 저술가인 드루인 버치Druin Burch는 그렇게 단정한다. "의사들은 사람들이 짐작하고 있는 자신의 치료 행위에 대해 분명한 설명을 해주지만, 그 행위가 옳은지 어쩐지는 결코 말하지 않는다."4) 고대 이집트 의사들이 두개골 골절 환자에게 내렸던 타조 알 찜질 처방은 정말 효과가 있었을까? 고대 메소포타미아 지방에서 '왕의 직장直腸의 수호자'로 불렸던 아이리Iry의 관장술은 정말로 왕의 직장을 건강하게 지켜주었을까? 사혈瀉血은 어떤가. 고대 그리스 시대부터 조지 워싱턴George Washington의 주치의까지 사혈을 하면 몸 상태가 놀라울 정도로 좋아진다고 했지만 정말로 그랬을까? 정사正史는 이런 사실에 대해서는 입을 다물고 있다. 그러나 실제 현대 의학의 관점에서 볼 때 역사 속에 등장한 의사들의 조치들은 대부분 쓸모없거나 증세를 더욱 악화시키기만 했다.

최근까지도 의사가 없을 때 환자의 상태가 더 좋아지는 경우를 많이 볼 수 있다. 병이 제 갈 길을 가게 내버려두는 편이 의사들이 괜한 참견을 하는 쪽보다 덜 위험했다. 세월이 많이 흘러도 치료법은 그다지 좋아지지 않았다. 1799년 미국 초대 대통령인 조지 워싱턴George Washington이 드러눕자, 의사들은 사정없이 피를 뽑고 수은을 투여하여 그가 설사와 구토를 하게 만들었다. 그들은 사혈을 한답시고 노인의 피부에 뜨거운 컵을 눌러 피가 고인 물집을 만들었다. 아리스토텔레스의 아테네나 네로의 로마나 중세 파리, 혹은 엘리자베스 1세의 런던에 살았던 의사들이라면 이런 무시무시한 처방에 대체로 긍정적인 반응을 보였을 것이다.

워싱턴은 결국 고비를 넘기지 못하고 죽었다. 그런 결과가 나왔으니 의사들은 자신들의 방법에 의문을 품었으리라고 생각되지만, 워싱턴이 죽었다는 사실도 그를 살려내지 못했다는 사실만큼이나 그들의 치료 방법에 대해 아무것도 알려주지 않았다. 그런 치료가 도움은 되었지만 워싱턴의 목숨을 지켜내기에 조금 모자랐던 것일까? 아니면 전혀 도움이 되지 않았던 것일까? 아니 오히려 그런 치료법이 워싱턴의 죽음을 재촉했던 것은 아닐까? 1가지 결과만 가지고는 어느 것이 정답인지 알아낼 방법이 없다. 여러 가지 정황을 다 종합해봐도 진실을 알아내기 어렵다. 이런 일에는 여러 가지 요인이 복합적으로 연관되어 있고 너무 많은 설명이 가능한 데다 알려지지 않은 사실이 대단히 많다. 그리고 의사가 자신의 치료법의 효력을 믿고 있다면(의사들은 보통 그렇다. 그렇지 않다면 그런 처방을 내리지 않을 것이다), 그런 모든 다의적인 면을 자신에게 유리하게 해석하여 그 치료법이 효과가 있다는 쪽으로 편리하게 생각할 것이다. 잘못된 처방을 극복하기 위해서는 '환자의 피를 뽑은 다음 상태가 나아지는지 볼 것'이 아니라, 더 엄격한 실험과 확실한 증거부터 찾아야 한다.

로마의 황제들을 치료했던 2세기의 의사 갈레노스Galenos의 경우를 보자. 갈레노스만큼 후대의 의사들에게 많은 영향을 준 사람도 드물 것이다. 갈레노스의 저술은 1,000년이 넘도록 많은 의학 저술의 확고한 고전으로 자리 잡고 있다. "의술이 진정으로 가야 할 길을 드러낸 사람은 바로 나, 나뿐이다." 갈레노스는 평소대로 그렇게 썼다. 그러나 갈레노스는 근대적인 관점에서 실험이라고 할만한 어떤 비슷한 행위도 실천하지 않았다. 왜일까? 실험은 진실이 무엇인지 확실히 모를 때 하는 것이다. 갈레노스는 의심으로 고민하지 않았다. 그만큼 현명하지 못한 사람들에게는 증거가 애매하게 보일지 몰라도, 나오는 결과는 모두 그가 옳다는 것을 확인시켜주었다. "이 약을 마시면 금방 회복될 것이다. 이 약이 도움이 되지 않는 사람은 제외하고 말이다. 그 사람들은 어차피 다

죽을 사람이었다." 그는 그렇게 썼다. "따라서 분명히 말하지만 치료는 치료할 수 없는 경우에만 실패한다."5)

갈레노스가 극단적인 사례에 해당되긴 하지만 의학사에는 이런 사람들의 등장이 되풀이된다. 그들은 확신이 뚜렷하고(예외 없이 남자다), 자신의 판단을 대단히 신뢰한다. 어떤 치료법이 마음에 들면 효력에 대한 이론을 겁 없이 전개하고 경쟁자들을 돌팔이로 비하하며 전도의 사명감을 갖고 자신의 식견을 널리 전한다. 그러한 전통은 고대 그리스인들을 거쳐 갈레노스, 파라켈수스Paracelsus, 독일의 사무엘 하네만Samuel Hahnemann, 미국의 벤저민 러시Benjamin Rush로 이어졌다. 19세기의 미국 의학은 톰슨주의자들Thomsonian이나 에드윈 하틀리 프랫Edwin Hartley Pratt의 혈착수술 같은 신기하고 새로운 이론을 들고나온 자연치유사들과 정통 의사들 간의 전면전으로 이어졌다.

톰슨주의자들은 모든 병은 몸이 지나치게 찬 데서 비롯된다고 주장했고, 에드윈 하틀리 프랫은 이를 비방하는 사람들의 표현대로 "직장은 존재의 중심이자 생명의 진수를 담고 있는 곳으로, 심장과 뇌의 속성으로 여겨지는 기능을 수행한다"고 보았다.6) 주류이든 비주류이든, 경솔한 것부터 위험한 것에 이르기까지 이들이 제공하는 치료들은 대부분 문제가 많았다. 이를 걱정한 의사도 없지 않았지만 대부분은 평소의 방식을 이어갔다. 무지와 자신감은 여전히 근대 의학의 뚜렷한 특징이었다. 외과 의사이자 역사가인 아이라 럿코Ira Rutkow의 말대로 이러저러한 치료법과 이론의 장단점을 두고 격렬한 토론을 벌이는 의사들은 "무지개 색깔을 두고 이러쿵저러쿵하는 장님과 다를 바 없었다."7)

이런 근거 없는 확신의 폐단을 몰아낼 수 있는 기회는 1747년의 발견으로 거의 손에 잡힐 듯 다가온 듯 보였다. 당시 제임스 린드James Lind라는 영국의 선의船醫가 괴혈병을 앓는 선원 12명을 둘씩 짝지어 나누고 각기 다른 처방을 내렸다. 그는 선원들에게 '식초, 사과즙, 황산, 해수, 나무껍질 반죽, 감귤'을 따로 처방했다. 절망이 낳은 궁여지책이었다. 괴혈병은 장기간 항해를 하는 선원들의 목숨을 노리는 치명적인 위협이었기에 의사들의 무모한 자신감도 배 위에서는 전혀 통하지 않았다. 그래서 린드는 은밀하게 6개의 처방약을 만들었다. 그중 하나가 적중했다. 감귤을 받은 2명의 선원이 빠르게 회복된 것이다. 그러나 이런 절호의 기회조차 근대 실험시대의 문을 여는 유레카의 순간이 되지 못했다. "린드는 근대적인 방식을 닮은 치료법을 실천했지만 자신이 취한 조치의 의미를 제대로 이해하지 못했다." 드루인 버치는 그렇게 지적했다. "그는 자신의 실험을 제대로 이해하지 못했기 때문에 레몬과 라임의 각별한 효능을 확신하지 못했다."8) 이후로도 선원들은 계속 괴혈병에 걸렸고 의사들은 계속해서 쓸모없는 처방을 내렸다.

무작위 실험과 신중한 평가 그리고 통계적 검증력 같은 개념이 힘을 얻은 것은 20세기가 되어서였다. "의학 주제에 수리적 방법론을 적용하는 것이 일부의 주장처럼 하찮고 시간만 허비하는 재간인가 아니면 또 다른 쪽의 주장처럼 우리의 기술을 발전시키는 중요한 단계인가?" 1921년에 영국의 의학 전문지 〈란셋Lancet〉은 그런 질문을 던졌다. 영국의 통계학자 오스틴 브래드포드 힐Austin Bradford Hill은 수리적 방법론을 가리켜 후자에 해당되는 이론이라고 단정했다. 그리고 이는 현대 의학

연구에 필요한 하나의 주형鑄型이라고 강조했다. 그러면서 그는 동일한 질병의 환자를 두 집단으로 나눠 다른 치료법을 적용한다면 어떤 치료법이 효과가 있는지 알아낼 수 있을 것이라는 말을 덧붙였다. 말은 쉽지만 그 방법이 그렇게 간단하지만은 않다. 일란성쌍생아라도 정확히 같지 않다. 피실험자의 조건이 다르면 실험은 혼란스러워질 수밖에 없다. 그렇다면 어떻게 해야 할까? 해결책은 통계에 있었다. 사람들을 두 집단에 무작위로 할당해도 실험에 참가하는 사람들의 수가 많아지면 개인적인 차이에도 균형이 맞춰진다. 그러면 어떤 치료가 어떤 결과의 차이를 야기했다고 자신 있게 결론 내릴 수 있다. 물론 이것도 완벽하지는 않다. 어수선한 세상에 완벽이란 없다. 그러나 이 정도만으로도 권위만 내세우는 허풍쟁이들의 코를 납작하게 만들 수 있다.

지금도 이 사실은 분명하다. 무작위 선발에 의한 통제 실험은 이제 일상이 되었다. 그러나 그때까지만 해도 의학에는 한 번도 과학적인 방법이 적용된 적 없었기에 이러한 방법은 혁명에 가까웠다. 사실 무작위 선발에 의한 통제 실험은 세균 이론과 X-레이처럼 우연히 수확한 과학의 결실이었다. 그리고 이는 과학을 통해 제대로 된 모습을 갖추었다. 물론 한편에는 사례연구를 실시한 후 그 결과를 권위 있는 대학에서 라틴어를 수반한 강의로 보고하는 그럴듯한 직함을 가진 교양인들이 있긴 했으나 그것은 과학이 아니었다.

그것은 화물숭배과학cargo cult science이었다. 화물숭배과학이란 물리학자 리처드 파인만Richard Feynman이 만들어낸 조롱 섞인 표현으로, 제2차 세계대전 당시 남태평양 어느 섬에서 미 공군기지가 폐쇄된 이후에 일어난 현상을 가리키는 말이다. 전쟁 중에 비행기들은 온갖 진기한 물건들을 섬으로 가져왔다. 그러나 전쟁이 끝나고 미군이 철수하면서 공군기지도 폐쇄되었다. 섬 주민들이 외부 세계와 유일하게 접촉할 수 있던 장소가 사라진 것이다. 섬 주민들은 "활주로 같은 것을 만들고 양옆을 따라 불을 피우고 통나무집을 만들어 사람을 앉혀놓고 헤드폰 같은 것을 나무로 만들어 머리에 씌운 뒤 대나무를 안테나처럼 세웠다. 그들에게는 그것이 관제탑이었다. 그리고 그들은 비행기가 착륙하기만 기다렸다."[9] 그러나 비행기는 돌아오지 않았다. 화물숭배과학은 이처럼 외형만 과학일 뿐 실제로 과학적인 것이 아무것도 없다.

의학에 부족한 것은 의심이었다. "의심은 두려워할 것이 아니다. 오히려 매우 가치 있는 것이다."[10] 파인만은 그렇게 보았다. 의심은 과학을 추진시킨다.

과학자가 모른다고 말하면 그는 무지한 사람이다. 감을 잡았다고 말하면 확실히는 알지 못하는 것이다. 확신을 가지고 "틀림없이 이렇게 될 것이다"라고 말해도 아직 의심은 남아 있다. 과학을 추진시키려면 이런 무지와 의심을 인정하는 것이 무엇보다 중요하다. 의심이 있기 때문에 우리는 새로운 방향에서 새로운 개념을 들여다볼 생각을 하게 된다. 과학 발전의 속도는 관찰의 속도가 아니라 새로운 실험 대상을 찾아내는 속도다. 그것이 더 중요하다.[11]

의학이 그렇게 오랜 세월 동안 비과학적인 모습으로 정체되었던 것은 의심과 과학적 엄정성이 없었기 때문이었다.

📍 시험대에 오른 의학

　안타깝게도 의사들은 스스로를 자책하며 자신들의 신념을 실험대에 올리는 길을 택하지 않았다. 무작위 통제 실험이라는 아이디어는 고통스러울 정도로 더디게 다가왔다. 실험다운 실험이 처음 시도된 것은 제2차 세계대전 이후였다. 결과는 대단했다. 그러나 기존 의학계는 의학의 현대화를 추진한 의사와 과학자들에게 여전히 별다른 관심을 보이지 않았고 경우에 따라서는 적대적인 태도를 드러냈다.

　"의술이라는 이름으로 행해지는 서비스들 중에 과학적 타당성을 갖추지 못한 것이 너무 많다." 아치 코크란은 1950년대와 1960년대의 의학 풍토를 이처럼 비판하면서 영국의 의료 서비스 체계인 국민보건서비스 National Health Service가 "효과적인 방법을 입증하고 촉진시키는 데 관심을 보이지 않는다"고 꼬집었다. 의사와 그들이 관리하는 기관은 그들의 판단만이 진실을 드러낸다는 생각을 버릴 생각이 없었기 때문에 기존의 관례를 계속 유지했다. 늘 해오던 방식이 편했다. 그리고 그들은 권위 있는 당국으로부터 지지를 받았다. 그들에게 과학적 타당성 따위는 중요하지 않았다. 그들은 모든 것을 다 아는 존재였다. 코크란은 이런 태도를 경멸하면서 그런 그들의 태도를 '신 콤플렉스God complex'라고 불렀다.

　병원들이 심장병 환자들의 회복을 돕기 위한 심장질환 중환자실을 만들자, 코크란은 이 새로운 시설의 효과를 확인하기 위해 무작위 실험을 제안했다. 그때까지는 환자를 그냥 퇴원시켜 집에서 쉬게 하면서 상태를 확인하는 것이 전부였지만, 의사들은 코크란의 제의를 무시했다.

그들은 심장질환 중환자실의 효용성을 의심할 이유가 없다고 말하면서, 환자에게 최고의 치료를 받을 기회를 박탈하는 것은 비윤리적인 처사라고 했다. 그러나 코크란은 쉽게 물러서지 않았다. 제2차 세계대전 당시 포로 전담 의사였던 그는 포로 수용소에서 동료 포로들을 치료할 때도 수용소 당국과 자주 대립했다. 걸핏하면 총을 들이대고 폭력을 사용하는 독일 경비병들을 큰 소리로 꾸짖던 그였다.

결국 코크란은 단독으로 실험을 했다. 그는 환자를 무작위로 선출하여 일부는 심장질환 중환자실로 보내고, 다른 환자들은 집으로 보내 상태를 확인했다. 하지만 도중에 몇몇 심장 전문의들이 찾아와 실험을 중단할 것을 요구했다. 코크란은 예비 결과가 나왔다고 말하며 그들을 달랬다. 그는 두 치료법의 통계적 차이는 대단하지 않지만 심장질환 중환자실에 있는 환자들의 상태가 약간 더 좋은 것 같다고 말했다. "그들은 인신공격을 서슴지 않았다. '아치, 우리는 당신의 행동이 윤리적으로 문제가 있다고 생각하고 있소. 당장 실험을 중단하시오.'" 의사들이 계속해서 강력하게 나오자 코크란은 자신이 약간 속임수를 썼다고 실토했다. 결과를 반대로 말한 것이다. 실제로는 퇴원해 집으로 간 환자들이 중환자실에 있는 환자들보다 상태가 조금 더 좋았다. "갑자기 조용해졌다. 그래도 마음은 좋지 않았다. 어쨌든 그들도 내 동료였으니까."

수용소 시절 코크란은 포로들 중에 심장병 환자가 유달리 많다는 사실을 발견했다. 따라서 자연스럽게 사법체계에 관심을 갖게 되었다. 하지만 교도소장이나 판사나 국무성 관리들의 입장은 모두 같았다. 효과에 대한 착시현상만 일으키는 비대조실험uncontrolled experiment(대조군이 없는 실험)에 대한 유일한 대안은 실험의 진정한 효과를 드러내는 대조실험controlled experiment뿐이라는 사실을 그들은 이해하지 못했다.

코크란은 소년범들을 대상으로 실시한 대처 정부의 '수강명령제도(죄를 지은 사람을 구속시키지 않고 일정 시간 지정 기관에서 교육을 받게 하는 제도-옮긴이)'를 예로 들었다. 영국 정부는 청소년들이 범죄를 많이 저지르는 주말 시간에 소년범들을 소집하여 짧은 시간에 강도 높은 훈련과 정신교육을 받게 하여 이들의 재범을 방지하려 했다. 효과가 있었을까? 영국 정부는 모든 소년범에게 이 방식을 적용하여 효과를 알 수 없게 만들었다. 그런 정책의 도입으로 범죄가 줄어들었다고 해도 그 정책 때문인지 어떤 다른 이유 때문인지 알아낼 방법이 없었다. 범죄가 늘었다고 해도 그 정책이 쓸모없었기 때문인지 아니면 그런 정책마저 없을 경우 범죄가 훨씬 더 증가했을지 역시 알 수 없을 것이다. 당연히 정책을 입안한 당사자들은 그 방법이 효과가 있었다고 주장할 것이고, 반대하는 사람들은 그 정책이 결국 실패했다고 말할 것이다. 그러나 어느쪽도 정확한 판단은 아니었다. 정치가들은 구름의 색깔을 두고 이러쿵저러쿵하는 장님들이었다.

코크란은 정부가 "그 정책에 무작위로 추출한 대조실험을 시도했다면, 우리는 지금쯤 그 제도의 진정한 가치를 알아내고 우리의 사고에서 어떤 진전을 이룰 수도 있었을 것"이라고 지적했다. 그러나 그런 실험은 이루어지지 않았다. 정책이 기대한 만큼의 효과를 거두었다는 것은 단순한 추측이었다. 이는 의학을 몇천 년 동안 암흑 속에 가두어두었던 것과 같은 무지와 자신감의 유해한 조합이었다.

코크란의 좌절은 그의 자서전에서 분명히 드러난다. 직관만으로는 확실한 결론을 내릴 수 없다는 사실을 왜 사람들은 모르는가? 실로 당혹스러운 현실이었다.

그러나 이런 회의주의적인 과학자도 별수 없었다. 저명한 의사로부터 암세포가 온몸에 퍼져 살 날이 얼마 남지 않았다는 말을 들었을 때, 아치 코크란은 그 말을 묵묵히 받아들였다. "이는 단지 한 사람의 주관적인 판단일 뿐이다. 따라서 틀렸을 수도 있다. 그러니 병리학자의 소견이 나올 때까지 기다려보겠다. 그런데 의사는 왜 병리학자의 말을 들어보지도 않고 내 근육을 도려낸 거지?"[12] 코크란은 이렇게 생각하지 않았다. 그는 의사의 결론을 사실로 받아들였고 죽을 준비를 했다.

확고한 결론을 내리기 위해서는 직관 이상의 그 무엇이 필요하다. 그것은 부인할 수 없는 사실이다. 그런데 왜 아무도 그런 직관에 저항하지 않았을까? 특히 그 전문가는 왜 코크란의 살을 도려내기 전에 병리학자의 소견을 기다릴 생각을 하지 않았을까? 코크란의 행동도 수수께끼다. 성급한 판단을 경계하라고 늘 강조하던 사람이 말기 암이라는 진단에 대해서는 왜 그렇게 성급하게 판단을 내렸을까?

♀ 생각에 관한 생각

우리의 생각을 아이디어나 이미지나 계획이나 의식을 통과해 흐르는 느낌과 동일시하는 것은 당연하다. 그런 것이 아니면 무엇이 생각이겠는가? "왜 하필 그 차를 택했느냐"고 물으면 간단히 답할 것이다. "연비가 좋고 디자인이 좋은 데다 가격도 싸니까." 그러나 우리는 자기성찰에 의해서만 생각을 털어놓을 수 있다. 즉 내부로 관심을 돌려 내가 생각하는 내용을 검토해야 그 생각을 타인과 공유할 수 있다. 그리고 자기성찰은 머릿속에서 소용돌이치는 복잡한 과정의 작은 부분만을 포착할 수 있다. 그것도 결정을 내린 뒤에나 가능하다.

우리가 생각하고 결정하는 방식에 대해 설명할 때, 현대 심리학자들은 이중 시스템 모델을 제시하며 우리의 정신세계를 2개의 영역으로 나눈다. 시스템 2는 우리가 잘 아는 의식적 사고의 영역이다. 시스템 2는 우리가 집중하기로 선택한 모든 것으로 구성된다. 반대로 시스템 1은 조금 낯설다. 시스템 1은 자동으로 지각하고 인식하는 영역이다. 지금 여기에 인쇄된 글자를 오른쪽 방향으로 읽어가면서 그것을 의미 있는 문장으로 바꾸거나 책을 한 손에 든 채 물 컵을 집어 한 모금 홀짝거리는 것들이 시스템 1의 작용이다. 우리는 이런 속사포 같은 과정을 의식하지 않지만 그런 과정이 없이는 아무것도 할 수 없다. 시스템 1이 없으면 우리는 외부와 완전히 차단되고 만다.

두 시스템의 번호는 의미 없이 매겨진 것이 아니다. 시스템 1이 먼저 온다. 시스템 1은 배경에서 빠른 속도로 꾸준히 달리고 있다. 어떤 질문을 받았을 때 답을 알면, 시스템 1이 튀어나온다. 시스템 2는 그 답을 심문하는 일을 맡는다. 내 답에 대해 누군가가 꼬치꼬치 따지고 들어와도 내가 견뎌낼 수 있을까? 증거를 댈 수 있을까? 이런 과정에는 시간과 노력이 들어간다. 답을 결정할 때 우리는 다음과 같은 절차를 밟는다. 우선 시스템 1이 답을 내놓는다. 그런 다음 시스템 2가 개입하여 시스템 1이 결정한 답을 검사하기 시작한다.

시스템 2가 실제로 '개입'할지 말지는 다른 문제다. 이 문제에 답해보라. "배트와 공을 사면 1달러 10센트다. 배트는 공보다 1달러 비싸다. 공은 얼마인가?" 답은 즉시 나온다. "10센트." 생각하고 말 것이 없다. 계산도 필요 없다. 빤한 것 아닌가. 시스템 1에 고마워할 뿐이다. 빠르고 쉽고, 노력도 필요 없으니까.

그러나 '10센트'가 정답일까? 좀 더 자세히 생각해보라.

이제 2가지를 깨달았을 것이다. 첫째, 아, 의식적인 사고가 필요한 문제였구나! 문제를 제대로 따져보려면 집중을 해야 하고 언뜻 보고 내린 순간적 판단을 불변의 진리와 연관시켜야 한다. 둘째, '10센트'는 틀렸다. 맞는 것처럼 보이지만 틀렸다. 분명히 틀렸다. 다시 한 번 생각해보면 그 이유를 분명히 알 수 있다.

'배트와 공' 문제는 인지반응 실험Cognitive Reflection Test이라는 독창적인 심리학적 수단의 1가지다. 이 문제는 아주 똑똑한 사람도 그다지 반성적이지 않다는 사실을 보여준다. 사람들은 문제를 듣자마자 '10센트'를 떠올린 다음 신중하지 못하게 '10센트'라고 답한다. 그래서 정답(5센트)을 생각해내는 것은 고사하고 잘못을 눈치채지도 못한다. 지극히 정상적인 행동이다. 우리는 강력한 육감을 쉽게 받아들이는 경향이 있다. 시스템 1은 원초적 심리 논리를 따른다. 그래서 그런 논리가 사실이라고 느끼면 그것은 사실이 된다.

구석기 시대에는 우리의 두뇌가 어떤 결정을 내려야 할 순간에 그런 논리를 적용하는 것도 그리 나쁘지 않았다. 모든 증거를 일일이 다 따져보아야 정확한 답을 얻을 수 있겠지만, 수풀 속에서 움직이는 그림 자를 걱정해야 할지 말지 결정하기 전 사자의 습격에 대한 통계를 따져 보는 원시인은 정확성을 극대화할 수 있는 유전자를 다음 세대에 물려 줄 만큼 오래 살지 못할 것이다. 때로는 순간적 판단이 중요하다. 대니 얼 카너먼Daniel Kahneman이 말한 대로 "시스템 1은 증거가 많지 않은 상 황에서 빨리 결론을 내리도록 만들어진 장치다."13)

그렇다면 수풀 속의 그림자는 어떨까? 정말로 걱정해야 하나? 사자 가 수풀 속에서 뛰어나와 누군가를 덮쳤던 일을 떠올릴 수 있는가? 그 런 기억이 쉽게 떠오른다면(그런 기억은 쉽게 잊히지 않는다), 사자일 가 능성이 크다고 결론 내릴 것이다. 그러면 걱정이 되기 시작한다. 이렇게 모든 과정을 또박또박 설명하면 답답해 보이지만, 사실 이는 모두 시스 템 1에서 일어나는 과정으로 몇십 분의 1초 사이에 자동적으로 빠르고 완벽하게 이루어진다. 그림자를 본다. 털컥! 걸음아 날 살려라 하며 뛴 다. 이것이 가용성 휴리스틱availability heuristic이다. 가용성 휴리스틱이란 시스템 1의 여러 가지 작용heuristic(어림짐작) 중 하나로, 이를 찾아낸 사 람은 판단과 선택의 학문을 크게 도약시킨 대니얼 카너먼과 그의 동료 아모스 트버스키Amos Tversky 등이었다.

직관적 판단의 결정적 특징은 판단의 근거가 되는 증거의 질에 관 심을 갖지 않는다는 점이다. 직관적 판단은 그래야 한다. 시스템 1이 가 까운 증거에 결함이 있는지 부적절한지 더 좋은 증거가 있는지 끊임없 이 의심한다면, 그렇게 번개 같은 속도로 확실한 결론을 내놓을 수 없을 것이다. 시스템 1은 이용할 수 있는 증거를 믿을 만하고 충분한 것으로 받아들여야 한다. 이런 묵시적 가정은 시스템 1에는 너무 생생한 것이어서, 카너먼은 그런 가정에 볼품없지만 쉽게 잊히지 않는 호칭을 붙였다. 'WYSIATI What You See Is All There Is(보이는 것이 전부다).'14)

물론 시스템 1로서는 세상 모든 일에 결론을 내리고 싶겠지만 그럴 수는 없는 일이다. 인간의 두뇌는 질서를 요구한다. 세상은 이치에 맞아야 한다. 다시 말해, 보고 생각한 것은 설명할 수 있는 것이어야 한다. 그리고 우리는 그렇게 할 수 있다. 우리는 정연한 논리를 부여하는 이야기를 만들어내도록 구조가 짜인 창조적 입담꾼이니까.

실험실 책상 앞에 앉아 벽에 걸린 여러 장의 그림을 본다. 그중 하나를 고른다. 삽을 그린 그림이다. 왜 그것을 골랐을까? 물론 이 이상의 정보가 없다면 대답할 수 없다. 그러나 당신이 정말로 책상 앞에 앉아 손가락으로 삽 그림을 가리켰다면, "모르겠다"라고만 말하기도 쉽지 않을 것이다. 정상적인 사람이라면 이런 행동에 대해 사리에 맞는 이유를 댈 수 있을 것이라고 사람들은 기대한다. 다른 사람들, 특히 흰색 실험실 가운을 입은 신경과학자에게 "이유는 모르겠고, 그냥 그랬습니다"라고 말하면 통하지 않는다.

마이클 가자니가Michael Gazzaniga는 유명한 실험을 통해 정신이 멀쩡한 사람들이 자신이 하는 일의 이유를 모르는 특이한 상황을 만들었다. 그의 피실험자는 '분할뇌split-brain' 환자였다. 분할뇌 환자는 좌뇌와 우뇌를 연결하는 뇌량을 수술로 제거해서(보통 간질 증세가 심한 사람에게 많이 하는 시술이다), 양쪽 뇌가 서로 소통이 되지 않는 사람들을 말한다.

이들은 지극히 정상인 사람들이지만 뇌가 분리되어 있기 때문에 다른 쪽 뇌와 정보를 공유하지 않고 한쪽 뇌로만 소통한다. 그래서 종종 마치 두 사람과 이야기하는 것 같다. 연구진은 환자의 오른쪽에 눈보라가 몰아치는 그림(우뇌로 전달된다)을 보여주고 왼쪽에 닭발 그림(좌뇌로 전달된다)을 보여준 다음, 왼손으로 삽, 갈퀴, 도끼, 잔디깎이 사진 중 그림과 관련 있는 것 하나를 고르라고 하고 오른손으로 닭, 토스터, 사과, 망치 그림 중 하나를 고르라고 했다. 환자는 왼손으로 삽을, 오른손으로는 닭을 정확히 가리켰다. 문제는 삽과 닭을 고른 이유를 설명해보라고 요구할 때 나오는 반응이었다. 닭발을 보았으니 닭을 고른 이유는 설명할 수 있지만, 언어를 담당하는 좌뇌는 닭발 그림밖에 보지 못했기 때문에 삽을 가리킨 이유를 설명할 수가 없다. 그러나 그 환자는 "모른다"고 대답하지 않았다. 대신 그는 적당한 핑계를 둘러댔다. "그야 간단하죠." 그 환자는 말했다. "닭발은 닭을 연상시키고, 닭장을 청소하려면 삽이 필요하잖아요."[15]

이처럼 설명을 해야 한다고 생각하는 강박증은 주식시장이 마감된 후 시황을 설명하는 기자의 보도에서도 어김없이 나타난다. "오늘 ○○ 소식에 힘입어 다우존스지수가 95포인트 상승했습니다." 하지만 시황을 이끌었다는 그 새 소식은 지수가 오르고 한참 뒤에 나온 것으로 밝혀진다. 그런 사소한 검토조차 하지 않는 경우가 비일비재하다. 기자가 이렇게 말하는 경우는 거의 없다. "시장이 100가지 이유 중 어떤 1가지 이유 때문에 오늘 상승했습니다. 아니면 그런 이유가 복합적으로 작용했는지도 모릅니다. 그거야 알 수 없는 일이죠." 대신 기자는 왜 삽 사진을 가리켰냐는 질문을 받은 분할뇌 환자처럼 이유도 모른 채 주어진 자료를 가지고 적당히 이야기를 둘러댄다.

설명하고자 하는 충동을 나무랄 이유는 없다. 실제로 그런 충동은 현실을 이해하려는 인간의 모든 노력을 가능하게 해주는 원동력이다. 문제는 우리가 혼돈이나 불확실성("내가 왜 삽 사진을 가리켰는지 이유를 알 수 없다")으로부터 너무 빨리 명확하고 자신 있는 결론("아, 그거야 간단하지")으로 이동하면서 그 사이에 생각을 해볼 어떤 시간("이렇게 설명할 수도 있지만 다른 설명도 가능하다")을 갖지 않는다는 것이다.

2011년에 노르웨이 수도 오슬로에서 8명이 죽고 200명 이상이 다친 대형 차량 폭탄 테러가 일어났을 때, 사람들이 보인 첫 번째 반응은 충격이었다. 오슬로는 지구상에서 가장 평화롭고 문명화된 도시 중 하나다. 인터넷과 케이블 뉴스에는 이슬람 극단주의자들의 소행이라는 추측이 나돌았다. 차량에 설치된 폭탄은 가능한 한 많은 사람을 살해하려는 의도가 분명해 보이는 강력한 폭발력을 지닌 폭탄이었다. 또한 차량은 총리가 집무하는 정부 청사 밖에 주차되어 있었다. 그것은 이슬람 극단주의자의 '소행이어야만' 했다. 런던과 마드리드와 발리의 폭탄 테러도 이슬람주의자의 소행이었다. 9·11 사건도 그랬다. 사람들은 인터넷을 검색하여 자신의 생각을 뒷받침할만한 정보를 뒤졌다. 그리고 찾아냈다. 노르웨이는 NATO 군사작전 참가국 중 하나로, 아프가니스탄에 군대를 파견하고 있었다. 노르웨이에는 단합되지 않은 무슬림 공동체가 흩어져 있었는데, 한 급진적 성향의 무슬림 지도자가 일주일 전에 선동 혐의를 받았다. 폭탄 테러가 있은 지 얼마 되지 않아 훨씬 더 충격적인 사건이 터졌다. 총기 난사였다. 집권당인 노동당이 주최한 청소년 여름 캠프에서 벌어진 총기 난사로 수십 명이 사망했다. 모든 정황이 딱 들어맞았다. 이번 일도 이슬람 테러리스트들이 저지른 공격이었다. 의심의 여지가 없었다. 테러리스트들이 국내에서 양성되었는지 알카에다와 연관이 있는지는 더 두고 봐야겠지만, 범인들이 이슬람 극단주의자인 것만은 분명했다.

이후 밝혀진 대로 두 사건의 범인은 단 1명이었다. 이름은 아네슈 브레비크Anders Breivik. 무슬림이 아니었다. 그는 무슬림을 증오했다. 브레비크는 다문화정책이 노르웨이를 망치고 있다고 판단하고 정부를 표적으로 삼았다. 브레비크가 체포되자, 많은 사람들이 이슬람 혐오증에 사로잡혀 성급한 판단을 내린 사람들을 비난했다. 이유가 없지는 않았지만 그들 중 몇몇은 무슬림을 비난하는 데 필요 이상으로 열을 올렸다. 그러나 당시 알려진 몇 가지 사실과 지난 10년 동안 발생한 대형 테러 사건을 짚어볼 때, 이슬람 테러리스트를 의심한 행동은 아주 합리적인 처사였다. 학자들이 말하는 '그럴듯한 가설plausible hypothesis'이다. 그러나 학자들은 그럴듯한 가설을 매우 다른 방식으로 다룬다.

과학자들에게도 직관이 있다. 그들이 헤쳐나갔던 수많은 돌파구 뒤에는 예감과 번득이는 통찰(증명할 수는 없지만 사실이 틀림없다는 의식)이 있었다. 시스템 1과 시스템 2의 상호작용은 미묘하고도 창의적이다. 그러나 과학자들은 신중을 기하도록 훈련받았다. 마음에 드는 가설을 '진리'로 단정하고 싶은 유혹을 받게 되도 그들은 다른 설명도 들어봐야 한다는 사실을 안다. 그리고 그들은 최초의 예감이 잘못되었을 수 있다고 진지하게 생각한다. 실제로 과학에서 가설이 사실이라는 가장 좋은 증거는 그 가설이 거짓이라는 것을 입증하려 해보지만 실패하는 실험이다. 과학자들은 "내가 틀렸다는 것을 분명하게 납득시켜주는 것은 무엇인가?"라는 질문에 답할 수 있어야 한다. 그렇게 하지 못한다면, 그것은 그들이 자신의 신념에 너무 집착하고 있다는 징표다.

중요한 것은 의심이다. 과학자들은 다른 사람들만큼이나 확실하게 '진리'를 안다고 느낀다. 그러나 그들은 그런 느낌을 제쳐두고 필요한 만큼의 의심을 가져야 한다는 것을 안다. 완전히 없애지는 못하더라도 더 좋은 연구를 통해 더 좋은 증거가 나오면 의심도 어느 정도 해소할 수 있다.

이런 과학적 신중함은 인간의 본성과 맞지 않다. 오슬로 사건이 터진 이후에 나온 추측이 보여준 것처럼, 인간의 자연적 성향은 가장 먼저 나온 그럴듯한 설명을 포착하여 신뢰성을 확인하지 않은 채 그 설명을 뒷받침할만한 증거들을 신나게 수집하는 것이다. 우리는 첫 번째 설명을 약화시키는 증거를 찾으려 하지 않고, 오히려 누가 그런 증거를 코앞에 들이대면 분명한 동기를 가진 회의주의자가 되어 그런 증거를 하찮게 만들거나 완전히 묵살할만한 이유를 찾는다.16) 갈레노스의 터무니없는 자신감도 그런 경우다. 그의 놀라운 치료법은 '치료할 수 없어 죽는 경우'를 제외하고 그것을 받아들인 모든 사람을 치료했다. 이처럼 완벽한 확증편향confirmation bias이 또 어디 있겠는가? "환자가 치료되면 그것은 내 치료가 효과가 있다는 증거다. 환자가 죽는다 해도 내 치료와는 아무 상관이 없는 일이다."

어떤 복잡한 세계의 정확한 정신적 모델을 구축하는 방법으로는 형편없지만, 그래도 질서에 대한 두뇌의 욕구를 만족시키는 수단으로는 이만큼 멋진 방법도 없다. 이런 설명은 어정쩡한 구석이 없다. 아주 깔끔하다. 모든 것은 명석하고 일관되고 확고하다. 그리고 '모든 것에 딱 들어맞는다'라고 생각하게 되면 진실을 알고 있다는 자신감이 생긴다. "불확실성을 진지하게 받아들이는 것이 현명하다." 대니얼 카너먼은 그렇게 지적했다. "당당하게 자신감을 드러내는 모습을 보면 그 사람이 머릿속에서 조리 있는 이야기를 만들었다는 사실을 알 수 있다. 하지만 그 이야기가 꼭 사실인 것은 아니다."[17]

📍 미끼와 바꿔치기

아치 코크란의 겨드랑이를 절개한 저명한 전문가는 그에게서 암세포가 가득 퍼진 것처럼 보이는 조직을 발견했다. 정말로 암세포였을까? 암세포가 이치에 맞았다. 환자의 겨드랑이에는 혹이 있고 손등에는 악성 종양이 있었다. 그리고 몇 해 전에 코크란은 어떤 연구를 하면서 X-레이에 노출된 적이 있었다. 첫 번째 의사가 그 전문가를 찾아가보라고 등을 떠민 이유도 그 때문이었다. 모든 것이 딱 들어맞았다. 그것은 암이었다. 의심의 여지가 없었다. 코크란의 근육을 제거하고 환자에게 오래 살 수 없다고 말해야 한다. 병리학자의 소견을 기다릴 필요도 없다.

전문가의 판단이 확고부동하다고 직감하게 되자 코크란의 회의적 방어 태세는 움츠러들었다. 그러나 또 다른 사고 과정이 작동했을 수도 있다. 정식으로 말하면, '속성 바꿔치기attribute substitution'라는 것인데, 나는 이를 '미끼 상술bait and switch'이라고 부른다. 어려운 질문을 받았을 때 우리는 그 질문을 은근슬쩍 쉬운 것으로 대체할 때가 많다. "수풀 속의 그림자를 걱정해야 하는가?"는 어려운 질문이다. 그 이상의 자료가 없다면 대답할 수 없을지 모른다. 그래서 우리는 쉬운 질문으로 대체한다. "수풀 속에서 뛰쳐나와 누군가를 공격하는 사자를 쉽게 떠올릴 수 있는가?" 이 질문이 원래의 질문을 대신하게 되고, 두 번째 질문에 대한 답이 '그렇다'이면 첫 번째 질문에 대한 답도 '그렇다'가 된다.

그래서 카너먼의 다른 휴리스틱과 마찬가지로, 가용성 휴리스틱도 근본적으로 말하자면 미끼와 바꿔치는 술책이다. 그리고 가용성 휴리스틱이 보통 무의식적인 시스템 1의 활동인 것처럼, 미끼 상술도 시스템 1의 활동이다.18)

물론 우리가 항상 우리 마음의 간계를 알아차리지 못하는 것은 아니다. 누가 기후변화에 대해 물으면 우리는 이렇게 생각한다. '난 기후학 공부를 한 적이 없고 그런 쪽의 과학책도 읽지 않았어. 그래서 내가 아는 것을 근거로 대답한다면 엉터리 답이 나올 거야. 이런 걸 잘 아는 사람들은 기후학자들이지. 그러니 나는 '기후변화가 실제로 일어나고 있는가?'라는 질문을 '기후학자들은 기후변화를 현실로 받아들이는가?'라는 물음으로 대체할 거야." 보통사람이 저명한 전문가로부터 말기 암이라는 진단을 받게 되면 그는 똑같은 의식적 미끼 상술에 걸려들어 의사의 말을 사실로 받아들이게 된다.

그러나 아치 코크란은 보통사람이 아니었다. 그 역시 유명 의사였다. 그는 병리학자의 소견이 아직 나오지 않았다는 사실을 알고 있었다. 의사들에게는 사실을 지나치게 확신하는 경향이 있고 이런 '신神 콤플렉스'가 큰 실수를 낳기도 한다는 사실을 누구보다 잘 알고 있었다. 그럼에도 그는 그 자리에서 전문가의 말을 사실이자 최종 결론으로 받아들였다. 그 이유는 아마도 코크란이 "내게 암이 있는가?"라는 질문을 무의식중에 "이 사람이 내게 암이 있는지 없는지 아는 사람인가?"로 대체했기 때문일 것이다. 그에 대한 대답은 이랬다. "물론 그는 저명한 암 전문가다. 그는 암세포가 퍼진 근육을 직접 눈으로 확인했을 것이다. 이 사람은 내가 암에 걸렸는지 아닌지 알고 있는 '바로' 그 사람이다." 그래서 코크란은 그의 말을 묵묵히 받아들였다.

사람들이 성급한 결론을 내릴 때가 많다고 이야기한다고 해서 의아한 표정을 지을 사람은 없을 것이다. 사람들과 자주 접촉한다면 그 정도는 누구나 알 수 있다. 그러나 우리는 확고한 결론을 끌어내기 전에 천천히 생각해야 한다는 사실도 '알고 있다.' 그런데도 어떤 질문을 받고 틀림없어 보이는 답이 떠오를 때, 우리는 시스템 2를 무시하고 선언한다. "정답은 10센트." 누구도 예외가 아니다. 아치 코크란 같은 회의주의자들까지도.

세상일을 이렇게 별다른 노력 없이 자동적으로 처리하는 사고 유형을 가리켜 '기본 설정default setting'이라고 부르지만 사실 이는 잘못된 호칭이다. '기본default'이라는 말 속에는 스위치를 찰칵 켜서 다른 어떤 것으로 바꿀 수 있다는 뜻이 숨어 있다. 단지 그렇게 하려 하지 않을 뿐이다. 마음에 들든 들지 않든, 시스템 1은 졸졸 흐르는 의식 아래에서 잠시도 흥얼거림을 멈추지 않는다.

시각적인 비유로 말하면 이해하기 쉬울 것이다. 잠자리에서 눈을 뜬 순간 코끝 아래쪽으로 들어온 장면과 소리가 두뇌로 흘러 들어가면 시스템 1이 개입한다. 이런 지각은 주관적이어서 사람마다 각기 다르다. 자신의 코끝을 통해 세계를 볼 수 있는 것은 자신뿐이다. 그것을 '코끝 관점tip-of-your-nose perspective'이라고 부르자.

📍 직관과 분석을 통합하라

코끝을 통해 바라본 시야는 불완전하지만, 그래도 완전히 무시해서는 안 된다.

인기 있는 책들은 직관blink과 분석think이라는 이분법으로 이쪽 또는 저쪽이 더 바람직하다고 말한다. 내 생각은 직관보다는 분석에 더 기울어지는 편이지만 직관이다 분석이다 하는 이분법은 문제가 있다고 생각한다. 선택은 이쪽이냐 저쪽이냐가 아니다. 선택은 진화하는 상황에서 양쪽을 조합하는 방식을 의미한다. 그렇게 결론을 내리면 이쪽이나 저쪽으로 가라는 명쾌한 충고만큼 고무적이지는 않지만, 양측의 관점 뒤에서 선구적인 학자들이 알아낸 것처럼 진실에 가까이 다가갈 수 있다는 이점이 있다.

대니얼 카너먼과 아모스 트버스키가 시스템 1의 실패를 이론화하고 있을 때, 또 다른 심리학자이자 《통찰, 평범에서 비범으로Seeing What Others Don't》의 저자 게리 클라인Gary Klein은 전문가들이 내리는 의사결정을 검토하고 있었다. 클라인은 순간적 판단의 위력을 확인했다. 그는 현장에서 화재 진압을 지휘하는 한 소방대장의 예를 들었다. 소방대장은 주방에서 뿜어져 나오는 불길을 잡기 위해 대원들에게 거실에서 호스로 물을 뿌리라고 명령했다. 처음에는 잦아드는 것처럼 보이던 불길이 다시 이글거렸다. 소방대장은 당황했다. 그는 또한 주방 화재의 규모에 비해 거실이 이상할 정도로 뜨겁다고 생각했다. 그리고 왜 이렇게 조용하지? 열기가 이 정도라면 소리가 더 커야 할 텐데. 뭔가 느낌이 불길하다고 생각한 소방대장은 급히 대원들을 밖으로 철수시켰다. 소방대원들이 거리로 나오자마자, 거실 바닥이 무너졌다. 불의 진원지는 주방이 아니라 지하실이었던 것이다. 소방대장은 위험하다는 걸 어떻게 알았을까? 그 소방대장은 자신에게 초감각적 지각extrasensory perception, ESP이 있는 것 같다고 클라인에게 말했다고 한다. 그러나 이는 자신이 어떻게 알았는지 모른다고 말하기 싫어 둘러댄 이야기였을 뿐이다. 그는 그냥 알았다. 그것이 직관적 판단의 특질이다.

순간적 판단에 대해 전혀 다르게 보이는 결론을 내린 카너먼과 클라인은 웅크리고 앉아 상대방에게 총구를 들이대고 서로를 저격할 수도 있었다. 그러나 위대한 과학자들이 늘 그랬듯 그들은 머리를 맞대고 퍼즐을 풀었다. "우리는 여러 중요한 부분에서 의견의 일치를 보았다." 그들은 2009년에 발표한 논문에서 그렇게 결론 내렸다.[19]

소방대장의 정확한 직관은 조금도 신비로울 것이 없다. 그것은 '패턴 인식pattern recognition'이다. 오랜 훈련과 경험이 쌓이면 누구나 그런 패턴을 엄청나게 많이 그리고 아주 상세하게 기호화하여 기억 속에 깊이 간직할 수 있게 된다. 체스의 고수들은 약 5만~10만 가지 정도의 수를 갖고 있다.20) 일반적인 주방 화재보다 더욱 뜨거운 열을 내는 불처럼 어떤 상황이 특정 패턴에 맞지 않을 경우 유능한 전문가는 그 차이를 금방 알아차린다. 그러나 타버린 토스트나 교회 벽에 핀 곰팡이에서 성모 마리아의 형상을 찾아내는 사람들에게서 보듯, 우리의 패턴 인식 능력은 긍정오류(어떤 현상 뒤에 어떤 존재가 있다고 생각하는 오류-옮긴이)를 피하기 어렵다. 코끝 관점은 여러 가지 방법으로 명석하고 강력하고 잘못된 지각을 만들어낼 수 있고, 또 효과가 있는 만큼이나 크게 빗나갈 수도 있다.

직관이 망상으로 빠질지 통찰력으로 이어질지는, 우리가 나중에 사용할 생각으로 무의식중에 등록해놓은 확실한 단서가 얼마나 많은지에 따라 달라진다. 카너먼과 클라인은 "예를 들어, 화재가 났을 때 건물이 무너지려 한다거나 아기들이 곧 감염 증세를 드러낼 것 같다는 사실 등을 미리 알려주는 징후가 있는 것 같다"고 썼다. "반면에 특정 주식이 얼마나 좋은 실적을 낼지 예측할 수 있는 정보는 없는 것 같다. 그런 확실한 정보가 존재한다면 그것은 이미 주가에 반영되었을 것이다. 이것이 주식 중개인의 직감보다는 건물의 안전성을 진단해본 경험 있는 소방대장의 직감이나 아기를 바라보는 간호사의 직감을 더 신뢰해야 할 이유이다."21) 단서를 배우는 것은 기회와 노력의 문제다. 단서를 쉽게 배울 때도 있다. "아이가 개와 고양이를 구분하는 데 수천 가지의 사례가 있어야 하는 건 아니다." 그러나 습득하기 어려운 패턴도 많다. 체스에서 5만 ~10만 가지 패턴을 배우는 데는 약 1만 시간이 걸린다. "배울 기회가 없었는데, 직관이 정확하게 작용했다면 운이 좋았다든가 어떤 마법의 술수였을 것이다. 그리고 우리는 마법을 믿지 않는다."22) 카너먼과 클라인은 그렇게 결론 내렸다.

그러나 함정이 있다. 카너먼과 클라인이 지적한 대로, 직관이 효력을 발휘하게 할 만큼 확실한 단서가 있는 경우를 알기 어려울 때가 많기 때문이다. 그리고 직관이 분명히 효과가 있을 때에도 신중할 필요가 있다. "어떤 수를 두고도 설명할 수 없을 때가 많다. 그저 느낌으로 맞다는 것을 안다. 그리고 그런 직관은 대체로 맞다." 세계 체스 챔피언이자 역사상 최고 랭킹에 올랐던 노르웨이의 체스 천재 망누스 칼센Magnus Carlsen은 그렇게 말했다. "한 자리를 놓고 1시간을 장고하면, 맴돌이에 빠져 제대로 둘 수 없다. 나의 경우 보통 10초 정도면 어떻게 해야 할지 보인다. 나머지는 확인하는 과정일 뿐이다."23) 칼센은 자신의 직관을 존중한다. 지극히 당연한 태도이지만 그는 또한 많은 '확인' 작업을 거친다. 때로 직관이 그를 실망시키고 의식적인 생각이 더 좋은 판단을 내리도록 도와준다는 사실을 알기 때문이다.

이는 매우 훌륭한 습관이다. 코끝 관점은 놀라운 기능을 발휘하지만 한편으론 일을 망치기도 한다. 그래서 중대한 결정을 내려야 할 때 시간적 여유가 있다면 다시 한 번 생각해보는 것이 좋다. 그리고 확실한 사실로 보였던 것이 나중에 잘못된 것으로 밝혀질 수도 있다는 사실을 인정해야 한다.

포천 쿠키만큼이나 하찮은 충고라도 무시하기 어려울 때가 있다. 그러나 코끝 착각은 너무 확실하다는 느낌이 들어 충고를 무시하고 본능에만 의지하게 만든다. 〈월스트리트저널〉 칼럼니스트이자 로널드 레이건Ronald Reagan 대통령의 연설문을 전담했던 페기 누난Peggy Noonan이 2012년 대통령 선거 전에 내놓았던 예측도 그런 사례였다. 그녀는 미트 롬니Mitt Romney가 이길 것이라고 썼다. 그녀가 내세운 근거는 롬니의 집회에 모이는 엄청난 사람들의 수였다. 롬니는 "행복하고 고마워하는 표정이었다." 또한 유세에 참가했던 어떤 사람은 그녀에게 "군중들의 열기와 환호"를 전해주었다. 이런 정황을 종합하여 누난은 결론적으로 말했다. "느낌이 맞다." 누난의 느낌을 흉내 내기는 쉽다. 그러나 단지 그런 느낌이 든다는 이유 때문에 결과가 다른 방향으로 틀어지지 않으리라 확신할 수 있는 사람이 누가 있겠는가? 우리도 "느낌이 맞다"라고 말하지는 않지만 사실 마찬가지로 생각한다.[24]

이것이 코끝 관점의 힘이다. 코끝 관점은 설득력이 대단해서 몇천 년 동안 외과 의사들의 신념을 굳게 지켜주었고 그래서 환자들에게 불필요한 고통을 주었다. 코끝 견해가 치료에 별다른 영향을 미치지 못한다는 사실을 의사들이 인정한 순간, 비로소 의학은 진보의 첫발을 내디딜 수 있었다.

21세기의 예측도 19세기 의학만큼이나 고집스러운 면이 없지 않다. 이론과 주장과 논쟁이 난무하고, 유명인사들은 후한 보수만큼이나 자신감이 넘친다. 거기엔 실험이 거의 없고 과학이라고 부를만한 것도 없다. 그래서 우리는 생각보다 아는 것이 거의 없고, 그렇기에 그에 대한 대가를 치른다. 잘못된 예측은 엉터리 의학만큼 그 피해가 뚜렷하게 드러나는 것은 아니지만 그런 예측은 알게 모르게 잘못된 결정으로 이어져 금전적 손실을 초래하고 중요한 기회를 놓치게 만들고 불필요한 고통을 겪게 만들며 심지어 전쟁이나 죽음까지 초래한다.

다행히 의사들은 이제 이런 문제에 대한 치료법을 안다. 그 치료법은 다름 아닌 한 줌의 의심이다.

3장

점수 매기기

: 예언이 아닌, 숫자로 예측하라

자신을 의심할 수 있게 된 의사들은 효과적인 치료법을 과학적으로 검증하기 위해 무작위적인 대조실험에 눈을 돌렸다. 얼핏 보면 예측의 정확성을 평가하는 일도 그리 어렵지 않아 보일 것이다. 예측 결과를 모으고 정확성을 판단하고 수치를 첨가하면 되는 것 아닌가. 그뿐이다. 토머스 프리드먼이 얼마나 정확한지도 금방 알 수 있지 않을까?

그러나 그렇게 간단한 문제가 아니다. 2007년에 스티브 발머Steve Ballmer가 했던 예측을 보면 알 수 있다. 당시 마이크로소프트Microsoft사의 CEO였던 그는 이렇게 말했다. "아이폰이 의미 있는 시장점유율을 차지할 가능성은 없다. 전혀 없다."

그의 말은 빗나간 예측으로 유명하다. 구글이나 발머가 좋아하는 '빙Bing' 검색창에 '발머Ballmer'와 IT 분야 최악의 예측worst tech predictions'이라고 입력해보라. 예측 분야 수치의 전당Hall of Shame에 그의 이름이 올라와 있는 것을 볼 수 있을 것이다. 여기에는 1977년에 "사람들이 집에 컴퓨터를 갖춰놓고 싶어 할 이유는 없다"라고 단언했던 디지털이큅먼트사Digital Equipment Corporation 사장의 발언 같은 오래된 예측도 함께 나온다. 2013년에 《IT 10대 최악의 예측The Ten Worst Tech Predictions of All Time》을 집필한 저자가 지적한 대로 "아이폰은 미국 스마트폰 시장의 42%를 장악하고 있고 전 세계 시장의 13.1%를 차지하고 있다."[1] 이 정도면 아주 '의미 있는' 점유율이다. 2013년에 발머가 마이크로소프트사를 떠나겠다고 선언했을 때 어떤 기자는 이렇게 썼다. "아이폰 혼자서 올리는 수입이 마이크로소프트사가 올리는 모든 수입보다 더 많다."[2]

그러나 발머의 예측을 자세히 따져보자. 핵심은 "의미 있는 시장점유율"이다. '의미 있다'는 것이 어느 정도인가? 발머는 이를 밝히지 않았다. 그리고 시장이라면 어떤 시장을 말하는가? 북미 시장인가? 세계 시장인가? 그리고 무엇을 파는 시장인가? 스마트폰인가 휴대전화 전체인가? 답하지 않은 이런 질문들이 문제를 복잡하게 만든다. 예측을 할 때 우선적으로 해야 할 일은 예측을 심사하는 것이다. 그러기 위해서는 예측이 의미하는 것에 대해 어떤 억측도 하지 말아야 한다. 예측의 정확도를 따지려면 예측에 어떤 모호한 부분이 있어서는 안 된다. 발머의 예측은 모호한 예측이다. 물론 그의 예측은 틀린 것처럼 보인다. 틀린 것 같은 기분이 든다. 틀렸다고 할만한 확실한 증거가 있다. 그러나 그의 예측이 정말로 틀렸는가? 의심할 여지가 없는가?

지나치게 변호사 흉내를 내는 것이 아니냐고 지적해도 독자들을 탓할 생각은 없다. 역시 좋지 않은 쪽으로 유명한 미국 전 대통령 빌 클린턴Bill Clinton의 발언이 생각난다. "그거야 'is'라는 단어가 무엇을 의미하는지에 따라 달라지겠죠."[3] 발머의 말을 문자 그대로 받아들일 때 원래의 의미가 달라진다고 해도 그의 말의 의미는 분명한 것 같다. 그러나 발머가 2007년 4월에 〈USA투데이USA Today〉와의 인터뷰 당시 했던 이야기를 전체적인 맥락에서 다시 한 번 보자. "아이폰이 의미 있는 시장 점유율을 차지할 가능성은 없습니다. 전혀 없습니다. 500달러를 보조해 주더군요. 돈을 벌 수도 있을 겁니다. 하지만 휴대전화가 13억 대 팔린다고 합시다. 애플은 그중 2%나 3% 정도를 가져가겠죠. 나라면 우리의 소프트웨어가 차지하는 60%나 70%나 80% 정도의 시장을 더 선호할 겁니다."

이제 몇 가지가 분명해진다. 우선 발머가 언급하는 시장은 분명 세계 휴대전화 시장이다. 그래서 미국이나 전 세계 스마트폰 시장점유율과 관련한 그의 예측이 틀렸다고 평가하는 것은 잘못되었다. 컨설팅 그룹인 가트너 IT$^{Gartner IT}$가 제공한 자료를 통해 계산해보니, 2013년 3분기에 전 세계에 판매된 휴대전화 중 아이폰이 차지하는 비율은 6%였다.[4] 발머가 예측한 2%나 3%보다는 높지만, 앞뒤 맥락을 잘라버린 인용구와 달리 배를 잡고 웃을 만큼 터무니없는 추측은 아니었다. 아이폰이 애플의 실패작이라는 말도 발머는 하지 않았다. 그는 이렇게 말했다. "돈을 벌 수도 있을 겁니다." 그래도 여전히 석연치 않다. 세계 휴대전화 시장에서 2%나 3%가 아닌 그 이상 어느 정도가 되어야 '의미 있는' 점유율이 되는가? 발머는 말하지 않았다. 그리고 "돈을 벌 수 있을 것"이라고 말했지만 어느 정도 번다는 뜻으로 말한 것일까? 그것 역시 발머는 밝히지 않았다.

결론적으로, 스티브 발머의 예측은 어느 정도 틀렸는가? 그의 말투는 경솔하고 거만했다. 〈USA투데이〉와의 인터뷰 내용을 보면 분명 애플을 비웃는 것처럼 보였다. 그러나 그의 '말'은 말투 이상으로 뉘앙스가 있었고 또 내용이 모호했기 때문에, 그의 예측이 틀렸다고 단정하는 것은 조금 문제가 있다. 수치의 전당에 올릴 정도로 그렇게 터무니없다고 말하기는 더욱 그렇다.

깨끗하게 닦은 유리창 같아 보였던 예측이, 나중에 흐릿해져서 옳다 그르다 판단하기가 어렵게 되는 경우는 흔히 있는 일이다. 2010년 11월에 당시 연방준비위원회 의장이었던 벤 버냉키Ben Bernanke에게 보내진 공개 서한도 그랬다. 하버드 대학교 경제사학자 니얼 퍼거슨과 미 외교협회Council on Foreign Relations의 아미티 슐라에스Amity Shlaes를 필두로 많은 경제학자와 평론가들이 서명한 그 서한은 '양적완화'로 알려진 연방준비위원회의 대규모 자산 인수정책을 당장 중단하라고 촉구했다. "화폐 가치의 하락과 인플레이션을 심화시킬 위험이 있다"는 것이 이유였다. 이들의 충고는 무시되었고 양적완화는 계속되었다.

그러나 그 뒤로 몇 해 동안 미국 달러화의 가치는 꿈쩍도 하지 않았고 인플레이션도 악화되지 않았다. 투자가이자 평론가인 배리 리솔츠Barry Ritholtz는 2013년에 서명자들의 예측이 "완전히 빗나갔다"고 단정했다.5) 많은 사람들이 동의했다. 그러나 응수도 만만치 않았다. "기다려보라. 아직 때가 오지 않았을 뿐이다. 곧 그렇게 된다." 리솔츠와 비평가들은 2010년에 있었던 논란의 전후 맥락으로 볼 때 편지를 쓴 사람들은 양적완화가 계속될 경우 2년이나 3년 뒤에 통화 가치가 하락하고 인플레이션이 심해질 것이라고 예상했다고 주장할지도 모른다. 그럴지도 모른다. 그러나 그들은 그렇게 쓰지 않았다. 서한에는 대상 기간에 대한 어떤 언급도 없다. 리솔츠가 2014년이나 2015년이나 2016년까지 기다려봐야 할 것인지는 중요하지 않다. 세월이 얼마나 흘러가든, 이렇게 말하는 사람은 여전히 있을 것이다. "기다려보라. 오게 되어 있다."6)

달러 가치가 얼마나 떨어져야 "화폐 가치의 하락과 인플레이션을 심화시킨다"라고 말할 수 있을까? 이 역시 분명하지 않다. 더구나 그 서한은 달러 가치의 하락과 인플레이션 상승을 "위험"이란 말로 표현하고 있다. 이는 뒤에 이어질 일에 대해 확실하게 말할 수 없다는 사실을 암시한다. 따라서 이런 예측을 글자 그대로 읽으면, 통화 가치 하락과 인플레이션이 뒤따를 수도 있고 그렇지 않을 수도 있다는 뜻이 된다. 그렇다면 그런 일이 뒤따르지 않는다고 해도 그 예측을 틀리다고 할 수는 없을 것이다. 물론 서명자들은 그런 의미로 말한 것이 아니고 당시에 그 말을 들은 사람들도 그렇게 받아들이지 않았을 것이다. 그러나 그 서한에 적힌 실제 내용은 바로 그런 뜻이다.

이 사례에서 보듯 우리가 흔히 만나게 되는 예측에는 양면성이 있다. 예측은 똑똑한 사람들이 중요한 이슈를 이해해보려는 진지한 시도다. 시도의 의미는 분명해 보인다. 시간이 가면서 그들이 시도한 결과의 정확성도 분명히 드러나는 것 같아 보인다. 그러나 그렇지 않다. 모든 논쟁을 차치하고라도 이런 예측이 옳다 그르다 하는 것은 여러 가지 이유에서 불가능하다. 진실은 손에 잘 잡히지 않는다는 것, 그것이 진실이다.

예측의 정확성을 판단하는 것은 생각보다 훨씬 어렵다. 수많은 경험을 통해 힘들게 얻은 교훈이다.

📍 빗나간 예측 포장하기

1980년대 초에 지각 있는 많은 사람들은 인류의 미래에서 버섯구름을 보았다. "솔직히 말해 핵무기를 없애지 않는다면 홀로코스트Holocaust는 얼마든지 일어날 수 있고 또 실제로 일어날 것이다." 조너선 셸Jonathan Schell은 그의 유명한 저서 《지구의 운명The Fate of the Earth》에 그렇게 썼다. "오늘이 아니면 내일일 것이고, 올해가 아니면 내년일 것이다."7) 군비 경쟁을 반대하는 분위기가 고조되면서 서방 세계 여러 도시에서 수많은 사람들이 거리로 뛰쳐나왔다. 1982년 6월에는 약 70만 명의 군중이 뉴욕시를 행진했다. 미국 역사상 가장 큰 규모의 시위 중 하나였다.

1984년에 카네기와 맥아더 재단의 후원으로 미국과학아카데미United States National Academy of Sciences의 연구기관인 국립연구위원회National Research Council는 권위 있는 전문가들로 패널을 구성하여 '핵전쟁을 막을' 방법을 연구하도록 위촉했다. 패널리스트 중에는 물리학자 찰스 타운스Charles Townes, 경제학자 케네스 애로Kenneth Arrow, 다방면에서 활약하고 있는 허버트 사이먼Herbert Simon 등 3명의 노벨상 수상자를 비롯하여 수리심리학자 아모스 트버스키 등 저명인사들이 대거 포함되었다. 이들에 비하면 캘리포니아 대학교 버클리캠퍼스의 부교수로 막 승진한 서른 살의 정치심리학자였던 내 지위는 아주 초라한 편이었다. 내가 그들과 자리를 함께 할 수 있었던 것은 대단한 업적이 있어서가 아니라 내가 주도했던 조금 별난 연구 프로그램이 어쩌다 패널의 목적과 맞아떨어졌기 때문이었다.

패널리스트들은 모두 맡은 일들을 열심히 했다. 그들은 많은 전문가들을 끌어들였다. 정보 분석가, 군 고위 장교, 정부 관리, 군비축소 전문가, 소련 전문가 등이 프로그램에 참여했다. 그들 역시 쟁쟁한 이력을 가진 인사들로 해박한 정보와 뛰어난 판단력과 뚜렷한 주관을 가지고 있었다. 자신감도 대단해서 일이 어떤 식으로 진행될지 어디로 갈 것인지 잘 알고 있었다.

적어도 기본적인 사실에서는 의견이 일치되었다. 장기간 집권했던 소련 지도자 레오니드 브레즈네프Leonid Brezhnev가 1982년에 사망하면서 콘스탄틴 체르넨코Konstantin Chernenko가 그의 자리를 대신했다. 하지만 그는 얼마 살지 못할 것처럼 보이는 허약한 노인이었다. 체르넨코 사후의 정황에 대한 의견은 일치되는 부분도 있었고 그렇지 않은 부분도 있었다. 다음 소련 지도자의 성향에 대해서는 진보와 보수 인사들 할 것 없이 모두 강경파가 권력을 잡을 것으로 예측했다. 그러나 그 이유에 대해서는 패널리스트들의 의견이 엇갈렸다. 진보 성향의 전문가들은 로널드 레이건 대통령의 강경 노선이 크렘린의 매파들을 더욱 강성으로 몰고 갈 것이라고 예상했다. 신 스탈린주의자들neo-Stalinist은 위축되고 강대국들 간의 관계는 악화될 것이라고 그들은 내다보았다. 보수 성향의 전문가들은 소련이 전체주의적 자기재생산이라는 메커니즘을 완벽하게 구축해놓았기 때문에 누가 새로운 지도자가 되든 전임 지도자와 같은 노선을 추구할 것이고, 소련은 계속 주변 국가의 반란을 부추기거나 침공하면서 세계 평화를 위협할 것이라고 예측했다. 그들 역시 자신들의 견해를 확신했다.

체르넨코에 관한 부분에서는 전문가들이 옳았다. 그는 3년 뒤인 1985년에 사망했다. 그러나 이후 역사는 그들의 예상을 빗나갔고 지식인들은 체면을 구겼다. 체르넨코가 사망한 지 몇 시간 되지 않아 소련 정치국은 열정적이고 카리스마 넘치는 54세의 미하일 고르바초프Mikhail Gorbachev를 차기 공산당 서기장으로 임명했다. 고르바초프는 정책 노선을 신속히 그리고 대폭 바꿨다. 그는 글라스노스트(개방)와 페레스트로이카(재건)의 기치를 내걸고 소련 국민에게 자유를 선사했다. 고르바초프는 또한 미국과의 관계를 정상화시키고 군비 경쟁을 완화하고자 했다. 로널드 레이건은 신중하게 대응했지만 나중에는 고르바초프의 의도를 적극 받아들였다. 핵전쟁의 두려움은 점차 사라졌고 세계는 새로운 시대를 향해 나아갔다. 소련과 미국 지도자를 비롯하여 많은 사람들은 핵무기의 규모를 대폭 줄일 수 있는 기회가 코앞에 왔다는 사실을 어렴풋이 느끼기 시작했다.

이런 일을 예측한 전문가는 거의 없었다. 그러나 얼마 전까지도 이런 낯선 상황의 전개를 짐작하지 못한 사람들은 왜 그런 일이 일어났는지 그리고 앞으로 어떻게 될 것인지에 대해 그들이 정확히 알고 있다고 확신했다. 진보 인사들에게 당시 정세는 앞뒤가 정확히 들어맞는 일이었다. 소련 경제는 무너지고 있었고 소련의 새로운 지도자들은 미국과의 불필요한 소모전에 지쳐 있었다. "이런 식으로 계속 살 수는 없소." 고르바초프는 권좌에 오르기 하루 전날 아내 라이사에게 그렇게 말했다.[8] 그렇게 될 수밖에 없었다. 제대로 된 반성적 시각으로 봤을 때 그런 사태 전개는 전혀 놀랄 일도 아니었다. 그리고 레이건도 칭찬을 받을 자격이 없었다. 있다 하더라도 그의 "악의 제국evil empire"이라는 수사는 크렘린의 오래된 방어 본능을 자극했고 필연적 귀결을 지연시켰다. 보수 진영에게도 분명한 설명이 있었다. 레이건은 군비 경쟁의 판돈을 올려 소련의 진의를 떠보았고 고르바초프는 카드를 덮었다. 반성적 시각으로 볼 때 그것은 모두 예견된 일이었다.

내 마음 한 구석을 차지하고 있던 냉소주의는 '전문가들은 어떤 일이 일어나도 자신들의 빗나간 예측을 얼버무리고 자신이 앞일을 내다볼 수 있었던 것처럼 보이게 역사의 전개를 끼워 맞추는 데 달인'이라는 생각을 하게 만들었다. 어쨌든 세계는 좀처럼 상상하기 어려웠던 천지개벽 같은 사건을 목격하면서 충격과 놀라움을 금치 못했다. 이런 일로 전문가들의 능력을 의심하지 않는다면 어떤 일로 의심하겠는가? 사실 나는 이들 전문가의 지력과 고결함에 의문을 갖지 않았다. 그들은 대부분 내가 초등학교에 다닐 때 권위 있는 과학상을 받거나 고위 공직을 맡던 사람들이었다. 그럼에도 국가 안보 엘리트들은 과학 시대가 도래하기 전에 활약했던 저명한 의사들과 너무 비슷했다. 그들은 지성과 고결함이 넘치는 사람들이었다. 그러나 코끝 기만은 누구나 속일 수 있다. 심지어 가장 유능한 사람과 가장 영리한 사람까지도.

♀ 판단을 판단하다

이를 계기로 나는 전문가의 예측을 다시 생각해보게 되었다. 1988년 어느 날 점심, 당시 내 버클리 동료였던 대니얼 카너먼은 검증할 수 있는 아이디어 하나를 불쑥 내놓았다. 나중에 보니 예측이었다. 그는 지능과 지식이 예지력을 향상시키지만 그런 혜택은 빨리 사라진다고 생각했다. 박사 학위로 무장하고 수십 년간의 경험을 축적한 사람들의 예지력이 〈뉴욕타임스〉를 꼼꼼히 읽는 독자들의 예지력보다 더 정확할지는 모르지만 그 차이는 대수롭지 않아 보인다는 것이다. 물론 이는 카너먼의 추측이었고, 추측은 추측일 뿐이었다. 그때까지 정치 전문가들이 하는 예측의 정확성을 진지하게 검토한 사람은 아무도 없었다. 하지만 곰곰이 생각해보니 그 이유를 분명히 깨달을 수 있었다.

시간의 흐름을 예로 들어보자. 설정 기간이 없는 예측은 예측이 아니다. 그러나 예측을 내놓는 사람들은 버냉키에게 보낸 서한에서 보듯 기간을 정하지 않은 채 예측을 한다. 정직하지 않기 때문이 아니다. 일반적으로 다 그렇게 하기 때문이다. 오히려 그들은 대충이기는 해도 염두에 두고 있는 기간에 대해 사람들이 공통으로 갖고 있는 암묵적 이해를 신뢰한다. 이러한 이유로 설정된 기간이 없는 예측도 터무니없어 보이지 않는다. 그러나 시간이 지나면서 기억은 희미해지고, 한때 모두에게 분명해 보였던 암묵적인 기간은 흐지부지되고 만다. 그 결과 예측의 '진정한' 의미를 두고 지루한 논쟁이 자주 일어난다. 그 사건이 금년이나 내년에 일어난다고 말한 예측이었는가? 2010년대였는가 아니면

2020년대였는가? 설정 기간이 없기 때문에 이런 논쟁에서는 모두를 만족시키는 해결책이 나올 리 없다. 평판과 명성이 걸려 있을 때는 더욱 그렇다.

시간 문제만으로도 일상적인 예측은 대부분 검증할 수 없게 된다. 마찬가지로 스티브 발머의 "의미 있는 시장점유율" 같은 표현에서 보듯 예측은 명확한 정의보다 핵심 용어의 암묵적인 이해에 더 의지하는 경우가 많다. 이런 종류의 모호한 표현은 예외라기보다 규칙에 더 가깝다. 그런 규칙도 예측을 검증할 수 없게 만든다.

하지만 이런 것들은 사실 대수롭지 않은 문제다. 예측의 정확성을 판단하는 데 정작 중요한 장애는 확률이다.

핵전쟁에 대한 조너선 셸의 예측처럼 어떤 예측은 어떤 일이 일어난다거나 일어나지 않는다고 분명하게 말하기 때문에 판단하기가 쉽다. 그는 저서에 핵무기를 없애지 않으면 "홀로코스트가… 일어날 것이다"라고 썼다. 잘 알고 있는 대로 강대국들은 핵무기를 없애지 않았고 핵전쟁도 일어나지 않았다. 셸이 자신의 저서에서 꼭 집어 말한 해에도 그다음 해에도 그런 일은 없었다. 그래서 그 말을 그대로 따라가면 셸은 분명히 틀렸다.

그러나 셸이 핵전쟁이 일어날 "가능성이 꽤 있다"고 말했다면 어땠을까? 그랬다면 틀렸다고 하기가 조금 어려울 것이다. 셸이 위험을 과장했는지 아니면 정확하게 지적했는지 모르지만, 어쨌든 인류는 지금까지 있었던 가장 무모한 러시안 룰렛 게임에서 운 좋게 살아남았다. 이런 문제를 명확하게 해결하는 유일한 방법은 역사를 수없이 되풀이하는 것이다. 그리고 문명이 이런 역사를 되풀이하다 섬광이 번쩍인 뒤에 잡석 더미로 끝난다면 그때 우리는 셸이 옳았다는 사실을 깨닫게 될 것이다. 하지만 그렇게 할 수는 없는 일이다. 그래서 우리는 알 수 없다.

그러나 우리가 전능한 존재여서 그런 실험을 할 수 있다고 가정해 보자. 그리고 역사를 수백 번 되돌려 그 가운데 63%가 핵전쟁으로 끝난다는 사실을 알아냈다고 하자. 그렇다면 셸의 말이 옳았는가? 그래도 우리는 자신 있게 말할 수 없다. "가능성이 꽤 있다"는 말이 정확히 무슨 뜻인지 모르기 때문이다.

말장난처럼 들릴지 모르지만 이런 문제는 셔먼 켄트Sherman Kent가 어느 날 스스로 소스라치게 놀란 것처럼 그 이상의 의미를 갖는다.

정보 서클에서 셔먼 켄트는 하나의 전설이다. 역사학 박사 학위를 갖고 있는 켄트는 1941년에 예일 대학교의 교수직을 버리고 신설된 정보조정국Coordinator of Information, 이하 COI의 연구 분석 지국에 합류했다. 나중에 COI는 전략사무국Office of Strategic Services, 이하 OSS이 되었고 OSS는 중앙정보국Central Intelligence Agency, 이하 CIA으로 바뀌었다.

켄트는 1967년에 CIA에서 은퇴했지만, 그는 미국 IC의 정보 분석 방식을 정립한 주인공이다. 그의 방법론은 첩보원들이 수집한 정보를 체계적으로 검토하고 그 정보가 의미하는 것과 차후에 일어날 일을 이해할 수 있게 해주었다.

켄트가 했던 작업 가운데 핵심 단어는 '평가estimate'다. 켄트는 이렇게 썼다. "평가는 모를 때 하는 것이다."9) 켄트가 누누이 강조한 대로, 다음에 어떤 일이 벌어질지 정확히 알 수 있는 사람은 없다. 따라서 예측은 어떤 일이 일어날 가능성을 평가하는 문제다. 국가평가원Office of National Estimates에서 켄트는 여러 해 동안 그런 작업을 했다. 업무 내용이 잘 알려져 있지는 않지만 매우 영향력 있는 부서인 국가평가원에서 켄트와 그의 동료들은 CIA가 입수한 정보를 모두 종합하여 미국 정부 고위 인사들이 향후 중요 사안을 결정하는 데 필요한 문제들을 예측했다. 켄트와 그의 동료들의 실적은 완벽하지 않았다. 그중에도 특히 한심했던 것은 1962년에 내놓은 평가였다.

그들은 소련이 쿠바에 공격용 미사일을 배치하는 식의 어리석은 짓은 저지르지 않을 것이라고 주장했다. 하지만 그때 소련은 이미 미사일 배치를 끝내놓고 있었다. 그럼에도 불구하고 대부분의 경우 그들의 평가는 어느 정도 신빙성이 있는 것으로 간주되었다. 켄트가 분석의 기준을 아주 까다롭게 높여놓았기 때문이었다. 국가의 정보를 평가할 때는 리스크가 아주 컸다. 한 마디 한 마디가 모두 중요했다. 켄트는 쓰는 단어 하나에도 신중을 기했다. 그러나 켄트의 치밀한 전문성도 혼동을 야기하는 문제를 막지는 못했다.

1940년대 말에 유고슬라비아의 공산 정권이 소비에트연방과 관계를 단절하자 소련이 침공할 것이라는 두려움이 증폭되었다. 1951년 3월에 국가정보평가National Intelligence Estimate, 이하 NIE 29–51이 발행되었다. "크렘린이 어떤 조치를 취할지 확언할 수는 없지만, 동유럽의 군사 행동 및 정치 선전 규모의 범위로 볼 때 1951년에 유고슬라비아에 대한 공격의 심각한 가능성을 진지하게 고려해야 한다." 그 보고서는 그렇게 결론을 내렸다. 일반적인 기준으로 볼 때 그것은 분명하고 의미 있는 언어였다. 평가가 나오고 정부의 고위 인사들이 그 내용을 확인했지만 이의를 제기한 사람은 아무도 없었다.

그러다 며칠 뒤 켄트는 국방부 고위 인사와 담소를 나눌 기회가 있었다. 국방부 인사는 지나가는 말로 켄트에게 물었다. "그건 그렇고, 당신네들이 말하는 '심각한 가능성'이 무슨 뜻이요? 어느 정도의 확률을 말하는 것이요?" 켄트는 비관적인 입장이라고 말했다. 그는 대략 65 대 35로 공격 쪽에 무게를 두고 있었다. 그 관리는 깜짝 놀랐다. 국방부 사람들은 그보다 훨씬 더 낮은 가능성을 생각하고 있었기 때문이었다.[10]

심란해진 켄트는 사무실로 돌아가 동료들을 불렀다. 모두가 NIE에 "심각한 가능성"이란 말을 사용하기로 동의한 사람들이었다. 그래서 그는 그 말이 어느 정도를 뜻하는지에 대해 한 사람씩 돌아가며 물었다. 어떤 분석가는 80 대 20이라고 말했다. 침공할 가능성이 그렇지 않을 가능성보다 4배 높다고 했다. 또 다른 사람은 20 대 80이라고 했다. 완전히 반대였다. 나머지 사람들은 그 둘 사이에 흩어져 있었다.

켄트는 당혹스러웠다. 정보를 충분히 담고 있다고 생각한 구절이었지만 너무 모호해서 정보로서 전혀 쓸모가 없었다. 아니 쓸모없는 정도가 아니라 더 심각했는지도 몰랐다. 그런 구절은 아주 위험한 오해를 부를 수 있기 때문이었다. 그러면 그때까지 했던 다른 작업은 어떤가? "어떤 실질적인 합의도 없이 5개월 정도 유효한 평가를 합의랍시고 내놓았다는 말인가?" 켄트는 1964년에 쓴 에세이에서 그렇게 자문했다. "'심각한 가능성' 외에도 보고서를 작성하는 사람과 읽는 사람이 의미를 각기 다르게 받아들일 표현들이 많지 않았을까? 이런 문장을 쓸 때 우리가 실제로 하려 했던 말은 무엇일까?"11)

켄트의 걱정은 정당했다. 1961년에 CIA가 쿠바 망명자로 구성된 소규모 군대를 피그 만에 상륙시켜 카스트로 정권을 타도할 계획을 세웠을 때, 존 F. 케네디John F. Kennedy 대통령은 군 수뇌부에게 허심탄회한 의견을 물었다. 합참의장은 그 계획이 성공할 수 있는 "어느 정도의 가능성fair chance"이 있다고 답했다. "어느 정도의 가능성"이라고 말한 합참의장은 나중에 3 대 1로 실패할 것으로 생각했다고 말했다. 그러나 케네디는 "어느 정도의 가능성"이라는 말의 의미를 정확히 듣지 못했고 당연한 일인지 모르지만 훨씬 더 긍정적인 평가로 받아들였다. 물론 그 합참의장이 "침공이 실패할 확률이 3 대 1 정도일 것 같습니다"라고 말했더라도 케네디가 작전을 취소했을지는 알 수 없는 일이다. 그래도 그렇게 말했다면 케네디는 완전한 재앙으로 끝난 그 작전의 승인 여부를 좀 더 신중히 생각했을 것이다.12)

셔먼 켄트는 해결책을 제시했다. 첫째, '가능하다'는 단어는 판단을 내려야 하지만 어떤 합리적인 확률을 부여할 수 없는 중요한 문제에 대해서만 쓰고 그렇지 않으면 자제해야 한다. '가능한'이라는 단어를 붙일 수 있는 사건은 0%에서부터 거의 100%에 이르기까지의 확률을 갖는다. 물론 그래도 도움은 되지 않는다. 그래서 분석가들은 가능한 한 평가의 범위를 좁혀야 한다. 그리고 혼동을 피하기 위해, 그들이 사용하는 용어는 수치적 의미를 나타내야 했다. 켄트는 그것을 다음과 같은 도표로 작성했다.13)

확실성	일반적인 가능성의 영역
100%	확실함
93%(플러스, 마이너스 6%)	거의 확실함
75%(플러스, 마이너스 12%)	어느 정도 가능함
50%(플러스, 마이너스 10%)	50 vs. 50의 확률임
30%(플러스, 마이너스 10%)	일어날 것 같지 않음
7%(플러스, 마이너스 5%)	일어날 확률이 거의 없음
0%	일어날 수 없음

그래서 국가정보평가가 '어느 정도 가능하다'고 말하면 그 일이 일어날 확률이 63~87% 정도라는 의미다. 켄트의 도식은 간단했다. 그리고 이는 혼동의 여지를 크게 줄였다.

하지만 이 제안은 채택되지 않았다. 사람들은 원칙적으로 명석하고 정확한 것을 좋아하지만, 정작 명석하고 정확한 예측을 해야 할 때에도 수치에는 별다른 관심을 갖지 않는다. 수치로 표현하는 것이 어딘가 부자연스럽고 어설프다고 말하는 사람도 있었다. 평생 모호한 말만 쓸 작정이라면 그럴지도 모른다. 하지만 변화를 막기에는 빈약한 논리다. 또 누군가는 정서적으로 거부감이 든다고 했다. 언어는 자신만의 시정詩情이 있는데 또박또박 수치적 비율로 말하면 너무 볼품이 없어진다는 의견이었다. 마권업자처럼 품위가 없어진다는 항변이었다. 켄트는 굽히지 않았다. "빌어먹을 시인보다야 마권업자가 되는 편이 낫다." 이 대꾸는 전설이 되었다.[14]

더욱 심각한 반대의 이유는 확률 판단을 수치로 표현할 경우, 보는 쪽에서 그것을 주관적 판단이 아닌 객관적 판단으로 받아들일 위험이 있다는 우려였다. 이런 우려는 그때나 지금이나 마찬가지다. 그러나 수치를 사용하지 않는다고 해결되는 것은 아니다. 수치도 단어와 마찬가지로 평가(의견)를 나타내는 수단일 뿐, 그 이상도 이하도 아니다. 마찬가지로 어떤 수치의 정확성은 "예측을 하는 사람이 그 수치가 맞다는 사실을 정확하게 안다"고 암묵적으로 말하는 것이라고 주장하며 반대할 수도 있을 것이다. 그러나 그것은 고의적인 것도 아니고 그렇게 추론해서도 안 된다. 또한 '상당한 가능성' 같은 말은 수치와 같은 기능을 가진다. 굳이 차이가 있다면 수치는 그 기능을 명확하게 해주어 혼동의 위험을 줄인다는 것뿐이다. 모호한 생각은 모호한 언어로 쉽게 표현할 수 있지만 예측하는 사람이 '상당한 가능성' 같은 말을 수치로 옮겨야 할 때, 그들은 그들이 생각하는 방식에 대해 신중히 생각해야 한다. 그런 과정을 '상위인지metacognition'라고 한다. 미술가가 회색의 미묘한 색조를 구분하는 데 익숙해지는 것처럼 예측하는 사람도 훈련을 통해 불확실성의 정도를 더욱 세밀하게 구분하는 데 익숙해질 수 있다.

그러나 수치를 채택하지 못하게 막는 보다 근본적인 장애는 설명해야 한다는 책임감과 내가 '아마도의 잘못된 쪽wrong-side-of-maybe 오류'라고 이름 붙인 개념과 관계가 있다.

기상캐스터가 비 올 확률이 70%라고 말했는데 비가 오지 않으면, 기상캐스터가 틀린 것일까? 꼭 그렇지는 않다. 말로 표현하지는 않았지만 그녀의 예보를 뒤집으면 비가 오지 '않을' 확률이 30%라는 뜻이 된다. 비가 오지 않는다면 그녀의 예측은 빗나간 것일 수도 있고 정확히 맞은 것일 수도 있다. 따라서 수중에 있는 한 번의 예보만 가지고는 판단할 수 없다. 확실하게 알 수 있는 유일한 방법은 그날을 수백 번 되돌리는 것이다. 그렇게 했을 때 그중 70%가 비가 오고 30%가 오지 않았으면, 그녀가 적중한 것이다. 물론 우리는 전능한 존재가 아니기 때문에 하루를 수백 번 되돌릴 수 없다. 그래서 판단할 수 없다. 그런데도 사람들은 판단한다. 그리고 늘 같은 방식으로 판단한다. 그들은 확률이 '아마maybe(50%)'의 어느 쪽에 있는지를 본다. 기상예보가 비 올 확률이 70%라고 말했는데 비가 온다면, 사람들은 일기예보가 맞았다고 생각한다. 그리고 비가 오지 않으면 틀렸다고 생각한다. 이런 간단한 오류는 아주 흔히 볼 수 있다. 아무리 꼼꼼하게 따져 생각하는 사람도 그런 오류를 범한다. 2012년에 대법원이 오바마케어Obamacare의 합법성을 장기간 검토한 후 결과를 발표하려 했을 때 예측시장prediction market(사람들로 하여금 가능한 결과에 베팅하도록 만드는 시장)은 그 법이 기각될 확률을 75%로 못 박았다. 법원이 그 법을 승인하자 〈뉴욕타임스〉 기자 데이비드 레온하트David Leonhardt는 단언했다. "시장(대중의 지혜)이 틀렸다."15)

이런 기본적인 오류가 성행하면 엄청난 결과를 낳는다. 정보기관에서 어떤 사건이 일어날 확률을 65%라고 말했는데 그런 일이 일어나지 않는다면 그 기관은 웃음거리가 될 것이다. 그리고 그런 일이 일어나지 않을 확률이 35%라고 말한 셈이기 때문에 역시 조롱을 피할 수 없다. 그러면 어떻게 해야 안전한가? 탄력적인 언어를 유지하는 것이다. '어느 정도의 가능성'이나 '상당한 가능성'이라는 말을 사용하여 예측하는 사람은 '아마도'의 잘못된 쪽을 유리하게 이용할 수 있다. 그런 일이 일어나면 '어느 정도의 가능성'은 50%보다 훨씬 큰 것을 의미하는 쪽으로 확대될 수 있다. 그래서 예측자는 성공한 것이다. 그런 일이 일어나지 않는다면, 그 말은 50%보다 훨씬 더 작은 것을 의미하도록 줄어들기 때문에 역시 예측자는 성공한 것이다. 이처럼 불순한 동기가 있기 때문에, 사람들은 확정적인 수치보다 탄력적인 말을 더 좋아한다.

켄트는 그런 불순한 장애를 뛰어넘지 못했지만, 그래도 수치 사용을 계속 늘려갔다. 거듭된 연구를 통해 사람들이 '일 수 있다could'나 '일지 모른다might'나 '일 것 같다likely' 같은 개연성을 나타내는 언어에 매우 다양한 의미를 부여한다는 사실이 밝혀졌다. IC는 여전히 수치 사용을 거부하고 있었다. 이라크의 독재자 사담 후세인Saddam Hussein이 보유했을 것이라고 추정한 대량살상무기가 거짓 소문으로 밝혀지고 이어 정보 분석 방식에 대한 대대적인 개혁이 단행된 이후에야, 확률을 수치로 나타내는 방식이 인정을 받기 시작했다. CIA 분석가들이 오바마 대통령에게 파키스탄의 어떤 복합 건물에 있는 의문의 남자가 사우디아라비아 출신 테러리스트 오사마 빈 라덴Osama bin Laden일 확률이 70%나 90%라고 보고한 것은 셔먼 켄트의 작은 사후 승리였다. 수치가 표준이 된 분야도 있었다. '소나기가 올 가능성이 조금 있다'는 기상예보는 '소나기가 올 확률이 30%이다'로 바뀌었다. 그러나 모호한 언어는 지금도 여전하다. 특히 언론 매체의 관행은 고질적이어서 그런 표현이 얼마나 무의미한 것인지 스스로도 눈치채지 못할 정도다. 그저 그런가보다 할 뿐이다.

"유럽의 채무 위기는 해결되지 않을 것이다. 어쩌면 위험한 수준에 이를지도 모른다." 하버드 경제사학자이자 유명 평론가인 니얼 퍼거슨은 2012년 1월의 인터뷰에서 그렇게 말했다. "그리스가 얼마 뒤 디폴트를 선언하게 될지도 모른다." 퍼거슨이 맞았을까? 흔히들 알고 있는 '디폴트'는 완전한 채무불이행이다. 그리스는 며칠 몇 달 몇 년 뒤에도 디폴트를 선언하지 않았다. 하지만 '디폴트'에는 실용적인 정의도 있다. 퍼거슨의 예측이 나온 직후에 그리스는 그런 의미의 디폴트를 선언했다. 퍼거슨이 말한 디폴트는 어떤 종류의 디폴트였을까? 확실히 알 수 없다. 따라서 퍼거슨이 맞았다고 생각할 수도 있지만 그렇지 않다고 생각할 수도 있다.

그러나 어떤 종류의 디폴트도 없었다고 가정해보자. 그러면 퍼거슨이 틀렸다고 말할 수 있을까? 그렇지 않다. 그는 그리스가 디폴트를 선언하게 '될지도 모른다'고만 말했다. '될지도 모른다'는 말은 공허한 단어다. 그것은 어떤 일이 일어날 수도 있다는 의미이지만 그런 가능성의 확률에 관해서는 아무런 사실도 알려주지 않는다. 무슨 일이든 일어날 '수' 있다. 나는 지구가 내일 외계인에게 공격당할지도 모른다고 자신 있게 예측할 수 있다. 그런데 공격당하지 않는다면? 그래도 틀리지 않는다. '공격당할지도'라는 말에는 별표가 붙고 아래 각주에 작은 글씨로 '공격당하지 않을 수도 있다'는 말이 적히기 때문이다. 그러나 인터뷰하는 기자는 퍼거슨의 예측에 딸린 작은 글씨를 보지 못했다. 그래서 그는 그에게 정확하게 말해달라는 요구를 하지 않았다.[16]

예측을 평가하고 개선하는 데 각별한 관심을 기울이지 않는 한 이런 문제는 해결되지 않는다. 예측을 하려면 조건과 설정 기간을 명확하게 규정해야 한다. 예측에는 수치를 사용해야 한다. 거기에 1가지 더 중요한 것이 있다. 예측이 많아야 한다.

역사를 수없이 되풀이할 수 없기 때문에 1가지 개연적인 예측을 놓고 이렇다 저렇다 판단하는 것은 무리다. 하지만 개연적 예측이 '많으면' 이야기가 달라진다. 기상캐스터가 내일 비 올 확률이 70%라고 말하면, 그 예보를 판단할 수 없다. 그러나 그녀가 몇 달에 걸쳐 내일과 모레와 글피의 날씨를 예보한다면, 그 예보를 표로 만들어 실적을 평가할 수 있다. 그녀의 예보가 완벽하다면, 비 올 확률이 70%라고 말한 때 중 70%에 비가 올 것이고, 비 올 확률이 30%라고 말한 때 중 30%에 비가 올 것이다. 이것을 '보정calibration'이라고 한다. 보정은 단순한 도표에서 찾아볼 수 있다. 완벽한 보정은 이 도표에서 대각선으로 나타난다.

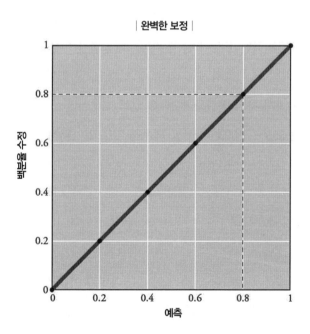

| 완벽한 보정 |

기상캐스터의 커브가 대각선 위로 멀리 휘어지면, 그녀는 자신감이 없는 것이다. 그래서 그녀가 20% 가능성이 있다고 말한 일은 실제로 정해진 시간의 50%에서 일어난다(103페이지 위). 그녀의 커브가 대각선 아래로 멀리 휘어지면, 그녀는 자신감이 지나친 것이다. 그래서 그녀가 80% 가능성이 있다고 말한 일은 실제로 정해진 시간의 50%에서 일어난다(103페이지 아래).

이런 방법은 기상예보에서 효과를 발휘한다. 매일 새로운 날씨가 나타나고 예보들이 빠르게 축적되기 때문이다. 그러나 대통령 선거 같은 경우에서는 별다른 효과를 발휘하지 못한다. 통계가 잡힐 만큼 충분한 예측이 축적되려면 몇백 년이 필요하기 때문이다. 그 사이에 전쟁이나 전염병이나 그 밖의 여러 가지 충격적인 사건이라도 일어나면 결과와 직결된 진짜 원인이 교란되어 확인하기가 어려워진다. 그래도 창의력을 조금 발휘하면 도움이 될 수 있다. 대통령 선거를 주州 단위 차원에 초점을 맞추면 예측의 수를 늘릴 수 있다. 그렇게 되면 하나의 결과가 아니라 50개 주의 결과를 얻을 수 있기 때문이다. 그래도 여전히 문제는 있다. 보정이 필요한 예측은 대부분 자주 일어나지 않는 사건에 관한 예측의 정확성을 판단하기 어렵게 만들고, 흔히 일어나는 사건에서도 인내심을 가지고 자료를 수집해야 하고 또 그 자료를 해석하는 데 신중해야 하기 때문이다.

보정은 중요하지만 그것이 전부는 아니다. '완벽한 보정'이 완벽하게 정확한 예측을 의미하는 것은 아니다. 완벽함이란 신처럼 전지전능한 능력이다. 완벽함은 "이런 일이 일어난다"라고 말하면 일어나고 "이

| 잘못된 예측의 2가지 경우 |

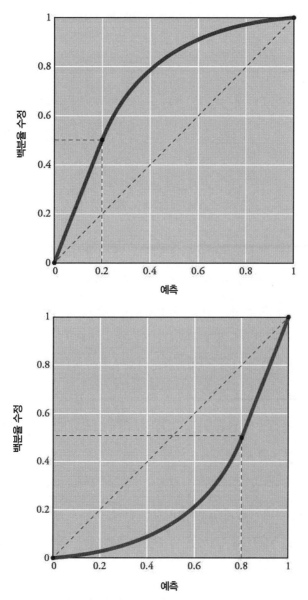

*대각선 위는 자신감 부족, 대각선 아래는 자신감 과잉

런 일은 일어나지 않는다"라고 말하면 일어나지 않는 것이다. 이를 전문 용어로 '분해능resolution(특정 변수를 주변 변수와 구분할 수 있는 능력-옮긴 이)'이라고 한다.

105페이지의 두 도표는 보정과 분해능이 정확한 판단을 어떻게 드러내는지 보여준다. 위 도표의 경우 보정은 완벽하지만 분해능은 형편 없다. 예측자가 어떤 일이 일어날 확률이 40%라고 하면 주어진 시간의 40%에서 일어나고, 어떤 일이 일어날 확률이 60%라고 하면 주어진 시간의 60%에서 일어나기 때문에 보정이 완벽하다. 그러나 예측자는 40%와 60% 사이인 불확실성의 사소한 차이minor-shades-of-maybe의 범위를 벗어나는 법이 없기 때문에 분해능은 매우 좋지 않다. 아래 도표는 훌륭한 보정과 함께 멋진 분해능을 보여준다. 역시 예측은 일어나야 할 만큼 일어나기 때문에(40%라고 하면 40%가 일어난다) 보정은 아주 잘되었다. 그러나 이번에 예측자는 훨씬 더 단호한 방법으로 일어날 일에 대해 높은 확률을 부여하고 일어나지 않을 일에는 낮은 확률을 부여하는 일을 훌륭히 해낸다.

보정과 분해능을 결합하면 정확한 예측에 필요한 평가 체계를 얻을 수 있다. 사건 X가 일어날 확률이 70%라고 말했을 때 실제로 사건 X가 일어났다면 아주 잘한 것이다. 그러나 그 일이 일어날 확률을 90%라고 말한 사람이 있다면 그가 70%라고 말한 사람보다 더 잘한 것이다. 대담하게 100%의 자신감을 가지고 사건 X가 틀림없이 일어난다고 말했다면 그는 최고 점수를 얻는다. 그러나 오만에는 대가가 따른다. 사건 X가 틀림없이 일어난다고 말했다가 X가 일어나지 않으면 그 사람은 큰 타

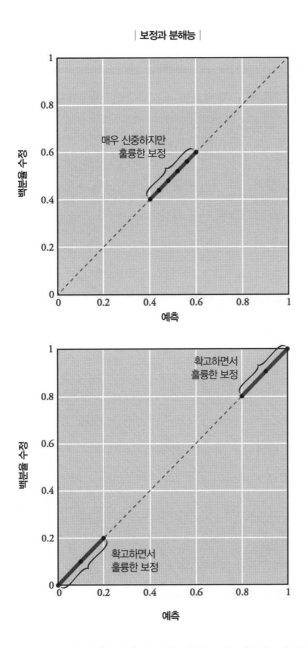

| 보정과 분해능 |

*위는 보정은 훌륭하지만 겁이 많은 경우, 아래는 보정도 훌륭하고 용감한 경우

격을 입는다. 타격이 어느 정도인지는 따져봐야 하지만 베팅 조건에 따라 따지는 것이 합리적이다. A가 B에게, 양키스가 다저스에게 이길 가능성이 80%라고 말하고 양키스에 베팅했다면, 비율이 4 대 1이 된다. 따라서 B가 A의 베팅을 받아 100달러를 걸면, 양키스가 이길 경우 B는 A에게 100달러를 주어야 하고 양키스가 지면 A가 B에게 400달러를 줘야 한다. 그러나 양키스가 이길 확률이 90%라고 A가 말했다면, 비율이 9 대 1이 된다. 또 양키스가 이길 확률이 95%라고 말했다면 비율은 19 대 1이 된다. 매우 과격한 베팅이다. B가 100달러를 거는 데 동의할 경우 양키스가 지면 A는 B에게 1,900달러를 줘야 한다. 예측에 대한 평가 체계는 그런 고통을 드러내야 한다.

글렌 W. 브라이어Glenn W. Brier는 이런 체계를 뒷받침하는 수학을 개발했다. 1950년에 그가 만든 측정 지수를 '브라이어 지수Brier scores'라고 부른다. 브라이어 지수는 우리가 예측한 것과 실제로 일어난 것 사이의 차이를 측정한다. 따라서 브라이어 지수는 골프 점수처럼 수치가 작을수록 좋다. 완벽하게 적중한 예측은 브라이어 지수가 0이다. 안전하게 50 대 50으로 예측하거나 무작위 방식으로 추측하면 브라이어 지수는 0.5가 된다. 가장 잘못된 예측, 그러니까 어떤 일이 일어날 확률이 100%라고 말했는데 전혀 일어나지 않는 경우는 브라이어 지수가 2.0이 되어 '진실'과 가장 먼 예측이 된다.[17]

이 정도만 해도 대단한 성과다. 이제 우리에겐 분명한 조건과 설정 기간을 가진 예측이 마련되었다. 우리에겐 수치를 동반한 예측도 많고 지수를 계산하는 수학도 있다. 우리는 인간이기 때문에 드러낼 수 있는 모호함을 덜어낼 수 있는 만큼 덜어냈다. 이 정도면 신 계몽주의New Enlightenment를 향해 당당하게 발걸음을 옮길 수 있지 않을까?

📍 수학의 의미

꼭 그렇지는 않다. 이런 방법의 핵심은 예측의 정확성을 판단하기 위한 것이다. 따라서 우리는 예측을 할 때 효력이 있는 것과 효력이 없는 것을 구분할 수 있어야 한다. 그렇게 하려면 브라이어 지수의 의미를 해석해야 한다. 여기에는 2가지가 더 필요하다. 벤치마킹과 비교가능성이다.

당신이 받은 브라이어 지수가 0.2라는 사실을 우리가 알았다고 하자. 0.2면 전지전능한 신(0)에는 어림없지만 원숭이의 추측(0.5)보다는 훨씬 나은 성적이다. 말하자면 인간에게 기대할 수 있는 범위에 해당된다. 그러나 우리는 그보다 훨씬 더 많은 것을 말할 수 있다. 브라이어 지수의 의미는 예측하는 대상이 무엇이냐에 따라 달라진다. 예를 들어, 브라이어 지수 0.2 정도로는 절대로 큰소리칠 수 없는 분야가 있다. 애리조나 주 피닉스의 날씨를 생각해보자. 여름날 피닉스는 늘 뜨겁고 해가 쨍쨍하다. 예측하는 사람이 아무 생각 없이 "무조건 뜨겁고 쨍쨍한 쪽에 100%를 할당한다"면 그는 0에 가까운 브라이어 지수를 받아 0.2를 받은 사람을 간단히 제압할 것이다. 하지만 그의 예측 실력을 제대로 검증하려면 이처럼 변화가 없는 환경이 아닌 곳에서도 잘할 수 있는지 확인해봐야 한다. 하지만 이런 부분은 아직도 과소평가되고 있다. 이를테면, 2012년 대통령 선거 이후에 네이트 실버와 프린스턴 대학의 샘 왕Sam Wang과 그 밖의 여론조사를 분석하는 사람들은 50개 주 전체의 결과를 정확하게 예측해서 박수를 받았지만 '변함없는' 지역(2008년에 민주당이나 공화당을 지지했던 주는 2012년에도 같은 당을 지지했을 것이다)을 대상으로 무조건 똑같은 예측을 해도 50점 중 48점은 받았을 것이라고 지적한 사람은 거의 없었다. 그렇다면 "그가 50개 주 모두 맞혔어!"라고 감탄하며 흥분했던 사람들의 반응이 조금 과했다는 사실도 알 수 있다. 다행히 여론조사를 분석하는 사람은 전문가들이다. 그들은 예측을 개선하는 일이 아주 작은 것에서부터 시작한다는 사실을 잘 알고 있다.

또 하나의 중요한 기준은 다른 예측자들이다. 다른 사람들을 모두 제압할 수 있는 예측자는 누구인가? 누가 대세를 이루는 예측을 누를 수 있는가? 그들은 어떻게 그 일을 해내는가? 이런 질문에 대답하려면 브라이어 지수를 비교해야 한다. 그러려면 경기장 조건이 같아야 한다. 피닉스의 날씨는 미주리 주 스프링필드의 날씨에 비해 예측하기가 훨씬 쉽다. 스프링필드의 날씨는 변덕이 심하기 때문에 피닉스의 기상 전문가와 스프링필드의 기상 전문가의 브라이어 지수를 비교하는 것은 공평하지 않다. 스프링필드에서 브라이어 지수가 0.2라면 세계 최고 수준의 기상 전문가라는 칭찬을 받아 마땅하다. 아주 간단한 논리이지만 이것이 의미하는 바는 매우 크다. 신문에서 오래된 예보를 찾아내서는 사과 대 사과의 비교apples-to-apples comparisons(사과 대 오렌지처럼 비교할 수 없는 대상을 비교하는 것이 아닌 같은 것끼리의 비교-옮긴이)를 할 수 없다. 토너먼트가 아닌 현실 세계에 사는 예측자는 정확히 같은 기간에 정확히 같은 사건 전개를 예측하는 경우가 거의 없기 때문이다.

이 모든 것을 종합하면 시작할 준비가 된 것이다. 아치 코크란을 비롯해 증거를 바탕으로 한 다른 의학의 선구자들처럼, 우리는 조심스럽게 정교한 실험을 해야 한다. 먼저 예측자들을 모아야 한다. 그리고 그들에게 정해진 기간을 알려주고 모호하지 않은 언어로 많은 질문을 한다. 예측을 수치가 포함된 확률로 표현해달라고 요구한다. 그런 다음 일정 시간이 지나기를 기다린다. 리서치 팀들이 이런 과정을 제대로 수행했다면 결과가 분명하게 드러날 것이다. 자료를 분석해보면 예측자들이 얼마나 정확한지, 누가 최고인지, 그들을 구분하게 만드는 것은 무엇인지 등 중요한 질문에 대답할 수 있다.

♀ 전문가의 정치 판단

내가 이런 작업을 벌인 때는 1980년대 중반이었다. 그러나 처음부터 난관에 부딪혔다. 내로라하는 대가들에게 협조를 부탁했지만 아무도 참여하지 않았다. 나는 겨우 284명의 전문가들을 모집할 수 있었는데 그들은 정치나 경제 동향을 분석하는 것을 직업으로 삼고 있는 이들이었다. 대학교나 싱크탱크에서 일하는 학자도 있었고, 미 정부 부서나 세계은행World Bank, 국제통화기금International Monetary Fund 같은 국제기구나 언론계에 소속된 사람도 있었다. 많은 인원은 아니지만 꽤 유명한 사람도 있었고 자기 분야에서는 잘 알려진 사람도 있었다. 젊었을 때부터 유명한 사람도 있었고 당시에는 잘 알려지지 않은 사람도 있었다.

그래도 익명성을 보장해주어야 했다. 토머스 프리드먼 정도의 엘리트는 아니더라도 돈이 지급되는 것도 아닌 일 때문에 평판에 금이 가서는 안 되기 때문이었다. 또한 익명성이 보장되어야 뒷일을 걱정하지 않고 제대로 실력을 발휘할 수 있었다. 공개 경쟁의 결과는 시간을 두고 좀 더 기다려야 했다.

전문가들에게 던진 첫 번째 질문은 그들 자신에 관한 것이었다. 나이는? 평균 43세였다. 관련된 분야에서의 경력은? 평균 12.2년이었다. 학력은? 거의 모두가 석사 이상의 교육을 받았고 절반은 박사 학위를 소지하고 있었다. 다음으로 그들의 이데올로기적 성향과 정치적 문제에 대한 선호도에 대해 물었다.

예측 문제는 1년에서 5년, 10년 등의 기간에 걸쳐 당시 뉴스에서 뽑아낸 다양한 주제(정치와 경제, 국내 문제와 국제 문제)를 활용했다. 우리는 위촉한 전문가들 중에 언론에 종사하는 사람이나 정부 고위직 전문가들을 따로 선별하여, 그들이 과거에 의견을 제시한 적이 있던 주제에 대해 다시 물었다. 자신의 전문 영역에 관해 예측해달라는 요청을 받을 때가 아주 없지는 않겠지만 자주 있는 일은 아니었다. 그렇게 해서 우리는 해당 분야의 전문가들의 정확성과 정보에 밝은 보통사람들의 정확성을 비교했다. 우리의 전문가들은 모두 합해 약 2만 8,000개 항목에 대해 예측을 했다.

질문을 하는 데만 몇 해가 걸렸다. 그리고 기다렸다. 종신직 교수에게도 인내심이 필요한 시간이었다. 내가 이 실험을 시작한 건 미하일 고르바초프와 소련 정치국이 세계의 운명을 좌우하는 중요한 역할을 수행하고 있을 때였다. 그러나 실험 결과를 조사하기 시작했을 때, 소련은 역사 지도에서만 존재하는 나라가 되었고 고르바초프는 피자헛Pizza Hut 광고에 출연하고 있었다.

최종 결과는 2005년에 나왔다. 이는 내가 국립연구위원회 패널로 예측에 관심을 갖기 시작한 이후 21년이 지난 후였으며, 그 사이 여섯 차례의 대통령 선거가 있었고 3번의 전쟁이 치러졌다. 나는 그 내용을 《전문가의 정치 판단, 얼마나 정확한가? 어떻게 알 수 있는가?*Expert Political Judgment : How Good Is It? How Can We Know?*》라는 제목으로 발표했다. 이제부터 이 연구 프로그램을 간단히 'EPJ'라고 칭하겠다.

📍 여우처럼 생각하기

일반적으로 전문가들이 내놓은 예측의 정확도는 다트를 던지는 원숭이의 예측과 대략 비슷했다. 통계학 개론 시간에 흔히 듣는 말이지만, 평균처럼 알쏭달쏭한 것도 드물다. 그래서 통계학자들을 비웃는 농담도 있다. 통계학자들은 잠자리에서 가장 좋은 평균 온도를 유지하기 위해 발은 오븐에 넣고 머리는 냉장고에 넣고 잔다는 오래된 농담 말이다.

EPJ의 결과에서 전문가들은 통계상 두 부류로 확연하게 구분되었다. 첫 번째 부류는 무작위적인 추측보다 성적이 좋지 못했고, 장기간 예측에서는 원숭이의 추측에도 못 미쳤다. 두 번째 부류는 원숭이를 눌렀다. 그러나 그 차이는 그리 크지 않았다. 그들에게는 여전히 겸손해야 할 이유가 많았다. 그들이 원숭이를 이긴 지점은 대부분 '변화가 없는 한결같은 예측'처럼 단순한 알고리즘에만 한정되었기 때문이다. 다만 그들의 통찰력이 아무리 신통치 않다 해도 무시하지 못할 부분은 있었다.

그런데 어떠한 이유로 한 집단이 다른 집단보다 나았을까? 박사 학위를 가졌다거나 비밀 정보를 갖고 있다는 사실과는 관련이 없었다. '그들의 생각하는 성향'의 문제도 아니었다. 즉 진보이든 보수이든, 낙관주의자이든 비관주의자이든 상관이 없었다. 차이를 만든 중요한 요인은 '그들의 생각하는 방식'이었다.

한 그룹은 빅 아이디어 중 어떤 것이 사실이고 어떤 것이 거짓인가에 대한 의견은 달라도 빅 아이디어에 대한 자신들의 생각을 체계화하는 경향이 있었다. 그중에는 환경적 비관주의자도 있었고("모든 것이 부족해지고 있다"), 풍요로운 운명론자도 있었고("어떤 것이든 비용효과적인 대체물을 찾을 수 있다"), 규제를 최소화해야 한다고 주장하는 자유시장 근본주의자도 있었다.

이데올로기는 다양했지만, 매우 이데올로기적인 사고를 한다는 점에서는 모두가 일치된 모습을 보였다. 그들은 문제가 복잡할 경우 문제를 마음에 드는 인과관계의 틀에 억지로 밀어 넣은 다음, 틀에 맞지 않는 것은 부적절한 방해물로 간주했다. 또 미적지근한 답을 몹시 싫어하기에 분석한 내용을 극한까지 밀고 갔고, 왜 자신들은 옳고 다른 사람은 틀렸는지를 입증할 수 있는 이유를 수집하는 과정에서 '더욱이'나 '게다가' 같은 용어를 즐겨 사용했다. 그래서인지 그들은 유별나게 자신감이 넘쳤고 어떤 대상을 두고 '불가능하다'거나 '확실하다'고 단정하기를 좋아했다. 심지어 결론을 내리는 과정에서 자신들의 예측이 분명히 잘못되었다는 사실이 드러났을 때도 그들은 마음을 바꾸려 하지 않았다. 그들은 이렇게 말했다. "기다려보시오."

다른 부류에는 좀 더 실용주의적인 전문가들이 많았다. 그들은 분석 도구를 많이 활용했는데, 주어진 특정 문제와 관련된 도구들을 선택했다. 이들은 가능한 한 많은 곳에서 많은 정보를 수집했다. 그들은 생각하는 도중 사고의 변속기를 자주 바꾸었고 '그러나' '하지만' '그럼에도 불구하고' '한편' 등의 연결사를 자주 사용했다. 특히 확실성이 아니라 가능성이나 확률을 말했다. '내가 틀렸다'라는 말을 하기 좋아하는 사람은 없겠지만, 이들 전문가들은 기꺼이 잘못을 시인하고 생각을 바꿨다. 몇십 년 전, 영국의 철학자 아이자야 벌린Isaiah Berlin은 호평을 받았지만 좀처럼 읽히지 않는 에세이를 썼다. 그 글은 오랜 세월 위대한 저술가로 알려진 사람들의 사고 유형을 비교한 글이었다. 그는 조사한 내용을 체계화하기 위해 전사이자 시인이었던 아르킬로코스Archilochos의 것으로 추정되는 2,500년 전의 그리스 시집을 인용했다. "여우는 많은 것을 알지만, 고슴도치는 중요한 것 1가지를 안다." 아르킬로코스가 여우 편이었는지 고슴도치 편이었는지는 알 수 없지만 벌린은 여우 편을 들었다. 나는 굳이 어느 한 쪽을 택해야 할 필요성을 느끼지 못했다. 하지만 이 2가지 유형이 내 데이터에서 중요한 의미를 드러내기에, 나는 이 비유를 좋아한다. 나는 빅 아이디어 전문가를 '고슴도치'로, 좀 더 절충적인 전문가들을 '여우'로 부르기로 했다.

이기는 쪽은 늘 여우다. 겁 많은 닭처럼 행동해서는 이기지 못한다. 여우는 고슴도치가 대담하게 90%와 100%로 예측하는 곳에서 60%와 70%의 예측을 내놓았다. 여우는 보정과 분해능 모두에서 고슴도치를 이겼다. 여우들은 정말로 예지력이 있었고, 고슴도치에게는 그것이 없었다.

고슴도치는 어떻게 무작위 추측보다도 못한 성적을 냈을까? 그 질문에 답하기 위해서는 원조 고슴도치를 만나봐야 한다.[18]

CNBC의 토크쇼 진행자이자 박학다식하기로 유명한 래리 커들로Larry Kudlow는 로널드 레이건 행정부의 이코노미스트로 시작하여 나중에는 아트 래퍼Art Laffer와 함께 일했다. 아트 래퍼는 레이건 행정부에서 경제 정책의 이론적 초석을 다진 인물이다. 커들로의 빅 아이디어는 공급주의 경제이론이었다. 조지 W. 부시George W. Bush 대통령이 대폭적인 세금 삭감을 단행하여 공급주의 처방을 따랐을 때, 커들로는 그에 상당하는 경제 호황이 뒤따를 것이라 확신했다. 그는 그것을 '부시 붐Bush boom'이라고 불렀다. 현실은 기대에 못 미쳤다. 성장과 일자리 창출은 긍정적이었지만 장기간의 평균으로 보면 다소 실망스러웠고, 클린턴 시절에 비하면 특히 그랬다. 클린턴 행정부는 출범하면서 세금을 대폭 인상했다. 그러나 커들로는 입장을 굽히지 않았다. 평론가들이 눈치를 못 채고 있는 것일 뿐 해가 갈수록 '부시 붐'이 서서히 조성되고 있다며 그는 억지를 부렸다. 그리고 그것을 "알려지지 않은 진짜 중요한 이야기the biggest story never told"라고 불렀다. 2007년 12월, 금융위기에 대한 첫 번째 소문이 감지된 후 몇 달 사이에 경제 상황이 불안해지자, 많은 관련자들은 곧 경기침체가 닥치거나 아니면 이미 닥쳤다고 경고했다. 그래도 커들로는 낙관적이었다. "경기침체는 없다." 그는 그렇게 썼다. "사실 우리는 7년 동안 이어질 부시 붐으로 막 들어가려 하고 있다."[19]

나중에 전미경제연구소National Bureau of Economic Research는 2007년 12월을 2007~2009년 대침체Great Recession의 공식 시발점으로 잡았다. 몇 달이 지나 경제가 취약해지고 우려가 좀 더 증폭되었지만 커들로는 물러서지 않았다. 지금도 침체는 없고 앞으로도 없을 것이라며 버텼다. 2008년 4월 백악관이 같은 말을 하자 커들로는 이렇게 썼다. "조지 W. 부시 대통령은 이 나라 최고의 경제 예측자로 인정받게 될 것이다."[20] 봄이 지나고 여름에 접어들면서 경제는 더욱 악화되었지만, 커들로는 현실을 인정하지 않았다. "이것은 정신적인 침체일 뿐이다. 실질적인 침체는 없다."[21] 그는 그렇게 쓰면서 같은 말을 반복했다. 그러다 9월 15일에 리먼 브러더스Lehman Brothers가 파산하자, 월스트리트는 혼란에 빠졌고 세계 금융계는 냉각되었으며 전 세계 사람들은 추락하는 비행기에 탑승한 승객처럼 몸을 웅크렸다.

커들로는 어떻게 그토록 초지일관 오판을 내릴 수 있었을까? 우리들과 마찬가지로 고슴도치 예측자들은 먼저 코끝 관점으로 사물을 본다. 아주 자연스러운 현상이다. 그러나 고슴도치는 또한 "중요한 것 1가지를 안다." 그 1가지는 고슴도치가 다음에 일어날 일을 알아내려 할 때 되풀이해서 사용하는 빅 아이디어다. 고슴도치에게 있어 빅 아이디어는 벗을 줄 모르는 안경이다. 고슴도치는 안경을 통해서 세상을 본다. 그리고 그 안경은 보통 안경이 아니다. 그 안경은 동화작가 라이먼 프랭크 바움Lyman Frank Baum의 《오즈의 마법사The Wonderful Wizard of Oz》에서 에메랄드시티를 찾는 사람들이 써야 하는 초록색 안경이다. 초록색 안경을 쓰면 못 보고 지나칠 수도 있는 어떤 것이 강조되기 때문에 도움이 될 때도 있다. 아마도 맨눈으로는 보기 힘든 식탁보의 초록색 흔적이나 흐르는 물의 미묘한 초록 색조가 있을지도 모른다. 그러나 초록색 안경은 현실을 왜곡한다. 초록색이든 초록색이 아니든 보는 것마다 초록색으로 보인다. 그리고 대개의 사물은 초록색이 아니다. 에메랄드시티는 우화 속에서도 에메랄드가 아니었다. 사람들이 초록색 안경을 써야 했기에 에메랄드라고 생각했을 뿐이다.

고슴도치의 빅 아이디어는 예지력을 개선시켜주지 않는다. 오히려 예지력을 왜곡한다. 그리고 모든 것을 초록색 안경을 끼고 보기 때문에 아무리 정보가 많아도 도움이 되지 않는다. 안경이 고슴도치의 자신감을 높여줄 수 있을지는 몰라도 정확성을 높여주지는 못한다. 조합 중에서도 아주 나쁜 조합이다. 결과가 어땠을까? EPJ 연구의 고슴도치들이 가장 잘 알고 있다고 생각하는 주제(그들의 전문 분야)에서 그들의 예측은 정확성이 떨어졌다. 래리 커들로의 전문 분야는 미국 경제였지만 2008년에 경제가 갈수록 어려워지고 있다는 사실이 분명해졌을 때도 그는 다른 사람들이 보는 것을 보지 못했다. 볼 수 없었다. 그에게는 모든 것이 초록색이었으니까.

오판을 내렸음에도 커들로의 경력에는 전혀 문제가 없었다. 오히려 그 반대였다. 2009년 1월, 미국 경제가 대공황 이후 최악의 위기로 치달을 때 커들로의 새로운 프로그램 〈커들로 리포트*The Kudlow Report*〉가 CNBC에서 첫 전파를 탔다. 이 프로그램 역시 명성과 정확성 사이에 역상관성이 있다는 사실을 입증한 EPJ 데이터를 배신하지 않았다. 유명할수록 정확도는 떨어졌다. 편집자나 프로듀서나 대중들이 형편없는 예측자들을 찾아다녀서가 아니었다. 그들은 고슴도치를 찾았고, 어쩌다 고슴도치가 형편없는 예측자였을 뿐이다.

빅 아이디어에 고무된 고슴도치는 청중을 사로잡고 매료시킬 만큼 깔끔하고 단순하고 명확한 이야기를 내놓는다. 미디어 교육을 받아본 사람들은 잘 알겠지만, 첫 번째 규칙은 "간단하게 말하라"이다. 더구나 고슴도치는 자신감까지 있다. 고슴도치는 1가지 관점에서 분석하기 때문에 다른 관점이나 다른 사람들이 제기한 의심과 단서를 고려사항에 넣지 않고 그들이 옳은 이유를 '더욱이' '게다가' 등의 연결사를 써가며 쌓아올린다. 그래서 EPJ 조사에서 드러난 것처럼, 고슴도치들은 어떤 일이 일어난다, 또는 일어나지 않는다, 하는 식으로 단정적으로 말한다. 듣는 사람들도 그런 투의 말을 더 좋아한다. 사람들은 불확실성을 불온한 것으로 여기기 때문에, '아마도' 같은 불확실한 말은 빨간 펜으로 표시해둔다. 고슴도치의 단순성과 자신감은 예지력을 손상시키지만 마음은 이쪽이 더 편하다. 그것이 고슴도치의 경력에도 좋다.

여우는 언론에서 그닥 좋은 대우를 받지 못한다. 여우는 자신감도 없고 무엇이 '확실하다'거나 '불가능하다'라고 말하지 않는다. 그리고 '아마'라는 표현을 즐겨 사용한다. 그들의 말은 복잡할 뿐만 아니라 거기엔 '그러나'와 '한편' 같은 어정쩡한 단어가 많이 섞인다. 문제를 이런 식으로 보았다가 다음에는 다른 식으로 보고 그다음에는 또 다른 식으로 보기 때문에 그럴 수밖에 없다. 이렇게 변덕스러운 관점을 많이 보여주는 TV는 나쁜 TV다. 그러나 예측에는 좋다. 아니 그것이 필수다.

📍 잠자리의 눈

1906년에 전설적인 영국의 과학자 프랜시스 골턴 경Sir Francis Galton 은 어떤 시골 박람회에 갔다가 황소 무게를 알아맞히는 경연을 보게 되었다. 수백 명의 사람들은 살아 있는 소가 도살되고 손질된 다음에 무게가 얼마나 나갈지 나름대로 추측했다. 그들의 평균 추측(집단적 판단)은 1,197파운드(약 542.9kg)였다. 정답은 그보다 1파운드 더 많은 1,198파운드(약 543.4kg)였다. 이 사실은 제임스 서로위키James Surowiecki의 베스트셀러《대중의 지혜The Wisdom of Crowds》에 소개되어 유명해졌다. 또 이런 현상은 그 책의 이름을 따서 '대중의 지혜'로 불리게 되었다.

특정 집단의 판단을 다량으로 수집하면 거의 틀림없이 그 집단의 평균 구성원의 판단보다 정확해진다. 그런 판단은 골턴이 찾아낸 추정 무게만큼이나 정확할 때가 많다. 물론 집단의 판단이 개인의 추측보다 늘 정확한 것은 아니다. 경우에 따라 집단보다 정확한 개인이 있을 수 있다. 그러나 이런 정확한 추측도 추측하는 사람의 능력보다는 운의 위력에 의존할 때가 많다(원숭이도 다트를 많이 던지다 보면 어쩌다 정곡을 찌른다). 횟수를 거듭해보면 운의 위력을 분명히 알 수 있다. 반복할 때마다 집단을 이기는 개인이 나오겠지만, 그 개인은 매번 '다른' 개인일 것이다. 평균을 이기려면 아주 보기 드문 실력을 갖춰야 한다.

이를 가리켜 점잖게 '집합의 기적'이라고 부르는 사람도 있지만, 따지고 보면 기적이라고 할 것도 없다. 쓸만한 정보는 널리 분산되어 있다. 따라서 단편적인 정보를 많이 갖는 사람이 있는가 하면 좀 더 중요한 정보를 보유한 사람도 있고 또 별로 쓸모가 없는 정보만 주워 담는 사람도 있다. 골턴은 사람들이 곧 도살될 소의 무게를 맞히는 현장에 있었지만 그가 실제로 본 것은 사람들이 정보를 수치로 바꾸는 모습이었다. 도살업자는 소를 본 다음 오랜 경험을 통해 터득한 정보를 수치로 제시했다. 그 도살업자의 정육점에서 고기를 자주 사는 사람도 나름대로의 정보를 가지고 수치를 댔다. 작년에 박람회가 열렸을 때 소의 무게가 얼마였는지 기억하는 세 번째 사람도 수치를 더했다. 그런 식으로 계속 수치가 모였다. 수백 명의 사람들은 유효한 정보를 더해 개인이 갖고 있는 정보보다 훨씬 더 큰 집합적 풀을 만들어냈다. 물론 그들이 첨가한 수치에는 근거 없는 계산이나 오류도 있었고 유용한 단서의 웅덩이만큼이나 오해를 부를 웅덩이를 만들기도 했다.

그러나 두 웅덩이 사이에는 중요한 차이가 있었다. 유효한 정보는 전부 한 방향(1,198파운드)을 가리켰지만 잘못된 정보는 출처가 다양했고 방향도 제각각이었다. 누군가는 정답이 더 높다고 하고 누구는 낮다고 주장했다. 그러면서 그들은 서로 상대방의 오류를 상쇄했다. 결과적으로 유효 정보가 쌓이고 오류가 스스로 사라지면서 결과는 놀라울 만큼 정확한 추산으로 이어졌다.

집합이 얼마나 효과가 있는지는 무엇을 모으느냐에 따라 결정된다. 아무것도 모르는 사람의 판단은 아무리 모아봐야 쓸모가 없다. 조금 아는 사람의 판단을 모으면 조금 낫고, 그런 사람들의 판단을 아주 많이 모으면 인상적인 결과를 낳을 수도 있다. 그러나 여러 가지 정보를 많이 아는 사람들을 많이 모아 그들의 판단을 모을 때 가장 효과적인 결과를 기대할 수 있을 것이다. 집합의 집합도 인상적인 결과를 낳을 수 있다. 여론조사를 제대로 하면 유권자의 의중을 제대로 짚어낼 수 있지만, 그런 조사를 결합하고 여론조사에 대한 여론을 조사하면 정보 웅덩이를 더 큰 웅덩이로 바꿀 수 있다. 이것이 네이트 실버와 샘 왕 등 통계학자들이 2012년 대통령 선거 때 사용한 방식이다. 여론조사에 대한 여론조사를 다른 자료 출처와 통합하는 것도 가능하다. 폴리보트PollyVote는 여론조사나 정치전문 패널들의 판단이나 정치학자들이 개발한 양적 모델 등 다양한 자료를 모아 대통령 선거를 예측하는 학술 컨소시엄 프로젝트다. 1990년대부터 운영되고 있는 폴리보트는 여론조사의 결과가 바뀌고 전문가들이 마음을 바꿀 때도 최종 승자를 바꾸지 않은 기록들을 많이 보유하고 있다.

이제 여우의 예측 방식을 들여다보자. 여우는 분석적 아이디어를 1가지만 전개하는 것이 아니라 여러 가지 아이디어를 많이 응용하고, 정보도 한 곳이 아니라 여러 곳에서 구한다. 그런 다음 그들 정보를 모두 종합하여 1가지 결론으로 도출한다. 다시 말해 그들은 정보를 결집한다. 여우는 혼자 작업하지만 그들이 하는 것은 원칙적으로 골턴의 대중들이 한 것과 다르지 않다. 그들은 여러 관점과 그 안에 내재된 정보를 통합한다. 골턴의 대중과 유일한 차이가 있다면 그 과정이 하나의 두뇌 안에서 일어난다는 것뿐이다.

그러나 이렇게 한 사람의 두뇌 안에 많은 정보를 결집하는 작업은 매우 힘겹다. 0부터 100 사이의 수 중 하나를 맞히는 숫자 맞히기 게임을 해보자. 모든 참가자의 평균적 추측의 3분의 2에 가장 가까운 숫자를 대는 사람이 승자다. 그게 전부다. 아참, 상이 걸려 있다. 정답에 가장 가까운 숫자를 제시한 사람에게는 런던과 뉴욕을 왕복하는 여객기의 비즈니스 석 티켓 2장이 주어진다.

1997년에 〈파이낸셜타임스〉가 이런 시합을 주최한 것은 행동경제학을 개척한 리처드 탈러Richard Thaler의 권유 때문이었다. 만약 1997년에 〈파이낸셜타임스〉를 구독했다면 어떻게 비행기 표를 받을 수 있을까? 우선 사람들은 0부터 100 사이의 아무 숫자나 생각할 수 있기 때문에 그들이 추측하는 답은 무작위로 흩어질 것이다. 그렇게 되면 평균 추측은 50이다. 50의 3분의 2는 33이다. 그러니 나는 33이 정답이라고 생각해야 한다. 답을 쉽게 구해 기분이 아주 좋아진다. 비행기 표는 따놓은 당상이구나. 그러나 '최종 답'을 보내기 전에 나는 잠깐 멈추고 다른 사람들의 답을 생각해본다. 그러자 다른 사람들도 나와 똑같은 추리를 했을 것이라는 데 생각이 미친다. 그러면 모두가 33을 답으로 제시한다는 말이 된다. 그러면 평균 추측은 50이 아니라 33이다. 그리고 33의 3분의 2는 22이다. 그래서 내 첫 번째 결론은 잘못되었다. 정답을 22로 바꿔야 한다.

이제는 틀림없다는 느낌이 든다. 그러나 잠깐! 다른 사람들도 나처럼 다른 사람들을 생각했을 것이 아닌가? 그렇다면 그들도 모두 22를 생각하고 있다는 말 아닌가! 그러면 평균 추정치는 22가 된다. 그리고 22의 3분의 2는 약 15이다. 그래서 나는 …. 아니, 이런 추리를 언제까지 계속해야 하지? 참가자들은 다른 사람들의 방식을 잘 알고, 또 그들이 안다는 사실을 알고 있으니까, 숫자는 더 이상 줄어들 수 없을 때까지 계속 줄어들 것이다. 그래서 종착지는 0이다. 따라서 나의 최종 추정치는 0이다. 그리고 나는 승리를 확신한다. 내 논리에는 빈틈이 없다. 게다가 나는 운 좋게도 수준 높은 교육을 받은 데다 게임이론을 잘 아는 사람이다. 그래서 나는 0이 미국의 수학자 존 내시John Nash의 '평형해equilibrium solution'라는 사실을 안다. QED(증명 끝). 이제 남은 문제는 1가지 뿐이다. 런던을 누구와 가지?

그런가? 천만에. 나는 틀렸다.

실제 시합에서도 많은 사람들이 계속 숫자를 줄여 0을 정답이라고 내놓았지만, 0은 정답이 아니었다. 정답과 비슷하지도 않았다. 모든 참가자의 평균 추측은 18.91이었다. 따라서 정답은 13이었다. 내가 어쩌다 틀린 답을 냈을까? 틀린 것은 내 논리가 아니다. 논리는 확실했다. 틀린 이유는 내가 문제를 1가지 관점에서 보았기 때문이었다. 그 1가지란 논리라는 관점이었다.

다른 참가자들은 누구인가? 그들은 '모든' 종류의 사람들이다. 그들도 문제를 받아들고 신중하게 생각한 다음 논리를 찾아내고 그 논리에 따라 답을 끈질기게 추적하여 0이라는 최종 결론을 얻어냈을까? 그들이 불카누스Vulcanus(정교한 기술로 수많은 걸작을 남긴 대장장이의 신–옮긴이)였다면 그랬을 것이다. 하지만 그들은 인간이었다. 하긴 〈파이낸셜타임스〉의 독자들은 일반 대중보다 조금 더 똑똑하고 그래서 퀴즈도 잘 풀 것이라고 짐작할 수는 있다. 하지만 그들 모두가 완벽하게 합리적일 수는 없다. 틀림없이 그들 중 몇몇은 깊이 생각하는 것을 싫어하고 그래서 다른 사람들이 그들처럼 문제를 차근차근 따져 답을 구한다는 사실을 깨닫지 못할 것이다 그들은 그래서 33을 최종 답으로 정한다. 그리고 또 어떤 사람들은 논리적으로 따져 22라는 답을 얻을지 모른다. 그러나 그들은 계속 생각하지 않고 거기서 논리를 중단한다. 그리고 실제로 그랬다. 가장 많이 나온 답은 33과 22였다. 문제를 이처럼 다른 관점에서 생각하지 않고 그것을 나 자신의 판단에 끼워 넣었기 때문에 나는 정답을 내지 못했다.

　문제를 논리 하나로만 볼 것이 아니라 논리와 심리 양쪽의 관점에서 바라봤어야 옳았다. 그리고 내가 확인한 것을 결합해야 했다. 그리고 이 관점의 융합을 둘로 제한할 필요는 없다. 탈러의 숫자 맞히기 게임에서 우리는 세 번째 관점을 쉽게 머릿속에 그려 그것을 판단에 적용할 수 있다. 첫 번째 관점은 합리적인 불카누스의 관점이다. 두 번째 관점은 합리적일 때도 있지만 약간은 게으른 인간의 관점이다. 세 번째는 이 2가지 관점을 확인한 다음 그것을 종합하여 자신의 추측을 내놓는 사람의 관점이다. TV 시리즈 〈스타트렉Star Trek〉의 미스터 스팍Mr. Spock은 침착하고 논리적인 불카누스다. 닥터 맥코이Dr. McCoy는 성미가 급하다. 그리고 커크 선장Captain Kirk은 그 둘을 합쳐놓은 것 같은 인물이다.

숫자 맞히기 게임에서 스팍의 답은 0이고 맥코이의 답은 33이나 22이고 커크 선장은 그 둘을 모두 고려한 것이다. 그것을 커크 선장의 관점이라 하자. 게임에 참가한 사람들 중 커크 선장이 많지 않다면, 그들은 계산을 오래 끌고 가지 않을 것이다. 그러나 커크 선장이 많아 그 세 번째 관점을 우리의 판단에 적용한다면, 그들의 치밀한 생각 때문에 답이 크게 달라지고 우리 대답도 조금이나마 좋아질 것이다. 하지만 그것도 쉽지는 않다. 이렇게 되면 계산이 더욱 복잡해져 판단을 내려야 할 단계는 더욱 세밀하게 구분될 것이다(최종 추측은 10인가? 11인가? 아니 12여야 할까?). 나중에 슈퍼 예측가들에게서 보겠지만, 때로는 이런 세밀한 구별이 괜찮은 예측과 대단한 예측을 가르기도 한다.

숫자 맞히기 게임에서는 3가지나 4가지 관점에서 그치는 것이 실질적이지만, 꼭 그래야 할 이유도 없다. 경우에 따라서는 네 번째, 다섯 번째, 여섯 번째 관점이 더욱 예리한 판단을 가능하게 만들기도 한다. 사실 이론적으로는 끝이 없다. 이런 과정을 가장 잘 보여주는 것이 잠자리의 관점이라는 비유다.

잠자리도 우리처럼 2개의 눈을 가지고 있다. 그러나 잠자리의 눈은 구조에 있어 우리와 매우 다르다. 일단 눈이 크고 부푼 공 모양이며 표면이 작은 렌즈로 덮여 있다. 종에 따라 눈 하나에 렌즈가 3만 개가 붙은 것도 있다. 각각의 렌즈는 옆에 있는 렌즈와 물리적으로 약간 다른 공간을 차지하기 때문에 렌즈들은 각기 독특한 시각을 가지게 된다. 이렇게 서로 다른 수많은 시각에서 들어오는 정보는 잠자리의 뇌로 흘러들어가 거의 모든 방향을 동시에 볼 수 있는 아주 멋진 영상으로 통합된다. 그래서 잠자리는 아주 빠른 속도로 날아가는 먹이도 매우 정확하고 확실하게 잡을 수 있다.

여우가 잠자리같이 부푼 눈을 가졌다고 한다면 징그러운 비유처럼 들리겠지만, 그렇게 설명해야 여우의 예지력이 초록색 안경을 쓴 고슴도치의 예지력보다 뛰어나다는 사실을 이해할 수 있을 것이다. 여우는 관점을 결집한다.

불행히도 우리에게는 결집이란 말이 그렇게 자연스럽게 다가오지 않는다. 코끝 관점은 그것이 현실을 객관적으로 올바르게 보는 방법이라고 주장한다. 그래서 다른 관점을 참고할 필요가 없다. 우리도 웬만하면 동의한다. 대안적 관점은 고려하지 않는다. 분명히 그래야 할 때조차도.

포커 게임에서는 이런 문제가 고통스러울 정도로 분명하게 드러난다. 실력이 없는 포커 플레이어도 상대방의 눈을 세심하게 봐야 한다는 것 정도는 기본적으로 안다. 저 친구가 베팅할 때 20달러를 더 얹을까? 어떻게 하면 저 친구의 생각을 알 수 있을까? 도대체 무슨 카드를 들었기에 저러는 거지? 베팅을 할 때마다 상대방이 가진 패를 짐작하게 된다. 아니면 저 친구는 자기가 이런 카드를 들었다고 내가 생각하게끔 만들려는지도 모른다. 모든 추리를 짜맞추는 유일한 방법은 그 친구의 자리에 앉아 있다고 가정해보는 것이다. 그렇게 좋은 자리의 관점을 택해야 돈을 딸 수 있다. 그래서 포커판에서 진지한 표정을 짓는 사람은 누구나 이런 요령에 빨리 익숙해질 것이라고 생각하면서 그렇지 않았다면 다른 취미를 가졌을 것이라고 상상한다. 그러나 그렇지 않은 경우가 아주 많다.

"아주 간단한 예를 들어보죠." 엘리트 프로 포커 플레이어인 애니 듀크Annie Duke는 그렇게 말문을 열었다. 애니는 포커 월드시리즈 대회 World Series of Poker의 우승자이고 심리학 박사 과정을 밟았던 적도 있다. "포커를 하는 사람은 누구나 죽을 수도 콜을 할 수도 판돈을 올릴 수도 있다는 것을 압니다. 그래서 어떤 사람이 판돈을 키우는 것을 전문가가 아닌 사람이 본다면, 저 친구가 대단한 패를 가졌구나 생각하게 되죠. 마치 베팅의 액수가 그 사람이 든 패의 끗발과 직결되는 것처럼 말이 죠." 그것은 오판이다. 애니는 포커를 가르치면서 학생들이 잠자리의 눈 으로 볼 수 있게 하기 위해 그들을 실전 상황으로 몰고 간다. 카드를 받 았다. 패가 마음에 든다. 첫 번째 베팅에서 얼마를 건다. 다른 선수가 즉 시 당신의 베팅을 받고 액수를 크게 올린다. 그 사람이 무슨 카드를 가 졌다고 생각하는가? 수천 명의 학생들을 가르치는 애니는 학생들은 "보 편적으로 '저 친구가 아무래도 대단한 패를 가진 것 같군'이라고 생각한 다"고 말했다. 그래서 애니는 그들에게 그들이 그녀와 맞붙을 때를 제외 하고는 늘 같은 상황을 상상하라고 요구한다.

카드가 나누어진다. 그들의 패는 막강한 수준 이상이다. 도저히 이 길 수 없는 패다. 애니가 베팅한다. 자, 이제 당신은 어떻게 하겠는가? 받고 더 올리겠는가? "그러면 그들은 내게 말하죠. '음, 아뇨.'" 그들이 판을 키운다면 애니는 그들의 패가 세다는 것을 눈치채고 죽을 것이다. 그들은 그녀를 쫓아내고 싶지 않다. 그들은 애니가 베팅할 때마다 계속 따라가면서 가능한 한 판을 크게 키운 다음 막판에 긁어올 생각이다. 그 래서 그들은 베팅을 올리지 않는다. 그저 콜만 한다. 그다음 애니는 당할 수도 있지만 그래도 꽤 괜찮은 패를 들고 역시 허세를 부리며 베팅한다. 올릴 건가? 아니요. 조금 빈약하기는 하지만 여전히 이길 가능성이 있는 패라면 어떤가? 올리지 않을 겁니다. "그들은 나를 내쫓고 싶지 않기 때문에 정말 대단한 패를 들고도 올리지 않아요." 그러면 애니는 그들에게 묻는다. "왜 베팅을 올리는 사람이 대단한 패를 가졌다고 추측했지? 너도 똑같이 높은 패를 가지고도 올리지 않았는데." 그녀가 그렇게 몰아붙인 다음에야 그들은 상대방의 관점에서 바라보지 못했다는 것을 깨닫는다고 애니는 말했다.

애니의 학생들이 포커를 처음 해보는 휴양지의 퇴직자들이라면, 아마추어니까 순진해서 그렇다고 할 수 있다. 그러나 애니는 "이들은 포커를 할 만큼 했고 포커 게임에 아주 맛들인 사람들이며 스스로 꽤 잘한다고 생각하고, 그래서 내 세미나에 1,000달러씩이나 내고 온 사람들입니다"라고 말했다. "그런데 기본적인 개념조차 이해하지 못합니다."[22]

자신의 자리에서 물러나 다른 시각을 갖는다는 것은 사실 쉬운 일이 아니다. 그러나 여우들은 그렇게 하려고 노력한다. 기질 때문이든 습관이나 의식적인 노력 때문이든, 그들은 다른 관점을 검토하는 힘든 작업에 정성을 쏟는다.

그러나 오래된 '반성-역설' 농담을 기억할 필요가 있다. 세상에는 두 종류의 사람이 있다. 두 종류가 있다고 생각하는 사람과 그렇지 않다고 생각하는 사람이다. 나는 두 번째 유형이다. 나의 여우/고슴도치 모델은 이분법이 아니다. 이것은 스펙트럼이다. EPJ에서 내 분석은 내가 '하이브리드'라고 부른 '여우-고슴도치' 혼합형으로 확대되었다. 여우-

고슴도치는 스펙트럼에서 고슴도치에 조금 가까운 여우다. '고슴도치-여우'는 여우 기질이 조금 있는 고슴도치다. 그러나 이렇게 범주를 4가지로 늘린다고 해도 사람들의 사고 유형을 다 포착할 수는 없다. 같은 사람이라도 환경에 따라 생각과 행동방식이 달라진다. 일할 때 타산을 따져 깔끔하게 처리하다가도 쇼핑할 때는 직관적이고 충동적이 될 수도 있다. 생각하는 버릇도 정해진 것이 아니다. 때로 그 버릇은 바뀌는 줄도 모른 채 진화하기도 한다. 그러나 우리는 또한 노력으로 생각의 변속기를 이쪽에서 저쪽으로 바꿀 수 있다.[23]

어떤 모델도 그 많은 인간의 본성을 다 포착할 수는 없다. 모델은 사물을 단순화시키기 위한 것이어서 아무리 좋은 모델이라도 결함이 있게 마련이다. 그래도 모델은 필요하다. 우리의 사고방식은 모델로 가득차 있다. 모델이 없으면 우리는 제 기능을 발휘할 수 없다. 그리고 우리는 종종 아주 훌륭하게 기능을 수행한다. 모델 중 일부가 현실에 상당히 접근해 있기 때문이다. "모델은 죄다 틀렸다." 통계학자 조지 박스George Box는 그렇게 보았다. "그러나 쓸모 있는 것도 있다." 여우/고슴도치 모델은 종착점이 아니라 출발점이다.

다트를 던지는 원숭이 이야기는 잊어버리자. 중요한 것은 EPJ가 소박하지만 현실적인 예지력을 찾았다는 사실이고, 중요한 요소는 사고 유형이었다. 다음 단계는 그런 통찰력을 진척시키는 방법을 알아내는 것이다.

SUPERFORECASTING

4장

슈퍼 예측가들

: 전문가를 뛰어넘은 평범한 사람들

"우리는 이라크가 UN 결의안과 제재에 맞서 대량살상무기 프로그램을 계속 추진하고 있다고 본다. 바그다드는 UN 제재의 범위를 넘어서는 미사일 외에 생화학무기까지 보유하고 있다. 이를 제지하지 않으면 이라크는 2010년이 되기 전에 핵무기를 보유하게 될 것이다."[1]

　사용된 언어는 평범했지만 2002년 10월에 발표된 이 보고서의 첫 부분은 사람들의 간담을 서늘하게 만들기에 충분했다. 13개월 전 가공할 9·11 사건이 있었다. 미국은 오사마 빈 라덴에게 은신처를 제공한 탈레반을 축출하기 위해 아프가니스탄을 침공했다. 이제 조지 W. 부시의 관심은 사담 후세인의 이라크를 향하고 있었다. 이는 많은 사실을 암시했다. 이라크가 알카에다와 연계를 맺고 있으며, 이라크가 9·11의 배후이고, 이라크는 중동의 여러 나라들과 그곳에서 나오는 석유에 위협적인 대상인 데다, 이라크는 유엔이 요구한 대량살상무기 파괴를 이행하지 않고 오히려 무기를 축적하는 중이며, 시간이 갈수록 위험한 존재가 되고 있다는 사실 말이다. 백악관은 사담 후세인이 유럽을 공격할 군사력을 가지고 있거나 곧 갖게 되리라고 주장했다. 아니 미국은 그렇게 주장했다. 비평가들은 정부가 오래전부터 이라크를 침공할 계획을 세워 놓았으며, "우리는 결정적인 증거가 버섯구름으로 바뀌는 것을 원치 않는다"라는 섬뜩한 표현으로 전쟁에 대한 지지를 선동하려는 콘돌리자 라이스Condoleezza Rice의 발언에서 보듯 위협을 과장하고 있다고 비난했다.2) 마침 국가정보평가 2002-16HC가 공개되었을 때였다.

국가정보평가는 중앙정보국과 국가안전보장국National Security Agency, 국방정보국Defense Intelligence Agency 외에 13개 기관의 합의된 견해였다. 이들 기관을 보통 정보 커뮤니티, 줄여서 IC라고 한다.

정확한 수치는 기밀사항이라 알 수 없지만 IC는 대략 500억 달러가 넘는 예산을 사용하며 10만 명의 직원을 채용하고 있는 것으로 추산된다. 이 중 정보 분석가의 수는 2만 명 정도다. 그들이 하는 일은 정보 수집이 아니다. 그들은 수집된 정보를 분석하고 그 정보의 의미를 국가 안보 차원에서 판단한다.3) 그리고 이처럼 대단한 공력과 돈을 들여 노련한 전문 인력을 확보하고 있는 정보 기구들은 2002년 10월에 이라크 대량살상무기에 대한 부시 정부의 주장이 옳다고 결론 내렸다. 많은 사람들도 설득력 있는 결론이라 생각했다.

정보기관은 권력을 향해 진실을 말해주는 곳이지 잠깐 권좌에 앉았다 사라질 정치가들에게 듣기 좋은 말을 해주는 단체가 아니다. 그런데 국가정보평가는 그들을 대신하여 골치 아픈 정치적 문제를 해결해주었다. 사담 후세인이 살상무기를 대량 생산하기 위한 WMD 프로그램을 운용하고 있다는 것을 기정사실로 만든 것이다. 위기감이 고조되었다. 이런 사실에 대해 어떤 조치를 취해야 하는가는 별개의 문제였지만, 정치에 눈이 먼 사람들은 그것을 별개의 문제라고 여기지 않았다. 부시 정부의 인사들을 '부시즈bushies(촌놈들)'라며 조롱했던 토머스 프리드먼 같은 반 부시파들조차 사담 후세인이 무언가를 어딘가에 숨겨놓고 있다고 확신했다.

지금 우리는 이런 '사실들'이 거짓이라는 사실을 안다. 2003년에 이라크로 쳐들어간 미국은 이라크를 샅샅이 뒤졌지만 아무것도 찾아내지 못했다. 현대 역사에서 최악의 정보 실패 사례일 것이다. IC는 체면을 구겼다. 언론은 비난을 쏟아냈고, 공식 조사가 시작되었으며, 청문회에 불려나온 정보 책임자들은 익숙한 행태를 되풀이했다. 국회조사위원회가 열리고 의원들이 가시 돋친 말로 그들을 몰아세우며 내막을 파헤치자, 관리들은 진땀을 흘렸다.

무엇이 잘못되었을까? 1가지 설명은 IC가 백악관의 성화에 굴복했다는 것이다. 정보기관들이 정치 논리에 휘둘린 것이다. 그러나 공식 조사 결과는 그런 주장을 부인했다. 로버트 저비스Robert Jervis도 그랬다. 저비스는 40년간 정당의 이해관계를 떠나 예리한 정보 분석으로 독보적인 입지를 구축한 인물이기 때문에 나는 그의 반응을 더욱 흥미롭게 지켜보았다. 저비스는 《정보는 왜 실패하는가Why Intelligence Fails》라는 저서를 통해 IC의 2가지 실패를 해부했다. 그것은 IC가 1979년에 이란 혁명을 예견하지 못한 것(저비스는 몇십 년 동안 기밀사항으로 분류되어 온 CIA

정보를 사후 부검했다)과 사담 후세인의 대량살상무기를 헛짚은 것 등이었다. 후자의 경우, IC의 결론은 충심이었다고 저비스는 결론 내렸다. 그것은 합리적인 결론이었다.

"어째서 합리적인가?" 다들 이런 의문을 가질 것이다. "틀린 결론 아닌가?" 당연한 반응이다. 그러나 이 역시 틀렸다. 다시 한 번 확인해보자. 질문은 'IC의 판단이 옳았는가?'가 아니라 'IC의 판단이 합리적이었는가?'였다. 이런 질문에 답하기 위해서는 당시 그런 판단을 내린 사람들의 입장에 서봐야 한다. 다시 말해 당시 입수할 수 있는 정보만 가지고 판단해야 한다. 사실 그 당시에는 지구상의 모든 주요 정보기관들이 확신을 가지고 사담이 무언가를 숨기고 있다고 의심하기에 충분한 증거가 있었다. 사담이 숨기고 있는 것을 힐끗 훔쳐보았기 때문이 아니라 사담이 뭔가를 숨긴 사람처럼 행동했기 때문이다. 사담이 미국의 침공과 실각이라는 사태를 야기할 위험이 있는 유엔 무기감시단과의 숨바꼭질 게임을 했다는 사실에 대해 달리 어떤 설명을 할 수 있겠는가?

📍 틀릴 수 없다는 확신

판단에 관한 한, 시간 여행보다 더 어려운 일도 없다. 당시 어떤 사람의 입장으로 돌아가서 나중에 밝혀진 사실에 휘둘리지 않고 그때 상황에서 공정하게 판단한다는 것은 역사가들에게도 쉽지 않은 일이다. 그래서 "IC의 판단이 합리적이었는가?"라는 질문에는 대답하기가 아주 난감하다. 그러나 "IC의 판단이 옳았는가?"라는 질문에는 대답하기가 쉽다. 2장에서 지적한 대로, 그런 상황은 미끼와 바꿔치는 상술로 우리를 유혹한다. 어려운 질문을 쉬운 질문으로 바꿔 대답한 다음 어려운 질문에 대답했다고 믿으면 된다.

"그것이 좋은 판단이었나?"를 "그것이 좋은 결과를 가져왔는가?"로 대체하는 이런 특별한 미끼 상술은 흔한 수법이지만 폐해가 있다. 노련한 포커 플레이어는 초보자들이 흔히 이런 실수를 저지른다고 생각한다. 초보자는 다음에 기다리는 카드가 들어올 것이라고 생각하여 베팅을 올리고 그렇게 해서 운이 좋으면 이기지만, 결과를 돌이켜볼 때 이겼다고 해서 그 어리석은 베팅이 현명한 베팅이 되는 것은 아니다. 반대로 프로는 다음에 기다리는 카드가 들어올 확률이 높다고 생각하고 베팅을 올렸다가 운이 없어 결국 지더라도, 졌다고 해서 베팅이 잘못된 것은 아니라는 사실을 정확히 알고 있다. 포커를 잘하는 사람이나 훌륭한 투자자나 경영진들은 이런 문제의 성격을 정확히 이해한다. 이해하지 못하면 그런 일을 잘할 수가 없다. 경험이 주는 교훈을 잘못 받아들이면 시간이 갈수록 판단이 더욱 흐려지기 때문이다.

그래서 'IC의 결론은 합리적이지만 틀렸다'라는 결론에는 문제가 없다. 로버트 저비스도 그렇게 보았다. 그래도 저비스는 IC의 혐의를 벗겨주지 않았다. 그리고 그 점이 중요하다. "잘못이 있었을 뿐 아니라 고칠 수 있는 잘못도 있었다." 그는 IC의 분석에 대해 그렇게 썼다. "더 좋은 분석이 나올 수 있었고 또 그랬어야 했다." 그런다고 달라졌을까? 어떤 의미에서는 아니다. "그랬다 해도 전혀 다른 결론에 도달하지는 않았겠지만, 그랬다면 그렇게 확실한 정보 평가도 나오지 않았을 것이다."

그래서 IC는 여전히 사담이 대량살상무기를 갖고 있다고 결론 내렸다. 하지만 결론에 대한 자신감은 훨씬 부족했을 것이다.

이렇게 말하면 조금 말랑한 비판처럼 들릴지 모르지만 사실 이는 통렬한 비판이다. 자신감이 없는 결론은 결과의 차이도 엄청나다. 의회에서 침공을 지지하는 데 필요한 '합리적인 의심을 넘어서는' 곳에 기준선을 그었다면, 사담이 대량살상무기를 대량 생산하고 있을 확률이 60%나 70% 정도라는 평가로는 만족하지 못했을 것이다. 그랬다면 의회는 무력 사용을 승인하지 않았을 것이고 이라크 침공은 없었을 것이다. 그리고 수천 명의 목숨과 수조 달러의 비용을 사라지게 만들 위험도 그리 크지 않았을 것이다.[4]

그러나 NIE 2002-16HC는 60%나 70%라고 말하지 않았다. 그 보고서는 "이라크에는 ○○○이 있다" "바그다드에는 ○○○이 있다"라고 말했다. 이러한 진술은 뜻밖의 가능성을 인정하지 않는다. 이런 진술은 "태양이 동쪽에서 떠서 서쪽으로 진다"는 말과 다를 것이 없기 때문이다. 2002년 12월 12일에 CIA 국장 조지 테닛George Tenet은 백악관 브리핑에서 "슬램덩크slam dunk"라는 말을 사용했다. '확실하다'는 뜻이다. 나중에 그는 그런 식의 인용은 전후 맥락을 잘라버린 자의적 해석이라고 반발했다. 그러나 "슬램덩크"라는 말은 사실 IC의 태도를 요약한 것이었기 때문에 여기서는 문제가 되지 않는다. 그리고 이는 자주 쓰는 말도 아니었다.

정보 분석에는 늘 불확실성이 포함된다. 그 불확실성이 엄청나게 클 때도 많다. 분석가들은 그런 사실을 안다. 그러나 이라크의 대량살상무기를 대하는 IC의 태도는 오만의 희생양이 되었다. 결국 그들은 단순히 틀린 것이 아니었다. 틀릴 수 없다고 말했기 때문에 틀린 것이다. 사후 평가에서도 IC가 그들이 틀릴 수도 있다는 '생각'을 심각하게 해본 적이 없었다는 사실이 드러났다. "다수의 견해를 비난하는 '레드팀 red team'도 없었고 악마의 대변인도 없었으며 다른 가능성을 제시한 신문도 없었다." 저비스는 그렇게 썼다. "가장 놀라운 것은 우리가 지금 사실이라고 생각하는 견해와 비슷한 견해를 제시한 사람이 아무도 없었다는 사실이다." 백악관 자체 조사에서도 이런 패착을 신랄하게 비난했다. "사담이 금지된 무기 프로그램을 중단했다고 결론을 내리지 못한 것과 그럴 가능성을 고려하지도 못했다는 것은 전혀 다른 문제다."[5]

　　IC는 커다란 실패의 충격에도 신속한 반응을 보이지 못하는 거대한 관료조직이다. 저비스는 당대 최대 지정학적 재앙이었던 이란의 혁명을 예측하지 못한 1979년의 실패에 대한 사후 평가를 마친 후 내게 말했다. "(CIA의) 정치 분석 책임자를 만났습니다. 그녀가 말하더군요. '당신이 우리로부터 아무 말도 듣지 못했다는 것을 압니다. 그래서 그렇게 걱정을 하시는 거겠죠. 그러나 제대로 된 미팅을 통해 당신과 분석하고 토론할 수 있는 자리를 마련하겠습니다.' 그것이 전부였어요. 그런 자리는 마련되지 않았습니다." 하지만 대량살상무기 실패의 충격은 달랐다. 관료주의는 토대부터 흔들렸다. "그들은 그 문제를 심각하게 받아들였다." 저비스는 말했다.[6]

📍 극단에서 벗어난 골디락스 존

2006년에 IARPA가 만들어졌다. 그들의 임무는 IC의 업무를 더 정확하고 더 효율적으로 만들기 위해 최첨단 연구에 필요한 자금을 조달하는 것이다. 명칭에서도 알 수 있듯이, IARPA는 군사 관련 연구를 통해 세계에 막대한 영향력을 행사해온 유명한 국방기관인 DARPA를 본떠서 만든 기관이었다. 참고로 DARPA는 인터넷의 발명에 기여한 것으로 유명하다.

2008년에 16개 정보기관을 통솔하는 미 국가정보국Office of the Director of National Intelligence은 국립연구위원회National Research Council에게 위원회를 하나 만들도록 지시했다. 신설될 위원회의 임무는 그동안 있었던 정확한 판단을 종합하여 IC가 활용할 수 있게 돕는 것이었다. 평소 워싱턴의 기준으로 보면 실로 대담한(또는 무모한) 조치였다. 정부가 가장 권위 있는 과학 연구소에 비용을 지원해주면서 자신들이 하는 일에 제동을 걸지도 모르는 객관적인 보고서를 작성하게 하는 것은 흔히 볼 수 있는 일이 아니었다.

각 분야의 저명한 학자들이 위원회 위원으로 위촉되었다. 의장은 심리학자 바루크 피쇼프Baruch Fischhoff였다. 나도 위촉받았다. 아마도 내가 2005년에 쓴 《전문가의 정치 판단》에서 "다트를 던지는 원숭이보다 잘 맞힐 수 있는가?"라는 도전적인 과제로 물의를 일으킨 탓이었을 것이다. 2년 뒤에 우리는 보고서를 제출했다. 100% 아치 코크란이었다. 검증할 때까지는 믿지 말라. 'IC는 관련 증거가 충분한 행동원칙을 위배

해서는 안 되며 또한 직관적 호소 외에 효율성의 증거가 없는 분석 방법을 신뢰해서도 안 된다." 보고서는 그렇게 지적했다. IC는 "가능한 한 현실적인 조건에서 현재 제시된 방법을 철저히 검증해야 한다. 그런 증거를 기반으로 한 분석 방법이 국가의 적들보다 IC를 더 똑똑하고 더욱 기민하게 만드는 데 필요한 지속적인 학습을 촉진할 것이다."[7]

아이디어는 간단했지만 오랜 세월 의학계가 저질렀던 관행처럼 그런 원칙은 무시당하기 일쑤다. 예를 들어 CIA는 자체 분석가들에게 전 분석가였던 리처스 휴어Richards Heuer가 작성한 교범을 준다. 그 교범은 특정 분석가의 생각에 제동을 거는 편견을 비롯한 여러 가지 심리학적 분석을 소개하고 있다. 훌륭한 작업이다. 분석가들이 심리학적 기본 지식을 갖출 수 있다면 인식의 덫을 피하고 좀 더 정확한 판단을 내릴 수 있을 테니까. 그런데 정말로 그럴까? 아무도 모른다. 그런 문제는 검증된 적이 없다. 어떤 분석가들은 훈련이 너무 직관적으로 강력해서 검증할 필요가 없다고 생각한다. 낯익은 모습이 아닌가?

심지어 500억 달러짜리 질문인 "정보 분석가들의 예측이 얼마나 정확한가?"에도 대답할 수 없다. 물론 안다고 생각하는 사람도 있다. 고위 공직자들은 IC의 예측이 해당 기간에서 80%나 90%는 맞는다고 주장할지 모른다. 그러나 그것은 어디까지나 추측일 뿐이다. 자신의 치료법이 80%나 90% 치료 효과가 있다고 확신한 19세기 의사들처럼, 그들은 맞을 수도 있고 거의 맞을 수도 있고 아주 틀렸을 수도 있다. 정확도를 측정할 도구가 없기 때문에 정보 분석가들에게 정확성에 대한 책임을 지라고 말할 수 있는 의미 있는 방책도 없다.

마지막 문장의 '의미 있는'이라는 표현에 주목할 필요가 있다. 국가정보국 국장이 오판 때문에 의회에 불려나오게 된다면, 그것은 정확성에 대한 책임을 묻기 위한 자리일 것이다. 오판은 잘못된 정보 탓일 수도 있고 정보가 너무 자주 바뀐 탓일 수도 있다. 하지만 그런 자리는 정치적으로 시선을 끌기 위한 것 이상의 아무런 목적도 없는 요식행위일 뿐이다. 반대로 '의미 있는' 책임은 어떤 일이 뒤틀릴 때 호들갑을 떠는 것 이상의 조치를 취하는 것이다. 앞서 설명한 여러 가지 이유에도 불구하고 의미 있는 문책을 하려면 정확성을 체계적으로 추적해야 한다. 그러나 IC의 예측은 한 번도 체계적인 평가를 받아본 적이 없다.

대신 과정에 대한 책임이 있다. 정보 분석가들은 조사하고 생각하고 판단할 때 어떤 일을 해야 하며 그들이 사용한 기준에 책임을 져야 한다는 말을 듣는다. 다른 가설을 생각해봤는가? 반증은 찾아보았는가? 이런 것들이 의미 있는 질문이긴 하지만 '예측을 하는 법'이라는 점검표의 모든 칸에 표시를 하는 것이 능사는 아니다. 중요한 것은 앞으로 닥칠 일을 예측하는 것이다. 정확성이 아니라 과정에 대한 책임만 지는 것은 의사가 손을 씻고 환자를 검진하고 모든 증세를 고려하면서도 치료법이 효과가 있는지 여부를 확인하지 않는 것과 같다.

IC만 이런 식으로 운영되는 건 아니다. 정확성을 점검하는 수고를 생략하고 예측을 하거나 예측을 받아들이는 조직이 얼마나 많은지 알게 되면 입이 다물어지지 않을 것이다. 그러나 이라크의 대량살상무기에 대한 오판의 충격과 국가정보위원회National Intelligence Council, 이하 NIC 보고서로 인한 자극과 몇몇 헌신적인 공무원들의 노력 덕분에, IC는 이 문

제를 어떤 식으로든 해결하기로 결론 내렸다. 그 일을 맡은 곳이 IARPA
이었다. IARPA는 IC 밖에서는 그 활동이 거의 알려지지 않은 기관이
다. 그럴만한 이유가 있다. IARPA는 첩보 활동도 하지 않고 정보를 해
석하는 분석가도 따로 두지 않는다. 그들이 하는 일은 IC의 역량을 개선
할 수 있는 사람들을 데리고 위험도가 높고 보상도 높은 연구를 찾아내
고 지원하는 것이다. 그래서 DARPA와 업무 성격이 비슷하다. 그러나
DARPA는 잘 알려져 있다. DARPA는 규모도 크고 활동 기간도 길었고
첨단기술 개발에 기금을 조달한다. 정보 연구란 것이 그렇게 이목을 끄
는 일은 아니지만 국가 안보에는 매우 중요할 수 있다.

　　2010년에 IARPA 직원인 제이슨 매서니Jason Matheny와 스티브 리버
Steve Rieber가 버클리 대학교에 찾아왔다. 나는 아내이자 동료인 바버라
멜러스와 함께 샌프란시스코의 한 전망 좋은 호텔에서 그들을 만났다.
그들은 호텔 전망만큼이나 유쾌한 소식을 가져왔다. 그들은 국가연구위
원회가 추천한 중요한 프로젝트를 실행에 옮길 계획이라고 했다. 내가
추천은 했지만 보나마나 기각될 것이라고 예측했던 계획이었다. IARPA
는 정보 분석가들이 매일 하는 그런 종류의 예측 중 가장 정확한 예측을
하는 사람들을 찾아내기 위한 대규모 토너먼트를 발족할 예정이라고 했
다. 튀니지 대통령이 다음 달에 무사히 망명할 수 있을까? 앞으로 6개월
이내에 중국에서 H5N1(조류독감의 일종)으로 10명 이상이 사망하는 일
이 발생할까? 유로화가 앞으로 12개월 이내에 1.20달러 아래로 떨어질
까? 토너먼트에 제시될 질문을 고르는 일에도 엄격한 심사가 필요했다.

　　IARPA는 난이도가 골디락스 존Goldilocks zone(양극단으로 치우치지 않

는 적당한 수준-옮긴이)에 해당되는 질문을 찾고 있었다. 〈뉴욕타임스〉만 꼼꼼히 읽으면 누구든 맞힐 수 있는 문제나 도저히 풀 수 없는 어려운 문제는 제외됐다. 그들은 적당한 난이도를 가진 질문을 찾았다.

IARPA는 골디락스 존이야말로 새로운 예측의 달인도 찾고 예측 기법을 연마할 수 있는 가장 좋은 영역이라고 생각했다. IARPA는 내가 앞서 실행했던 EPJ와는 전혀 다른 토너먼트를 구상하고 있었다. 그들이 제시한 질문은 가장 긴 질문이라 해도 내가 만든 가장 짧은 질문보다 더 짧았다. 예측이 불가능하다고 알려진 이슈는 과감히 포기했다. 인간의 맨눈은 스넬렌 시력검사표의 맨 아랫줄을 읽을 수 없다. 눈의 근육을 아무리 단련해도 이 사실은 영원히 바뀌지 않을 것이다. 이처럼 EPJ와 그 밖에 어떤 연구를 동원해도 현재 우리의 인식체계로는 알아낼 수 없는 것들이 존재한다. 개인이나 국가의 앞날의 운명을 뒤바꾸는 큰 사건은 알아내는 데는 한계가 있다. 아무리 슈퍼 예측가들의 영웅적인 실적을 들먹인다 해도 그 사실만큼은 바뀌지 않는다.

IARPA는 최고 수준의 연구원들을 동원하여 골디락스 존에 속한 질문에 대한 답의 정확한 확률 수치를 찾아낼 수 있도록 토너먼트 방식의 인센티브를 계획했다.[8] 이 리서치 팀들은 서로 경쟁하고 동시에 독립된 하나의 통제집단과도 경쟁했다. 각 팀은 통제집단의 결집된 예측(대중의 지혜)을 이겨야 했다. 그렇게 나온 격차는 가공할 수준이었다. 첫해에 IARPA는 각 팀이 20% 차이로 그 표준을 누르기를 바랐다. 그리고 4년 뒤에는 격차가 50%까지 벌어지기를 바랐다.

이것은 IARPA가 세운 계획의 일부분이었을 뿐이다. 각 팀 내에서 연구원들은 아치 코크란 식의 실험을 통해 내부 통제집단과의 대결에서 얻은 실적을 평가할 수 있었다. 예를 들어, 연구원들은 예측자들에게 기본적인 훈련을 시키면 정확성을 높일 수 있을 것이라고 생각할 수 있다. 그러나 예측자들을 모두 똑같이 훈련시킨다면 어떻게 그 사실을 입증할 수 있을까? 예측의 정확성이 올라간다 해도, 훈련이 효과가 있었는지 문제가 쉬워서 그랬는지 운이 좋아서 그랬는지는 알 수 없을 것이다. 정확성이 떨어진다 해도, 훈련에 문제가 있었는지 알 방법이 없고, 훈련을 안 했다면 정확성이 더 떨어졌을지 역시 알 수 없다. 이는 의사들이 의학의 기나긴 세월 동안 늘 겪었던 문제였다. 아치 코크란은 해결책을 알고 있었다. 알지 못하는 것을 아는 척하지 말고 당장 실험을 해봐야 한다. 무작위로 예측자를 선발하여 훈련을 시키는 집단과 훈련을 시키지 않는 집단을 구분해야 한다. 훈련 이외의 모든 조건은 동일하게 유지한 다음 결과를 비교하면 된다. 훈련을 받은 사람이 더 정확하다면, 훈련이 효과가 있는 것이다.

그렇게 하기 위해서는 무엇보다 예측자를 많이 확보해야 했다. 나와 동료들은 블로그와 전문 네트워크를 통해 이 계획을 널리 알렸다. '세계의 미래를 예측하지 않으시렵니까? 저희가 기회를 드리겠습니다. 집을 나서지 않아도 됩니다. 매일 조금만 짬을 내어 정치나 경제 관련 문제를 생각해보고 추측하시면 됩니다.' 당장 반응이 왔다. 첫해에 지원한 사람만 수천 명에 이르렀다. 우리는 심리측정 테스트를 통해 그중 약 3,200명을 추렸다. 그들은 계약서에 서명한 다음 예측 작업에 돌입했다. 우리는 리서치 팀과 그 프로그램을 'GJP'라고 명명했다.

이런 규모의 프로젝트를 운영하려면 매년 수백 만 달러의 비용이 필요하다. 하지만 관료들이 용기를 가지고 과단성 있는 결정을 내리는 데 비용은 문제가 되지 않았다. IC의 1년 예산은 약 500억 달러 정도다. 웬만한 나라의 국내총생산보다 많은 액수다. 그런 엄청난 예산에 비하면 IARPA 토너먼트의 비용은 그야말로 새 발의 피였다. 정작 관료들의 용기를 부추긴 것은 비용이 아니라 그로 인해 드러난 결과였다.

여기서 1가지 밝혀낼 수 있는 부분이 있다. 평범한 사람 200명이 지정학적 사건을 예측한다고 하자. 우리는 그들이 예측 내용을 얼마나 자주 수정하는지, 그 예측이 얼마나 정확한지 확인할 수 있다. 그중 가장 정확한 사람 40명 정도를 추려낸다. 그런 다음 그들에게 더 많은 예측 문제를 제시한다. 이번에는 집단 전체의 평균 예측(대중의 지혜)을 계산한다. 그러나 40명의 최고 예측자들에게는 가산 점수를 준다. 그런 다음 그 예측을 최종 보정한다. 즉 나온 예측치를 양끝으로 밀어붙여 100%나 0%에 가깝게 만든다. 가령 예측이 70%면 85%로, 30%면 15%로 만든다.9)

이제 이런 식으로 만들어낸 예측들이 다른 모든 집단의 예측과 방법을 누르고 이긴다고 생각해보자. 경우에 따라서는 큰 폭으로 이길 수도 있다. 심지어 비밀 정보를 다루는 정부 내의 전문 정보 분석가들의 예측도 누른다. 물론 어느 정도 차이가 나는지는 비밀에 붙여진다.

평생을 지정학적 사건을 예측하는 데 보낸 정보 전문가들이 몇백 명 정도의 보통사람이나 몇 가지 단순한 알고리즘에 패한다면 얼마나 충격적이겠는가.

하지만 실제로 그랬다. 지금 설명한 내용은 IARPA의 토너먼트에서 승자가 되기 위해 우리가 사용했던 방법이다. 무슨 대단한 혁신적인 방법을 사용한 것도 아니었다. 극단적인 보정조차 아주 간단한 원리를 기초로 한 것이었다. '대중의 지혜'를 계산하기 위해서는 모든 사람들에게 분산되어 있는 관련 정보를 모두 모아야 한다. 그러나 모든 정보를 다 접할 수 있는 사람은 없다. 어떤 사람은 특정 정보에 대해 어느 정도만 알고, 또 한 사람은 그보다 좀 더 아는 식이다. 이들 모두에게 '모든' 정보를 주면 어떻게 될까? 그들은 좀 더 자신감을 갖게 되어 예측 수치를 100%나 0%에 가깝게 올릴 것이다. 그런 다음 대중의 지혜를 계산하면, 예측 수치는 극단에 더욱 가까워질 것이다. 물론 모든 사람에게 관련된 정보를 모두 주는 것은 불가능하다. 그래서 그렇게 할 수 있을 때 어떻게 될지 시뮬레이션하기 위해 극단화하는 것이다.

IARPA 덕분에 우리는 이제 몇백 명의 보통사람들과 몇 가지 간단한 수학이 수십 억 달러의 예산을 쓰는 조직의 후원을 받는 전문가들과 어깨를 겨룰 수 있을 뿐 아니라 그들을 누를 수도 있다는 사실을 알아냈다.[10]

그리고 그것은 IARPA의 결단으로 알게 된 심란한 결과 중 하나였다. 이 토너먼트를 통해 보통사람들이 어떤 알고리즘 마술의 도움을 받지 않고도 IC의 전문가들을 누르는 상황을 생각해보라. 얼마나 위협적이었겠는가?

더그 로치Doug Lorch는 희끗한 턱수염과 가느다란 머리카락과 안경 때문에 누구를 위협할 사람으로는 보이지 않는 사람이다. 그는 외모만 봐도 컴퓨터 프로그래머처럼 생겼다. IBM에서 컴퓨터 프로그래머로 일했던 그는 은퇴한 뒤 산타바버라의 조용한 마을에서 아내와 살고 있다. 아내는 수채화 화가다. 그의 페이스북 아바타는 오리다. 화창한 날이면 더그는 작은 붉은색 컨버터블 미아타Miata를 타고 캘리포니아의 연풍을 만끽하곤 하지만, 그래봐야 낮에 몇 시간일 뿐이다. 더그는 국제 문제의 전문가가 아니지만 그래도 이에 대한 아주 건전한 호기심을 갖고 있다. 그는 〈뉴욕타임스〉를 구독하고 지도에서 카자흐스탄을 쉽게 짚어내는 실력을 갖고 있기 때문에 GJP에 자원했다. 하루에 1시간 정도씩 그의 식탁은 예측 센터가 된다. 그곳에서 그는 랩톱을 열어 뉴스를 읽고 세계의 운명을 예측한다.

첫해에 더그는 104개의 질문에 대한 답을 내놓았다. "세르비아가 2011년 12월 31일까지 유럽연합 후보로 공식 인정을 받을까?" "런던 금시장의 금값(온스당 US달러)이 2011년 9월 30일에 1,850달러를 넘어서게 될까?" 이런 식의 질문에 답을 제시한 사람은 많았지만 더그보다 잘한 사람은 없었다.

예전에 실시했던 EPJ 조사에서 나는 전문가들에게 1가지 질문에 대해 한 번의 예측만 해달라고 요구한 후 일정 기간이 지난 후에 점수를 매겼다. 이와 달리 IARPA 토너먼트에서는 예측자들에게 실시간으로 예측을 업데이트해달라고 요구했다. 가령 6개월의 시한을 가진 질문이 주어지면, 예측자는 그 사건이 일어날 확률을 60%라고 답했다가, 다음 날 뉴스에서 새로운 정보를 받으면 확률을 75%로 바꿀 수 있었다. 점수를 매길 때, 이런 확률들은 나중에 따로 계산하여 종합한다. 확률을 바꾸지 않은 채 한 주가 지나가면, 그 예측은 7일 동안 계속 75%다. 그러다 예측자가 새로운 정보를 접한 뒤 확률을 70%로 낮추게 되면 그 수치는 다시 바뀔 때까지 70%를 계속 유지한다. 이런 식으로 6개월이 지나면 그 질문은 마감된다. 그러면 그동안 예측자가 내놓은 모든 확률을 계산하여 그 1가지 문제에 대한 최종 브라이어 지수가 매겨진다. 하나의 질문에 대한 평가가 그렇다는 것이다. 4년 동안 이런 식으로 제시된 국제 문제에 대한 문항 수는 거의 500개에 가까웠고, 이에 대해 GJP의 수천 명의 예측자가 답한 판단의 개수는 100만 개가 족히 넘었다. 그리고 개개인의 예측 수도 빠르게 늘어났다. 더그 로치가 첫해에 내놓은 예측의 개수만 대략 1,000개였다.

더그의 정확도는 그 양만큼이나 인상적이었다. 첫해가 끝나갈 무렵, 더그의 전반적인 브라이어 지수는 0.22로 GJP에 참가한 2,800명의 지원자 중 5위를 기록했다. 다시 한 번 말하지만 브라이어 지수는 예측과 실제의 격차를 측정한다. 2.0은 실제와 완전 반대의 결과이고, 0.5는 무작위적인 추측이고, 0은 완벽하게 적중한 경우다. 따라서 문제의 난이도를 생각할 때 브라이어 지수가 0.22면 매우 뛰어난 성적이다.

이런 질문을 생각해보자. 2011년 1월 9일에 처음 주어진 질문이다. "이탈리아가 2011년 12월 31일까지 채무를 연장하거나 채무불이행을 선언할까?" 우리는 지금 '아니다'가 정답이라는 것을 알고 있다. 브라이어 지수 0.22를 얻으려면 질문이 나간 11개월의 기간 중 더그가 내린 평균 판단이 대략 68%의 자신감을 가지고 '아니다'로 나와야 했다. 그 기간에 유로존을 흔들었던 금융 패닉의 충격을 생각하면 아주 훌륭한 판단이었다. 그 외에도 더그는 모든 질문에서 평균적으로 그 정도의 정확성을 유지했다.

2년 차에 더그는 슈퍼 예측가 팀에 합류했다. 그의 성적은 더욱 올라가 최종 브라이어 지수 0.14를 기록하면서 2,800명 GJP 자원자들 중 최고 예측자가 되었다. 그는 또한 같은 질문에 대한 결과를 바탕으로 선물先物을 사고파는 트레이더들의 예측시장을 40% 차이로 눌렀다. 극단화 알고리즘을 누른 사람도 더그밖에 없었다. 게다가 더그는 통제집단 '대중의 지혜'도 눌렀다. 그것도 60% 이상의 차이로 이겼다. 다시 말해, 그는 IARPA가 정확성을 향상시키기 위해서 예측 교과서에 나와 있는 모든 수법을 마음껏 활용한 수백만 달러짜리 조사 프로그램을 위해 정해놓은 4개년 실적 목표를, 단신으로 추월한 것이다.

어떤 기준을 들이대도 더그 로치의 성적은 놀라웠다. 더그를 우습게 볼 수 있는 기준이 있다면 신 같은 전지전능함, 즉 브라이어 지수 0밖에 없었다. 이는 타이거 우즈Tiger Woods가 전성기 때 홀인원에 실패했다고 해서 그를 하찮게 보는 것과 별반 다를 바 없다.

결국 더그 로치는 하나의 위협적인 존재로 부상했다. 그는 그럴듯한 경험이나 교육을 받은 적이 없었고 그에게 비밀정보취급 인가증 같은 것도 없었다. 그가 받는 보상은 모든 지원자들이 매 시즌이 끝날 때 받는 250달러짜리 아마존 상품권이 전부였다. 더그 로치는 일개 퇴직자일 뿐이었다. 그는 우표를 수집하거나 골프를 치지도 않고 모형비행기를 만들지도 않는다. 그냥 예측만 한다. 비밀정보취급 인가증을 가지고 CIA 본부에 책상을 차지하고 앉아 높은 봉급을 받고 일하는 노련한 정보 분석가들이라 하더라도 더그를 능가하기는 쉽지 않을 것이다. 그렇다면 더그에게 상품권 1장만 주고 지정학적 예측을 해달라고 부탁할 수 있는데 미국 정부는 무엇 때문에 매년 수십 억 달러를 쓰고 있는가와 같은 의문이 들 것이다.

물론 더그 로치가 특이한 재능을 가진 예언자라면, 별다른 위협이 되지 않을 것이다. 한 사람의 특별한 재능으로 예측할 수 있는 것에는 한계가 있으니까. 그러나 더그는 유별나지 않다. 우리는 이미 네브래스카 출신의 은퇴한 농무부 직원인 빌 플랙을 앞에서 보았다. 첫해에 지원한 2,800명 중 58명이 높은 점수를 기록했다. 우리가 찾아낸 1급의 슈퍼 예측가였다. 첫해가 끝나갈 무렵, 그들이 기록한 브라이어 지수의 전체 평균은 0.25였다. 다른 예측자들의 전체 평균은 0.37이었다. 이후로 격차는 더욱 벌어졌다. 그래서 4개년 토너먼트가 끝날 무렵, 슈퍼 예측가들의 성적은 보통 예측자들보다 60% 이상 앞섰다. 슈퍼 예측가들의 실력을 판별할 수 있는 또 다른 기준은 미래를 얼마나 멀리 내다볼 수 있는가 하는 점이었다. 토너먼트가 치러지는 4년 동안 300일을 내다본 슈퍼 예측가들이 100일을 예측한 일반 예측자들보다 더 정확했다. 다시 말하면, 일반 예측자들이 슈퍼 예측가만큼 내다보려면 그들보다 3배의 예지력을 갖춰야 한다는 말이다.

이 정도의 성적 차이가 의미하는 것은 무엇인가? 평균적인 예측자들의 브라이어 지수를 시력에 비유하면 20/100의 시력이다. 시력을 측정하는 사람이 시력을 20/40까지 향상시킬 수 있는 예측 안경을 준다면 60%가 향상된 것이다. 이 정도의 시력 향상은 어떤 의미를 갖는가? 20/40인 매의 시력에 비하면 보잘 것 없다. 위의 스넬렌 표를 보라. 20/100에서 20/40으로 바뀌게 되면 두 글자짜리 줄에서 다섯 글자짜리 줄까지 읽을 수 있게 된다. 캐치볼 실력이 상당히 좋아지는 것은 물론 거리에서 친구들을 알아보고 계약서에 잔글씨들을 읽고 사람들과 부딪히는 일을 피할 수 있게 된다. 삶이 바뀐다는 말이다.

다시 한 번 더 강조하지만 이들 슈퍼 예측가들은 스스로 찾아낼 수 있는 정보를 가지고 주어진 시간에 세계 문제들을 예측하는 아마추어들이다. 그런데도 이들은 성적 기준을 너무 높여놓았다. 그 때문에 전문가들조차 자신들의 직책과 봉급과 연금을 정당화시킬 수 있는 구실을 찾기가 어려워졌다. 이들 아마추어들을 능가하기 힘들게 된 것은 말할 것도 없고 말이다. 물론 슈퍼 예측가와 정보 분석가 들을 직접 비교할 수 있다면 좋겠지만, 그런 일은 철저히 비밀에 부쳐질 것이다. 그러나 2013

년 11월, 〈워싱턴포스트Washington Post〉의 편집자인 데이비드 이그네이셔스David Ignatius는 이 프로젝트의 한 참가자의 말을 인용하면서 슈퍼 예측가들이 "도청을 하고 비밀 자료를 볼 수 있는 IC의 분석가들보다 평균 약 30% 정도 더 좋은 성적을 냈다"고 보도했다.[11]

토너먼트를 기획할 때부터 IARPA는 이와 같은 일이 일어나리라는 사실을 짐작하고 있었을 것이다. IARPA의 토너먼트를 '쉽게 볼 수 없는 결단'이라고 칭찬한 것도 바로 그 때문이다. 검증을 한다는 것은 분명 그 조직에 이익이 될 일임에 틀림없다. 그런데 조직을 구성하는 사람들은 누구나 자신의 이익에 가장 관심을 가지고 있는 사람들이고, 그들은 조직에서 자신의 현재 지위를 유지하거나 향상시키려고 한다. 따라서 유명하고 보수를 많이 받는 전문가들은 그들이 예측한 내용의 정확성이 공개적인 검증을 받아 명성에 금이 가는 사태를 반기지 않는다. 조직 내부에서 파워게임을 벌이는 사람들도 자신의 판단이 공개적으로 검증된다면 예측 토너먼트에 참여하지 않을 것이 분명하다. CEO는 우편물실에 근무하는 평사원이 자신보다 회사의 업무 동향을 더 잘 예측한다는 말을 듣고 싶지 않을 것이고, 그 말을 다른 사람들이 듣게 되는 것은 더욱 원하지 않을 것이다.

그러나 IARPA는 그런 일을 했다. 그들은 IC가 당연히 해야 할 일을 IC 내부자들의 이해관계보다 더 중요하게 여겼다. 적어도 관료조직을 흔드는 일을 원치 않는 내부자들보다 중요하게 여긴 것이다.

♀ 실력인가 행운인가

내가 지금 책에서 이런 주장을 펼치는 이유는 독자들을 납득시키기 위한 것이지만, 그래도 독자들에게 당부하고 싶은 것이 있다. 아직까지는 이들 슈퍼 예측가에 대해 이렇다 저렇다 단정하지 말아달라는 것이다.

만약 내가 2,800명의 자원자들에게, 내가 동전을 던졌을 때 앞면이 나올지 뒷면이 나올지 맞혀보라고 요청한다고 하자. 그들은 예측하고 나는 기록한다. 이 절차를 104번(이 토너먼트에서 첫해에 실시했던 예측의 횟수다) 반복한다. 그러면 전형적인 종형곡선이 만들어질 것이다.

나의 예측자들 중 절대 다수는 약 50% 정도를 맞힐 것이다. 그들은 곡선의 중앙에 놓인다. 그러나 아주 못 맞히는 사람도 있고(곡선의 왼쪽

| 동전 던지기 게임 |

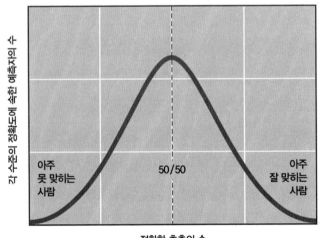

끝부분), 또 아주 잘 맞히는 사람도 있을 것이다(곡선의 오른쪽 끝부분). 이런 극단적인 결과가 그들의 실력에 관해 무엇을 알려주는가? 초감각적 지각ESP의 존재를 믿지 않는 이상 알려주는 것이 아무것도 없다.

여기에는 능력이 개입될 여지가 없다. 동전 던지기의 결과를 1번 맞히든 100번을 맞히든 그 결과가 그들의 동전 던지기 예측 능력을 입증하는 것은 아니다. 맞히든 못 맞히든 그것은 모두 운이기 때문이다. 물론 104번 중에 70%를 맞히려고 해도 대단한 운이 필요하다. 그리고 한 사람에게만 맞히라고 한다면 70%를 맞힐 가능성은 거의 없다. 그러나 이 게임에 2,800명이 참가한다면 그런 불가능한 일도 가능해진다.

이는 그다지 복잡한 문제가 아니다. 그러나 무작위를 오해하는 경우가 많다. 우리에게는 무작위에 대한 직감이 없다. 코끝 관점으로는 무작위를 볼 수 없다. 우리 자신에게서 떨어져야만 볼 수 있다.

심리학자 엘렌 랭어Ellen Langer는 일련의 실험을 통해 우리가 무작위성을 얼마나 잘못 이해하고 있는지 보여주었다. 그녀는 실험을 통해 예일 대학교 학생들에게 동전 던지기를 30회 할 테니 앞면이 나올지 뒷면이 나올지 맞혀보라고 요구했다. 실제로 동전을 던지는 모습을 보여주지는 않았고, 단지 매번 동전을 던진 결과만 알려주었다. 사실 결과는 모든 학생들이 15번 맞고15번 틀리도록 미리 짜놓은 것이었다. 몇몇 학생은 처음에 연달아 맞히도록 했고 또 몇몇 학생은 연달아 틀리는 것으로 시작하게 했다. 그런 다음 랭어는 학생들에게 실험을 반복한다면 얼마나 잘할 수 있을 것으로 생각하는지 물었다.

처음에 연달아 맞혔던 학생은 자신감이 생겨 다시 하면 더 잘할 수 있을 것이라고 답했다. 랭어는 이를 '통제력 착각illusion of control'이라고 불렀다. 그런 현상은 사실 '예측의 착각'도 된다. 우선 이 실험의 배경을 살펴보자. 이들은 명문 대학교의 학생으로서 대표적인 무작위성 게임을 통해 그들의 지능을 검증받고 있다는 사실을 잘 알고 있는 사람들이다. 랭어의 말대로 사람들은 학생들에게 '슈퍼 합리성'을 기대한다. 그러나 그들에게 주어진 첫 번째 유형의 게임에서 그들은 깜빡 속아 완전히 무작위적인 사건의 결과를 예측할 수 있다고 착각했다.[12]

　　예일 대학교 학생들을 대상으로 한 실험실이 아니어도 이런 착각은 흔하게 볼 수 있다. TV에 나오는 비즈니스 관련 뉴스를 보면 안다. 기자는 거짓말처럼 앞일을 맞힌 사람을 찾아 그들의 적중률을 들먹인다. "페드로 지프는 2008년 금융 붕괴를 예견했습니다!" 이런 뉴스의 목적은 그들을 신뢰하게 만들어 그들의 다음 예측에 사람들이 귀 기울이게 만드는 것이다. 기자가 그 사람의 예측 능력을 제대로 평가하고 있다고 생각할지 모르지만, 실제로는 그렇지 않은 경우가 많다. 기자는 그 사람의 예측 정확성에 대해서는 거의 아무것도 알려주지 않는다. 시스템 2를 조금만 동원해도 얼마든지 알 수 있는 일이다. 원숭이라고 해도 다트를 많이 던질 수만 있다면 어쩌다 과녁 한복판을 정확히 맞힐 수 있다. 누구라도 주식시장이 곧 붕괴되리라는 경고를 끊임없이 내놓으면 다음 주식시장의 붕괴를 쉽게 '예측'할 수 있는 것이다. 그런데도 이런 공허한 주장을 진지하게 받아들이는 사람들이 의외로 많다.

　　또 다른 오류도 있다. 유별나게 미래를 잘 맞힌 사람을 1명 골라내어 그런 실적은 결코 쉽게 일어날 수 없는 극히 드문 경우라고 소개하면서, 운으로는 설명할 수 없는 일이라고 결론짓는 것이다. 월스트리트의 동향을 다루는 뉴스에서 흔히 볼 수 있는 기사다. 시장의 동향을 6년이나 7년 잇달아 맞히는 사람이 있다. 기자들은 그 대단한 투자가의 신상을 파헤치고, 운만으로는 그런 결과를 얻기가 얼마나 어려운지 계산한 다음, 그것을 그 사람의 실력으로 단정한다. 이 역시 착각이다.

기자들은 그 대단한 사람처럼 하려고 애를 쓴 사람이 얼마나 많은지 애써 외면한다. 수천 명이 투자했다면, '누군가'가 그런 행운을 얻을 확률은 크게 올라가게 마련이다. 로또 당첨자를 보면 알 수 있다. 로또에 당첨될 확률은 믿어지지 않을 정도로 희박하다. 보통 수백만 분의 1이다. 그러나 로또 당첨자가 번호를 잘 뽑는 능력이 있어서 당첨되었다고 생각하는 사람은 없다. 로또가 수백만 장 팔린다는 사실을 알기 때문이다. 그러니 어디서 누군가가 로또에 당첨될 가능성은 매우 클 수밖에 없다.

경영 서적을 뒤져도 이와 비슷한 오류를 찾을 수 있다. 승승장구하면서 돈을 쓸어 담는 기업이나 경영자들은 잡지에 단골로 등장한다. 그런 다음 이들을 부각시키는 책이 출간된다. 그 책은 그들의 성공사례를 나열하면서 그들이 무엇을 하든 하는 일마다 비슷한 성공을 거둔다고 독자들에게 확신시킨다. 사실일 수도 있지만 완전히 동화 같은 이야기일 수도 있다. 알 수 없는 일이다. 이런 책들은 그들의 남다른 자질이나 행동을 강조하지만, 그래서 행복한 결과를 가져왔다는 증거는 거의 제시하지 않는다. 그들을 따라 하면 비슷한 결과를 얻을 수 있다고는 더더욱 말하지 않는다. 그리고 그 영웅들이 통제할 수 없었던 요인들, 가령

운이 그 행복한 결말에 중요한 역할을 했다는 사실을 그들은 좀처럼 인정하려들지 않는다.[13]

이런 불운한 부류가 늘어나지 않게 하기 위해, 나는 지금까지 제시한 증거가 슈퍼 예측가들의 슈퍼 능력을 입증해주는 것은 아니며, 산타바버라로 은퇴하여 작고 빨간 컨버터블을 몰면 누구나 더그 로치처럼 정확하게 예측할 수 있는 것은 더더욱 아니라는 사실을 분명히 밝혀두고자 한다. 그렇다면 더그 같은 사람들은 어떻게 설명해야 할까? 그들은 슈퍼 예측가인가 아니면 슈퍼 행운을 가진 사람들인가?

대답은 보류해두자. 이는 판단을 판단하려고 모기처럼 주변을 앵앵거리는 성가시고 잘못된 또 하나의 이분법이다. 세상을 살다 보면 능력도 필요하고 운도 따라야 하는 법이다. 그리고 그 비율도 다양하다. 실력은 거의 없이 운만 작용한 경우가 있는가 하면, 운 없이 거의 실력으로만 되는 경우도 있다. 아니면 그 밖의 가능한 1,000가지 경우 중 하나일 수도 있다. 따라서 어느 정도가 능력이고 어느 정도가 운인지는 알아내기가 어렵다. 세계적인 금융통계학자 마이클 모부신Michael Mauboussin은 그의 저서 《성공 방정식The Success Equation》에서 이런 문제를 찬찬히 따졌다. 그러나 모부신의 지적대로 운동 선수와 CEO와 주식 분석가와 슈퍼 예측가에게 적용되는 우아한 경험 법칙이 있다. 그것은 '평균회귀'와 관련 있다.

이해하기 쉽지만 잊기도 쉬운 통계 개념들이 있다. 평균회귀도 그 중 하나다. 사람의 평균키가 173cm라고 하자. 여기 183cm인 남자가 있다. 이제 성인이 된 그의 아들의 키를 짐작해보자. 먼저 시스템 1의 예감은 아들도 183cm일 것이라고 말한다. 그럴 수도 있고 아닐 수도 있다. 이유를 알아보려면 좀 더 노력이 필요한 시스템 2의 추리가 필요하다. 세상 모든 사람의 키를 알고 아버지와 아들의 키의 상관관계를 계산할 수 있다고 하자. 그러면 밀접하면서도 완벽하지는 않은 상관관계를 찾아낼 수 있을 것이다. 그 상관관계는 아래 도표에서 찍힌 점들을 통과하는 직선으로 나타나듯, 약 0.5이다. 다시 말해 우리는 아버지가 183cm일 때 아버지의 키와 사람들의 평균 키 2가지를 근거로 하여 절충적인 예측을 해야 한다. 따라서 가장 그럴듯한 추측을 하자면 아들의

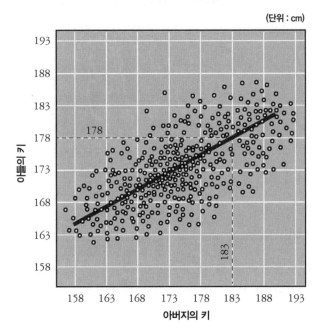

| 아버지와 아들 키의 상관관계 |

* 두 변수 사이의 상관관계를 0.5로 가정했을 때 아버지의 키에서 유추한 아들의 키에 대한 가장 그럴듯한 예측

키는 178cm가 된다. 아들의 키는 5cm 차이로 평균으로 회귀했다. 즉 전체 평균과 아버지 키의 중간이다.[14]

그러나 말했듯이, 평균회귀는 이해하기 쉬운 만큼이나 잊기도 쉽다. 만성 요통에 시달리고 있다고 하자. 통증이 늘 똑같은 것은 아니다. 통증을 거의 못 느끼는 날도 있고 조금 느껴지긴 하지만 심하지 않은 날도 있다. 가끔은 심한 날도 있다. 물론 심할 때는 동종요법을 받거나 확실한 과학적 근거도 없는 민간요법의 도움을 받기도 한다. 그리고 한결 좋아진 느낌을 받는다. 치료 효과가 있군! 플라세보 효과인지도 모른다. 아니, 치료를 받지 않았어도 평균회귀 덕분에 좋아졌다고 느끼는 것인지도 모른다. 코끝 결론을 내리지 않고 가만히 생각해보면 알 수 있는 일이다. 이런 소박하고 사소한 실수는 흔히들 믿지만 믿지 말아야 할 많은 것들 때문에 일어난다.

그러나 늘 평균회귀를 염두에 두고 있으면 값진 도구가 될 수 있다. 이제 2,800명의 자원자에게 두 번째로 104번의 동전 던지기를 예측하게 한다고 가정하자. 분포는 다시 종형으로 나올 것이다. 대부분은 50% 주변에 몰리고 거의 모두 정확하게 예측하거나 전혀 맞히지 못한 사람은 극소수다. 그러나 이번에 대단한 결과를 얻은 사람은 '누구인가?' 첫 번째와는 다른 사람일 가능성이 크다. 여러 차례 실시한다면 각 라운드의 상관관계는 제로에 가까워질 것이고, 특정 예측자에 대한 가장 정확한 예측은 정확성의 평균 비율인 50%가 될 것이다. 다시 말해 완벽한 평균회귀다.

오해를 막기 위해, 첫 번째 라운드에서 놀라운 성적을 거둔 사람들만 두 번째 라운드에 참여시킨다고 가정하자. 평균회귀로 인해 두 번째 성적은 나빠질 가능성이 크다. 그중에서도 가장 운이 좋았던 사람의 하강 폭이 가장 클 것이다. 적중률이 90%였던 사람은 순식간에 50%로 떨어질 것이라고 예상할 수 있다. 물론 극소수이긴 해도 또다시 90% 정도를 맞히는 사람도 있을 수 있다. 그러나 다른 모든 사람들이 빠르게 평균으로 회귀할 것이기에 그들을 동전 던지기의 달인이라고 선뜻 선언할 수는 없다. 그들에게 다시 한 번 맞히게 해보라. 그들의 운은 거기서 끝날 것이다.

이러한 이유로 평균회귀는 실적에서 운의 역할을 검증하는 데 없어서는 안 될 도구다. 모부신은 실력이 좌우하는 활동에서는 회귀가 느리게 나타나고, 운과 우연의 영향이 큰 곳에서는 회귀가 빠르게 나타나는 경향이 있다고 지적한다.[15]

IARPA 토너먼트에 참가한 사람 중에 프랭크와 낸시라는 사람이 있다고 하자. 첫해에 형편없는 결과를 낸 프랭크와 달리 낸시는 탁월한 성적을 보인다. 종형곡선 그래프에서 프랭크는 하위 1%에, 낸시는 최고 99%에 놓였다. 이런 결과가 동전 던지기처럼 순전히 운이었다면, 두 번째 해에 두 사람은 50%쪽으로 꾸준히 회귀할 것이다. 또 운과 실력이 반반이었다면, 절반의 평균회귀를 예상할 수 있으므로 프랭크는 1%와 50%의 중간인 약 25%로 오를 것이고 낸시는 50%와 99%의 중간인 약 75%로 떨어질 것이다. 그들의 결과가 완전히 실력으로 좌우되었다면 어떨까? 회귀는 없을 것이다. 그렇다면 2년째가 돼도 프랭크는 시원치 않은 성적을 내고 낸시는 놀라운 성적을 올릴 것이다.

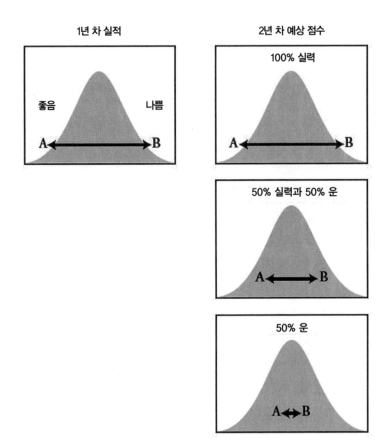

| 2년간의 토너먼트에서 드러나는 평균회귀 정도 |

1년 차 실적

좋음   나쁨

A ←————————→ B

2년 차 예상 점수

100% 실력

A ←————————→ B

50% 실력과 50% 운

A ←————→ B

50% 운

A ←→ B

* 첫해에서 다음 해까지 평균회귀의 정도는 토너먼트에서 작용하는 운의 정도에 따라 달라진다.

    그런데 어떻게 슈퍼 예측가들은 몇 해에 걸쳐 계속 놀라운 성적을 유지할 수 있었던 것일까? 그것이 핵심이다. 그들의 대답은 놀라울 정도로 정확하다. 예를 들어 2년 차와 3년 차에 우리는 평균회귀와 전혀 반대되는 현상을 확인할 수 있었다. 더그 로치를 비롯한 슈퍼 예측가들은 대체로 다른 예측가들과의 격차를 더욱 벌렸다.

예리한 독자들이라면 이런 결과를 의심의 눈초리로 바라봐야 한다. 이런 결과가 나왔다는 것은 슈퍼 예측가의 경우 운의 역할이 거의 없거나 아주 없었다는 뜻이다. 그들이 예측하는 대상의 성격과 일부 질문이 담고 있는 불확실성을 고려할 때, 이런 확률은 매우 의심스럽다. 어떤 질문은 신이 아니고서야 도저히 예측할 수 없는 것이어서 막바지에 이르러서야 풀린 것도 있었다. 이를테면, "한국의 서해에서 중국 어선들과 피할 수 없는 대치가 발생할까?"와 같은 질문이 그랬다. 답은 질문 시한의 마지막 날 직전에 '그렇다'라고 판명되었다. 불법 조업을 하던 중국 어선의 선장이 영해 침범을 이유로 선박을 나포하려는 한국 해양경비대원을 흉기로 찌른 사건이 발생한 것이다.

다른 질문들은 변수 체계 간의 복잡한 상호관계에 의해 결정되었다. 예측하기 가장 어렵기로 유명한 유가를 예로 들어보자.[16] 유가를 올리거나 내리게 만드는 요인은 미국의 셰일 개발자들부터 리비아의 이슬람 극단주의 무장조직이나 실리콘밸리의 배터리 디자이너에 이르기까지 그 수가 엄청나다. 그리고 이런 요인에 영향을 주는 요인의 수는 그보다 더 많다. 이런 인과관계들은 대부분 비선형적이기 때문에 에드워드 로렌츠가 보여준 것처럼 나비의 작은 날갯짓조차 결과에서는 엄청난 차이를 유발할 수 있다.

그래서 미스터리가 생긴다. 우연이 중요한 역할을 한다면, 슈퍼 예측가의 예측은 왜 전반적인 평균을 향해 회귀하지 않는 것인가? 편차를 만드는 과정이 슈퍼 예측가의 성적을 밀어 올린 것이 틀림없었다. 그 결과를 추측하기는 어렵지 않다. 첫해가 지나고 슈퍼 예측가의 첫 번째 코호트cohort(어떤 특성을 공통으로 갖고 있는 사람들의 집단—옮긴이)를 찾아냈을 때, 우리는 그들을 축하해주고 그들에게 '슈퍼'라는 호칭을 붙여준 다음 동료 슈퍼 예측가들과 팀을 이루게 했다. 그들의 성적은 평균으로 회귀하지 않고 더욱 좋아졌다. 다시 말해 '슈퍼'라고 인정받게 되고 서로 지적으로 자극을 주고받을 수 있는 동료들과 한 팀이 되었다는 사실로 인해 그들의 실적은 더욱 향상되었고 평균회귀가 사라진 것이다. 3년 차와 4년 차에 우리는 새로운 슈퍼 예측가들이라는 알곡을 수확할 수 있었다. 우리는 그들을 엘리트 팀에 합류시켰다. 그렇게 해서 우리는 더욱더 사과 대 사과 비교를 잘할 수 있었다. 새로운 코호트들은 꾸준히 잘하거나 앞선 해보다 더 좋은 성적을 올렸다. 다시 한 번 평균회귀 가설을 무색하게 만드는 현상이 나온 것이다.

월스트리트 사람들은 잘 알겠지만, 그렇게 오랫동안 통계적 중력법칙을 무시할 수 있는 사람은 없다. 집단으로서 슈퍼 예측가의 실적은 어느 정도 일관성을 보여주기는 하지만, 그렇다고 해서 최고 실적을 올렸던 사람들이 시간이 흐름에 따라 하향곡선을 그리는 것까지 막지는 못한다. 개인의 경우 올해와 다음 해 실적의 상관관계는 약 0.65로, 아버지와 아들의 키 상관관계보다 조금 높다. 그래서 우리는 여전히 상당한 평균회귀를 기대하게 되고, 또 실제로도 그런 사실을 확인할 수 있었다. 일반적으로 슈퍼 예측가 중 대략 30%는 다음 해 최고 2% 순위에서 탈락했다. 그러나 이것은 동시에 주어진 시간 속에서 상당한 일관성이 유지되고 있다는 사실을 암시하는 현상이다. 슈퍼 예측가의 70%는 여전히 슈퍼 예측가라는 뜻이다. 동전 던지기(각 해의 상관관계는 0)를 맞힐 때 이런 일관성이 나타날 확률은 1억 분의 1이지만 예측가들(각 해의 상관관계는 0.65) 사이에서 그런 일관성이 나타날 확률은 훨씬 더 높은 3분의 1 정도다.[17]

이 모든 것을 종합하면 중요한 2가지의 결론을 내릴 수 있다. 첫째, 특정 기간에 나타난 슈퍼 스타를 오류가 없는 사람으로 간주할 수 없다. 더그 로치도 좋은 성적을 올리지 못할 때가 있다. 여기에는 분명 운이라는 것도 작용하기 때문에 슈퍼 스타들도 평범한 결과밖에 내지 못하는 안 좋은 해가 있을 수 있다고 예상해야 한다. 스포츠 슈퍼 스타들이 가끔 시원치 않은 성적을 내는 시즌이 있는 것처럼 말이다.

그러나 더 근본적으로 보자면 슈퍼 예측가가 운만으로 되는 것은 아니라는 두 번째 결론을 내릴 수 있다. 대개의 경우 그들의 결과는 실력을 반영한다. 이는 매우 희망적인 현상이다.

그렇다면 의문이 생긴다. 슈퍼 예측가들은 어떻게 그렇게 좋은 결과를 얻는 것일까?

5장

슈퍼 스마트

: 최고의 예측가들은 모두 천재인가?

2008년 샌포드에 거주하는 '샌디' 실먼 'Sandy' Sillman 은 다발성 경화증이라는 진단을 받았다. 생명을 위협할 정도는 아니지만 몸을 쇠약하게 만드는 질환이었다. 그는 쉽게 지쳤다. 허리와 둔부에 통증이 있었고 걷는 것도 힘겨웠다. 자판을 두드리는 것조차 쉽지 않았다. 2011년에 그는 "느낌이 안 좋았다"라고 당시 상황을 기록했다. 그는 곧 기상캐스터라는 직업을 그만두어야 할 것 같았다.

샌디는 57세였다. 직장을 그만두면 허전함을 달랠 길이 없을 것 같았다. 감당할 수 있는 수준에서 뭔가 바쁘게 생활할 수 있는 일거리가 필요했다. 마침 예측 토너먼트에서 자원자를 모집한다는 소식을 듣게 된 그는 응모하여 통과했고, 그때부터 GJP에 예측을 내놓기 시작했다. "갑자기 일을 그만두면 상실감이 커지고 쓸모없는 존재가 된 것 같은 느낌이 들 것 같아요." 그는 내게 보낸 이메일에서 그렇게 말했다. 음성을 문자로 바꾸어주는 소프트웨어로 작성한 이메일이었다. "지금 내게 필요한 것은 '과도기 프로젝트'입니다. 그런 도구로는 GJP가 아주 그만입니다. 직장 업무만큼 스트레스를 주거나 중요한 것은 아니지만 그래도 의미 있는 일이고 무엇보다 정신적으로 활기를 유지시켜주니까요."

얼마나 긍정적인 사고인가. 그는 브라운 대학교에서 수학과 물리학을 복수전공하여 인문 학사 학위를 받았고 MIT의 공학 및 정책 프로그램으로 이학 석사 학위를 받았다. 또 하버드 대학교에서 응용수학으로 두 번째 석사 학위를 받고 하버드에서 응용물리학 박사 학위를 받았다. 박사 학위를 받은 후 그는 미시건 대학교의 기상 연구원이 되었다. 그곳에서 발표한 〈비메탄 휘발성 유기화합물과 유기질산염의 증가와 산화 유기화합물의 직접 배출이 대류권 화학에 미치는 영향Effects of Additional Nonmethane Volatile Organic Compounds, Organic Nitrates, and Direct Emissions of Oxygenated Organic Species on Global Tropospheric Chemistry〉이라는 거창한 제목의 논문으로 그는 여러 개의 상을 받으면서 명예도 함께 얻었다.

그의 지식 욕구는 수학과 과학에 국한되지 않았다. 그는 다독가였다. 읽는 책도 영어권에 머무르지 않았다. 스위스에서 방문연구원으로 지낸 그는 프랑스어에 능통했고, 러시아인 아내를 둔 덕분에 그의 레퍼토리에는 러시아어도 추가되었으며, "열두 살 때 이탈리아어를 배워야겠다고 작정하고 혼자 독학"한 덕분에 이탈리아어를 말하고 읽을 줄 알았다. 게다가 그는 스페인어도 한다. 그에게 스페인어와 이탈리아어는 너무 비슷해서 다른 언어처럼 여겨지지 않는다는 것이다.

안타깝게도, 자신의 건강에 대한 그의 예측은 정확했다. 2012년에 샌디는 병가를 받았다. 하지만 그는 미시건 대학교의 동료들에게 정중하고 품위를 갖춘 문체로 메모를 썼다. "아무래도 조기 은퇴라고 생각해야 할 것 같소."

샌디의 다른 예측들도 대부분 정확한 것으로 입증됐다. 토너먼트 첫해, 무작위로 할당된 통제조건 속에서 내린 그의 예측은 최종적으로 브라이어 지수 0.19였다. 그는 그보다 좀 더 자극적인 조건에서 작업한 다른 2,800명을 물리치고 전체 챔피언과 비기는 성적을 기록했다. "어느 정도는 비전문적인 작업이라고 할 수 있죠. 그러나 아주 재미있고 짜릿합니다. 마음이 설렙니다. 고등학교 때 수학 경시대회에서 1등을 했을 때와 비슷한 기분이에요. 마음만은 고등학생인 것 같아요."[1] 우리가 처음으로 작성한 슈퍼 예측가들의 명단 속에서 샌디의 이름은 맨 위에 적혔다.

그의 남다른 마음가짐이 그런 남다른 결과를 가져왔다고 생각할 수 있을 것이다. 그리고 다른 슈퍼 예측가도 마찬가지다.

2년 동안 조사한 뒤 우리는 와튼 스쿨 헌츠맨스홀의 꼭대기 층에 있는 회의실을 빌려 슈퍼 예측가들을 한자리에 모았다. 그들의 잡담만 들어봐도 뉴스를 철저하게 따라다니며 분석하는 매우 예리한 사람들임을 알 수 있었다. 특히 그들은 엘리트 매체들을 꼼꼼히 추적했다. 그들은 또한 책을 좋아했다. 브루클린의 젊은 영화 제작자인 조슈아 프랭클Joshua Frankel에게 심심풀이로 어떤 책을 읽느냐고 물었더니, 그는 토머스 핀천Thomas Pynchon 같은 지적 탐구를 즐기는 작가들의 이름을 들먹였다. 최근에는 독일의 로켓 설계자인 베르너 폰 브라운Wernher von Braun의 전기와 뉴욕에 관한 역사책들을 읽었다고 덧붙였다. 하지만 뉴욕에 관한 책들은 자신이 하는 일과도 관련이 있다고 프랭클은 조심스럽게 말했다. 그는 뉴욕을 설계한 위대한 도시 설계사인 로버트 모지스Robert Moses 와 그 계획을 반대한 자유로운 영혼의 소유자인 제인 제이콥스Jane Jacobs 가 충돌했던 유명한 일화로 오페라를 제작하고 있었던 것이다. 이 정도 면 〈저파디!〉에 나가도 함정에 쉽게 걸리지는 않을 것이다.

슈퍼 예측가들은 어떻게 그런 성적을 올릴 수 있을까? 다른 사람들 보다 아는 것이 많고 똑똑하기 때문일까? 그렇다면야 우쭐해 한다고 해 도 할 말 없다. 하지만 지식은 그렇게 빨리 습득되는 것이 아니다. 머리 를 쓰거나 생각을 깊게 하는 걸 싫어 하는 사람은 평생 배우기를 즐기는 사람을 당할 수 없다. 지능은 훨씬 더 극복하기가 어렵다. 언젠가는 인 지력을 향상시키는 약이 개발돼 컴퓨터 퍼즐도 풀 수 있는 날이 올 거 라고 생각하는 사람들도 없지 않겠지만, 대부분의 사람들은 지능이 비 교적 고정되어 있다고 생각한다. 지능은 엄마 뱃속에서부터 결정되는 DNA 로또이며, 날 때부터 사랑이 넘치고 부유한 가정을 만들 수 있는 행운의 기능이라고 생각하는 모양이다. 슈퍼 예측이 3표준편차의 멘사 회원들(상위 1%)에만 가능한 일이라면, 우리들 대다수는 결코 자격이 없다. 그런데 왜 굳이 애를 써서 예측을 하려 하는가?

지식과 지능을 갖춰야 예지력을 발휘할 수 있다면 그럴듯한 말 같 아 보이겠지만, 아치 코크란은 그럴듯한 정도로는 믿을 수 없다는 것을 분명히 보여주었다. 가설은 검증을 거쳐야 한다. 우리는 이 프로젝트를 함께 이끌었던 바버라 멜러스와 예측을 시작하기 전에 까다로운 심리

테스트를 견뎌준 자원자들 덕분에 이 문제를 검증할 수 있는 자료를 확보할 수 있었다.[2]

유동적인 지능과 본래의 정보처리 능력을 측정하기 위해 우리는 자원자들에게 다음에 실린 것 같은 퍼즐 문제들을 제시했다. 오른쪽 하단의 빈 공간에 알맞은 기호를 채우는 문제였다. 답을 찾으려면 가로줄과 세로줄에 감추어진 패턴의 규칙을 알아내야 한다. 가로줄은 도형 안에 3가지 기호 중 1가지 종류만 들어가고 세로줄은 3가지 기호가 모두 들어간다. 정답은 두 번째 가로줄의 두 번째 도형이다.[3]

| 귀납적 공간 추리로서의 유동적 지능 |

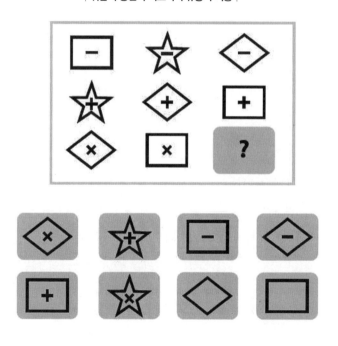

하지만 패턴인식 능력이 아무리 뛰어나다고 해도 현실 세계에서 패턴을 찾아야 할 곳을 모른다면 아무 소용이 없다. 그래서 우리는 '미국 대법원에는 판사가 몇 명이나 있을까?'처럼 미국과 관련된 문제 몇 가지와 '유엔안전보장이사회의 상임국은 어느 나라들인가?'처럼 세계와 관련된 문제를 좀 더 많이 내어 구체적인 지능(지식)을 측정했다.

다시 한 번 말하지만 GJP 프로젝트 첫해에 자원한 수천 명의 사람들과 모든 테스트를 거쳐 예측자로 지명된 2,800명은 무작위로 선발된 표본 집단이 아니다. 이는 매우 중요한 사실이다. 무작위 선발로 표본을 만들면 그 표본은 그들을 도출한 인구를 대표할 수 있다. 그런 대표성이 없기 때문에 우리는 미국이든 어디든 우리가 확보한 자원자들이 인구의 대다수를 반영한다고 가정할 수 없다.

어쨌든 2,800명의 자원자들은 블로그나 기사에서 예측 토너먼트에 관한 내용을 읽고 이렇게 생각했을 것이다. "그래. 아까운 시간이지만 잠깐 짬을 내 나이지리아의 정세나 그리스 채권이나 중국의 군사력 확장이나 러시아의 석유 가스 생산 등 복잡한 지정학적 문제를 분석해보자. 250달러짜리 상품권 외에 얻는 건 아무것도 없지만 그래도 한번 해보는 거다." 이렇게 생각하는 사람들은 분명 평범한 사람이 아니다. 그래서 슈퍼 예측가의 성공에서 지능과 지식이 차지하는 역할을 이해하려면 한 단계 더 밀고 나아가야 한다. 우리는 슈퍼 예측가의 지능이나 지식을 다른 예측자들과 비교할 뿐 아니라 미국의 보통사람들의 지능이나 지식과 비교해야 한다.

결과부터 말하자면 일반 예측자들은 지능과 지식 테스트에서 보통

사람의 약 70%보다 높은 점수를 냈다. 슈퍼 예측가들은 더욱 성적이 좋아 보통사람의 약 80%보다 더 높은 점수를 냈다.

우선 3가지가 눈에 띈다. 첫째, 지능과 지식에서 큰 차이를 보인 것은 일반 예측자와 슈퍼 예측가가 아니라 일반 대중과 일반 예측자였다. 둘째, 슈퍼 예측가들의 지능과 지식은 평균보다 높았지만 월등하게 높은 정도는 아니었고, 막연하게나마 최고 1% 또는 IQ 135 이상으로 흔히 분류되는 천재들에 크게 못 미친 사람들이 대부분이었다.

이 점에서 볼 때 지능과 지식은 어느 정도까지만 도움이 될 뿐, 그 이상은 별다른 도움이 안 된다고 말할 수 있다. 슈퍼 예측을 하는 데 하버드 대학교의 박사 학위나 5개 국어 구사 능력이 필요한 것은 아니라는 말이다. 나는 이런 결론이 매우 마음에 들었다. 몇 해 전에 대니얼 카너먼과 함께 진단했던 예감이 맞아 떨어졌기 때문이었다. 내가 이 연구를 처음 시작했을 때도 이 분야의 권위 있는 전문가들은 〈뉴욕타임스〉를 꼼꼼히 읽는 독자들보다 별로 대단한 성과를 보여주지 못했다. 이런 사실은 독자들도 마음에 들 것이다. 여러분도 괜찮은 성적을 올릴 수 있다는 말이니까.

실제로 지능과 지식만으로는 안 되는 경우가 많았다. 토너먼트에 참여했던 명석하고 많은 정보를 가진 사람들 중 대부분도 슈퍼 예측가의 정확성에는 크게 미치지 못했다. 예측이라고 하기도 뭣한 예측을 하는 전문가들도 예전이나 지금이나 크게 달라진 것이 없다. 케네디와 존슨 정부 시절 국방장관을 지낸 로버트 맥나마라^{Robert McNamara}는 '가장 유능하고 가장 명석한' 장관이라는 말을 들었지만, 베트남이 공산당 손에 넘어가면 동남아시아 전체가 공산화되어 미국의 안보가 위협받을 것이라고 확신하면서 월남전 정책의 수위를 계속 높였다. 어떤 진지한 분석을 통해 얻어진 확신도 아니었다. 사실 1967년까지는 중요한 예측에 대한 어떠한 진지한 분석도 이루어지지 않은 채 계속 전쟁을 확대시키는 결정만 양산되었다.[4]

"우리의 결정은 근본적으로 심각한 결함을 안고 있었다." 맥나마라는 자서전에서 이렇게 고백했다. "그때나 그 이후에나 우리는 현안에 대한 가정을 진지하게 분석하지 못했다."

결국 중요한 것은 정보를 처리하는 능력이 아니라 그 능력을 사용하는 방법이다.

📍 페르미아징하라

예측 토너먼트에서 묻지 않았던 질문 하나를 하겠다. 시카고에는 피아노 조율사가 몇 명이나 있을까? 인터넷을 검색할 생각은 하지도 마라. 이탈리아계 미국의 물리학자로서 원자폭탄을 만드는 데 결정적인 단초를 제공한 엔리코 페르미Enrico Fermi는 인터넷이 나오기 몇십 년 전에 학생들에게 이 문제를 냈다. 당장 들춰볼 수 있는 전화번호부가 있는 것도 아닌 교실에서 풀기에는 조금 막연하고 까다로운 문제였다. 그러나 페르미는 학생들이 여러 논리를 동원하여 정확한 추측을 해내리라고 기대했다.

페르미의 학생들이 아니라면 대부분 눈살을 찌푸리고 머리를 긁적이다가 한숨을 내쉬며 한참을 생각한 다음, 어떤 숫자를 댈 것이다. 어떻게 그런 수치를 생각해냈는지 이유를 물으면 그들은 어깨를 으쓱이며 "뭐, 그냥 그런 것 같아서"라는 대답밖에 하지 못할 것이다. 무슨 근거가 있는 숫자도 아니다. 그저 넘겨짚은 수치일 뿐이다.

페르미는 자신의 학생들이 그보다는 잘할 수 있다고 생각했다. 먼저 질문을 받게 되면 분해를 해야 한다. 문제를 '이런 일이 일어나는 데 필요한 사실은 무엇인가?'와 같은 질문으로 분해하는 것이다. 여기서는 이렇게 분해할 수 있다. '이 문제를 푸는 데 필요한 정보는 무엇인가?'

시카고에 있는 피아노 조율사의 수를 알려면 어떤 정보가 필요한가? 피아노 조율사의 수는 피아노 조율 작업 횟수와 피아노 조율사 1명이 할 수 있는 일의 양에 따라 달라진다. 그래서 다음 4가지 사실을 알면 이 질문을 처리할 수 있다.

1. 시카고에 있는 피아노의 수
2. 매년 피아노를 조율하는 횟수
3. 피아노를 조율하는 데 걸리는 시간
4. 피아노 조율사가 한 해에 작업하는 시간

처음 3가지 사실을 알면 시카고에서 이루어지는 피아노 조율 작업에 들어가는 전체 시간을 알아낼 수 있다. 그런 다음 그것을 4번째 항목의 시간으로 나눈다. 이런 식으로 하면 시카고의 피아노 조율사가 몇 명인지 대충이나마 알아낼 수 있을 것이다.

그런데 나는 이런 정보 중 '어느 것도' 갖고 있지 않다! 그러니 여러분은 1가지 질문을 4가지 질문으로 바꿔놓은 건 쓸데없는 짓이었다고 생각할 것이다. 그런가? 그렇지 않다. 페르미는 질문을 분해하면 알 수 있는 것과 알 수 없는 것을 더욱 잘 구분할 수 있다고 생각했다. 어차피 상자에서 꺼낸 번호표의 숫자를 맞히는 식의 추측을 완전히 배제할 수는 없다. 하지만 추측하는 과정을 차근차근 드러내놓으면 추측하는 전 과정을 검토하고 확인할 수 있다. 그리고 그렇게 해서 얻어지는 결과는 그 질문을 처음 받았을 때 막연히 짐작한 번호표의 숫자보다 더욱 정확한 추산일 가능성이 크다.

물론 이러한 추리를 하려면 문제가 너무 막연해서 엄두가 나지 않는다는 걱정을 극복해야 한다. 문제를 분해하는 페르마이징Fermi-izing 덕분에 나는 틀릴 것을 두려워하지 않고 문제에 달려들 수 있다. 그러한 정신 자세로 나는 4가지 질문을 정조준할 것이다.

1. 시카고에는 피아노가 몇 대나 있을까? 알 수 없다. 하지만 첫 번째 질문을 분해했듯이 이 문제에 답하기 위해 알아야 할 것을 물음으로써 이 질문을 분해할 수 있다.

   a. 시카고에는 얼마나 많은 '사람들'이 살고 있는가? 확실하지는 않지만 시카고는 뉴욕과 LA 다음으로 인구가 많은 도시일 것이다. LA의 인구는 400만 명 정도다. 그 정도면 도움이 된다. 페르미 같으면 신뢰구간을 정해 범위를 좁히라고 충고할 것이다. 신뢰구간은 정답

이 있다고 90% 확신할 수 있는 범위다. 자신 있게 말하지만 시카고의 인구는 적어도 150만 명 이상이다. 그리고 350만 명은 안 되리라는 것도 자신 있게 말할 수 있다. 150만 명과 350만 명 사이의 어디쯤일까? 확실히 알 수 없다. 그래서 나는 그 중간을 잡아 약 250만 명이라고 생각하기로 한다.

b. 250만 명 중 피아노를 가지고 있는 사람은 몇 퍼센트 정도일까? 피아노는 값이 꽤 나가는 물건이다. 그리고 피아노를 살 여유가 있어도 피아노가 필요 없는 사람이 꽤 있을 것이다. 그래서 나는 피아노를 가진 사람이 100명 중 1명 꼴일 것이라고 생각한다. 물론 이것도 상자 안에서 번호표를 뽑아낸 추측이지만 지금으로서는 이 정도가 내가 할 수 있는 최선이다.

c. 피아노를 보유하고 있는 단체는 얼마나 많을까? 학교, 연주회장, 술집? 역시 알 수 없다. 음악학교에는 피아노가 많을 것이다. 다시 번호표 추측을 통해 피아노를 가진 사람의 2배 정도면 충분할 것으로 판단하여 100명당 2명 정도로 잡는다.

d. 이런 추측을 통해 간단히 계산하면 시카고에 있는 피아노는 약 5만 대 정도라는 결론이 나온다.

2. 피아노 조율은 얼마나 자주 하는가? 아마 1년에 1번 정도일 것이다. 그 정도면 맞을 것 같다. 왜냐고? 모른다. 이것 역시 번호표 추측이다.

3. 피아노를 조율하는 데는 얼마의 시간이 걸릴까? 2시간 정도일 것이다. 이것도 번호표 추측이다.

4. 피아노 조율사는 1년에 몇 시간 정도 일하는가? 이 질문도 쪼갤 수 있다.

    a. 미국인의 평균 근무시간은 한 주에 40시간이고, 휴가로 2주가 빠진다. 피아노 조율사도 크게 다르지는 않을 것이다. 그래서 40시간에 50주를 곱하면 1년에 2,000시간이라는 답이 나온다.

    b. 그러나 피아노 조율사는 이집에서 저 집으로 이동하는 데 시간이 걸린다. 따라서 이동시간은 빼야 한다. 중간에 작업하지 않는 시간은 어느 정도일까? 전체 근무시간의 20% 정도는 되는 것 같다. 그렇다면 피아노 조율사는 1년에 평균 1,600시간 일한다고 말할 수 있다.

지금까지의 추측을 모아 마지막 계산을 해보자. 5만 대의 피아노를 1년에 1번 조율하고 피아노 1대를 조율하는 데 2시간이 걸린다면 1년 중 피아노를 조율하는 총 시간은 10만 시간이다. 이를 피아노 조율사 1명이 1년에 일하는 시간으로 나누면 시카고에서 활약하는 피아노 조율사는 62.5명이 된다.

그래서 나는 시카고에 있는 피아노 조율사가 63명이라고 추측한다.

정답에 얼마나 가까울까? 그동안 많은 사람들이 페르미의 고전적인 퍼즐에 도전했다. 그중에는 심리학자 대니얼 레비틴Daniel Levitin도 있었다. 지금까지 내가 추산한 방법은 레비틴의 계산 방법을 각색한 것이다.[6] 레비틴이 확인해보니 시카고 전화번호부에서 피아노 조율사의 전화번호는 83개였다. 하지만 중복이 많았다. 같은 번호를 쓰는 사업체가 있기 때문이었다. 그래서 정확한 수치는 알 수 없지만 대충 짐작으로 얻은 답치고는 내 추측이 정답과 상당히 가까워 보인다.

페르미는 추산에 능했다. 별다른 정보가 없어도 그는 자주 이런 식의 어림 계산으로 놀라우리만치 정확한 수치를 내놓곤 했다. 물리학과와 공대 커리큘럼에서 페르미 추정과 페르미 문제는 아예 정규 과목의 일부가 되었다. 그중에는 이런 것도 있다. "메릴랜드 대학교에서 전교생이 한 학기 동안 먹는 피자는 몇 in^2일까?"

나는 레비틴이 다룬 페르미 추정을 슈퍼 예측가들에게 소개했다. 많은 사람들이 그의 방법을 인정해주었다. 샌디 실먼은 내게 페르미 추정을 아주 요긴하게 사용하고 있다고 말하면서, 대기 모델을 다루는 업무에는 그런 추정이 아주 중요해서 "자연스럽게 내 사고방식의 일부"가 되었다고 고백했다.

이런 추정 방식은 기상캐스터에겐 아주 요긴한 도구다. 그 이유를 알아보자.[7]

📍 살해 여부를 둘러싼 미스터리

2004년 10월 12일, 75세의 팔레스타인 해방전선PLO의 지도자인 야세르 아라파트Yasser Arafat가 구토를 하며 복통을 호소했다. 이후 3주 동안 상태는 계속 나빠졌다. 10월 29일, 결국 그는 비행기에 실려 프랑스 병원에 입원했고, 의식불명 상태에 빠졌다. 몇십 년 전 정치에 발을 들여놓지 않고 무장조직을 이끌며 폭격과 발포를 지시하던 시절에도 이스라엘의 끈질긴 암살 기도를 이기고 살아남았던 그였다. 그러나 2004년 11월 11일, 이스라엘이 아무리 간계를 써도 도저히 제거될 것 같지 않았던 사나이가 사망했다는 보도가 나왔다. 사인은 분명하지 않았다. 그러나 숨을 거두기 전부터 무언가에 중독된 것 같다는 의혹이 나돌았다.

스위스 로잔 대학교 방사물리학 연구소의 연구진은 2012년 7월에 아라파트의 소지품에서 폴로늄 210을 검출해냈다. 수치가 이상할 정도로 높았다. 폴로늄 210은 섭취하면 목숨을 잃을 수 있는 방사성 원소다. 런던에 살면서 블라디미르 푸틴을 신랄하게 비판하여 유명해진 전 소련 스파이 알렉산드르 리트비넨코Alexander Litvinenko도 2006년에 폴로늄 210으로 독살됐다.

그해 8월 아라파트의 미망인은 그의 시신을 도로 꺼내 스위스와 프랑스의 두 기관에서 검사하는 것을 허락했다. 그래서 IARPA는 토너먼트 예측자들에게 다음과 같은 질문을 던졌다.

"프랑스나 스위스의 조사로 야세르 아라파트의 유해에서 높은 수치의 폴로늄이 검출될까?"

얼핏 봐도 쉽지 않은 질문이었다. 차라리 TV 추리물 소재에 더 어울릴 법한 문제였다. 〈CSI : 이스라엘과 팔레스타인 갈등의 복잡한 미로를 배경으로 한 예루살렘 암살 미스터리〉. 보통사람들은 이런 문제를 어떻게 다룰까? 질문을 받자마자 떠오르는 직감이 있을 것이다. 그리고 그 직감을 출발점으로 삼을 것이다.

직감의 강도는 사람마다 다르다. 아라파트라는 인물이나 이스라엘과 팔레스타인의 오랜 숙원에 대해 별로 아는 것이 없는 사람은 소문밖에 의지할 데가 없을 것이다. 그러나 세계의 화약고인 이 지역의 정세를 잘 알고 또 많은 관심을 갖고 있던 사람이라면 소리부터 지르고 볼 것 같다. "이스라엘은 그런 짓 안 해!" 아니면 "보나마나 이스라엘의 소행이지!" 이런 예감은 코끝 관점이다. 번호표를 맞히는 직감이다. 소문만 듣고 판단하는 사람들의 추측이 얼마나 정확할지는 알 수 없다. 그러나 소문에 의한 직감을 예측으로 바꾸는 것은 쉽다. 얼마나 느낌이 강렬한가? "이스라엘은 그런 짓 안 해!"라는 예감이 들면 5%나 0%라고 하면 된다. "보나마나 이스라엘의 소행이지!"라고 짐작되면 95%나 100%다. 이쪽 같기도 하고 저쪽 같기도 하면 50% 언저리에서 고르면 된다. TV에 나오는 전문가들이 서둘러 예측을 잇달아 내놓을 때도 전부 이런 방법을 쓴다.

정확한 예측은 애초에 불가능하다. 코끝 관점에는 당연히 오류가 있지만 알아차릴 사람은 없다. 인지반응 테스트에서 불쑥 "10센트!"라고 말해놓고 무엇이 잘못되었는지 모르는 것처럼 말이다.

그리고 이 문제를 대하는 태도에도 실수가 있다. 알아차렸는가?

질문을 다시 한 번 보자. "프랑스나 스위스의 조사로 야세르 아라파트의 유해에서 높은 수치의 폴로늄이 검출될까?" 하지만 "이스라엘은 그런 짓 안 해!"나 "보나마나 이스라엘의 소행이지!"라는 대답은 사실 이 질문에 대한 반응이 아니다. 그것은 "이스라엘이 야세르 아라파트를 독살했는가?"라는 질문에 어울리는 답이다. 시스템 1이 고전적인 미끼와 스위치를 끌어왔다. 실제로 제시된 어려운 질문이 묻지도 않은 쉬운 질문으로 바뀐 것이다.

이런 함정은 피할 수 있었다. 핵심은 페르마이징하는 것이다.

빌 플랙이 사는 네브래스카 주 키어니는 미국 중서부 티가 물씬 나는 지역으로 중동과는 전혀 다른 세상이다. 게다가 그는 이스라엘과 팔레스타인의 갈등에 관한 전문적인 지식을 전혀 갖고 있지 않다. 그래도 그는 당황하지 않았다.

빌은 페르미처럼 생각하면서 스스로 자문했다. "'그렇다'라고 답하기 위해서는 무엇이 필요한가? '아니다'라고 답하기 위해서는 무엇이 필요한가?" 첫 단계 분석은 정치와 전혀 관련이 없는 문제였다. 폴로늄은 빨리 소멸된다. 그런데 '그렇다'라고 답하려면, 과학자들이 몇 년 전에 죽은 사람의 유해에서 폴로늄을 검출할 수 있어야 한다. 그럴 수 있을까? 팀 동료들이 아라파트의 소지품 검사에 대한 스위스 팀의 보고서를 링크해서 올려둔 덕분에 빌은 그 자료부터 읽었다. 폴로늄 검사 내용은 그에게 익숙한 분야였기에 과학자들이 검사에 착수했다는 사실에 그는 만족했다. '그런 다음에야' 그는 다음 단계의 분석으로 넘어갔다.

빌은 어떻게 하면 아라파트의 유해가 양성 결과를 야기할 정도로 폴로늄에 중독될 수 있었을지 자문했다. 분명히 "이스라엘이 아라파트를 독살했다"라는 것도 1가지 방법이 될 수 있다. 그러나 질문을 조심스럽게 분해한 그는 다른 방법도 있다고 생각했다. 팔레스타인 내부에도 아라파트의 적이 많았다. 그들이 아라파트를 독살했을 수도 있다. "소련이 리트비넨코를 독살한 것처럼 혐의를 이스라엘에 씌우기 위해 팔레스타인 내부의 특정 파벌이 사체에 의도적으로 폴로늄을 오염시켰을" 가능성도 없지 않다고 빌은 나중에 내게 말했다.[8] 이런 대안적 가설은 중요하다. 아라파트의 시신을 폴로늄으로 오염시킬 수 있는 방법이 추가될 때마다 사후 오염 가능성이 커지기 때문이다. 빌은 또한 두 유럽 팀 중 어느 한쪽에서만 양성 반응이 나와야 이 질문에 '그렇다'라고 답할 수 있다는 사실을 지적했다. 그것은 '그렇다' 쪽으로 주의를 환기시킬 수 있는 또 다른 요소였다.

이는 시작일 뿐이었지만, 페르미식의 분석 덕택에 빌은 이미 '미끼 상술'이라는 덫을 피해 여러 가지 후속 분석 작업을 위한 로드맵을 작성할 수 있었다. 훌륭한 출발이었다.

📍 외부 관점이 우선

그러면 다음 단계는 무엇일까? 섣부른 직감으로 이스라엘의 혐의를 의심한 사람들이 아니라면 소매를 걷어붙이고 아라파트가 죽었을 당시 그를 둘러싸고 있던 복잡한 국제 정세를 살펴려 할 것이다.

하지만 그러기에는 너무 이르다. 그 이유를 설명하기 위해 나는 프랭크 렌제티Frank Renzetti라는 사람에 관한 질문을 하나 하겠다.

렌제티 가족은 체스넛애비뉴 84번지에 있는 작은 집에 산다. 렌제티는 44세이고 이삿짐센터에서 경리를 맡고 있다. 그의 아내 메리 렌제티는 35세이고 탁아소에서 파트타임으로 일한다. 두 사람에게는 다섯 살 난 토미라는 아이가 하나 있다. 남편과 사별한 프랭크의 어머니 카밀라도 역시 이들과 함께 산다.

질문은 이것이다. '렌제티 가족이 애완동물을 키울 가능성은 어느 정도일까?'

이런 질문을 받게 되면 대부분의 사람들은 이 가족에 대한 세부적인 정보에 초점을 맞출 것이다. "렌제티는 이탈리아식 이름이다." 그렇게 생각하는 사람도 있을 것이다. "'프랭크'나 '카밀라'라는 이름도 마찬가지다. 프랭크에게는 형제자매가 많을지 모르지만 현재 그는 아이가 하나밖에 없다. 그는 대가족을 꾸리고 싶지만 그럴만한 여유가 없다. 그래서 애완동물에 더 애착을 가질지도 모른다." 또 이렇게 생각하는 사람도 있을 것이다. "애완동물은 보통 아이가 졸라서 키우는데 렌제티 가족은 아이가 하나밖에 없고 토미는 애완동물을 보살필만한 나이도 되지 않았다. 그러니 이들이 애완동물을 키울 가능성은 별로 없다." 모두 그럴듯한 스토리텔링이다. 이보다 더 세부적인 내용을 입수할 수 있다면 이야기는 더욱 그럴듯해질 것이다.

그러나 슈퍼 예측가들은 적어도 처음에는 이런 번거로운 추리를 하지 않는다. 그들은 먼저 미국에서 애완동물을 키우고 있는 가정이 전체의 몇 퍼센트 정도인지부터 알아낸다.

통계학자들은 이를 '기본율base rate'이라고 부른다. 기본율은 어떤 대상이 더 넓은 부류 안에 어느 정도 있는지를 따지는 개념이다. 대니얼 카너먼은 주변을 훨씬 더 적극적으로 바라보는 시각적 조건으로 기본율을 바라본다. 그는 그것을 '외부 관점outside view'이라 부른다. 이와 대조적으로 '내부 관점inside view'은 특정 경우에 대한 구체적인 관점이다. 인터넷을 검색해보면 미국인 가정의 62%가 애완동물을 기르고 있다는 사실을 쉽게 알아낼 수 있다. 이것이 외부 관점이다. 외부 관점으로 시작한다는 것은 렌제티가 애완동물을 기를 확률이 62%라고 추산하는 것으로 시작한다는 뜻이다. 그다음 내부 관점으로 눈을 돌려 렌제티에 대한 모든 세부적인 정보를 찾아 그것을 근거로 최초의 62%를 상향 또는 하향 조정한다.

내부 관점에 관심을 갖는 것은 당연하다. 내부 관점은 보통 구체적이고 당장 필요한 내용으로 되어 있어서 앞으로 진행될 일에 대한 이야기를 다듬는 데 적지 않은 도움이 된다. 외부 관점은 보통 추상적이고 다듬어지지 않은 정보이기에 스토리텔링에는 큰 도움이 되지 않는다. 그래서 아무리 똑똑하고 노련한 사람이라고 해도 보통은 외부 관점을 도외시하기 일쑤다.

〈월스트리트저널〉의 칼럼니스트이자 레이건 대통령의 연설문을 전담했던 페기 누난은 언젠가 민주당이 정국을 풀어가는 데 애를 먹을 것이라고 예측한 적이 있다. 여론조사 결과 조지 W. 부시 전 대통령의 지지율이 오바마 대통령의 지지율과 동일하게 나왔기 때문이었다. 부시 전 대통령의 지지율은 임기 말에 바닥을 쳤다가 그가 권좌에서 물러난 지 4년이 지났을 무렵 47%로 다시 올랐다. 누난은 이를 매우 의미심장하게 받아들였다.9) 그러나 그녀가 외부 관점을 살펴봤다면, 대통령의 지지율이 퇴임 이후에는 '예외 없이' 올라간다는 사실을 알아냈을 것이다. 리처드 닉슨Richard Nixon조차 퇴임 후에는 지지율이 올라갔으니까 말이다. 그러니 부시의 지지율이 상승한 것은 전혀 놀랄 일이 아니고 어떤 의미를 둘 만한 일도 아니었다.

슈퍼 예측가들은 그런 실수를 저지르지 않는다. 만약 빌 플랙에게 '앞으로 12개월 뒤에 중국과 베트남이 국경 분쟁으로 무력충돌을 일으킬 것인가?'라는 질문을 한다면 그는 무엇부터 할까? 적어도 국경 분쟁의 특수성과 현재 중국과 베트남과의 관계를 알아보는 작업은 하지 않을 것이다. 대신 그는 과거에 이 두 나라 사이에 국경 충돌이 얼마나 자주 있었는지부터 살펴볼 것이다. "예를 들어, 중국과 베트남이 5년마다 적대적 행위를 벌이고 있다는 사실을 알아냈다고 합시다." 빌은 그렇게 말한다. "그렇다면 나는 5년의 반복 모델을 사용하여 미래를 예측할 것입니다." 그런 외부 관점을 적용하면 특정 해에 충돌이 발생할 확률은 20%가 된다. 이와 같은 설정을 해놓은 다음 그는 현재의 상황을 분석하여 그 수치를 올리거나 내린다.

렌제티 문제에서 미국 가정의 애완동물 소유 비율은 하나의 외부 관점이다. 그러나 이 관점은 다듬을 수 있다. 체스넛애비뉴 84번지 같은 단독주택 단지들은 아파트보다 애완동물을 기르기에 좋은 환경을 갖고 있다. 그래서 시각을 더욱 좁혀 미국 단독주택 거주자의 애완동물 소유 비율을 외부 관점으로 사용할 수 있다. 그렇게 한다면 예를 들어 73%가 될 수 있다. 이 두 번째 외부 관점은 우리가 관심을 갖고 있는 특정 사안과 좀 더 밀접하게 들어맞는다. 그래서 73%를 출발점으로 삼는 편이 더 나은 베팅일지 모른다.

물론 여기서는 외부 관점이 분명한 사례를 들었기 때문에 문제가 쉬워졌다. 그러나 아라파트-폴로늄 문제라면 어떨까? 이 경우는 무엇이 외부 관점인가? 쉽지 않다. 작고한 중동 지도자들의 시신을 다시 꺼내 독살 여부를 조사하는 일이 흔하지 않기 때문에, 인터넷 검색을 통해 73%가 독살이라는 증거를 찾아낼 방법도 없다. 그렇다고 외부 관점을 생략하고 곧장 내부 관점으로 들어갈 수는 없다.

이 문제를 페르미식으로 생각해보자. 여기 사망한 유명인사가 1명 있다. 주요 수사기관들은 모두 그의 시신을 다시 발굴해야 할만한 이유가 충분히 있다고 생각한다. 이런 상황에서 수사를 통해 독살로 밝혀지는 경우가 얼마나 자주 있는가? 모른다. 알아낼 방법도 없다. 그러나 조사해볼 필요가 있다고 법원과 의료수사진들을 설득할 수 있을 만큼 증거가 확실한 사건prima facie case이 있다는 사실은 안다. 독살일 확률이 0%는 넘어야 한다. 그러니 적어도 20%의 확률이라고 하자. 그러나 100%는 될 수 없다. 그 정도로 확실하다면 매장하기 전에 증거가 드러났을 테니까 말이다. 그래서 확률이 80%를 넘지는 않는다고 하자. 이 정도면 범위가 넓은 편이다. 중간은 50%이다. 이 정도의 외부 관점이라면 출발점으로 삼을 만하다.

그런데 왜 외부 관점을 먼저 따져야 할까? 내부 관점부터 확인해 결론을 내린 다음 외부 관점으로 시야를 돌릴 수도 있는데. 그 편이 더 효율적이지 않을까? 안타깝게도 그렇지 않다. '앵커링anchoring' 때문이다.

추산을 할 때 우리는 특정 수치를 출발점으로 삼아 이를 수정해나간다. 이 시작점의 수치를 '앵커(닻)'라고 한다. 우리는 보통 수치를 수정해가기 때문에 앵커가 중요하다. 다시 말해 앵커를 잘못 내리면 추산이 잘못되기 쉽다. 실제로 앵커를 엉뚱한 곳에 내리는 경우가 많다. 대니얼 카너먼과 아모스 트버스키는 여러 고전적 실험을 통해 어떤 수치에 노출시키는 것만으로도 그 사람의 판단에 영향을 미칠 수 있다는 사실을 확인했다. 원반을 돌려 무작위로 골라낸, 아무 의미도 없는 수치라고 해도 마찬가지다.[10] 그래서 성급하게 내부 관점에서부터 시작하면 의미 없는 수치에 휘둘릴 위험이 있다. 반면 외부 관점에서 시작하면 의미 있는 앵커로 분석을 시작할 수 있다. 앵커를 제대로 내리면 확실한 이점을 확보할 수 있다.

📍 내부 관점으로 탐색하기

질문을 페르마이징하고 외부 관점을 확인했다면 내부 관점을 탐색할 차례다. 아라파트-폴로늄 문제에서 내부 관점은 중동의 정치와 역사를 확인하는 작업이다. 그런 자료는 많다. 그래서 작은 서재를 책으로 채운 다음 6개월 동안 자리 잡고 앉아 읽으면 된다. 맞는가?

아니다. 성실한 자세만큼은 높이 평가할 만하지만 이러한 방법 역시 엉뚱한 길로 빠지기 쉽다. 뚜렷한 목적도 없이 이 나무를 조사한 다음 또 다른 나무를 들여다보고 그다음 나무를 살피다보면, 얼마 안 가서 숲에서 길을 잃고 말 것이다. 여기저기 둘러보고 닥치는 대로 정보를 수집해가면서 어떤 실마리가 나타나길 기대하는 방식은 좋은 내부 관점의 탐사 태도가 아니다. 내부 관점은 표적이 분명하고 목적이 뚜렷해야 한다. 내부 관점은 어슬렁거리는 것이 아니라 조사하는 것이다.[11]

여기서 다시 한 번 페르마이징이 중요한 역할을 한다. 빌 플랙은 아라파트–폴로늄 문제를 페르마이징하는 과정에서 '그렇다'라는 답으로 갈 수 있는 길이 몇 가지 있다고 보았다. 이스라엘이 아라파트를 독살했을 수 있다. 팔레스타인 내부에 있는 아라파트의 정적들이 독살했을 수도 있다. 아니면 아라파트의 유해를 사후에 오염시켜 독살된 것처럼 꾸민 것일 수도 있다. 이런 가설들은 내부 관점을 조사하는 데 필요한 이상적인 얼개다.

첫 번째 가설로 시작하자. 이스라엘이 야세르 아라파트를 폴로늄으로 독살했다. 이 가설이 사실이 되려면 무엇이 필요한가?

1. 이스라엘은 폴로늄을 가졌거나 확보할 수 있다.
2. 이스라엘은 큰 위험을 무릅쓸 정도로 아라파트의 사망을 바랐다.
3. 이스라엘은 아라파트를 폴로늄으로 독살할 능력이 있다.

각 항목을 뒷받침하거나 반증할 증거를 찾아내어 각각의 가능성이 어느 정도인지 그리고 그 가설이 어느 정도 가능성이 있는지 알아낼 수 있다. 하나의 가설에 대한 검증이 끝나면 다음 가설, 또 그다음 가설로 넘어가면 된다.

마치 수사 작업을 하는 듯한 기분이 든다. TV 프로에 나오는 수사관이 아닌, 실제 수사관들의 작업은 치밀하고 논리적인 반면 더디고 아주 까다롭다. 그래도 정처 없이 정보의 숲을 헤매는 것보다는 훨씬 낫다.

♥ 정반합의 진리

이렇게 해서 외부 관점과 내부 관점을 확보했다. 이제 이를 종합해야 한다. 양쪽 눈으로 들어온 다른 관점을 두뇌가 하나의 시야로 종합하듯 말이다.

슈퍼 예측가이자 버지니아에서 반쯤 은퇴한 상태로 지내고 있는 소프트웨어 엔지니어인 데이비드 로그David Rogg는 유럽의 테러리즘에 대한 질문에서 이러한 방법을 썼다. 때는 2015년 초, 테러리스트들이 프랑스의 풍자 주간지 〈샤를리에브도Charlie Hebdo〉의 사무실에서 11명을 살해한 직후였다. IARPA는 물었다. "2015년 1월 21일부터 3월 31일 사이에 프랑스, 영국, 독일, 네덜란드, 덴마크, 스페인, 포르투갈, 이탈리아에서 이슬람 전사들이 테러 공격을 감행할까?"

당시 언론 매체들은 유럽의 이슬람 테러와 무슬림 공동체에 관한 정보를 쏟아내고 있었기 때문에, 데이비드는 내부 관점부터 조사하고 싶었다. 하지만 그는 참을 줄도 알았다. 그는 위키피디아에서 이슬람 테러 공격에 관한 항목을 찾았다. 그다음 지난 5년 동안 특정 국가에서 발생한 테러 공격의 횟수를 확인했다. 6번이었다. "그렇게 해서 1년에 1.2회라는 기본율을 찾아냈다." 데이비드는 GJP 포럼에서 그렇게 밝혔다.

외부 관점을 확보한 데이비드는 시선을 내부로 돌렸다. 지난 몇 해 동안 이라크 및 시리아 이슬람국가Islamic State of Iraq and Syria, 이하 ISIS의 활동이 두드러진 점이 눈에 띄었다. 유럽에서 ISIS에 가입한 무슬림이 수백 명이었다. ISIS는 유럽에 테러 공격을 가하겠다고 수시로 위협하고 있었다. 상황이 이처럼 급변했기 때문에 그는 2010년 이전의 자료는 더이상 쓸모가 없다고 판단했다. 그래서 그런 것들은 계산에서 제외했다. 그러자 기본율이 1.5로 올라갔다. ISIS의 모집과 위협의 수준을 감안하면, "이 정도도 낮아 보인다"라고 생각했다. 그러나 데이비드는 〈샤를리에브도〉 사건 이후 안보조치가 한층 강화되었고, 그래서 공격의 가능성이 줄어들 것이라고도 보았다. 이런 2가지 요소를 종합한 후 그는 결론을 내렸다. "(1년에 공격 횟수를) 1/5정도만 올려 1.8로 한다."

남은 예측 기간은 69일이었다. 데이비드는 69를 365로 나누고, 거기에 1.8을 곱했다. 0.34였다. 그래서 그는 IARPA의 질문에 대해 '그렇다'일 확률을 34%로 정했다.[12]

이는 외부와 내부 관점에 대한 교과서적 종합이다. 그러나 데이비드는 〈누가 백만장자가 되고 싶은가?*Who Wants to Be a Millionaire?*〉에 출연한 사람처럼 "정답은 34%입니다"라고 말하지 않는다. 다시 한 번 말하지만 그는 GJP 포럼에 그의 분석 결과를 공개했다. 왜 그랬을까? 팀 동료들의 생각을 알고 싶었기 때문이다. 그에게는 더 많은 관점이 필요했다.

외부 관점과 내부 관점을 찾아내고 이 둘을 종합하는 것으로 모든 과정이 끝나는 것은 아니다. 이는 그저 좋은 출발일 뿐이다. 슈퍼 예측가는 자신만의 견해를 도출하기 위해 종합할 수 있는 다른 견해들을 끊임없이 찾는다.

새로운 관점을 확보할 수 있는 방법은 아주 많다. 다른 예측자들은 어떻게 생각하는가? 그들은 어떤 방식으로 외부 관점과 내부 관점을 만들어내는가? 전문가들은 어떻게 말하는가? 예측자는 또한 자신을 훈련시켜 다양한 관점을 만들어낼 수도 있다.

　빌 플랙은 어떤 판단을 내릴 때 데이비드 로그처럼 자신의 생각을 동료들에게 자주 설명한다. 그다음엔 자신의 판단에 대한 평을 부탁한다. 빌은 동료들이 자신의 결함을 찾아내고 그들의 견해를 말해주기를 바란다. 자신의 판단을 적는 것도 그 판단과 거리를 유지하는 하나의 방법이다. 기록하면 한 발 물러나 자신의 판단을 철저히 따져볼 수 있기 때문이다. "말하자면 자체 피드백이다. 이 판단에 동의하는가? 허점은 없는가? 허점을 메우려면 다른 무엇을 찾아야 하는가? 내가 다른 사람이라면 이 정도 결론으로 설득이 될까?"

　아주 명석한 방법이다. 그는 사람들에게 자신의 초기 판단이 틀렸다고 가정하고 그 이유를 진지하게 생각해본 다음 또 다른 판단을 내려달라고 요구했다. 그것만으로도 그는 쉽게 두 번째 추측을 끌어낼 수 있다고 생각했다. 그렇게 구한 두 번째 추측을 첫 번째 추측과 종합하면, 다른 사람으로부터 두 번째 추측을 얻어내는 것 못지않게 정확성을 향상시킬 수 있다는 것이다.13) 몇 주가 지난 후 사람들에게 두 번째 추측을 해달라고 요구해도 같은 효과를 거둘 수 있었다. '대중의 지혜'를 토대로 하는 이러한 방법은 '내부의 군중the crowd within'이라고 불려왔다. 억만장자 금융가인 조지 소로스George Soros는 이런 방법을 실증해 보인 인물이다. 그는 자신이 성공할 수 있었던 핵심 요인은 한 발 물러나 자신의 생각을 판단하고 자신과 다른 관점에서 따져보는 사고 습관이었다고 입버릇처럼 말했다.14)

　좀 더 간단하게 다른 관점을 확보할 수 있는 방법도 있다. 문장을 비트는 것이다. 이런 질문을 생각해보자. "남아프리가 정부가 6개월 이 내에 달라이 라마에게 비자를 발급할까?" 우직한 예측자는 달라이 라마 가 비자를 받을 수 있다는 증거만 뒤질 뿐 비자를 받지 못할 것 같은 암 시가 되는 증거는 찾을 생각도 하지 않을 것이다. 꼼꼼한 사람들만 '확 증편향'을 염두에 두고 양쪽을 모두 뒷받침하는 증거를 찾을 것이다. 그러나 "비자를 받을 것인가"라는 생각에만 매달리면, 생각의 범위가 한 쪽으로 치우치게 되어 자신도 모르는 사이 확증편향에 빠지게 된다. "여 기는 남아프리카공화국이다! 흑인 공무원들은 오랜 세월 아파르트헤이 트에 시달렸다. 당연히 그들은 이 티베트의 넬슨 만델라에게 비자를 발 급할 것이다." 이러한 사고의 쏠림을 억제하려면 질문을 거꾸로 돌려서 이렇게 물어야 한다. "남아프리카공화국 정부가 6개월 사이에 달라이라 마를 거부할까?" 사소하긴 해도 이 정도의 말만 바꾸어도 반대편으로 솔깃해지고 그래서 그들이 비자를 거부할만한 이유를 찾게 만든다.

📍 잠자리 예측법

외부 관점, 내부 관점, 다른 외부 관점, 다른 내부 관점, 자신이 추론 한 두 번째 견해 등 관점은 계속 이어진다. 정보가 서로 어긋나는 경우 도 많다. 상반되는 외부 관점과 내부 관점을 깔끔하게 종합한 데이비드 로그의 방식은 쉬워 보이지만 사실 그렇게 간단한 일이 아니다. 그리고 종합해야 할 관점이 많을수록 어려움은 증가한다.

슈퍼 예측가들이 GJP 포럼에 올리는 논평에는 "한편으로/다른 한편으로" 같은 변증법적 어투가 많이 나온다. 그리고 슈퍼 예측가들에게 이 '편'은 보통 2가지 이상이다. "한편 사우디아라비아는 재정보유고가 넉넉하기 때문에 유가를 계속 낮게 유지하는 모험을 피하지 않을 것이다." 한 슈퍼 예측가는 사우디가 2014년 11월에 OPEC 감산에 동의할지 여부를 묻는 질문에 대해 그렇게 썼다. "다른 한편으로, 사우디아라비아는 군주제에 대한 자발적인 복종을 유도하는 데 필요한 사회적 지출을 높이기 위해 유가를 올리려고 할 것이다. 그러나 또 다른 한편으로 사우디는 북아메리카의 시추 열풍과 국제 수요 감소 등 가격을 곤두박질치게 만드는 요인을 통제할 수 없다고 생각할지 모른다. 따라서 그들은 감산이 무의미하다고 여길 것이다. 정답. 감산하지 않을 것 같다. 80%." 결국 사우디아라비아는 감산을 지지하지 않았고, 많은 전문가들은 뒤통수를 맞았다.[15]

이것이 '잠자리의 눈'으로 보는 분석이다. 이런 방법은 머리를 많이 써야 하기 때문에 조금 부담스럽다. 슈퍼 예측가는 보통 대위법적 분석을 수행하되, 보통사람들이 머리 아프다고 포기하는 지점에서 계속 밀고나가 대립되는 의견을 끈질기게 비교해가며 종합한다. 인지반응 테스트에서 "10센트"라고 불쑥 말하는 사람들과는 완전히 상반되는 태도다. 그래서인지 그들은 인지반응 테스트에서도 놀라운 성적을 낸다. 이들에게는 한 번 더 생각해보라는 충고도 잔소리에 지나지 않는다. 슈퍼 예측가들은 보통 3번 정도 생각한다. 때로는 그것조차 심층 분석을 위한 워밍업일 때가 있다.

그러나 슈퍼 예측가도 사실은 평범한 사람들이다. 그들에게 예측은 취미일 뿐이다. 보답이라고는 상품권 1장과 페이스북에서 우쭐거릴 수 있는 특권이 전부다. 그런데 왜 그렇게 열심인 걸까? 정답은 재미있으니까. 머리를 많이 써야 하는 어려운 일에 몰두하면서 쾌감을 느끼는 성향을 가리켜 심리학에서는 '인지욕구need for cognition'라고 한다. 인지욕구가 강한 사람들은 십자 말풀이나 스도쿠 퍼즐을 즐긴다. 열심히 할수록 실력도 는다. 슈퍼 예측가들은 인지욕구 테스트에서 대부분 높은 점수를 받는다.

성격적인 요인도 있다. 성격 심리학에서 말하는 5대 특성 중 '경험에 대한 개방성'이라는 것이 있다. 경험에 대한 개방성은 다양성 선호, 왕성한 지적 호기심 등 여러 차원이 있다. 슈퍼 예측가들은 거의 예외 없이 경험에 개방적이다. 가나 출신이 아니라면 "가나의 대통령 선거에서 누가 당선될 것 같은가?"라는 질문에 별다른 관심을 보이지 않을 것이다. 그러나 내가 더그 로치에게 이런 질문을 했을 때 그는 거침없이 말했다. "글쎄요. 이참에 가나를 좀 공부해봐야겠군요."16)

그러나 지능처럼 경험에 대한 개방성 역시 사람들이 가지고 있는 특성보다는 그들의 행동과 더 밀접한 연관이 있다. 퍼즐을 잘 푸는 사람들에게는 예측에 필요한 남다른 자질이 있을지 모르지만, 아무리 그렇다 해도 감정으로 채워진 기본적 신념에 의문을 던질 줄 모른다면 정확한 예측을 할 수 없다. 오히려 지능은 조금 떨어져도 자기 비판적 사고를 할 수 있는 역량을 가진 사람이 훨씬 더 유리하다. 중요한 것은 타고난 정보처리 능력이 아니라 그런 능력으로 무엇을 하는가인 것이다.

더그 로치의 타고난 성향은 분명하다. 그러나 그는 자신의 성향만 믿지 않는다. 그는 그 성향을 다듬고 가꾼다. 더그는 사람들이 재미로 글을 읽을 때 비슷한 사람들에게 끌린다는 것을 누구보다 잘 안다. 그래서 더그는 수백 가지 정보출처가 담긴 데이터베이스를 만들었다. 먼저 〈뉴욕타임스〉부터 알려지지 않은 블로그에 이르기까지 모든 정보 출처들을 이데올로기적 성향, 주제, 지리적 기원 등에 따라 분류하여 꼬리표를 붙인 다음 다양성을 강조하는 기준을 사용하여 다음에 읽어야 할 것을 고르는 프로그램을 작성했다. 이런 간단한 고안품 덕분에 더그는 다양한 견해를 계속 접할 수 있게 됐다. 더그는 그 정도로 개방적이다.

적극적인 개방성Active open-mindedness, 이하 AOM은 심리학자 조너선 배런Jonathan Baron이 만든 용어다. 그와 나는 펜실베이니아 대학에서 나란히 붙은 연구실을 쓰고 있다. 배런의 AOM 테스트에는 다음과 같은 진술에 동의하는지 여부를 묻는 항목이 있다.

- 사람들은 자신의 신념과 다른 증거를 참작해야 한다.
- 자신과 생각이 같은 사람보다 같지 않은 사람들에게 관심을 기울이는 것이 더 유용하다.
- 마음을 바꾸는 것은 마음이 약하다는 증거다.
- 결정을 내릴 때 가장 좋은 길잡이는 직관이다.
- 자신의 신념에 위배되는 증거가 나와도 기존의 신념을 계속 유지하는 것이 중요하다.

예측할 수 있는 일이겠지만, 슈퍼 예측가들은 배런의 테스트에서 높은 성적을 올린다. 그러나 더 중요한 것은 슈퍼 예측가가 그 개념의 실제 본보기가 된다는 사실이다. 그들은 말과 행동이 일치한다.

슈퍼 예측가들에게 신념은 검증해야 할 가설이지 지켜야 할 보물이 아니다. 슈퍼 예측을 상투적인 구호로 내세울 수는 있다. 그러나 그렇게 한다면 슈퍼 예측은 또 하나의 신념이 되고 말 것이다.

슈퍼 퀀트

: 예측은 수학 천재들에게 유리한가?

우리는 빅데이터Big Data 시대에 살고 있다. 끊임없이 증식하는 정보 테크놀로지 네트워크가 쏟아내는 엄청난 양의 정보를 분석하기 위해, 강력한 컴퓨터와 난해한 수학으로 무장한 데이터 과학자들이 동원된다. 그들은 데이터에서 규칙과 의미를 추출해낸다. 과거엔 현실을 이처럼 자세히 들여다보고 또 앞일을 미리 내다본 적이 없었다. 하지만 솔직하게 말해, 우리는 데이터 과학자들이 어떤 식으로 일을 하는지 전혀 알지 못한다. 상상을 초월할 정도는 아니겠지만 그래도 보통사람들을 주눅 들게 만들기에는 충분한 수준일 것이다. 공상과학 소설가인 아서 C. 클라크 Arthur C. Clarke는 유명한 말을 했다. "첨단 기술은 마법과 다를 바 없다."

코넬 대학교의 수학과 교수 라이오넬 르빈Lionel Levine은 바로 그런 마술사다. 그는 하버드 대학교 수학 학사에 이어 버클리 대학교 수학 박사 학위를 받았고, 여러 권위 있는 기관으로부터 연구비를 지원받은 데다 〈다양한 출처를 가진 내부 집합 모델을 위한 계수 한계*Scaling Limits for Internal Aggregation Models with Multiple Sources*〉처럼 알다가도 모를 제목의 논문을 다수 발표한 화려한 경력을 가졌다. 수학 천재들이 흔히 그렇듯 그는 젊다. 그는 IC가 사담 후세인이 대량살상무기를 보유하고 있는 것이 100% 틀림없다고 판단했던 해에 하버드 대학교를 졸업했다.

르빈은 또한 슈퍼 예측가다. 좀 극단적인 사례이긴 하지만, 슈퍼 예측가들이 흔히 그렇듯 그는 수리에 무척 밝다. 슈퍼 예측가들은 다음과 같은 간단한 계산을 아주 빨리 한다. "바이러스에 감염될 확률이 0.05%이다. 1만 명 중 대략 얼마나 많은 사람들이 감염되겠는가?"(정답은 5명.) 연산력은 그들의 이력서에서도 분명하게 드러난다. 그들 중에는 수학이나 과학이나 컴퓨터 프로그래밍 쪽의 일을 하는 사람들이 많다. 예술 쪽인 브루클린의 영화 제작자 조슈아 프랭클도 뉴욕의 고등학교에서 수학과 과학을 전공하고 대학을 졸업한 이후에는 컴퓨터 애니메이션을 활용해 시각 효과를 높이는 작업을 했다. 적어도 내가 지금까지 만나본 슈퍼 예측가들은 하나같이 수리에 밝았다. 그들은 실용적인 용도 이상으로 수를 다룰 수 있는 능력을 가지고 있고 또 실제로 그렇게 한다. 빌 플랙에게 환율을 예측해달라고 하자, 그는 그동안 환율이 변화해온 과정을 뒤져 그것을 바탕으로 '몬테카를로 모델Monte Carlo model(컴퓨터를 통해 각종 확률 변수의 진행 방향을 예측하는 수리적 접근 방법으로 모나코의 도박 도시 몬테카를로에서 이름을 땄다―옮긴이)'을 만들었다. 이런 모델은 전문가들에게는 필수적인 도구이지만 보통사람들에게는 고대 아람어만큼이나 불가해한 수학이다.

사람들은 월스트리트의 수학 마술사들을 보통 '퀀트quants'라고 부른다. 정량분석quantitative analysis에 뛰어난 사람들이라는 의미에서다. 퀀트들이 사용하는 수학은 몬테카를로 모델보다 훨씬 더 신비하다. 데이터에 대한 이들의 유별난 친화력을 생각하면, 그들이 만들어내는 놀라운 성적도 어쩌면 당연한 결과일지 모른다. 알고리즘을 능숙하게 다루는 솜씨, 보통사람들이 이해할 수 없는 은밀한 통계 주술, 그리고 무서운 속도! 놀라운 예측! 수리에 밝은 사람들은 이런 결론이 마음에 들지 모르지만, 고등학교 이후로 계산이라고는 해본 적도 없고 '미적분'이라는 말만 들어도 식은땀이 나는 사람들에게 이런 것들은 슈퍼 예측이라는 성벽 앞에 놓인 해자나 다름없다.

그러나 사실은 해자도 성벽도 없다. 슈퍼 예측가들이 가끔 자신만의 명확한 수학 모델을 전개하거나 다른 사람의 모델을 참고하는 경우도 아주 없지는 않지만 실제로 그런 일은 아주 드물다. 그들의 예측은 대부분 신중하게 생각하고 미세한 차이를 중시하는 판단의 산물일 뿐이다. "수학이 약간 도움이 되었던 질문도 몇 가지 있던 것 같기는 합니다." 라이오넬 르빈은 예측했던 과정을 그렇게 회상했지만 대부분의 경우 그는 자신의 주관적 판단에 의지한다. "이런 작업은 전적으로 적절한 정보를 찾아내고, 그 정보가 정말로 얼마나 적절한가를 판단하는 문제입니다. 그 정보가 내가 하는 예측에 얼마나 영향을 미치는지 따져봐야 합니다." 수학을 사용하지 않는 것도 수학 교수에게는 하나의 자부심이다. 사람들은 그가 수학자이기 때문에 예측을 잘한다고 생각하겠지만, 그는 말한다. "일종의 역발상이지만, 나는 일부러 어떤 수학도 사용하지 않고 정확한 예측을 할 수 있다는 것을 입증하려 합니다."[1]

슈퍼 예측가들이 모두 수에 밝다는 사실은 결코 우연의 일치가 아니다. 수리에 밝으면 예측을 하는 데 분명 도움이 된다. 그러나 불가해한 수학 모델이 마법을 부리기 때문은 아니다. 진실은 더 간단하고 더 미묘하고 훨씬 더 흥미롭다.

📍 오사마는 어디에 있을까?

2011년 초, 미국 IC의 관심은 파키스탄의 한 특정 주택에 집중되었다. 여러 채의 건물로 이루어진 그 주택은 높은 벽에 둘러싸여 있었다. 파키스탄 아보타바드의 부유한 동네에서 흔히 볼 수 있는 주택의 형태였다. 그러나 주택에 사는 사람의 정체는 알 수 없었다. 그들은 그렇게 지내기를 원하는 것이 분명했다. 흔한 경우는 분명 아니었다. 또 여러 정황을 종합해볼 때 그곳을 오사마 빈 라덴의 거처로 의심할만한 증거들이 많았다. 그 정도로 특이했다.

9·11 테러 공격 이후로 거의 10년 동안 추적해왔던 테러의 주모자를 마침내 찾아낸 것일까? 지금은 누구나 답을 알고 있는 질문이다. 그러나 당시 분석가들은 그렇지 않았다. 그들은 핵무기로 무장한 불안한 나라에서 군사 작전을 벌여야 할지 말지를 판단해야 하는 어려운 입장에 처해 있었다. 이들이 판단하는 과정과 그 결과는 나중에 〈제로 다크 서티Zero Dark Thirty〉라는 영화로 만들어진다.

"대통령을 직접 만나겠네. 그 전에 자네들 생각을 확실히 알아야겠어." 〈제로 다크 서티〉에서 CIA 국장 리온 퍼네타Leon Panetta 역을 맡은 제임스 갠돌피니James Gandolfini는 그렇게 말한다. 그는 회의실 상석에 앉아 참모들을 응시한다. "자, 간단히 묻지. 놈이 거기에 있는 거야? 아니면 젠장 없는 거야?"

부국장이 먼저 대답한다. "저희는 확실성을 다루지 않습니다. 저희는 확률을 다룹니다. 놈이 거기 있을 확률은 60%입니다."

퍼네타는 다음 사람을 지목한다.

"저도 60%라는 데 동의합니다."

"저는 80%입니다." 다음 사람이 말한다. "놈들의 경비 상태를 보면 틀림없습니다."

"자네들은 늘 이렇게 의견이 다른가?" 퍼네타가 묻는다.

이렇게 테이블에 앉은 사람들이 한 사람씩 돌아가며 대답한다. 60%라고 말하면, 다음 사람은 80%, 그 다음은 60%. 퍼네타는 등받이에 몸을 기대며 한숨을 쉰다. "의견들이 제멋대로군. 안 그래?"

잠깐 영화를 멈추자. 리온 퍼네타가 지금 원하는 것은 무엇인가? 의견 일치다. 그는 모든 사람이 같은 결론에 도달하기를 바란다. 그래야 결론이 맞거나 적어도 쓸만하다고 확신할 수 있기 때문이다. 그 자리에 있던 사람들도 다 같은 심정이었을 것이다. 일치해야 안심이 된다. 불일치는 글쎄? 우리는 리온 퍼네타와 같은 표현을 쓰지는 않지만 대부분은 그런 정서를 공유한다.

그러나 극중의 리온 퍼네타는 틀려도 한참 틀렸다. 그 테이블에 있는 사람들은 어려운 문제를 독립적으로 판단하여 정말이라고 믿는 것을 CIA 국장에게 말해야 하는 사람들이다. 또한 모두가 같은 증거를 갖고 있다고 해도 모두가 정확히 같은 결론에 도달할 수는 없다. 사람마다 받은 교육과 훈련이 다르고 경험과 성격이 다르다. 현명한 지휘자라면 모두가 같은 음을 내는 오케스트라를 기대하지 않을 것이다. 오히려 일치된 의견은 집단적 사고가 드러내는 위험 경고로 받아들여야 한다. 다양한 판단은 테이블에 있는 사람들이 자신만의 관점에서 열심히 생각하고 있다는 반가운 증거다. 리온 퍼네타는 다양한 사람들이 다양한 판단을 내리는 모습을 보고 흡족해했어야 한다. 이것이 '대중의 지혜'라는 포장된 선물이니까. 그가 할 일은 판단을 종합하는 것이다. 간단히 평균만 내도 좋은 출발이 될 수 있다. 가중 평균도 좋다. 집단적 결론에서 가장 신임하는 사람의 판단에 조금 더 비중을 두는 것이다. 어느 쪽이든 그것이 잠자리의 눈을 가동하는 길이다.

나는 실제의 리온 퍼네타에게 이 유명한 장면에 대해 물었다. 그는 비슷한 상황이 있었다고 확인해주었다. "이 사람들은 정보 분석가들입니다. 일정 기간 작전과 관련을 맺고 있던 사람들이죠. 그 방에는 경험 사례가 많았습니다." 그는 그렇게 회상했다. 그러나 일치된 견해는 많지 않았다. "확률이 30%나 40% 정도로 낮다고 생각하는 사람부터 90% 이상이라고 생각하는 사람 그리고 그 사이에 분포된 저마다 다른 의견 등" 판단은 제각각이었다. 그러나 하원의원을 거쳐 클린턴 대통령 비서실장과 오바마 정부의 국방부 장관을 역임한 리온 퍼네타는 그런 다양성에 대해 영화 속의 리온 퍼네타와는 전혀 다른 반응을 보였다. 그는 다양성을 환영했다. "나는 언제나 사람들에게 요구합니다. 내가 듣고 싶어 할 거라 생각하는 말을 하지 말고 그들이 믿는 것을 솔직하게 말하라고 말이죠." 퍼네타는 그렇게 말했다.[2] 대통령 비서실장을 역임할 당시, 그는 중요한 문제를 다룰 때 다양한 견해를 듣고 말하는 풍토를 존중했다. 실제의 리온 퍼네타와 영화 속의 리온 퍼네타는 비교 연구감이다.

다시 영화의 플레이 버튼을 눌러보자. 영화 속의 리온 퍼네타가 도무지 합의가 되지 않는 상황에 대해 불만을 드러내자, 〈제로 다크 서티〉의 주인공인 마야에게 발언 기회가 주어진다. 회의실 뒤쪽에 앉아 있던 그녀는 몹시 분개하고 있다. "100%입니다. 놈은 거기 있어요." 그녀는 단정한다. "좋아요. 95%라고 하죠. 너무 확실하면 다들 맛이 갈 테니까요. 그래도 100%입니다." 퍼네타는 감동받는다. 불확실성을 놓고 끙끙거리는 다른 사람과는 달리, 마야의 발언은 무자비한 공성기攻城機 같은 위력을 가졌다. 안가安家를 찾아낸 마야는 빈 라덴이 그곳에 있다고 확신했기에, 당장 그 안가를 폭격해야 한다고 다그쳤다. 아무런 공격 조치도 없이 몇 주가 지나가자, 그녀는 상관의 창문에 하루하루 지나가는 날의 숫자를 휘갈긴다. 그녀가 발을 구르며 '21'이라는 숫자를 붉은 글씨로 크게 쓴 다음 강조하는 뜻으로 동그라미를 그리는 모습이 화면에 나타난다. 숫자는 98, 99, 100까지 이어진다. 이제 그녀는 두터운 매직으로 밑줄까지 긋는다. 그녀의 절망은 관객에게까지 전달된다. 마야가 옳다. 빈 라덴은 그곳에 있다. 다른 사람은 무시하라.

영화 속의 퍼네타 주변에는 마야와 참모들이 있다. 그는 참모들이 '그렇다' '아니다'를 딱 부러지게 말하지 않는다며 나중에 부관에게 투덜

댄다. "겁먹었기" 때문이다. 확률은 심약한 사람들을 위한 장치다.

영화를 다시 멈추자. 영화 속의 리온 퍼네타가 생각하는 방식을 살펴보자. 그는 2가지 선택지만 본다. 그렇다, 그곳에 빈 라덴이 있다. 아니다, 그는 없다. 그의 사고 다이얼에는 2가지 설정밖에 없다. '아마도'라는 것은 없다. '아마도'의 정도 차이는 말할 것도 없다. 〈제로 다크 서티〉에서 이 장면이 전개되는 방식으로 판단하건대, 영화 제작자들은 그런 이분법을 존중하는 것이 분명하다. 그들은 관객들도 역시 그럴 것이라고 자신한다. 오사마 빈 라덴이 그곳에 있는가? 그런가, 안 그런가? 이것은 "젠장맞을" 사고다. 이것이 마야가 생각하는 방식이다. 그리고 그녀가 맞았다.

하지만 시스템 2를 동원하여 다시 한 번 생각해본다면 이야기가 달라진다. 실제로 마야는 합리적이지 않다. 입수한 정보를 고려하면, 안가에 있는 사나이가 빈 라덴일 가능성이 있다. 그럴 확률이 매우 높다고 주장할 수도 있다. 그러나 100%? 절대적인 확실? 그가 빈 라덴이 아닐 가능성은 전혀 없는가? 그렇지 않다. 안가에 있는 사나이가 다른 테러리스트일 수도 있었다. 아니면 마약 운반책이나 아프간 전사이거나 무기상이거나 그도 아니면 망상형 정신분열증에 시달리는 파키스탄의 부유한 사업가일 수도 있다. 각각의 가능성이 사실일 확률이 아주 작다고 해도, 다 합하면 1%, 2%, 5% 아니 그 이상일 수도 있다. 그러니 그 사람이 오사마 빈 라덴이라고 100% 확신할 수는 없다. 그렇게까지 미세한 구별이 중요한가? IC는 한때 사담 후세인이 대량살상무기를 보유하고 있다고 확신한 나머지 그렇지 않을 가능성을 따져보지도 않았다. 그렇다. 그것은 중요하다.

물론 마야가 발을 구른 것처럼 객관적인 진실은 있다. 빈 라덴은 그곳에 있었다. 그래서 마야의 주장은 옳았지만 그녀의 주장은 뒷받침되는 근거보다 더 극단적이었다. 그녀가 '맞긴 하지만 비합리적'이었다는 말이다. 이것의 거울상mirror image은 '틀리지만 합리적인' 주장이다. 그것은 IC가 사담 후세인이 대량살상무기를 보유했을 확률을 '슬램덩크'에서 한 발 후퇴하여 60%나 70%로 가정했다면 내놓았을 법한 주장이다. 마야에게는 다행이고 IC에게는 불행이었던 최종 결과도 이런 주장의 의미를 하찮게 만들지는 않는다.

실제의 리온 퍼네타는 이런 과정과 결과의 역설을 잘 알고 있었다. 그리고 그는 영화 속의 리온 퍼네타처럼 확실성에 매달리지도 않는다. "100%라는 것은 없습니다." 그는 인터뷰 도중에도 여러 차례 이와 같은 의견을 강조했다.

실제의 리온 퍼네타는 슈퍼 예측가처럼 생각했다.[3]

♀ 제3의 설정

언론인 마크 보든Mark Bowden의 책에도 이와 비슷한 장면이 나온다. 테이블 상석에 앉은 사람은 리온 퍼네타가 아니라 버락 오바마다.

오바마는 백악관의 그 유명한 상황실에 앉아 의문의 파키스탄 안가에 있다는 사나이의 정체에 대한 CIA 간부들의 의견을 들었다. CIA

팀장은 대통령에게 그 자가 빈 라덴이 거의 틀림없다고 말한다. "그는 95% 자신했다." 마크 보든은 그의 책 《종결, 오사마 빈 라덴 사살*The Finish: The Killing of Osama bin Laden*》에서 그렇게 썼다. 이 책은 역사상 가장 유명한 특공작전의 배후에서 벌어진 의사결정에 대한 보든의 설명이다. 두 번째 CIA 간부가 첫 번째 간부의 말에 동의한다. 그러나 다른 사람들은 그만한 자신감이 없다. "국가정보국 소속의 고위 참모 4명이 이 사안을 검토하고 자신의 의견을 제출했다." 보든은 그렇게 설명했다. "대부분은 자신감의 정도를 80%로 잡았다. 40%나 심지어 30%로 보는 사람들도 있었다." 또 다른 참모는 빈 라덴이 그 안가에 있을 확률이 60%라고 말했다.

"좋아요. 결국 확률 문제군." 보든의 설명에 따르면 대통령은 그렇게 답했다.

보든은 자신의 의견을 말한다. "10년 전 사담 후세인이 대량살상무기를 숨기고 있다는 정보기관의 오판으로 길고 비싼 대가를 치른 이후, CIA는 확실성에 무게를 두기 위해 거의 우스꽝스러울 정도로 정교한 과정을 밟았다. 마치 정확한 판단을 내릴 수 있는 수학공식을 짜내려 애쓰는 것 같았다." 보든은 수치와 확률을 사용하는 CIA의 방식에 별다른 감흥을 받지 못했다. 보든의 말에 따르면 버락 오바마도 실망하기는 마찬가지였다. "대통령도 문제를 깨닫고 나중에 내게 설명했지만, 결국 확실성이 높아진 것이 아니라 혼란만 가중되었다."

보든은 오바마가 인터뷰에서 이렇게 말했다고 전했다. "이런 식으로 한다면 쓸만한 정보를 얻는 것이 아니라 오히려 불확실성을 숨기는 확률만 갖게 됩니다." 보든은 그렇게 썼다. "오바마는 그 점을 순순히 시인했다. 확률만 믿고 조치를 취한다면 대통령은 그야말로 도박을 벌여야 할 판이었다. 큰 도박을."

여러 의견을 들은 후, 오바마는 말했다. "'50 대 50이군.' 그는 말했다. 모두 묵묵부답이었다. '이거 보세요. 이건 동전 던지기입니다. 결정은 내려야 하겠지만 이보다 조금이라도 확실성이 더 크다고 생각하기 때문은 아닙니다.'"[4]

보든은 분명히 오바마의 결정에 감탄했다. 왜 그랬을까?

책에 상세한 설명은 없었지만, CIA 참모들의 중간값(대중의 지혜)은 약 70%인 것으로 보인다. 그러나 오바마는 "50 대 50"이라고 단정했다. 무슨 의미일까? 실제로 확률이 제각각이기 때문에 우리는 신중할 필요가 있다.

1가지는 오바마의 말을 글자 그대로 받아들인 것이다. 그는 여러 사람들의 견해를 듣고 사실에 가장 가까울 가능성을 50%로 잡았다. 그건 잘못 안 것이다. 집단적 판단은 50%가 넘는다. 보든의 설명만 봐도 50%가 좀 더 정확하다고 생각할만한 근거가 없다. 50%는 불쑥 생각해낸 수치일 뿐이다.

그러나 리서치 팀들이 보여준 것처럼, '50%'나 '50 대 50'이라는 표현을 사용하는 사람들은 이를 말 그대로의 의미로 사용하는 않는다. 말의 실제 의미는 '잘 모르겠다' 또는 '확실하지 않다' 또는 '아마도'라는 의미다.[5] 전후 맥락으로 보아 오바마 대통령도 그런 뜻으로 말했을 것이다.

그렇다면 합리적인 판단일 수 있다. 오바마는 중요한 결정을 내려야 하는 최종 책임자다. 그로서는 빈 라덴이 그 안가에 있을 가능성이 '어느 정도라도' 있다면 침투를 명령해야겠다고 생각할 수밖에 없었을 것이다. 확률이 90%인가 70%인가 아니면 30%밖에 안 되는가 등은 중요하지 않았다. 그래서 오바마는 정확한 수치가 나오기를 기다리며 우두커니 시간을 보내기보다 논란을 빨리 끝내고 행동으로 옮기는 쪽을 택했다.[6]

물론 그것이 오바마의 생각이었는지는 잘 모르겠다. 그리고 다른 설명도 가능하다. 이만큼 자신할 수는 없지만.

영화 속의 리온 퍼네타처럼 오바마는 추측이 난무하는 상황에 짜증이 났을 수도 있다. 의견이 분분할수록 그들의 말에 믿음이 가지 않았을 것이다. 그래서 그는 확률 이론가들이 말하는 '사전 무지ignorance prior'에 의존했다. 사전 무지란 동전의 앞면이 나올지 뒷면이 나올지 알기 전의 지식 상태를 말한다. 여기서는 네이비실Navy SEAL이 쳐들어갈 때 빈 라덴이 침실에 있을지 없을지 알 수 없는 상태다. 그리고 사전 무지에 의존한다는 것은 오바마가 활용할 수 있는 정보를 제대로 활용하지 않았다는 뜻이기 때문에 잘못된 판단이다.[7] 그러나 영화 속의 리온 퍼네타와 달리, 오바마의 사고 체계는 2가지 다이얼만으로 이루어지지 않았다. 그에게는 세 번째 다이얼이 있었다. '아마도'였다. 그래서 그는 그곳에 닻을 내렸다.

보든의 설명을 보면, 아모스 트버스키가 약 30년 전에 했던 말이 생각난다. 그때 우리는 국립연구위원회의 위원으로 핵전쟁을 막아야 할 문제를 놓고 머리를 맞대고 있었다. 그는 확률을 다루는 사람들은 3가지 설정밖에 모른다고 말했다. '일어난다' '일어나지 않는다' 그리고 '아마도'이다. 아모스에겐 유머 감각이 있었다. 그러면서 그는 일개 학술위원회가 지구를 구할 임무를 맡는다는 것 자체가 어불성설이라고 덧붙였다. 그래서 나는 그가 농담을 했다고 98% 확신한다. 그리고 그의 농담이 인간의 판단에 관한 기본적인 진실을 포착했다는 것에 99% 확신을 갖는다.

석기시대의 확률

인간은 인지적으로 인간이었던 세월만큼이나 오랫동안 불확실성에 대처해왔다. 하지만 그 장구한 세월 속에서 인간이 어떤 불확실성에 대한 통계적 모형을 접해본 적은 거의 없었다. 그런 것은 아예 존재하지도 않았다. 불확실성을 통계적으로 다루는 모형은 의외로 아주 최근의 산물이다. 아마도 야콥 베르누이Jakob Bernoulli의 《예측의 기술Ars Conjectandi》이 발표된 1713년이 시발점일 것이다. 이 책이 나오고 나서야 인간은 확률을 진지하게 생각하기 시작했다.

그 전까지는 코끝 관점에 의존하는 것 이외의 다른 선택이 없었다. 수풀 속에 움직이는 그림자가 보인다. 사자라고 판단해야 하는가? 수풀에서 달려 나오는 사자의 사례를 떠올려보자. 그런 사례가 쉽게 생각난다면 도망가라! 2장에서 살펴본 대로 이는 시스템 1의 작용이다. 이런 반응은 아주 분명해서 결론이 2가지로 나온다. "그래, 저건 사자야" 또는 "아니, 저건 사자가 아니야." 그러나 사례가 빈약하다면 확률은 불안하게 어중간해진다. "아마 사자일지 몰라." 코끝 관점으로는 수풀 속의 존재가 사자일 확률 60%와 80%의 미세한 차이를 구분할 수 없다. 그런 차이를 구분하려면 느리고 신중하고 의식적으로 생각해야 한다. 물론 우리 조상들이 맞닥뜨린 다급한 존재론적 문제를 다룰 때는 그런 미세한 구분도 필요 없다. 그리고 그런 구분은 바람직하지도 않다. 3가지 설정 다이얼이 가리키는 방향은 빠르고 분명하다. 저게 사자야? '그렇다'면, 뛰어! '아마도'라면, 정신 바짝 차리고 있어! '아니'라면, 긴장 풀어. 60%의 확률과 80%의 확률을 구분하는 능력은 도움이 되지 않는다. 사실 분석이 더 미세해지면 판단만 느려진다. 그러다가는 잡아먹힌다.

이러한 관점에서 2가지 혹은 3가지 설정의 다이얼을 갖는 것은 의미가 있다. 그리고 이 점을 강조하는 연구도 많다. 자식이 심각한 병에 걸릴 위험을 10%에서 5%로 줄이기 위해 돈을 지출하는 부모는 5%의 위험을 0%로 줄일 수 있다면 그 3배의 돈도 기꺼이 지출할 것이다. 어째서 5%를 0%로 줄이는 것이 10%를 5%로 줄이는 것보다 가치 있는 일일까? 그건 위험을 5% 줄이는 것 이상의 의미를 가지기 때문이다. 다시 말해 그것은 우리 마음에 확실성을 심어준다. 0%와 100%는 경제학자들의 수학 모델이 의미하는 것보다 우리 마음에서 훨씬 더 진지하게 평가된다.[8] 우리의 두뇌를 진화시킨 주변의 환경을 생각해본다면 하나도 놀라울 게 없다. 사자가 가까운 곳에 숨어 있을 확률은 조금이라도 늘 존재했다. 사자가 아니라 뱀일 수도 있다. 아니면 내 오두막집이 탐이나 몽둥이를 들고 어슬렁거리는 누군가가 있을지도 모른다. 그 밖에도 사람들이 직면하는 위협은 셀 수 없이 많다. 그러나 이런 끊임없는 경계 상태를 계속 유지한 채 지낼 수는 없었다. 그런 인지적 대가는 너무 컸을 것이다. 그래도 걱정 없이 지낼 수 있는 영역이 필요했다. 해결책은 무엇인가? 작은 확률은 무시하고 가능하면 2가지 설정의 다이얼을 사용하는 것이다. 저것은 사자이거나 사자가 아니다. 이 2가지 설정으로도 해결할 수 없는 확실한 상황이 전개될 때만 우리는 판단의 다이얼을 '아마도' 쪽으로 돌린다.[9]

해리 트루먼Harry Truman 대통령은 언젠가 손hand이 하나뿐인 경제학자들의 말을 듣고 싶다는 농담을 하기도 했다. "한편으로on the one hand" 혹은 "다른 한편으로on the other hand"라는 말을 듣는 데 진력이 났기 때문이었다. 나는 이 말이 트버스키의 농담과 닮았다는 것 이상의 의미를 갖고 있다고 생각한다. 우리는 답을 원한다. 자신 있게 '그렇다' 또는 '아니다'라고 단정하면 '아마도' 같은 어정쩡한 대답이 결코 줄 수 없는 만족감을 얻을 수 있다. 그런 점에서 언론들이 그렇게 자주 고슴도치에 눈을 돌리는 이유도 알 수 있을 것 같다. 고슴도치는 예측 전력이 아무리 나빠도 개의치 않고 다가올 일을 안다고 확신한다. 물론 자신 있는 판단이 늘 틀리는 것은 아니다. "프랑스 인구가 이탈리아 인구보다 많은가?"와 같은 질문엔 자신 없이 답할 때보다 틀림없이 맞다는 확신으로 답을 할 때 맞을 가능성이 더 크다. 자신감과 정확성은 아주 밀접하게 연결되어 있다. 그러나 연구 결과에 따르면, 인간은 그 상관관계의 정도를 과장한다. 예를 들어, 사람들은 금융 전문가들의 조언을 구할 때 두 사람의 예측 전력이 동일해도 자신감이 없는 사람보다는 자신 있게 말하는 사람의 말을 더 잘 믿는다. 자신감과 능력을 동일시하는 것이다. 그래서 어떤 일이 일어날 확률을 어중간하게 말하는 예측자는 그다지 좋은 인상을 주지 못한다. 어떤 연구에서도 지적했듯이, 사람들은 "그런 판단을 들으면 예측하는 사람이 무능하거나 주어진 사례에서의 사실에 무지하거나 게으르거나 더 큰 자신감을 정당화할 정보를 수집하는 데 필요한 노력을 들일 생각이 없다는 표시로 받아들인다."[10]

확률을 제대로 이해하지 못하는 사람이 많은 이유도 이런 종류의 원시적 사고로 설명할 수 있다. 그중에는 단순한 무지나 오해의 탓으로 돌릴 수 있는 것도 있다. "로스앤젤레스에 비가 올 확률이 70%다"라는 말을 "그날의 70%는 비가 오고 나머지 30%는 오지 않는다" 또는 "로스앤젤레스의 70% 지역에는 비가 오고 나머지 30%에는 비가 오지 않는다" 또는 "기상캐스터의 70%는 비가 올 것이라고 생각하지만 30%는 비가 오지 않을 것이라고 생각한다"라고 생각하는 경우다.

그러나 이런 오해에는 보다 근본적인 문제가 있다. "내일 비가 올 확률이 70%"라는 말의 의미를 이해하려면 비가 오거나 오지 않는다는 사실을 이해해야 하고 또 그 예측이 정확하다면 비가 올 확률을 예측하는 100일 중에 70일은 비가 오고 나머지 날에는 비가 오지 않는다는 사실을 이해해야 한다. "비가 온다" 또는 "비가 오지 않는다" 아니면 "아마 비가 올 것이다"라고 생각하는 우리의 자연스러운 성향은 쉽게 떨쳐낼 수 있는 것이 아니다.

확률의 성격이 이처럼 상식과는 맞지 않으므로 아주 세련된 사람들도 그렇게 기본적인 실수를 많이 하는 것 같다. 어떤 법이 폐지될 확률이 75%라고 예측한 시장이 있었다. 그러나 그 법은 폐지되지 않았다. 데이비드 레온하트는 즉시 그 예측시장이 틀렸다고 주장했다. 하지만 그때 누군가가 그의 잘못을 지적해주었다면 그는 이마를 치면서 "그렇군!" 하고 시인했을 것이다. 실제로 나중에 그는 바로 이런 확률의 함정을 지적하는 멋진 칼럼을 썼다. 그 칼럼에서 레온하트는 어떤 예측자가 다가오는 상원 선거에서 공화당이 다수를 차지할 확률이 74%라고 말했다가 그렇게 되지 않는다고 해도 예측자의 말이 틀렸다고 단정해서는 안 된다고 경고했다. "그런 일이 일어날 확률이 74%"라는 말은 "그렇지 않을 확률이 26%"라는 의미도 되기 때문이다.[12]

3가지 설정의 다이얼이 야기하는 혼란은 전염성이 강하다. 전 재무부 장관 로버트 루빈Robert Rubin은 당시 차관이었던 래리 서머스Larry Summers가 백악관과 의회에서 고위 정책 입안자들에게 브리핑을 할 때 자주 난감해했던 일을 내게 들려주었다. 그들은 확률이 80%라고 하면 그런 일이 틀림없이 일어나는 것으로 단정했다. "그럴 때는 탁자를 탕 치면서 '그래요, 확률은 아주 높지만 이런 일은 일어나지 않을 수도 있습니다'라고 분명히 말해줘야 합니다. 그런데도 사람들은 확률이 높다는 말을 '그 일이 일어난다'는 의미로 해석합니다." 그러나 우리가 이런 유능하고 박식한 인사들을 교실에 데려다 앉혀놓고 "어떤 일이 일어날 확률이 80%"라는 말은 그런 일이 일어나지 않을 확률이 20%라는 뜻이라고 말해준다면, 그들은 어처구니없어하며 이렇게 말할 것이다. "당연하지. 무슨 하나마나한 소리를!" 그러나 교실이 아닌 자리에서 실질적인 문제를 다룰 때, 이렇게 고매하고 유능한 사람들은 주저하지도 않고 직관으로 되돌아갔다. 확률이 반반에 가까울 때만 일어날 수도 있고 일어나지 않을 수도 있다고 그들은 판단했다. "확률이 60/40이라고 말하면, 대충 알아듣습니다." 루빈은 말했다.[13]

아모스 트버스키는 너무 이른 나이에 세상을 떴다. 1996년이었다. 그러나 그런 그가 이런 모습을 지켜보았다면 빙긋 웃었을 것이다.

📍 정보시대의 확률

과학자들은 확률을 다룰 때 아주 다양한 방법을 사용한다.

그들은 불확실성을 즐긴다. 아니면 적어도 불확실성을 인정한다. 현실의 과학 모델에서 확실성은 하나의 환상이다. 리온 퍼네타는 과학자가 아니지만 그 점을 확실히 알았기 때문에 "100%라는 것은 없다"라고 말할 수 있었다.

과학자들이 불확실성을 인정한다고 말하면 조금 의외일 수도 있다. "사람들은 과학과 확실성을 동일시한다." 수학자이자 통계학자인 윌리엄 바이어스William Byers는 그렇게 썼다. "확실성은 석연치 않은 구석이 전혀 없는 상태라고 그들은 생각한다. 따라서 가장 바람직한 상태는 절대적으로 확실한 상태다."[14] 과학자들은 사실을 찾아내고 그것을 깎고 다듬어 화강암 석판으로 바꾸는 사람들이다. 이런 사실의 집합이 소위 말하는 '과학'이다. 사실을 축적하는 과정이 축적되면서 불확실성은 뒤로 밀려난다. 과학의 궁극적인 목표는 불확실성을 완전히 제거하는 것이다.

그러나 이는 19세기적인 사고방식이다. 20세기 과학의 위대성은 불확실성이 제거할 수 없는 현실의 한 요소라는 사실을 밝혀낸 점에 있다. "불확실성은 현실이다." 브라이어는 그렇게 썼다. "절대적인 확실성은 꿈 같은 착각일 뿐이다."15) 과학적 지식도 예외가 아니다. 이전 세대 과학자에게 바위처럼 단단해 보였던 사실이 한 걸음 진보한 다음 세대의 눈앞에서 먼지처럼 스러지는 경우가 허다하다.16) 과학적 지식은 모두가 한시적 가설이다. 화강암에 새겨놓을 수 있는 것은 아무것도 없다.

물론 과학자들은 확실한 언어를 사용한다. 그들은 어떤 사실을 주장할 때마다 "우리가 이런 결론을 뒷받침할 구체적 증거를 가지고 있고 또 그 점에 대해 매우 자신감을 갖는다 해도, 언젠가 새로운 증거나 주장이 나와 우리의 견해를 바꿔야 할 가능성은 여전히 남아 있다"라고 일일이 설명하지 않는다. 그러나 확실한 것은 하나도 없기 때문에 과학자들이 '이것은 사실이다'라고 말할 때는 언제나 보이지 않는 별표가 붙는다는 것을 예상해야 한다(그렇다. 이 책에 있는 내용을 비롯해서 내가 쓴 책도 모두 마찬가지다. 그 점에 대해서는 매우 죄송하게 생각한다).

세상에 확실한 것이 하나도 없다면, 2~3가지 설정의 멘탈 다이얼도 치명적인 결함을 가질 수밖에 없다. '예'와 '아니오'는 확실성을 나타낸다. 따라서 그런 표현은 사라져야 한다. 그렇게 되면 남는 것은 '아마도'뿐이다. 그리고 사람들은 본능적으로 그런 표현을 꺼린다.

물론 설정이 1가지뿐이라면 그런 멘탈 다이얼은 아무데도 쓸모가 없다. 저것이 사자일까? 아마도. 야세르 아라파트의 유해에서 폴로늄이 검출되었을까? 아마도. 의문의 안가에 있는 사람이 오사마 빈 라덴일까? 아마도. 그래서 '아마도'는 확률의 정도에 따라 더 세분화되어야 한다. 그렇게 하는 1가지 방법은 '어쩌면'이나 '가능성이 적은' 같은 애매한 용어를 사용하는 것이다. 그러나 이미 본 대로 그것은 모호성에 빠질 위험이 있다. 과학자들이 수치를 좋아하는 것도 그 때문이다. 그리고 그런 수치는 예측자들이 다룰 수 있을 정도로 세밀하게 세분되어야 한다. 10%, 20%, 30%도 좋고 10%, 15%, 20%도 좋다. 아니면 10%, 11%, 12%일 수도 있다. 입자가 차이를 제대로 드러낼 수 있다면, 입자는 고울수록 좋다. 다시 말해 어떤 일이 일어날 확률의 결과가 11%로 나왔다면, 그 일이 정말로 일어날 확률은 12%의 결과보다는 1% 더 드물게 일어나고 10%의 결과보다는 1% 더 자주 일어난다는 의미다.

이런 복잡한 멘탈 다이얼이 확률적 사고의 기반이다. 로버트 루빈은 확률적으로 생각하는 사람이다. 그는 하버드 대학교를 다니던 시절 어떤 철학 교수에게 들었던 말이 잊히지 않는다고 내게 말했다. 그 교수는 확실하게 입증할 수 있는 것은 없다며 이렇게 말했다고 한다. "확실성이란 단지 내가 어느 정도 생각했던 것과 맞는 것을 의미할 뿐이다." 그 교수의 말은 골드만삭스에서 그리고 빌 클린턴 대통령의 보좌관을 거쳐 재무부 장관을 역임하기까지 26년 동안 루빈의 생각을 이끌어준 원칙이 되었다. 그의 자서전 제목도 《불확실한 세계에서*In an Uncertain World*》였다. 확실성을 거부한 루빈에게 모든 것은 확률의 문제였다. 그는 가능하면 정확한 것을 원했다. "내가 그를 처음 만났을 때, 당시 올라온 안건이 의회를 통과할 수 있을 것으로 보느냐고 그가 묻더군요. 그래서 '틀림없다'고 말했죠." 젊은 재무부 보좌관은 제이콥 와이스버그Jacob Weisberg 기자에게 그렇게 말했다. "그는 그런 표현을 좋아하지 않았어요. 나도 요즘은 확률이 60%라고 말합니다. 그러면 59%인지 60%인지 따질 수 있거든요."17)

클린턴 행정부에서 루비노믹스로 황금기를 보낼 당시 루빈은 많은 찬사를 받았다. 2008년에 경제가 무너지면서 칭찬만큼이나 비판도 많이 받았지만, 루빈이 영웅인지 악당인지는 내가 따질 수 있는 분야가 아니다. 나는 그보다 루빈의 확률적 사고에 대한 내용이 1998년 〈뉴욕타임스〉의 특집기사로 나왔을 때 사람들이 보인 반응에 더 관심이 간다. 사람들은 루빈의 생각이 반직관적이고 도전적이라고 생각했다. 하지만 자신의 방 벽에 루빈의 생각을 아이들의 사진과 함께 붙여놓은 전문가도 많았다. "여러 분야의 사람들이 내 칼럼에서 많은 영향을 받았다고 말하더군요." 루빈은 2003년에 그렇게 말했다. 그런 반응은 조금 당혹스러운 것이었다. 그는 특별한 말을 한 적이 없다고 생각했기 때문이었다. 그러나 그가 자서전에서 그 문제를 다시 언급했을 때 똑같은 반응이 나왔다. 10년이 더 지난 지금도 "패널로 나서서 발언하고 나면 사람들이 내 책을 들고 와 사인을 해달라며 말합니다. '제게 확률에 대한 이런 시각은 정말 중요하고 흥미로운 문제입니다.'" 루빈은 말한다. "왜 내게는 너무도 당연한 것이 다른 사람들에게는 대단한 의견처럼 보이는지 알 수 없습니다."18)

우리에게 좀 더 자연스러운 2가지 또는 3가지 설정의 멘탈 다이얼과 확률적 사고는 물고기나 새처럼 근본적으로 다른 생물이다. 이 둘은 현실에 대처할 때 의존하는 가정이 서로 다르다. 그리고 어느 한쪽 사고에 익숙한 사람들에게는 다른 쪽의 사고가 아주 낯설게 보일 수 있다.

📍 불확실성을 인정하라

로버트 루빈이 책상을 쾅 치지 않아도 어떤 일이 일어날 확률이 80%라면, 그런 일이 일어나지 않을 확률이 20%라는 사실을 슈퍼 예측가들은 이해한다. 슈퍼 예측가들은 수리에 밝기 때문에 과학자나 수학자들처럼 확률적 사고에 익숙하다.

확률적 사고의 핵심은 불확실성을 해결할 수 없다고 인정하는 것이지만, 확률은 측정하기가 까다롭다. 그래서 우리는 철학자들이 말하는 '인식론적' 불확실성과 '우연적' 불확실성의 차이를 이용했다. 인식론적 불확실성은 우리가 모르지만 적어도 이론적으로는 알 수 있는 어떤 것이다. 숙련된 기술자는 잘 모르는 기계를 처음 마주해도 이론적으로는 작동 방식을 예측할 수 있다. 기계의 구조를 익힌다는 것은 정확한 예측에 도전한다는 말이나 다를 바 없다.

이에 반해 우연적 불확실성은 모를 뿐 아니라 알 수도 없는 것이다. 지금부터 1년 뒤 필라델피아에 비가 올지 안 올지 여부는 아무리 알고 싶어도 알아낼 재간이 없다. 기상 전문가에게 문의를 한다고 해도 계절적 평균 이상의 추측은 할 수 없다. 구름 같은 까다로운 문제가 개입되기 때문이다. 구름의 움직임과 관련해서는 모든 이론을 총동원한다고 해도 불확실성을 제거할 수 없다. 우연적 불확실성은 아무리 신중하게 계획하더라도 의외의 사건으로 인해 우리의 삶이 엉뚱한 방향으로 틀어질 수 있다는 사실을 확실하게 알려준다.

슈퍼 예측가들은 보통사람들보다 이런 진리를 더욱 잘 이해한다. 가령 환율시장 같은 불확실성을 해결할 수 없는 어떤 문제를 대할 때 그들은 조심하는 법을 터득하기 때문에, '아마도'의 구역 중 35%와 65% 사이 어딘가에서 최초 추측을 한 다음 수치를 수정해간다. 시야가 '더 흐릴수록' 다트를 던지는 원숭이를 이기기가 더 어렵다는 사실을 그들은 절감한다.[19]

'50 대 50'이라는 말에서도 그런 증거를 찾아낼 수 있다. 조심스럽게 확률적으로 생각하는 사람들에게 50%는 범위가 너무 넓은 설정이어서 그들은 좀처럼 50%라는 말을 사용하지 않으려고 한다. 그보다는 49%나 51%를 선호한다. 하지만 멘탈 다이얼을 3가지로 설정하는 사람들은 확률을 말하라고 할 때 50%를 훨씬 더 많이 사용한다. 그때 50%는 '아마도'의 대역이다. 따라서 50%를 자주 사용하는 사람들의 예측은 그렇게 정확하지 않다고 봐도 큰 무리가 없다. 우리 토너먼트의 데이터가 그 사실을 정확히 보여준다.[20]

나는 몬트리올에 사는 슈퍼 예측가인 브라이언 라바트Brian Labatte에게 평소 어떤 분야의 책을 즐겨 읽는지 물은 적이 있다. 그는 픽션, 논픽션을 가리지 않고 읽는다고 답했다. 비율은? 내가 재차 물었다. "70%…" 한참을 생각하더니 그가 말을 이었다. "아니, 65대 35로 논픽션을 더 많이 읽습니다."[21] 일상적인 대화치고는 아주 정확한 표현이었다. IARPA 토너먼트에서도 일반적인 예측자들은 그런 수치를 잘 사용하지 않는다. 그들은 거의 '10'단위를 고집하여 주로 30%나 40%라고 답한다. 37%는 말할 것도 없고 35%도 잘 쓰지 않는다. 하지만 슈퍼 예측가들은 훨씬 더 세분한다. 그들이 제시하는 예측의 3분의 1은 한 자릿수 %포인트의 차이를 사용한 것이다. 그들은 신중하게 생각한 다음 4%가 아니라 3%라고 답한다. 로버트 루빈에게 확률을 좀 더 세분화하여 생각하는 법을 배운 그 재무부 보좌관처럼, 슈퍼 예측가들은 좀 더 정확하게 하려고 5%인지 1%인지 아니면 1%보다 작은 0%의 무시할 수준인지 등, 우리가 대수롭지 않게 여기는 차이를 따진다. 이런 것들은 정확성이 중요하다고 해서 바늘 끝에서 얼마나 많은 천사가 춤을 출 수 있는가를 따지는 중세식 논쟁이 아니다. 이것은 위협이나 기회가 있을 것 같지 않지만 그래도 그런 일이 일어날 수 있는 영역에서 그런 일이 절대 일어날 수 없는 영역으로 이동하는 것을 의미한다. 있을 법하지 않은 사건이 일어났을 때 그 영향이 아주 크다면 이런 문제는 매우 중요해진다. 에볼라 바이러스의 전파나 차세대 구글을 만들기 위한 자금 조성은 어떤가?

나는 여러분에게 좀 더 회의적인 태도를 가지라고 당부했다. 그렇게 회의적으로 생각하면 방금 내가 한 말도 의심할 수 있을지 모른다. 턱을 쓰다듬으며 이렇게 말하면 그럴듯한 인상을 줄 수 있다. "애플의 주가가 지금보다 24% 인상된 가격으로 한 해를 마칠 확률은 73%다." 이런 말에 보통사람들이 이해할 수 없는 전문용어를 몇 가지 끼워 넣어보라. 이것은 '추계적'이고 저것은 '회귀'라는 식으로 말이다. 수학과 과학에 마땅히 바치는 경외감을 적당히 이용하면 사람들의 머리를 끄덕이게 만들 수 있다. 난해한 용어를 사용한 세분화다. 불행하게도 그런 일은 흔하다. 그러면 슈퍼 예측가들의 세분화는 어떤가? 그들의 세분화는 의미 있는 세분화인가? 어떻게 알 수 있는가? 브라이언 라바트도 처음에는 70%라고 했다가 잠깐 생각한 다음 65%로 바꿨지만, 65%가 더 정확한지 어떻게 알 수 있는가? 토너먼트의 데이터를 보면 된다.

바버라 멜러스는 실험을 통해 세분화할수록 예측이 더 정확해진다는 사실을 확인했다. 20%, 30%, 40%처럼 10단위를 고집하는 일반 예측자들은 20%, 25%, 30% 같은 5% 단위로 추측하는 예측자보다 정확성이 떨어졌고, 20%, 21%, 22%처럼 더 세분화하는 예측자보다 정확도가 훨씬 더 떨어졌다. 계속된 실험에서 그녀는 예측을 어림셈으로 고쳐 세분화 정도를 줄였다. 그래서 토너먼트에서 입자를 가장 잘게 세분할 수 있는 한 자릿수 %포인트로 예측하는 사람은 5단위로 반올림하고 다시 10단위로 올리거나 내렸다. 이런 식으로 모든 예측은 1가지 단위로 세분화를 통일했다. 그런 다음 브라이어 지수를 다시 계산한 결과, 슈퍼 예측가들의 브라이어 지수는 최소 단위의 반올림에서도 0.05까지 정확성을 잃었지만, 일반적인 예측자들은 반올림을 해도 슈퍼 예측가들의 4배인 0.2까지 정확성에 별다른 차이를 보이지 않았다.[22]

브라이언 라바트의 세분화는 난해한 것이 아니다. 그것은 정확성이다. 그가 슈퍼 예측가가 될 수 있었던 것도 바로 그 때문이다.

웬만한 사람들은 브라이언만큼 정확을 기하려 애쓰지 않고, 지금 알고 있는 2~3가지 설정 멘탈 모델을 고집한다. 결코 가볍게 여길 수 없는 문제다. 전설적인 투자가 찰리 멍거Charlie Munger도 이와 관련하여 말했다. "조금은 어색하겠지만 이런 기본적이고도 초보적인 확률 수학을 체질화하지 못한다면, 다리가 하나밖에 없는 사람이 엉덩이 차기 대회를 하는 것처럼 평생 고생을 하게 된다."[23]

세심하다는 사람이나 조직도 브라이언만큼 철저히 정확성을 추구하지는 않는다. NIC를 예로 들어보자. 이라크를 침공할 것인가, 이란과 협상할 것인가, 같은 매우 민감한 결정과 관련하여 국가정보평가를 만들어내는 NIC는 자체 분석가들에게 5단계나 7단계 등급의 판단을 요구한다.

| IC 내부의 세분화 정도 |

2~3가지 설정 다이얼에서는 이 정도도 큰 발전이지만 아주 예리한 식견을 가진 슈퍼 예측가들에 비하면 어림없는 수준이다. 나도 NIC에 있는 사람들을 꽤 많이 아는 편이지만, 그들은 스스로의 능력을 과소평가하고 있다. NIC나 최고 인재들을 데리고 있는 조직들도 세분화를

중시하여 그 점을 장려하면 비슷한 결과를 거둘 수 있을 것이다. 그리고 그렇게 해야 한다.24)

그렇게 한다면 분명 보답이 있을 것이다. 미래를 좀 더 분명하게 인식할 수 있는 보답 말이다. 인생의 엉덩이 차기 대회에서 미래를 인식한다는 것은 매우 중요하다.

📍 왜가 아닌, 어떻게

커트 보네거트Kurt Vonnegut의 소설 《제5도살장Slaughterhouse-Five》에서 한 미국인 포로는 경비병이 싫어할만한 말을 혼자 중얼거린다. "경비병은 영어를 알아들었고 그 미국 포로를 대열에서 끌어내어 거꾸러뜨렸다." 보네거트는 그렇게 썼다.

그 미국 포로는 놀랐다. 그는 비틀거리며 일어나 입에 고인 피를 뱉었다. 이가 2개 튀어나왔다. 그 경비병의 비위를 건드리려 했던 것도 아니고 그가 그 말을 알아들을 줄도 몰랐다. "왜 하필 나요?" 그는 경비병에게 물었다. 경비병은 그를 다시 대열로 밀어 넣으며 말했다. "왜 너냐고? 아무면 어때?"

보네거트는 이 주제를 끈질기게 반복한다. "왜 하필 나요?" 외계인에게 납치된 빌리 필그림Billy Pilgrim은 볼멘소리를 한다. "아주 지구인다운 질문이군. 미스터 필그림." 외계인은 대답한다. "왜 너냐고? 그러면 왜 우린데? 아무려면 어때?"25)

명쾌한 통찰력이다. 도저히 일어날 것 같지 않은 일, 그러면서도 중요한 그런 일이 일어날 때는 "왜?"라고 묻는 것이 너무도 인간적이다.

비극조차 신의 계획 속에 있는 의미 있는 사건의 일부라는 종교적 메시지는 다분히 고대적인 해석이다. 종교를 어떻게 생각하든 이렇게 생각하면 견디기 힘든 일을 당했을 때 위로가 되고 헤쳐나갈 힘을 얻게 된다. 역경을 딛고 놀라운 성공을 거둔 오프라 윈프리Oprah Winfrey는 이런 생각을 직접 실천하면서 사람들을 격려한다. 그녀는 하버드 대학교의 졸업식 연설에서 세속의 언어로 이렇게 말했다. "실패 따위는 없습니다. 실패는 우리를 다른 길로 이끌려고 애쓰는 삶일 뿐입니다. (중략) 실수에서 배워야 합니다. 모든 경험, 모든 만남, 특히 모든 실수는 우리를 가르치고 우리를 현재의 우리 모습으로 바꾸기 위해 존재하기 때문입니다." 모든 일에는 이유가 있다. 모든 일에는 목적이 있다. 오프라 윈프리는 그녀의 유명한 TV 쇼의 마지막 회에서 정확히 종교적인 언어로 같은 요지의 말을 했다. "나는 하나님과 은총이 드러나는 사실을 알고 있습니다. 그래서 어떤 우연도 없다는 것을 나는 압니다. 우연은 절대 없습니다. 오직 신성한 질서만 있을 뿐입니다."26)

의미를 찾고자 하는 인간의 욕구를 종교만 충족시켜주는 것은 아니다. 심리학자들은 무신론자도 인생의 중요한 사건에서 의미를 찾는다고 말한다. 무신론자들도 운명을 믿는다. 그들은 운명을 "모든 일에는 이유가 있고 인생에는 일의 어떤 결과를 결정하는 근본적인 질서가 있다"는 뜻으로 받아들인다.27) 어떤 일에 의미를 부여하려는 성향은 인간의 기본적인 욕구다. 여러 연구에서도 드러나고 있지만, 어떤 일에서 의미를 찾아낼 수 있다는 것은 그만큼 정신이 건강하고 회복력이 강하다는 증거다. 9·11 공격의 생존자들 중에도 그런 끔찍한 재앙에서 의미를 찾아낸 사람들은 외상후스트레스 장애를 덜 겪는 것으로 나타났다.[28]

그러나 이런 생각이 심리적으로는 도움이 될지 몰라도, 과학적 세계관과는 쉽게 어울리지 않는다. 인생의 목적과 관련된 '왜'라는 질문은 과학의 영역이 아니다. 과학은 인과관계와 확률에 초점을 맞추는 '어떻게'라는 질문에 매달린다. 산비탈에 쌓인 눈이 미끄러져 눈사태를 일으킬 수도 있고 그렇지 않을 수도 있다. 눈사태가 일어나거나 일어나지 않을 때까지는 어떤 쪽으로든 갈 수 있다. 눈사태는 하나님이나 운명이나 그 밖의 어떤 것에 의해 미리 정해진 사건이 아니다. 눈사태는 '의도된 일'이 아니다. 눈사태는 아무런 의미도 갖지 않는다. 하지만 '아마도'는 아인슈타인이 아닌 하나님이 우주를 가지고 주사위 놀이를 '한다'는 사실을 암시한다. 따라서 확률적 사고와 신적 질서라는 사고는 팽팽히 맞선다. 확률과 운명은 물과 기름처럼 절대 섞이는 법이 없다. 그리고 우리의 생각이 운명 쪽으로 치우칠수록, 확률적으로 생각할 수 있는 능력이 줄어든다.

사람들은 대부분 운명을 선호한다. 나는 심리학자 로라 크레이Laura Kray 등 여러 동료들과 함께 반反사실적 사고를 실험했다. 반사실적 사고란 어떤 일이 일어난 뒤에 실제 그 일이 다른 식으로 벌어졌다면 결과가 어떻게 달라졌을지 생각해보는 것이다.[29] 우리는 노스웨스턴 대학교 학생들에게 이 학교를 택하게 된 경위를 짧은 에세이로 써내라고 주문했다. 그다음 그들 중 절반에게는 "일이 다른 식으로 전개되었을 수도 있는" 방법을 나열하라고 요구했다. 마지막으로 그들은 다음 3가지 진술에 어느 정도 동의하는지 등급을 매겼다. "노스웨스턴을 택했기 때문에 오늘의 내가 있을 수 있었다." "노스웨스턴을 택한 것은 내 인생에 또하나의 의미 있는 결단이었다." "노스웨스턴에 오기로 한 결정은 내 인생에서 가장 의미 있는 선택이었다." 예상했던 대로 반사실적 사고를 했던(다른 선택을 했을 수도 있다는 사실을 상상했던) 학생들은 노스웨스턴을 택한 결정에 보다 큰 의미를 부여했다.

두 번째 실험에서 우리는 참가자들에게 가까운 친구를 생각해보라고 주문했다. 여기서도 친구와의 관계가 다른 식으로 진행되었을 수 있다고 생각해본 학생들은 친구와의 관계에 더 깊은 의미를 부여했다.

세 번째 실험에서 우리는 그들의 삶에 중요한 전환점이 되었던 일을 생각해보게 했다. 절반의 학생들에게 그 사실을 기술하라고 요구했다. 언제 무슨 일이 일어났으며 관련된 사람은 누구이며 그 일에 대해 어떻게 생각하고 어떻게 느끼는지 기술하게 했다. 나머지 절반에게는 그런 사건이 일어나지 않았다면 그들의 삶이 어떻게 달라졌을지 기술하게 했다. 그런 다음 모든 참가자들에게 그 전환점을 어느 정도 '운명의 산물'로 생각하는지 피력하라고 했다. 예상했던 대로 다른 경로의 삶을 생각해본 사람들은 그동안 걸어온 삶이 의도된 것이었다고 여겼다.

사랑하는 두 사람을 하나로 묶어주기 위해 일어나야 했던 수많은 사건을 생각해보자. 그날 밤 공부하느라 파티에 가지 않았다면? 당신의 배필이 미리 서둘러서 그 기차를 놓치지 않았다면? 그 주말에 시내로 나오라는 친구의 요구에 응하지 않았다면? '만약'을 나열하자면 끝도 없다. 그러면 두 사람이 만날 확률은 거의 제로에 가까워진다. 그러나 두 사람은 만났다. 당신은 어떻게 생각하는가? "야, 정말 운이 좋았네"라고 생각하는 사람은 거의 없다. 그들은 그런 일이 일어날 수 있는 아주 희박한 확률과 그런 일이 일어난 사실을 그것이 '일어날 수밖에' 없었던 증거로 여긴다.

차원을 우주로 옮겨도 상황은 비슷하다. 빅뱅은 우주의 기원을 밝히는 과학적 설명 중에도 가장 널리 받아들여지는 이론이다. 빅뱅 이론은 항성과 행성과 생명이 탄생하기 위해 자연 법칙이 얼마나 정교하게 조율되어야 하는지 알려준다. 그 조율이 조금만 어긋났어도 우리는 존재하지 않았을 것이다. 이런 얘기를 들어도 "와, 우린 운이 좋았네!"라는 식의 반응을 보이는 사람은 없다. 또 수십억 번의 빅뱅이 우리의 우주와 유사한 우주를 수십억 개나 만들고, 그중 일부가 우연히 생명이 살 수 있는 환경으로 바뀔 가능성도 있지 않을까 생각하지 않는다. 그런 생각을 가진 사람은 일부 물리학자들뿐이다. 오히려 우리는 이런 사건의 배후에 어떤 존재가 있을 것이라고 생각한다. 그것은 신일 수도 있다. 어쨌든 빅뱅은 의도된 사건이 된다.

그렇게 생각하는 편이 자연스럽겠지만 그래도 문제가 있다. 얽힌 논리의 사슬을 풀어 바르게 배열해놓으면 이런 사실이 드러난다. "내가 필생의 사랑을 만나게 될 확률은 아주 낮다. 하지만 나는 만났다. 그래서 이는 의도된 사건이었다. 따라서 그런 일이 일어날 확률은 100%였다." 의구심을 초월하는 논리다. 하지만 맞지 않다. 형식 논리와 심리 논리의 대립이다.

확률적으로 생각하는 사람은 '왜'라는 질문에 흔들리지 않고 '어떻게'에 초점을 맞춘다. 의미론적 강변은 없다. '왜'라는 질문은 우리의 시선을 형이상학으로 돌려놓는다. '어떻게'라는 질문은 물리학을 고집한다. 확률적으로 사고하는 사람은 말할 것이다. "그래, 내가 그날 밤 내짝을 만날 확률은 아주 희박했다. 하지만 그날 밤 나는 어딘가에 있었을 것이고 그녀도 어딘가에 있었을 것이다. 다행스럽게도 우리의 그 어딘가가 서로 일치했다."

노벨상을 수상한 경제학자 로버트 실러Robert Shiller는 헨리 포드Henry Ford가 당시로서는 파격적인 하루 5달러라는 높은 급료를 주면서 근로자들을 고용하기로 했던 경위를 이야기한다. 그런 임금 덕분에 실러의 친할아버지와 외할아버지 두 분은 포드에서 일하기 위해 디트로이트로 이사를 왔다. 누군가가 2명 중 1명에게 더 좋은 직장을 제공했거나, 2명 중 1명이 말의 뒷발질에 머리를 채였거나, 누가 헨리 포드에게 하루 5달러는 터무니없는 급료라고 만류했다면? 그렇게 거의 무한에 가까운 많은 사건들이 다른 방식으로 일어났다면, 로버트 실러는 세상에 태어나지도 않았을 것이다. 그러나 거짓말 같은 자신의 존재에서 실러는 어떤 운명을 보기보다 미래의 불확실성을 설명하는 수단으로 그 이야기를 사용한다. "사람들은 역사가 전개되는 방식에 어떤 종류의 논리적 의미가 있다고 믿는 경향이 있습니다. 그렇다면 미리 알았어야 하겠죠. 하지만 그렇지는 않습니다." 그는 내게 그렇게 말했다. "지나고 난 뒤에 그렇다고 착각하는 것일 뿐입니다."[30]

확률적으로 생각하는 사람들은 비극적인 일을 당해도 이렇게 말한다. "그래. 어떤 사건이 나아갈 수 있는 방향은 무한할 정도로 많다. 그리고 그런 사건이 내 아이의 죽음으로 끝날 가능성은 거의 없었을 것이다. 그러나 그 사건은 어디론가 가야 했고 그렇게 해서 그런 쪽으로 간 것뿐이다. 그게 전부다." 카너먼의 관점에서 볼 때 확률적으로 생각하는 사람들은 정체성을 확실하게 규정하는 사건에 대해서도 외부 관점을 취하면서, 그 사건들을 한때 가능했던 세계의 분포에서 어느 정도 무작위로 끌어온 것으로 본다. 또는 커트 보네거트의 관점에서 보면 이렇다. "왜 하필 나인가? 왜 너는 아닌가?"

확률적 사고를 해야 정확히 예측할 수 있다면, 그리고 사건에 의미를 부여하는 사고가 정말 확률적 사고를 방해한다면, 슈퍼 예측가들은 사건을 운명적으로 보지 않는 경향이 강할 것이다. 우리는 이를 실험하기 위해 다음과 같은 친親운명적 진술에 대한 그들의 반응을 조사했다.

사건은 하나님의 계획에 따라 전개된다.
모든 일에는 이유가 있다.
우연도 우연의 일치도 없다.

우리는 또한 그들에게 친親확률적 진술을 물었다.

불가피한 일은 없다.
제2차 세계대전이나 9·11 같은 큰 사건도 다른 결말을 가질 수 있었다.
무작위성은 우리 삶의 흔한 요소다.

우리는 자원한 일반 예측자, 펜실베이니아 대학교 재학생, 미국 성인 등 세 부류의 집단에게 같은 질문을 주었다. '운명 점수'를 9점으로 하여 사건에서 아무런 의미도 찾지 않는 쪽은 1점, 전적으로 의도된 사건이었다고 생각하면 9점으로 등급을 나누었을 때, 미국 성인들의 평균 점수는 등급의 중앙에 자리했다. 펜실베이니아 대학생들은 조금 더 낮았다. 일반 예측자들은 그보다 조금 더 낮았다. 그중에서도 슈퍼 예측가들의 점수가 가장 낮아 그들은 운명을 단호히 부인하는 태도를 보였다.

우리는 다시 슈퍼 예측가와 일반 예측자를 대상으로 그들의 운명 점수와 브라이어 지수를 비교했다. 그 결과 둘 사이의 의미 있는 상관관계가 두드러졌다. 사건에서 의미를 찾는 경향이 강한 예측자일수록 예측의 정확성이 떨어졌다. 즉 확률적 사고를 적극적으로 받아들일수록 예측은 더 정확했다. 이처럼 사건에서 의미를 찾는 행위는 행복과 밀접한 상관관계가 있지만 예측과는 별다른 관계가 없다. 그렇다면 조금 답답해질 수밖에 없다. 정확성을 위해서는 불행이라는 대가를 치러야 한단 말인가?

나는 잘 모르겠다. 그러나 이 책은 행복해지는 법을 다루는 책이 아니다. 이 책의 관심사는 정확성이다. 그리고 정확하려면 반드시 확률적으로 사고해야 한다는 사실을 슈퍼 예측가들이 보여준다. 그러니 존재론적 문제는 다른 사람들에게 맡기자.

SUPERFORECASTING

7장

슈퍼 뉴스광

: 정보 수집과 업데이트의 힘

슈퍼 예측은 수치에 맞춰 정해진 색상을 칠하는 그림책이 아니다. 그런데도 슈퍼 예측가들은 종종 이와 비슷한 방식으로 문제를 다룬다. 이런 방법은 누구나 따라 할 수 있다. 문제를 성분에 따라 풀어헤치면 된다. 아는 것과 모르는 것을 가능한 한 철저히 구분하고 가정을 조사하지 않은 채 내버려두지 말아야 한다. 외부 관점을 채택하여 문제를 비교론적인 관점에서 보면서 문제의 고유성보다는 그것을 더 넓은 범위의 특수 사례로 취급해야 한다. 그런 다음 내부 관점을 택해 문제의 고유성을 부각시킨다. 아울러 나의 견해와 다른 사람의 견해의 유사성과 차이점을 확인하고, 예측시장과 대중의 지혜를 뽑아내는 여러 가지 방법에 특히 주목한다. 이 모든 다양한 견해를 잠자리의 시야만큼 예리한 단일 시야로 통합한다. 마지막으로 아주 세분화된 확률을 사용하여 판단을 가능한 한 정확하게 표현한다.

언뜻 보아도 과정이 번거롭고 까다롭다. 시간이 많이 걸리고 정신적 에너지도 많이 소모된다. 그러나 이것은 시작에 불과하다.

예측은 동전으로 표면을 긁어내는 복권이 아니다. 예측은 활용 가능한 정보의 변화에 맞춰 계속 업데이트를 해야 하는 한시적인 판단이다. 새로운 여론조사에서 어떤 후보가 안심할 수 있는 리드 폭을 잡은 것으로 나오면, 그 후보가 승리할 확률을 높여야 한다. 어떤 경쟁자가 갑작스럽게 파산 선고를 하면, 예상되는 매각 수순에 따라 확률을 수정해야 한다. IARPA 토너먼트도 마찬가지였다. 빌 플랙은 까다로운 초기 작업을 모두 마친 뒤 야세르 아라파트의 유해에서 폴로늄이 검출될 확률을 60%로 잡은 다음 몇 가지 근거에 따라 그 수치를 올리거나 내렸다. 그는 뉴스를 꼼꼼하게 확인하고 업데이트해야 할 경우에는 계속 수치를 수정했다. 이런 절차는 매우 중요하다. 최신 정보가 반영된 예측은 그렇지 않은 예측보다 진실에 더 가까울 가능성이 크다.

데빈 더피Devyn Duffy는 업데이트에 매우 능숙하다. 그는 일하던 공장이 폐쇄되어 서른여섯 살에 실업자가 되면서 GJP에 자원한, 특이한 경우에 속하는 슈퍼 예측가다. 피츠버그 토박이인 더피는 현재 주정부에서 생활보조금 사회복지사로 활동하고 있다. "나는 시험을 잘 보는 재주가 있습니다. 특히 선다형 문제를 아주 잘 풉니다." 데빈은 이메일로 내게 그렇게 말했다. "시험을 보면 실제보다 훨씬 더 지능이 뛰어난 사람 정도의 성적이 나옵니다. 실제로 더 똑똑한 것이 아닌가 하는 생각이 든다니까요." 데빈은 유머 감각이 뛰어나다.

데빈은 많은 슈퍼 예측가처럼 구글알리미Google alert를 사용하여 사건의 추이를 철저히 추적한다. 시리아 난민과 관련된 문제를 예측할 경우, 그는 우선 '시리아 난민'과 '유엔난민기구United Nations Refugee Agency, 이하 UNHCR'에 대한 알리미부터 설정한다. 그렇게 하면 시리아 난민과 그들의 수를 추적하는 유엔기구가 언급된 뉴스를 추려낼 수 있다. 태국에서 군사 쿠데타가 발생할 위험 등 상황이 빠르게 변할 수 있다고 생각되는 뉴스는 매일 알 수 있게 알리미를 설정한다. 그 외 일반적인 경우에는 일주일에 한 번으로 설정한다. 알리미가 뜨면 즉시 내용을 확인하고 그것이 앞으로 전개될 사건에서 갖는 의미를 곰곰이 따져본 후 새로운 정보를 반영하여 예측 결과를 업데이트한다. 데빈은 3시즌에만 140 문항에서 2,271건의 예측을 했다. 각 문항당 평균 16개가 넘는 예측이다. "지금까지 늘 그래왔듯이 내가 GJP에서 좋은 성적을 낼 수 있었던 것은 운이 좋았고 업데이트를 자주 했기 때문입니다." 그는 그렇게 썼다.

데빈이 특이한 경우는 아니다. 슈퍼 예측가들은 일반 예측자들보다 업데이트를 훨씬 더 자주 한다. 예측에서 업데이트는 아주 중요한 문제다. 업데이트를 하면서 정확한 정보를 반영하기 때문에 더욱 정확히 예측할 수 있다. "사실이 바뀌면 나도 생각을 바꾼다. 여러분은 어떠신가?" 전설적인 영국의 경제학자 존 메이너드 케인스John Maynard Keynes는 그렇게 말했다. 슈퍼 예측가도 마찬가지다. 그들이 '슈퍼'가 될 수 있는 것도 바로 그 때문이다.

신중한 인식과 세분화된 판단이라는 초기 단계만으로 슈퍼 예측가의 성적을 전부 설명할 수 없다. 그들이 더 좋은 성적을 올릴 수 있는 것은 남들보다 뉴스를 더 많이 보고 자주 업데이트하기 때문이다. 언젠가 나는 컨설팅 회사를 운영하면서 대기업에 정치 상황을 예측해주는 사업으로 꽤 좋은 실적을 올리고 있는 유명한 정치학자에게 IARPA 토너먼트에 참여해볼 생각이 없느냐고 물었다. 그는 즉석에서 흥미를 보였지만 업데이트가 필요하다는 말에 생각을 바꿨다. 그러고는 "실업자 뉴스광들과 경쟁하는 것"에는 관심이 없다고 발을 뺐다.

나는 그런 태도가 마음에 들지 않았지만 그가 발을 빼는 이유만큼은 분명히 파악할 수 있었다. 슈퍼 예측가들은 뉴스를 꼼꼼히 조사한 다음 이를 예측에 반영한다. 그렇게 하면 뉴스를 대충 다루는 사람보다 훨씬 더 유리한 입장에 설 수 있다. 만약 업데이트가 예측에 결정적인 요소라면, 슈퍼 예측가의 성적은 분명한 사실 하나를 알려준다. "세심하게 들여다보고 예측을 계속 업데이트하면 분명 효과가 있다." 이는 여론조사에서 어떤 후보가 안심할 수 있는 격차로 선두를 유지할 때 당선될 확률이 더 높아진다는 말만큼이나 분명한 사실이다.

그러나 그것이 전부는 아니다. 우선 슈퍼 예측가들의 '초기' 예측은 일반 예측자의 초기 예측보다 적어도 50% 이상 정확했다. 업데이트를 허용하지 않고 단 한 번의 예측만으로 판정해도 슈퍼 예측가들이 일반 예측자들을 확실하게 눌렀을 것이다.

그렇다고 업데이트를 경시한다면 큰 실수다. 하지만 CNN에 올라오는 모든 뉴스에 일일이 대응하여 아무 생각 없이 예측을 수정하는 것은 올바른 업데이트 방법이 아니다. 제대로 된 업데이트는 초기 예측을 할 때처럼 상당한 기술이 필요하고 그래서 아주 벅찬 작업이다. 실제로 업데이트는 초기 예측보다 '훨씬 더' 까다롭다.

📍 미묘한 정보 반영하기

"친애하는 국민 여러분. 오늘 밤, 나는 ISIL이라는 테러집단을 와해 시키고 궁극적으로 완전히 소탕하기 위해 미국이 우방과 손을 맞잡고 어떤 노력을 경주할 것인지에 대해 말하려 합니다." 오바마 대통령은 2014년 9월 10일 저녁, TV로 생중계된 연설에서 이렇게 말문을 열었다. "나는 우리나라를 위협하는 테러리스트들이 어디에 있든 그들을 끝까지 찾아내어 소탕할 것을 분명히 천명하는 바입니다. 나는 주저하지 않고 이라크뿐 아니라 시리아에 있는 ISIL에 대한 조치를 취할 것입니다."

슈퍼 예측가들은 촉각을 곤두세웠다. 2014년 12월 1일 전 외국 군 대의 시리아 영토 내의 작전 수행 여부가 당시 토너먼트 문제였다. 오바 마의 성명은 '그렇다'는 답을 거의 확실하게 만들었다. 그들의 답은 서 둘러 업데이트되었다.

새로운 여론조사에서 특정 후보의 지지율이 급상승할 때처럼, 오바 마 대통령의 성명엔 분명 업데이트를 요구하는 내용이 담겨 있었다. 상 향 조정이 불가피했다. 그러나 이런 식의 전개와 그에 필요한 대응은 누 구에게나 자명한 것이어서 모든 사람이 다 알고 있는 내용이다. 이 정도 의 정보로는 슈퍼 예측에 가까이 갈 수 없다. 다른 사람들과 차별을 두 려면 미묘한 정보를 정확히 찾아내고 반영하여 다른 사람들보다 더 빨 리 최종 결과를 내놓아야 한다.[1]

빌 플랙이 아라파트-폴로늄 문제에 대해 초기 예측을 하고 난 뒤 한 참 시간이 지났을 때, 스위스 리서치 팀은 결과 발표가 늦어질 것이라고 설명했다. 구체적인 이유는 밝히지 않았지만 검사할 것이 많다고 덧붙였다. 무슨 말인가? 그 이유라는 것이 터무니없는 것이었을지도 모른다. 담당 기술자가 생일잔치를 너무 요란하게 하는 바람에 다음날 출근을 못했는지도 모를 일이었다. 정확한 이유를 알아낼 방법은 없었다. 그러나 빌은 폴로늄을 잘 알고 있었다. 폴로늄은 직접 몸에 들어가지 않아도 납이 붕괴되는 과정에서 몸에서 자연적으로 만들어질 수도 있다. 정확한 출처를 알아내려면 모든 폴로늄을 제거한 다음, 납이(있다면) 붕괴하여 폴로늄으로 바뀔 때까지 충분한 기간을 두고 기다렸다가 다시 검사해야 한다.

스위스 팀의 발표가 늦어진다는 것은 그들이 폴로늄을 검출했고 이제는 납이 그 출처일 가능성을 확인하기 위한 검사를 진행하고 있다는 의미였다. 그러나 이는 하나의 가능성일 뿐이었다. 빌은 조심스럽게 그의 예측을 65% '그렇다'로 올렸다. 예리한 조치였다. 빌은 진단과 관련된 정보를 찾아내 다른 사람들이 아라파트의 유해에서 폴로늄을 찾아내기 전에 예측 방향을 올바른 쪽으로 잡았다. 이 문항에 대한 빌의 최종 브라이어 지수는 0.36이었다. 어떻게 보면 대단한 점수 같지 않지만 브라이어 지수는 현안 문제가 어려울 때만 의미를 갖는다. 전문가들은 대부분 그 결과에 충격을 받았다. IARPA 토너먼트 내부에서 운영하는 예측시장은 기간이 마감될 때까지도 '그렇다'일 확률을 겨우 4.27%로 잡고 있었다. 브라이어 지수가 빌보다 5배 나쁘게 나온 것이다. 문제의 난이도를 고려할 때, 빌의 정확성은 매우 인상적이었다.

그러나 업데이트에 능한 사람들도 실수를 한다. 2013년에 IARPA

가 일본 총리 아베 신조^{安倍晋三}가 야스쿠니 신사를 참배할 것으로 보는
지 물었을 때, 빌은 절대로 아니라고 답했다. 야스쿠니는 전몰자를 추모
하기 위하여 1869년에 세워진 신사로, 지금은 거의 250만 구에 이르는
유해를 안치하고 있다. 아베 같은 보수주의자들은 야스쿠니 신사를 각
별한 마음으로 경배한다. 그러나 명예로운 전몰자들 중에는 약 1,000명
의 전범들도 섞여 있다. 'A급' 전범도 14명이나 된다. 일본 지도자들의
야스쿠니 참배는 중국과 한국 정부를 자극하는 행위여서, 일본의 주요
우방인 미국 정부는 일본의 총리들에게 불필요한 행동으로 양국 관계를
어렵게 만들지 말라고 끊임없이 촉구하는 입장이다.

　이런 상황을 감안하여 빌은 아베가 야스쿠니에 가지 않으리라 판단
했다. 그것은 합리적인 예측이었다. 그러나 당시 아베와 가까운 인사가
아베가 비공식적으로 야스쿠니에 갈 것이라고 말했다. 업데이트를 해야
하나? 빌은 아베의 신사 참배가 당시 상황에 어울리지 않는다고 생각
했기 때문에 그 발언을 무시했고 업데이트도 하지 않았다. 12월 26일에
아베는 야스쿠니를 참배했고 빌의 브라이어 지수는 타격을 입었다.

　빌의 경우에서 보듯, 어느 정도 의미 있는 새로운 증거가 나오면 주
저하지 말고 배의 키를 돌려야 한다. 더그 로치가 북극해를 바라보았을
때는 어땠을까?

　"2014년 9월 15일에 북극해의 빙하 크기가 1년 전인 2013년 9월 15
일의 크기보다 작아질까?" IARPA가 이런 질문을 내놓은 때는 2014년
8월 20일이었다. 불과 26일 뒤의 일을 예상하는 문제였지만, 그래도 까
다로웠다. 과학자들은 북극해 빙하를 놀라울 정도로 정확하게 추적하면

서 그 결과를 매일 내놓는다. 그리고 2014년 8월 중순에 빙하 크기는 1년 전과 거의 정확하게 같았다. 그렇다면 2014년 9월 15일에는 1년 전에 비해 커질까, 작아질까? 과학자들부터 슈퍼 예측가에 이르기까지 모든 사람이 거의 변함이 없다는 데 의견이 모았다. 더그는 그의 첫 예측을 안전하게 잡았다. 조심스럽게 '작아진다'는 쪽에 55%의 확률을 부여한 것이다.

이틀 뒤, 더그 팀 중 한 사람이 빙하 예측 네트워크Sea Ice Prediction Network가 내놓은 보고서를 찾아냈다. 매우 귀중한 자료였다. 과학자들은 4가지 방법을 사용하여 28개의 서로 다른 예측을 내놓았는데 그중 3가지를 제외한 모든 예측이 2014년 9월에 빙하가 1년 전에 비해 작아질 것으로 진단하고 있었다. 문제가 있다면 그 보고서가 1개월 전에 나왔다는 점이었다. 매일 변하는 상황을 다루는 문제에서, 그것도 겨우 28일 뒤의 일을 예측하는 경우에서 1개월이면 긴 시간이다. 그래도 더그는 내게 말했다. "그 정보는 설득력이 아주 대단했습니다." 더그는 배의 키를 크게 돌려 95% '그렇다'로 바꾸었다.

이후 몇 주 동안 빙하 손실이 느려졌다. 9월 15일에는 빙하 크기가 1년 전보다 오히려 더 커졌다. 그 때문에 더그의 점수는 크게 나빠졌다.[2]

이처럼 초기 결정을 하고 난 예측자들은 2가지 상반된 위험에 직면한다. 하나는 새로운 정보에 충분한 비중을 두지 않는 것이다. 느리게 반응하는 것이다. 다른 위험은 새로운 정보에 과잉반응을 보이는 것이다. 정보를 실제보다 더 의미 있는 것으로 받아들여 예측을 과격하게 수정하는 것이다.

너무 느리거나 너무 민감하게 반응하면 정확성이 떨어진다. 어느 쪽이든 완벽한 예측을 어렵게 만드는 방해물이다.

♀ 느린 반응의 결과

제대로 반응하지 못하게 되는 이유는 여러 가지다. 그중 몇 가지는 대수롭지 않은 일상 때문이다. "젠장. 예측을 제때에 업데이트하지 못했다." 조슈아 프랭클은 미 공군이 2014년 9월 22일에 시리아 내의 목표물을 공격한 후 그렇게 썼다. 2014년 12월 1일 외국 군대의 시리아 사태 개입 여부를 묻는 질문을 마감하면서였다. 프랭클의 실수였을까? 다른 이들과 마찬가지로, 그는 오바마가 시리아 내에 있는 ISIL을 추적하겠다고 발표하는 것을 보았다. 그럼에도 프랭클은 예측을 82%에서 99%로 올리지 않았다. 나중에야 그것이 잘못이었다고 말했다. 사건은 빠르게 전개되었고 그는 "일이 너무 바빠 계속 그 문제에 매달려 있을 수 없었기" 때문이었다고 털어놓았다. 일상에 쫓겨 잠깐 한눈을 판 사이에 기존의 예측은 쓸모없는 예측이 될 수도 있다.

다만 아베 신조가 야스쿠니 신사를 참배할 것이라고 본 일본 관리의 말을 소홀히 여긴 빌 플랙의 문제는 그렇게 단순하지 않다. 아베가 야스쿠니를 참배할 경우 치러야 할 정치적 대가는 매우 컸다. 그리고 아베는 야스쿠니 참배를 강행하여 보수 성향의 유권자들의 마음을 달래야 할 절박한 이유가 있었던 것도 아니다. 참배를 통해 얻는 이득은 무시해도 좋을 정도였던 것이다. 따라서 가지 않는 편이 합리적인 결론으로 보였다. 빌이 미처 생각지도 못했던 것은 아베 개인의 성향이었다. 아베는 보수적인 민족주의자다. 그는 총리가 아니었을 때도 야스쿠니를 찾았다. 빌은 자신의 실수를 인정하면서 내게 말했다. "질문은 '아베가 야스쿠니를 참배할까?'였지만 나는 그 질문을 '내가 일본의 총리라면 야스쿠니를 참배할까?'라고 바꿔 생각했습니다."3) 흔히들 저지르는 실수다. 그리고 익히 보아온 미끼 상술이다. 빌은 무의식적으로 미끼 전략을 구사했다는 사실을 인정했다. 어려운 질문을 쉬운 질문으로 대체한 것이다. 빌은 진짜 질문을 도외시한 채 새로운 정보가 새로 대체한 질문과 관계없다는 이유로 그 정보를 무시했다.

심리적 편견에 의한 업데이트 실수인데, 이런 실수는 쉽게 의식하기 어렵다. 그러나 심리적 실수는 매우 집요하다. 그리고 반응을 제때 하지 못해 예측을 빗나가게 만들 가능성이 크다.

1941년 12월 7일, 일본 해군이 진주만을 기습했을 때 미국인들은 큰 충격을 받았다. 얼떨결에 제2차 세계대전에 개입하게 되었고, 일본의 공격으로 믿기지 않는 취약점이 드러났기 때문이었다. 하와이가 당했다면 캘리포니아도 당할 수 있다! 서둘러 방위책이 강화되었지만, 고위 관리들은 그런 대비책들이 첩자나 방해 공작원들의 소행으로 무산될까 봐 우려했다. 그들의 시선은 미국에 거주하는 일본계 미국인들에게로 향했다. 얼 워런Earl Warren은 일본계 미국인들이 "민간 방위 노력의 아킬레스건이 될 것"이라고 경고했다. 당시 워런은 캘리포니아의 검찰총장이었다. 나중에 주지사를 거쳐 미 대법원 수석판사가 된 그는 오늘날 학교 인종차별 철폐와 인권 수호의 기수로 기억되는 인물이다.4)

그러나 제2차 세계대전 당시 워런의 코끝 관점에 인권 따위는 없었다. 보이는 건 안보뿐이었다. 일본 출신의 남자와 여자와 아이들을 모두 검거하여 구금하는 것이 육감으로 감지된 위협을 해결하는 방법이었다. 일본인 색출 작업은 1942년 2월 중순부터 8월까지 계속되었고 미국에서 태어난 일본인의 3분의 2에 해당하는 11만 2,000명이 철조망이 둘러지고 무장 경비병이 감시하는 고립된 수용소로 이송되었다.

일본인들의 방해 활동은 없었다. 이들이 억류되기 10주 전에도 1942년의 나머지 기간에도 없었다. 1943년에도 없었다. 검거를 옹호하는 사람들 중에도 이런 정황으로 미루어 억류 정책을 완화시킬 필요가 있다고 생각한 이들이 있었다. 그러나 워런을 비롯한 강경파들은 그렇게 생각하지 않았다. 위험은 실질적이고 상황도 달라진 것이 없다고 그들은 주장했다.5)

이는 심리학에서 말하는 '심리보존편향belief perseverance'의 극단적인 사례다. 사람들은 한번 믿음이 굳어지면 새로운 정보가 나와도 이를 인정하기 싫어하기 때문에 자신의 논리를 합리화하기 위해 억지를 부린다. 일본계 미국인 검거를 적극 지지한 존 드위트John DeWitt 장군의 1942년 발언 역시 이에 해당한다. "지금까지 방해 공작이 없었다는 사실은 그런 활동이 일어날 것이라는 불온하고도 확실한 암시다."6) 그는 좀 더 솔직하게 말했다. "일어나리라고 예측했던 일이 일어나지 않았다는 사실이 바로 그 일이 일어난다는 확실한 증거다."

다행이라면 이처럼 극단적으로 완고한 경우는 드물다는 것이다. 하지만 무시할 수 없는 사실 앞에서 마지못해 생각을 바꾸는 경우에도, 그 바꾸는 '정도'가 실제로 바뀌어야 하는 수준보다 못한 경우가 많다. 2장에서 보았듯이, 우리 두뇌는 정돈되고 균형 잡힌 것을 좋아하기 때문에 불온함을 최소한으로 줄이려고 애쓴다.

그러나 불온함이라고 다 같은 것은 아니다. 사실이 바뀌면 생각을 바꾼다는 케인스의 말을 생각해보자. 나는 이 말을 내가 쓴 여러 책에 인용했다. 인터넷에서 이 말을 검색하면 엄청나게 많은 항목이 뜬다. 케인스는 유명한 말을 많이 남겼지만 그중에서도 이 말이 아마 가장 유명할 것이다. 이 책을 쓰면서 나는 이 말의 정확한 출처를 찾아보려고 했지만 실패했다. 대신 〈월스트리트저널〉의 한 블로거가 올린 글을 발견했다. 아무도 이 말의 출처를 알아내지 못했고 가장 대표적인 케인스 전문가 2명은 이 말의 출처를 의심하고 있다는 내용이었다.[7] 이런 사실로 미루어볼 때 이 말은 케인스가 한 말이 아닌 것으로 보인다. 그동안 케인스의 말로 인용해왔던 내가 틀린 것이다. 그래서 이제 나는 내가 잘못 알고 있었다는 사실을 세상에 고백해야겠다. 뭐가 어려운가? 별로 어렵지 않다. 똑똑하다는 사람들도 같은 실수들을 했다. 그러니 실수를 인정해도 창피할 것은 없다. 그 인용 부분이 내 작업의 핵심도 아니고 그 사실을 바로 아는 것이 내 정체성과 관련된 문제도 아니었다.

그러나 내가 그 인용구에 내 경력과 명예를 걸었다면, 나도 그렇게 속 편하게 반응할 수는 없었을 것이다. 사회심리학자들은 오래전부터 알고 있는 사실이지만, 사람들에게 어떤 믿음에 대한 입장을 공개적으로 밝히게 하면 그 사람은 그 믿음을 더욱 확고하게 다져 변화를 거부하게 된다. 입장을 분명히 밝힐수록 변화에 대한 거부감이 더욱 커지는 것이다.8)

장-피에르 뷔곰Jean-Pierre Beugoms은 "팀 동료들 누구보다 더 빨리 의견을 바꿀" 의향이 있다고 자부하는 슈퍼 예측가이지만, 그러면서도 "그것은 쉽지 않은 일이며, 전공에 관한 문제라면 특히 생각을 바꾸기가 어렵다"고 말한다. 군사적 질문이 이에 해당한다. 그는 미 육군사관학교를 다녔고 지금은 미국 전사戰史에 대한 박사 학위 논문을 준비 중이다. "(군사 관련 문항을 대하면) 웬만한 사람들보다 더 잘해야 한다는 생각이 듭니다. 그래서인지 잘못 짚었다는 사실을 알게 되면, 나 자신을 비판하고 내 잘못을 인정하는 데 시간이 좀 걸릴 것 같습니다."9) 뷔곰은 내게 그렇게 말했다.

아이들이 하는 젠가Jenga 게임을 상상해보면 이 문제를 쉽게 이해할 수 있을 것이다. 젠가는 나무 블록을 쌓아올려 작은 탑을 만들어놓은 뒤 시작한다. 아이들은 교대로 블록 하나씩을 빼내는데, 이 과정에서 탑을 무너뜨리는 사람이 진다. 우리 자신이나 세상에 관한 믿음은 젠가처럼 하나씩 쌓여 이루어진 것이다. "사실이 바뀌면 나도 생각을 바꾼다"라는 말을 케인스가 했다고 생각하는 내 믿음은 맨 꼭대기에 있는 블록이다. 그 블록은 다른 블록을 받쳐주는 블록이 아니기 때문에 나는 그 블록을 쉽게 들어낼 수 있다. 그러나 장-피에르가 자신의 전문 분야에서 했던 예측의 블록은 아래쪽에 자리 잡은 것으로, 탑의 중심부 부근 '자기 지각self-perception'이라는 블록 옆에 있다. 이는 다른 블록을 위태롭게 하지 않고는 빼내기가 무척 어렵다. 그래서 장-피에르는 그 블록을 건드리기가 망설여진다.

예일 대학교의 댄 케한Dan Kahan 교수는 여러 차례의 연구를 통해 "총기 소지를 규제하면 더 안전해질까 더 위험해질까?" 같은 질문을 던졌을 때 사람들은 증거보다는 정체성에 따라 판단하는 경향이 강하다는 사실을 발견했다. 총기 규제에 대한 견해가 기후 변화에 대한 견해와 밀접한 관계를 갖는 것도 바로 이 때문이다. 사실 2가지 문제에 대한 견해는 논리적으로 아무런 연관이 없다. 그런데도 심리 논리가 형식 논리를 누른다. 케한은 이어 총기 규제로 인해 위험이 늘어나거나 줄어든다고 확신하는 사람들에게 그들이 틀렸다는 사실을 보여주는 결정적인 증거를 상상해보라고 요구했다. 그다음 그런 증거가 실제로 나오면 입장을 바꾸겠냐고 물었다. 그들은 대부분 아니라고 말했다. 이런 신념은 다른 많은 신념을 떠받치는 블록이다. 그런 블록을 빼내면 혼란에 빠지기 쉽기 때문에 사람들은 좀처럼 그런 블록을 버리려고 하지 않는다.

탑의 아래쪽에 있는 블록은 쉽게 빼낼 수 없다. 그래서 함부로 언질을 주었다가는 실수를 인정하는 내키지 않는 일을 해야 할지도 모른다. 그래서 11만 2,000명의 무고한 사람들을 투옥한 일에 책임 있는 사람들은 방해 공작의 위협이 심각하다는 신념을 좀처럼 포기할 수 없었다. 그들은 한번 말을 뱉으면 쉽게 주워 담을 수 없는 지위에 있는 사람들이었다. 자유주의자였던 워런에게 있어 11만 2,000명의 사람들을 부당하게 투옥했다는 사실을 인정한다는 것은 자신의 정신적 탑을 큰 망치로 내리쳐 무너뜨리는 행위나 다름없었을 것이다.

이런 점에서 슈퍼 예측가들은 대단한 이점을 가진 사람들이다. 그들은 전문가도, 공인도 아니다. 따라서 무슨 예측을 해도 명예나 자존심이 크게 문제가 되지 않는다. 장-피에르 뷔곰이 군사적 문제를 대할 때처럼 특별한 경우가 아니라면, 그들은 자신의 판단에 크게 연연하지 않는다. 그래서 예측이 빗나갔을 경우 이를 인정하고 수정하는 것이 더 쉽다. 물론 그들에게도 자존심은 중요할 것이다. 슈퍼 예측가들은 팀 동료들에게 체면 깎이는 것을 싫어 한다. 자신이 '슈퍼 예측가'라는 사실을 의식하게 된다면 더욱 자신의 예측과 평판에 신경을 쓰게 될 것이다. 그럼에도 CIA 분석가같이 자신의 평판에 사활을 거는 유명 전문가들에 비하면 자존심에 손상을 입을 위험이 훨씬 덜하다. 그래서 새로운 증거가 나왔을 때 반응을 제때 하지 못해 예측 업데이트를 놓치는 불상사를 피할 수 있다.

📍 과잉반응의 폐해

대학생을 대상으로 하는 조금 별난 심리학 실험에 참가했다고 상상해보자. 리서치 팀이 당신에게 누군가에 대한 정보가 담긴 종이를 나누어준다. 설문지에는 "로버트는 학생이다"라고 씌어 있다. "로버트는 매주 31시간 정도 공부한다." 그다음 로버트의 평균 학점을 예측하라는 문항이 있다. 조금 막연하긴 하지만 로버트는 우리가 흔히 모범생으로 여기는 부류의 전형인 것 같다. 그래서 당신은 그의 평균 학점이 매우 높을 것이라고 추측한다.

그렇다면 이런 문항은 어떤가. 데이비드는 심리치료를 받고 있는 환자인데 격렬한 가학피학성 환상에서 성적 자극을 받는다. 질문은, "데이비드가 아이를 추행할 확률은 어느 정도인가?" 정보는 거의 없지만 현재의 정보만으로도 당신이 생각하는 전형적인 아동학대범과 대충 맞아떨어진다. 그래서 당신은 그가 추행할 확률이 높다고 말한다.

이제 로버트에 관한 정보를 조금 더 받는다. 로버트가 1개월에 3~4번 테니스를 친다면? 그리고 그가 사람들과 관계를 가장 오래 유지한 기간이 기껏 2개월이라면, 당신은 로버트의 평균 학점에 대한 예측을 바꾸겠는가?

데이비드에 관한 정보도 더 있다. 그는 농담을 좋아한다. 그는 스키를 타다가 허리를 다친 적이 있다. 그가 아이를 추행할 확률은 높아질까, 아니면 낮아질까?

당신은 이렇게 생각할 것이다. "추가 정보는 주제와 무관하다. 무시하자." 다행이다. 사실 이들 추가 정보는 주제와 전혀 무관한 것으로만 추린 것이다.

이런 종류의 부적절한 정보는 추측하는 사람을 헷갈리게 만든다. 우리는 1989년에 심리학자 리처드 니스벳Richard Nisbett이 실시했던 이런 실험을 토대로, 참가자를 무작위로 선발하여 최소한의 정보나 설문 주제와 관련이 없는 추가 정보를 제시한 다음 로버트의 평균 학점을 추측하거나 데이비드의 아동학대 성향을 추측하게 했다. 예상했던 대로, 부적절한 정보를 받은 사람들은 자신감을 잃었다. 왜 그랬을까? 그들은 모범생이나 아동학대범에 대한 자신의 고정관념과 맞아떨어지는 증거 외에 별다른 추리를 계속할만한 정보를 얻지 못했다. 그럼에도 그들은 그 정도 증거만으로도 강렬하고도 분명한 메시지를 얻었고 이를 판단에 반영했다. 그러나 여기에 부적절한 정보가 덧붙여지면 어쩔 수 없이 로버트나 데이비드를 하나의 고정관념으로 설명할 수 없는 사람으로 보게 되어 고정관념과의 부합성이 약화되게 마련이다.10)

심리학에서는 이를 '희석 효과dilution effect'라고 부른다. 편견의 근원이 고정관념이라는 점을 고려한다면 희석 효과는 환영해야 할 일이 아닐까? 그런가? 그렇기도 하고 그렇지 않기도 하다. 불을 불로 끌 수 있고 편견을 편견으로 물리칠 수 있지만, 희석 효과도 여전히 하나의 편견이다. 사람들은 자신의 생각이 하나의 유용한 정보라는 사실을 기반으로 추측해나간다. 그러다 주제와 전혀 관계가 없는 정보를 만나게 된다. 그것은 의미 없는 소음이며 당연히 무시해야 할 정보인데도 그들은 무시하지 않는다. 그들은 곧이어 무작위로 들이닥치는 부적절한 정보의 돌풍에 휩쓸린다.

그런 동요는 하나의 과잉반응으로 비싼 대가를 치르게 만드는 흔한 실수다. 주식시장의 하루를 들여다보면 알 수 있다. 거래량과 변동 폭은 엄청난 수준이다. 이유를 따지자면 많은 연구와 논의가 필요할 정도로 복잡하지만, 새로운 정보에 과잉반응을 보이는 트레이더도 분명 그 이유 중 하나다.11) 존 메이너드 케인스가 그 유명한 말을 한 것은 아니겠지만, 어찌 됐든 사실이 바뀌는 점을 고려하여 마음을 바꾸라고 촉구한 그조차도 이렇게 말했다. "투자한 금액에 대한 이익이 매일 변하는 변동 폭은 일시적이고 유의미하지도 않다. 이것이 분명함에도 불구하고 시장에 아주 과도하고 심지어 터무니없을 정도의 영향을 미치는 경향이 있다."12)

"많은 투자자들은 마치 진러미gin rummy 게임(2명이 하는 카드 게임의 종류-옮긴이)에서 카드를 고르거나 버리듯, 이 주식에서 저 주식으로 또는 이 뮤추얼펀드에서 저 뮤추얼펀드로 갈아탄다." 프린스턴 대학교의 경제학 교수 버턴 말키엘Burton Malkiel은 그렇게 말했다.13) 그리고 그들은 대가를 치른다. 여러 연구 결과에 의하면, 거래 횟수가 많은 사람들이 옛날처럼 사서 보유하는 전략을 추구하는 사람들보다 실적이 좋지 않다고 한다. 말키엘은 시장이 연 수익 17.9%를 올렸던 1990년대 5개년 기간에 주식에 투자한 미국의 6만 6,000가구를 조사한 연구 결과를 인용했다. 거래 횟수가 가장 많은 사람들은 연 수익이 11.4%에 불과했다.14) 거래가 잦다 보니 시간과 노력이 많이 투입되었지만 차라리 그 시간에 그들이 골프를 쳤다면 더 좋은 결과를 얻었을 것이다.

반응이 느린 경우에서 보듯, 핵심은 몰입의 정도다. 이 경우는 몰입의 부재다. 끊임없이 주식을 사고파는 트레이더들은 인식적으로나 정서적으로 그들 주식과의 연결 고리가 약하다. 그들은 어떤 주식이 떨어질 것으로 예상되면 어깨를 한 번 으쓱한 후 루저들을 팔아치운다. 말키엘의 비유는 적합하다. 진러미 게임을 하는 사람이 손에 있는 카드에 연연해하지 않는 것처럼 그들은 이런 주식에 연연해하지 않으면서 "일시적이고 유의미하지 않은" 정보에 마음 놓고 과잉반응한다.

슈퍼 예측가들이 자신의 예측에 집착하는 정도를 생각하면, 1개월이나 지난 단 하나의 보도를 보고 55%에서 95%로 널을 뛰는 더그 로치나 그의 팀의 경우처럼 과잉반응이 느린 반응보다 더 위험하다는 생각이 든다. 그러나 슈퍼 예측가들은 이 2가지 실수를 모두 용케 피해간다. 피하지 못했다면 슈퍼 예측가가 되지 못했을 것이다.

그러면 어떻게 피하는가? 산문을 쓸 때면 어김없이 그리스 신화의 영웅을 들먹여야 했던 19세기에는 이러지도 저러지도 못하는 진퇴양난을 뜻하는 '스킬라와 카리브디스Scylla and Charybdis'라는 표현이 있었다. 스킬라는 이탈리아 해안 근처에 숨어 있는 암초, 카리브디스는 그곳에서 멀지 않은 시칠리아 해안의 소용돌이였다. 선원들은 어느 한쪽으로 치우치면 난파를 면할 수 없다는 사실을 알고 있었다. 예측하는 사람들은 새로운 정보를 접할 때 스킬라와 카리브디스 사이를 헤쳐간다는 느낌으로 균형을 유지해야 한다. 좋은 업데이트란 모자라지도 넘치지도 않는 중간 경로를 찾아내는 문제다.

◉ 꾸준한 업데이트의 힘

IARPA 토너먼트의 세 번째 시즌에서 팀 민토Tim Minto는 최종 브라이어 지수 0.15로 1위를 차지했다. '제퍼디!'에서 연달아 74게임을 이긴 켄 제닝스Ken Jennings에 견줄만한 놀라운 성적이었다. 45세의 밴쿠버 출신 소프트웨어 엔지니어가 그렇게 좋은 결과를 낼 수 있었던 이유는 그의 업데이트 기술 때문이었다.

민토는 초기 예측 단계에서는 최고 수준의 다른 예측자들보다 시간을 많이 들이지 않았다. "보통 5분에서 15분 정도 걸립니다. 6개나 7개짜리 새로운 문항이 묶음으로 나온다면 모두 합해 한 시간 정도 걸리겠죠." 그는 말했다. 그러나 다음날 그는 다시 와서 다시 한 번 보고 두 번째 의견을 작성한다. 또한 그는 인터넷에서 반증을 찾는다. 일주일에 5일 정도를 이렇게 작업한다.

탐색할 때마다 생각은 계속 바뀐다. "나는 꾸준히 업데이트를 하는 편입니다. 제 마음이 그런 식으로 움직이니까요. 물론 (토너먼트) 문제를 대할 때와는 반대로 현실에서 일을 할 때는 좀 더 평범하게 생각합니다."[15] 민토는 질문 1개가 마감될 때까지 보통 12개의 예측을 내놓는다. 때로는 40개나 50개에 이를 때도 있다. 미국과 아프가니스탄이 계속되는 미군의 주둔을 놓고 합의에 도달할지 여부를 묻는 1가지 문항에 대해 그는 77개의 예측을 했다.

어떻게 보면 과잉반응의 카리브디스를 향해 배를 몰고 가는 선장의 모습일 수도 있다. 그러나 간과해서는 안 될 요소가 있다. 민토 선장이 어느 정도의 '크기'로 끊임없이 항로를 수정하느냐이다. 대부분의 경우 수정의 정도는 사소하다. 그러나 바로 그 점이 큰 차이를 만든다.

시리아 내전이 격화되면서 추방되는 난민의 수가 크게 늘어나기 시작했을 때, IARPA 토너먼트는 예측자들에게 "2014년 4월 1일자로 UNHCR이 보도한 등록된 시리아 난민의 수가 260만 명까지 갈 수 있을지" 물었다. 질문이 2014년 1월 첫 주에 나갔기 때문에 예측자들은 3개월 앞의 일을 내다봐야 했다. 정답은 '그렇다'였다. 여기 그 3개월 동안

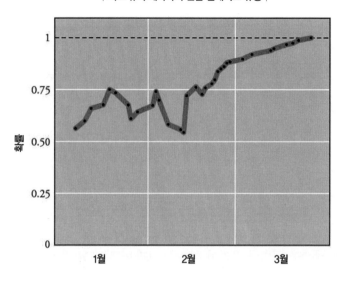

팀 민토가 그의 믿음을 업데이트한 방식을 도표로 나타냈다.

민토는 이 질문을 받았을 때 약간 '그렇다' 쪽에서 시작했다. 당시로서는 그쪽이 이치에 맞았다. 표적으로 삼은 수치는 높았지만, 시리아의 상황은 나빴고 난민들의 수는 매일 늘어나고 있었다. 도표는 그 뒤의 사정을 엿보게 한다. 민토는 예측을 34번 바꿨다. 정답에서 멀어진 예측도 일부 있긴 하지만, 전체적으로는 방향을 제대로 잡았다. 팀 민토의 최종 브라이어 지수는 0.07로 매우 인상적이었다.

업데이트의 변동 폭이 얼마나 작은지에도 주목할 필요가 있다. 30~40%포인트의 극적인 변동은 없다. 평균 업데이트는 아주 작아 3.5%가 고작이다. 작은 몇 가지 업데이트를 통해 민토의 반응은 느린 쪽으로 선회할 수 있었다. 변동 폭이 컸다면 민토는 과잉반응 쪽으로 크게 기울었을 것이다. 그러나 미세한 항로 변경을 자주함으로써 민토는 스킬라와 카리브디스 사이를 안전하게 빠져나갈 수 있었다.

이런 작은 변화(의심의 단위)의 관점에서 생각하는 것이 조금 이상하게 보일 수도 있지만 민토처럼 생각을 세분화한다면 그쪽이 당연한 방법이다. 만약 2014년 9월 초, 유명한 여론 통계전문가인 네이트 실버가 상원 중간선거에서 공화당이 승리할 확률을 60%로 잡았다는 기사를 읽었다고 하자. 당신은 그 기사가 확실하다고 여겨 초기 예측을 60%로 정했다. 다음날 새로운 여론조사에서는 콜로라도의 상원 경선에서 공화당 지지가 45%에서 55%로 상승했다는 기사를 접한다.

이제 추측을 얼마나 올려야 할까? 0보다는 커야 할 것이다. 그러나 당신은 공화당에 유리한 쪽으로 기우는 주가 얼마나 많을지 생각해보고 콜로라도에서 승리한다 해도 전체 판도가 크게 달라지지는 않을 것이라고 생각한다. 그래서 올릴 수 있는 예측 최대치를 10% 정도로 잡는다. 이제 올리는 범위는 1%에서 10% 사이다. 몇 개 주에서 공화당이 승리할 것으로 보이는가? 그 수가 "상원에서 다수를 차지하는 데 필요한 의석보다 훨씬 더 많다"면 10%에 가까운 쪽으로 수정될 것이다. 그게 아니라 "간신히 다수 석을 차지할 정도"라면 1%에 가까운 쪽일 것이다. 이 경선에서 여론은 어느 쪽으로 접치는가? 콜로라도에 작용하고 있는 요인은 적절한가? 선거는 얼마나 남았는가? 이 정도 시간이 남을 경우 여론조사는 어느 정도의 기간을 미리 예측할 수 있는가? 각 질문의 대답은 확률을 조금 더 높이는 데 도움을 준다. 그래서 2%와 9% 사이였다가 그다음에는 3%에서 7%로 바뀐다. 마지막에는 4%로 정해 예측을

60%에서 64%로 올린다.

대단한 변화는 아니다. 솔직히 말해 조금 답답하기까지 하다. 그래서 민토가 아무리 적중률이 높다고 해도 TV에 출연하고 베스트셀러를 쓰고 기업의 초빙 강사가 되어 미래에 대한 통찰력을 과시하는 구루는 될 수 없을 것이다. 그러나 민토의 방법은 분명 효과가 있다. 토너먼트의 자료가 이 사실을 입증해준다. 슈퍼 예측가들은 다른 예측자들보다 업데이트를 자주 할 뿐만 아니라 그들보다 변화를 세분화한다.

새로운 정보가 나와도 자신의 견해를 조율하지 않는 사람은 그 정보의 가치를 제대로 낚아채지 못하는 우를 범한다. 반대로 새로운 정보를 접했을 때 영향을 과도하게 받아 전적으로 그 정보에만 매달리는 사람은 앞서 자신이 내놓았던 예측을 뒷받침하는 오래된 정보의 진정한 가치를 놓치는 실수를 한다. 그러나 오래된 정보와 새로운 정보의 균형을 신중하게 맞추는 예측자는 양쪽의 가치를 모두 포착하여 그것을 자신의 새로운 예측에 반영한다. 따라서 가장 좋은 방법은 업데이트를 자주 하되 조금씩 하는 것이다.

이러한 사실을 잘 보여주는 오래된 사고 실험이 있다. 당신은 당구대를 등지고 앉아 있다. 친구가 공을 하나 굴린다. 공이 어디선가 멈춘다. 이제 당신은 등 뒤에서 움직인 공의 위치를 알아내야 한다. 어떻게 해야 할까? 친구가 두 번째 공을 굴린다. 그 공 역시 어딘가에서 멈춘다. 당신은 묻는다. "두 번째 공이 첫 번째 공의 왼쪽이야 오른쪽이야?" 친구가 답한다. "왼쪽." 대단한 정보는 아니지만 아예 없는 것보다는 낫다. 그것만으로도 첫 번째 공이 당구대의 왼쪽 끝에 있는 것은 아니라는 사실을 알 수 있다. 그렇다면 그 공은 당구대 오른쪽에 있을 가능성이 조금 있다. 친구가 공을 또 하나 굴린다. 이런 과정이 반복되고 당신은 또 다른 정보를 수집한다. 그가 말한다. "왼쪽이야." 첫 번째 공이 당구대의 오른쪽에 있을 가능성은 조금씩 커진다. 이런 과정이 반복되면 공이 위치할 수 있는 범위가 천천히 좁혀져 사실에 다가간다. 물론 불확실성을 완전히 제거할 수는 없지만.16)

통계학 개론을 들은 사람이라면 이 사고 실험이 토머스 베이즈 Thomas Bayes가 꿈꾸었던 종류의 실험이라는 사실을 기억할 것이다. 장로교 목사이자 논리학을 공부한 베이즈는 1701년에 태어나 근대 확률이론이 막 태동하던 시기에 살았다. 그가 친구 리처드 프라이스Richard Price 와 함께 작업한 〈우연의 원칙으로 문제를 해결하는 법에 관한 논문An Essay Towards Solving a Problem in the Doctrine of Chances〉은 그가 죽은 뒤 프라이스에 의해 1763년에 출판되었다. 그리고 이 논문은 위대한 프랑스 수학자인 피에르 시몽 라플라스의 통찰력과 만나, 결국 베이즈 정리로 태어났다. 베이즈 정리는 다음과 같다.

| 베이즈의 신념–업데이트 공식 |

$$P(H|D)/P(\neg H|D) = P(D|H)/P(D|\neg H) \bullet P(H)/P(\neg H)$$

사후 확률Posterior Odds = 우도비Likelihood Ratio • 사전 확률Prior Odds

간단히 말해, 이 정리는 새로운 신념이 2가지에 의존하고 있음을 보여준다. 사전 믿음(그리고 그것을 알려주는 모든 지식)에 새로운 정보의 '진단적 가치'를 곱한 것이다. 이는 알다가도 모를 만큼 추상적이다. 그러니 정치학자이자 슈퍼 예측가인 내 동료 제이 얼펠더Jay Ulfelder가 구체적으로 사용한 사례를 통해 베이즈 정리를 들여다보자.

2013년에 오바마 정부는 척 헤이글Chuck Hagel을 국방장관으로 지명했다. 하지만 이에 반대하는 보도들이 나오면서 인사 청문회가 순조롭지 않았다. 일부에서는 헤이글이 상원의 비준을 받지 못할 것이라고 예측했다. "대통령이 헤이글 지명을 철회할까?" 국방 분석가인 톰 릭스Tom Ricks는 그렇게 썼다. "내가 보기에 50 대 50이다. (중략) 그러나 시간이 갈수록 가능성은 줄어들 것이다. 결론. 상원군사위원회가 헤이글의 인준을 표결에 붙이지 않아 상원 전체회의의 표결에 회부되지 못하고 있는 사이, 헤이글이 국방장관이 될 가능성은 약 2% 줄어들었다고 생각한다." 이것은 확고한 판단이었을까? "노련한 예측자는 기본율로 시작하는 경우가 많다." 얼펠더는 그렇게 썼다. "제2차 세계대전 직후 (국방장관) 직위가 생긴 이후로, 상원이 인준을 거부한 지명자는 24명 중 단 1명뿐이다. 그 외에는 누구도 철회되지 않았다." 그래서 기본율은 96%이다. 척 헤이글이 지명된 직후에 그가 비준을 받을 것인지에 대한 질문을 얼펠더가 받았다면 그는 어떤 다른 정보를 고려하지 않았다는 전제로 "그렇게 될 확률이 96%"라고 말했을 것이다. 이런 추산은 더 많은 정보를 입수하기 전에 내려졌기 때문에 '사전' 확률이라고 불린다.[17]

그러나 헤이글은 청문회를 망쳤다. 그래서 확률은 분명 떨어졌다.

얼마나 떨어졌을까? 그 질문에 답하기 위해 얼펠더는 썼다. "베이즈 정리는 2가지를 추측하도록 요구한다. 1) 인준을 받지 못할 지명자가 상원 청문회를 망칠 가능성이 어느 정도인가? 2) 인준을 받을 지명자가 상원 청문회를 망칠 가능성이 어느 정도인가?" 얼펠더는 그런 수치를 갖고 있지 않았기 때문에 일단 릭스를 믿어보기로 하고 릭스의 견해를 크게 반영하는 것으로 추산을 시작했다. 따라서 릭스가 그 수치의 타당성을 입증하지 못한다면 얼펠더도 오판으로부터 자유로울 수 없었다. "이론으로만 보자면 인준을 받을 수 있는 지명자 5명 중에 청문회를 망치는 사람은 1명뿐이지만, 실패할 사람은 20명 중 19명이 청문회를 망친다고 본다." 그 수치를 베이즈 정리에 대입하여 계산했을 때 얼펠더의 예측은 "96%에서 떨어져 낮게는 (중략) 83% 정도"가 된다. 이처럼 얼펠더는 릭스의 추산이 완전히 잘못되었으며 헤이글은 여전히 인준을 받을 가능성이 있다고 결론지었다. 2주 뒤에 헤이글은 인준을 받았다.[18]

수학이라면 질색인 사람들은 이런 일에 낙담할지 모르겠다. 진저리나는 대수 공식을 이해하고 기억하고 사용해야만 제대로 예측할 수 있다는 말인가? 다행히도 그럴 필요는 없다.

슈퍼 예측가들은 수리에 밝은 사람들이다. 그들이 베이즈 정리를 알고 수고할만한 가치가 있다고 느끼면 당연히 이를 활용할 것이다. 그러나 그렇게 정확히 따져가며 수를 처리하는 경우는 드물다. 슈퍼 예측가에게 베이즈 정리보다 훨씬 더 중요한 것은 증거의 비중에 따라 끊임없이 정보를 업데이트함으로써 진실에 조금씩 다가서는 베이즈의 핵심적인 통찰력이다.[19] 팀 민토는 그런 사람이다. 민토는 베이즈 정리를 잘 알고 있지만 수백 가지의 업데이트된 예측을 하는 데 그런 정리를 쓴 적은 한 번도 없었다. 그러나 그도 베이즈의 정신만큼은 인정한다. 그는 다음처럼 말했다. "지금 기억해서 써보라고 하면 아마 틀리겠지만, 그래도 나는 웬만한 사람들보다 베이즈 정리를 직감적으로 더 잘 이해한다고 생각합니다." 민토는 베이즈 정리를 사용하지 않는 베이지언Bayesian이다. 이런 역설적인 설명은 대부분의 슈퍼 예측가에 적용되는 사항이다.

그래서 확실한 공식이 하나 만들어진다. 작지만 많은 업데이트. 그렇게 한다면 슈퍼 예측의 영광을 차지할 수 있을 것이다.

세상일이 이렇게 간단하다면 얼마나 좋겠는가. 사실 팀 민토의 방식은 대단히 효과가 있다. 실제로 슈퍼 예측가들은 업데이트를 자주 한다. 그러나 작지만 많은 업데이트가 모든 자물쇠를 푸는 만능키는 아니다. 때로는 그런 식의 업데이트 때문에 완전히 엉뚱한 방향으로 빠지기도 한다.

앞서 본 것처럼 더그 로치는 북극해 빙하에 관한 보고서에 대해 과잉반응하는 실수를 했다. 95% '그렇다' 쪽으로 예측을 올리고 난 후 며칠 뒤, 그는 지난 12년 동안의 자료 외에 가장 최근의 자료를 접했다. 그 자료와 과학자들의 추측을 비교했을 때, 그는 그들의 추정치와 현실의 간격이 크고 넓다는 사실을 확인할 수 있었다. 그렇다면 어떻게 해야 할까? 더그는 '작지만 많은 업데이트' 가이드라인에 맞춰 시간의 경과에 따라 예측치를 낮춰가거나 아니면 신선한 시각을 가질 수도 있다. "내가 95%라고 생각한 유일한 이유는 분명이 잘못 짚고 있는 한 편의 기사 때문이다. 그래서 나는 그 기사를 버리고 새로운 예측을 해야 한다." 더그는 두 번째 선택을 택했다. 먼저 그는 예측치를 최초의 55%로 재조정했다. 그다음 이를 15%로 떨어뜨렸다. 그런 뒤에는 원래 하던 대로 다시 '작지만 많은 업데이트'를 시작했다.

옳은 결정이었다. 95%로 잡은 상태에서 '작지만 많은 업데이트'에 매달렸다면 더그의 실망스러운 최종 점수가 훨씬 더 나빠졌을 것이다.

영국의 소설가 조지 오웰George Orwell은 〈정치와 영어Politics and the English Language〉라는 유명한 논문에서 6가지 주요 법칙을 거론했다. 그중에 이런 것이 있다. "짧게 할 수 있는 말을 길게 하지 말라." 그리고 "능동태를 사용할 수 있는데 수동태를 사용하지 말라." 그러나 핵심은 여섯 번째 규칙이다. "말 같지 않은 말을 하느니 차라리 위의 법칙들을 깨라."

좋은 결과를 보장해주는 안전장치를 바라는 것은 자연스러운 현상이다. 그래서 우리는 고슴도치 전문가와 그들의 잘못된 확실성에 어쩔 수 없이 끌리게 된다. 그러나 마법의 공식 같은 것은 없다. 많은 단서를 가진 다양한 원칙들이 있을 뿐이다. 그런 원리를 이해하는 것도 중요하지만 그 원리를 적용할 때 세심한 판단이 필요하다는 것 또한 알아야 한다. 그리고 엉터리 같은 예측을 할 바에는 아예 원리나 규칙들을 무시하는 편이 낫다.

SUPERFORECASTING

8장

영원한 베타

: 사실이 바뀌면 생각도 바꾼다

메리 심슨Mary Simpson은 실패를 통해 슈퍼 예측가가 된 사례에 해당한다. "2007년에 이미 드러나기 시작한 금융위기의 전조를 전혀 눈치채지 못했습니다. 누구보다 그런 상황을 먼저 파악해야 할 입장에 있는 사람으로서 정말 맥 빠지는 노릇이었습니다." 심슨은 그렇게 실토했다. 클레어먼트 대학원에서 경제학 박사 학위를 받은 심슨은 서던캘리포니아 에디슨전력회사에서 규제조정과 재무 업무를 담당하다 퇴직한 후, 2007년에 금융 컨설턴트로 일하고 있었다.

그해 말, 금융위기의 조짐이 드러나면서 경제는 침체의 늪으로 빠져들기 시작했다. 2008년 전반기에는 더 큰 충격이 감지됐다. 그러나 당시 대부분의 전문가들이 그랬던 것처럼 심슨이 위기의 심각성을 깨닫게 된 것은 2008년 9월 5일의 리먼 브러더스의 파산 이후였다. 이미 때는 늦었다. 그녀의 퇴직적금은 온데간데없이 사라져버렸다.

"예측하는 일을 좀 더 진지하게 생각하게 되었어요." 그녀는 그렇게 회상했다. 예측의 정확도를 높여야겠다고 마음먹었지만 꼭 돈 때문은 아니었다. 잘할 수 있고 그래서 잘해야 한다는 생각이 들었다. "'내 주 종목'이었기 때문이죠."[1]

GJP 소식을 접하고 심슨은 자원했다. 그리고 슈퍼 예측가라는 지위 가 증명하듯 그녀는 발군의 실력을 보였다.

심리학자 캐롤 드웩Carol Dweck의 말을 빌리자면, 심슨은 '성장 마인 드세트growth mindset'를 가진 사람이다. 드웩에 따르면, 성장 마인드세트 를 가진 사람은 자신의 능력을 노력의 산물로 믿는다. 능력은 열심히 배 우고 노력하는 만큼 '성장'시킬 수 있다.[2] 무슨 하나마나한 소리냐고 코 웃음 치는 사람도 있을 것이다. 그러나 성장 마인드세트는 보편적인 현 상이 결코 아니다.

드웩은 그 같은 사실을 연구를 통해 입증했다. 대부분의 사람들은 소위 '고정적 마인드세트fixed mindset'를 가지고 있다. 고정적 마인드세트 를 가진 사람은 생긴 대로 사는 것이라고 믿는다. 그들은 능력은 만들어 지거나 개발되는 것이 아니라 드러나는 것일 뿐이라고 주장한다. 고정 적 마인드세트를 가진 사람들은 "나는 수학에 소질이 없어"라고 말하면 서, 그런 것은 왼손잡이나 여자나 큰 키처럼 바꿀 수 없는 특징이라고 단정한다. 그래서 수학 실력을 키우려고 애쓰지 않는다. 문제가 잘 풀리 지 않으면 거기까지가 한계이고 그 이상 애쓰는 것은 시간 낭비라고 생 각한다. 따라서 그들은 능력을 발휘할 기회를 찾지 못한다. 그리고 '수 학에 소질이 없어'와 같은 생각은 자족적 현실이 된다.[3]

고정적 마인드세트의 부정적인 위력을 입증하기 위해 드웩은 초등학생을 상대로 간단한 실험을 했다. 그는 먼저 5학년 아이들에게 쉬운 퍼즐을 내주었다. 아이들은 신이 나서 문제를 풀었다. 그다음에 그녀는 조금 어려운 퍼즐을 제시했다. 예상대로 몇몇 아이들은 갑자기 흥미를 잃었고 집에 가서 풀어보라는 말에도 고개를 내저었다. 하지만 쉬운 문제를 접했을 때보다 더욱 신이 나서 달려든 아이들도 있었다. "이 퍼즐 이름 좀 적어주세요. 다 풀고 나면 엄마에게 더 사달라고 부탁하게요." 그렇게 말하는 아이도 있었다. 두 부류 아이들의 차이는 '재능'의 차이가 아니었다. 퍼즐을 잘 푸는 아이들 중에도 문제가 조금만 까다로워지면 관심을 돌리는 아이가 있는가 하면 조금 서툴러도 오히려 더욱 의욕적으로 달려드는 아이가 있었다. 중요한 것은 마음가짐이었다. 고정적 마인드세트를 가진 아이들은 쉽게 포기했다. 성장 마인드세트를 가진 아이들은 문제가 어려울수록 더 적극적으로 달려들었다.

고정적 마인드세트를 가진 아이들은 노력으로 실력을 키울 수 있다고 생각하는 아이들에 비해 경험에서 많은 것을 배우지 못했다. 드웩은 실험을 통해 자원자들에게 어려운 질문을 낸 다음 각자의 두뇌 움직임을 검사했다. 그리고 답이 맞았는지 틀렸는지 알려준 다음 답을 고치는 데 도움이 될만한 정보도 주었다. 고정적 마인드세트를 가진 사람은 답이 맞느냐 틀리느냐에 매우 민감한 반응을 보이며 신경을 썼지만, 정작 답을 고칠 수 있는 정보에는 별다른 관심을 가지지 않았다. "답이 틀렸는데도 그들은 정답을 알려고 하지 않았다." 드웩은 그렇게 썼다. "성장 마인드세트를 가진 사람들은 지식을 늘릴 수 있는 정보에 상당한 관심을 보였다. 정작 중요한 부분에 관심을 갖는 쪽은 그들뿐이었다."

최고 수준의 예측을 하기 위해서는 성장 마인드세트를 갖춰야 한다. 가장 좋은 예가 "사실이 바뀌면 나도 생각을 바꾼다"라고 말한 것으로 알려진(그러나 그런 말을 한 적이 없는) 사람이다.

📍 일관성이 없다는 비난

존 메이너드 케인스는 거시경제학 이론에 관한 명저로 유명해졌지만, 사실 그는 매우 유능한 투자가였다.

케인스는 제1차 세계대전이 끝날 무렵부터 제2차 세계대전이 끝날 때까지 자신의 돈은 물론 가족과 친구의 돈 그리고 영국 보험회사 2곳과 여러 곳의 투자 기금 그리고 케임브리지 대학교 킹스칼리지 등의 기금을 운용했다. 1946년에 사망할 당시 그는 어마어마한 부자였고, 그에게 돈을 맡겼던 사람들은 예상보다 훨씬 많은 배당금을 받았다. 어느 시대에서도 보기 드문 기록이었지만 당시는 특히 순탄한 시대가 아니었다.[4] 1920년대의 영국 경제는 정체되어 있었고, 1930년대에는 대공황으로 전 세계가 휘청거렸다. "그가 투자했던 때가 사상 최악의 시기였던 점을 고려할 때, 그의 실적은 실로 경이적이다." 케인스의 투자를 책으로 엮은 존 F. 웨이식John F. Wasik은 그렇게 평했다.

케인스는 비상한 두뇌를 가졌고 게다가 매우 활동적이었다. 그의 성공에는 이러한 특징이 큰 역할을 했을 것이다. 무엇보다 그는 만족을 모를 정도로 호기심이 강한 성격이었다. 케인스는 새로운 아이디어를 끊임없이 수집했고 필요하면 서슴지 않고 생각을 바꾸었다. 그는 생각을 바꾸는 데 망설임이 없었다. 오히려 실수를 당당히 인정하고 새로운 생각을 받아들이는 것을 자랑스럽게 생각했다. 그리고 다른 사람들에게도 그렇게 하도록 촉구했다. "가끔 틀리는 것은 전혀 문제가 되지 않는다. 틀렸다는 사실을 즉시 알아차릴 때는 특히 그렇다." 그는 1933년에 그렇게 썼다.

"케인스는 언제나 동료들의 의견에 반박할 준비가 되어 있다. 경우에 따라서는 자신의 의견까지도 뒤집는다." 1945년에 '초지일관 일관성이 없는' 경제학자에 대한 프로필엔 이렇게 씌어 있었다. "입장을 완전히 바꾸어도 꺼림칙하게 여기기는커녕, 그러한 자신의 행동을 단호하지 못하다고 생각하는 사람들을 나무라는 구실로 사용한다. 일설에 따르면, 처칠이 루즈벨트와의 회담을 위해 퀘벡에 머무는 동안 케인스에게 전보를 보냈다고 한다. '귀하의 견해에 동의하는 바입니다.' 이게 케인스는 다음처럼 답장을 보냈다. '그것 참 유감이군요. 저는 방금 마음을 바꿨는데 말입니다.'"7)

하지만 케인스의 투자 실적을 보면 완벽하다고 평하기 곤란한 부분이 많다. 1920년에 그는 외환 변동을 완전히 잘못 예측하여 투자한 돈을 거의 다 날렸다. 하지만 그는 다시 자금을 모아 자신도 부자가 되고 다른 사람들까지 부자로 만들어주었다. 그러나 2008년의 메리 심슨처럼 케인스도 1929년의 재앙이 다가오는 것을 알아채지 못해 또다시 큰 손실을 보았다. 그럼에도 그는 다시 일어섰고 전보다 훨씬 더 좋은 실적을 올렸다.

　케인스에게 실패는 실수를 확인하고 새로운 대안을 찾아내 다시 시도하는 학습의 기회였다. 외환 투자에 실패했다고 해서 안전하고 쉬운 길을 택하지는 않았다. 그는 기관들이 부동산 투자를 고집하던 1920년대에 보수적인 킹스칼리지의 기부금을 주식에 투자했다. 새로운 아이디어를 과감히 받아들였기 때문이었다. 그러나 1929년의 시장 붕괴로 큰 손해를 입었다. 그는 자신의 생각을 철저히 검토했다. 케인스는 그가 가장 중요하게 여기는 이론에 문제가 있다고 결론 내렸다. 기업의 본래적 가치가 늘 주가에 그대로 반영되는 것은 아니다. 따라서 투자자는 기본적으로 장기간 투자할 가치가 있는지 알아내기 위해 해당 기업을 철저히 연구하고 그들의 업무 방식과 자본과 경영 구조를 제대로 파악할 필요가 있다. 같은 시기에 미국에서도 벤저민 그레이엄Benjamin Graham이 이러한 방식을 개발하여 실전에 적용하고 있었다. 그레이엄은 이를 '가치 투자value investing'라고 불렀다. 이 가치 투자는 워런 버핏Warren Buffett식 투자의 초석이 되었다.

　초지일관 일관성이 없는 존 메이너드 케인스에게도 일관된 신념이 하나 있었다. '나는 더 잘할 수 있다.' 그에게 실패는 능력의 한계가 아니라, 더 열심히 생각하고 다시 도전하게 만드는 원동력이었다. 케인스는 도전하고 실패하고 분석하고 수정하여 다시 도전하는 과정을 끊임없이 반복했다.

　케인스의 투자 기법은 우리들보다 수준이 훨씬 높았다. 하지만 도전하고 실패하고 분석하고 수정하여 다시 도전하는 과정은 우리가 세상에 나온 순간부터 계속 터득하고 깨우치는 기본적인 방법이다. 아기가 몸을 일으켜 앉는 법을 어떻게 배우는가? 처음에 아기는 머리를 뒤로 젖히고 천정에 붙은 선풍기를 한참 불안한 자세로 쳐다보다가 '쿵!' 하고 뒤로 자빠진다. 앉는 법을 배우는 아기는 늘 뒤로 넘어가기 때문에 엄마는 그곳에 베개를 놓아둔다. 아기는 다시 일어나 앉는다. 엄마는 아기 근처에서 잠깐 드라마를 보고 있지만, 아기가 다음에 자빠질 때 무엇을 터득하게 될지 알고 있다. 다시 일어난 아기는 머리를 너무 크게 기울이면 안 된다는 것을 알기 때문에 이번에는 조금 더 안정된 각도로 시도할 것이다. 아기는 이런 새로운 기술에 자신이 붙을 때까지 꾸준히 연습해서 이를 하나의 습관으로 만든다. 결국 처음 자빠진 순간은 아기에게 하나의 돌파구가 된 셈이다. 이런 과정은 이후로도 수천 번 반복되어, 일어서고 첫 걸음마를 떼고 스쿨버스에 올라타고 2개의 조이스틱과 버튼을 능숙하게 조작하여 정확한 순간에 정확한 속도로 보석을 낚아채 점수를 올리는 데까지 이른다.

어른이 되어도 이 과정은 마찬가지로 진행된다. 중년의 회계사는 골프채를 처음 잡는 순간, 앉는 법을 배우는 어린 아이로 되돌아간다. 아무리 전문적인 교습을 받아도 실수는 계속 반복된다. 그런 반복이 쌓이다가 어느 순간 그는 클럽에서 대단한 골퍼로 대접받게 된다.

우리는 시행착오를 통해 새로운 기술을 터득한다. 시행 횟수가 많아지면 착오가 줄고 기술은 세련되어진다. 이런 간단한 진리는 아주 까다로운 기술에도 그대로 적용된다. 현대식 전투기는 어마어마하게 복잡한 '날아다니는 컴퓨터'이지만 교실에서 배우는 것만으로 조종사가 될 수 없다. 수준 높은 비행 시뮬레이션을 아무리 많이 한다 해도 소용없다. 조종사에게 필요한 것은 실제로 하늘에서 보내는 시간이다. 하늘에서 보내는 시간이 많아질수록 조종술도 향상된다. 외과 의사나 은행가나 기업의 중역들도 마찬가지다.

📍 이론보다 시도

위대한 철학자이자 물리화학자인 마이클 폴라니Michael Polanyi는 자전거 타기를 배우는 물리적 원리로 강의실의 한계를 입증했다. "자전거를 타는 사람이 알아야 할 규칙이 있다. 자전거가 오른쪽으로 넘어지려할 때는 손잡이를 오른쪽으로 틀어야 한다. 그러면 자전거의 진행 방향이 오른쪽으로 곡선을 그리며 휘어진다. 그렇게 되면 원심력이 자전거를 왼쪽으로 밀어 올려 오른쪽으로 넘어뜨리려는 중력을 상쇄시킨다." 상세한 설명은 계속 장황하게 이어진다. "이런 간단한 분석만으로도 균형이 틀어질 때마다 특정 각도에서 구부러지는 곡률은 자전거가 진행하는 속도의 제곱에 반비례한다는 사실을 알아낼 수 있다." 자전거 타는 방법을 이보다 더 정확하게 설명한 글은 달리 찾아보기 힘들 것이다.

그의 설명은 이렇게 끝난다. "그러나 이런 분석으로 자전거 타는 법을 제대로 배울 수 있을까? 천만의 말씀이다. 속도의 제곱으로 잃은 균형의 비율에 맞춰 자전거의 진행 곡선을 정확하게 조정하는 것은 불가능하다. 그러니 할 수 있다면 자전거를 넘어지게 내버려두는 편이 낫다.

왜냐하면 실전에서는 이런 규칙의 공식에서 빠진 다른 수많은 요소들까지 고려해야 하니까."[8]

자전거를 타는 데 필요한 지식을 말로 완벽하게 설명할 수는 없다. 또 그런 지식을 다른 사람에게 전달할 수도 없다. 자전거 타는 법을 배우려면 '무언의 지식'이 필요하다. 그런 지식은 상처를 입어가면서 얻는 지식이다. 자전거 타기를 배우려면 자전거를 타봐야 한다. 당연히 처음에는 서툴다. 계속 이리 넘어지고 저리 넘어진다. 넘어지다 보면 점점 쉬워진다. 설명을 통해 어떻게 균형을 잡는지를 배워 그 말을 듣고 당신이 겪었던 시행착오를 건너뛸 수 있다고 해도, 폴라니의 주장을 꺾을 수는 없다.

이것은 너무도 분명한 사실이다. 마찬가지로 예측을 하는 법을 배우려면 예측을 해봐야 한다. 예측에 관한 책을 아무리 많이 읽어도 실제로 한 번 예측해보는 것보다 나을 수는 없다.[9]

📍 피드백, 실패의 유익

그러나 연습을 한다고 해서 무조건 실력이 향상되는 것은 아니다. 연습을 해도 정보에 근거하여 연습해야 한다. 조심해야 할 부분을 알아내야 한다. 그리고 어떤 연습이 가장 좋은 것인지도 알아야 한다. 그러니 책을 내버릴 필요는 없다. 앞에서도 지적했지만 무작위 대조실험을 한 결과, 훈련 지침(부록 참조)이 담긴 작은 책자 1권의 내용을 숙지하기만 해도 정확성을 10% 정도 향상시킬 수 있었다. 이런 실험을 통해 우리는 또한 책으로 얻는 지식의 효과와 실천으로 얻게 되는 지식의 효과가 서로 영향을 미친다는 사실을 밝혀낼 수 있었다.

책자를 읽은 사람들은 실천을 통해 더 많은 도움을 받고, 실천을 하는 사람들은 책을 읽어 조금 더 완벽해진다. 행운은 준비된 사람의 편이다. 훈련 지침은 개인적인 경험에서 필요한 교훈을 끌어낼 수 있게 도와줌으로써 외부 관점과 내부 관점의 균형을 유지시킨다. 또한 개인적인 경험은 창백한 대중의 지식이라는 추상적인 개념에 생기가 도는 현실의 내용을 주입시킨다.

이 밖에도 효율적인 연습은 분명하고도 시의적절한 피드백을 수반해야 한다. 나의 연구 동료인 돈 무어Don Moore는 경찰관을 예로 든다. 경찰관은 거짓말을 하는 피의자를 가려내기 위해 이론을 공부하지만 실제로 생각만큼 잘 맞히지 못한다. 경험이 많은 노련한 경찰관이라고 해도 마찬가지다. 경험만으로 되는 일이 아니다. 확실한 피드백이 뒷받침되지 않은 경험은 소용이 없다.

피의자의 거짓말 여부를 나름대로 판단한다고 해도 경찰관은 자신의 정확성에 대해 즉각적인 피드백을 받을 수 없다. "그래요. 당신이 맞습니다. 내가 거짓말을 했습니다!"라고 말하는 피의자는 없다. 시간이 흘러 혐의가 드러나고 재판이 열리고 평결이 내려지고 경우에 따라서는 플리바겐plea bargain(유죄를 인정하는 조건으로 형량을 경감해주는 제도-옮긴이)이 이루어지기도 한다. 그러는 사이에 몇 달, 몇 년이 지나가고, 어떤 식으로 결말이 나온다고 해도 거기에는 엄청나게 많은 요인들이 개입된다. 따라서 경찰관은 자신의 판단이 옳다거나 틀렸다는 피드백을 정확히 받기가 어렵다. 통제된 환경에서 거짓말을 식별해내는 경찰관의 능력을 조사한 심리학자들은 그들의 자신감과 실제 능력 사이에 상당한 차이가 있다는 사실을 확인할 수 있었다. 경찰관의 경험이 많을수록 그리고 어쩌면 당연하겠지만 자신의 경험이 거짓말을 탐지하는 데 더 도움이 된다고 생각할수록 그런 차이는 더욱 커진다. 그 결과 그들의 자신감은 정확성이 향상되는 속도보다 더 빨리 올라간다. 결국 그들은 갈수록 자만하게 된다.

이러한 현상은 어디서나 찾아볼 수 있다. 자신감과 정확성의 관계를 조사해보면 일반적으로 사람들의 자신감이 조금 지나치다는 사실을 쉽게 확인할 수 있다.[10] 그러나 지나친 자신감이 변하지 않는 인간의 본성은 아니다. 기상 전문가들이 지나친 자신감 때문에 어려움을 겪는다는 이야기는 들어보지 못했다. 브리지 게임의 고수들도 마찬가지다. 이유는 간단하다. 그들은 분명하고도 즉각적인 피드백을 받기 때문이다. 내일 폭우가 쏟아질 것으로 판단했다가도 아침에 눈을 떴을 때 해가 쨍쨍한 하늘을 보게 되면 어제의 판단이 틀렸다는 것을 금방 확인하게 된다. 몇 차례의 '트릭'을 따낼 수 있는지 가늠하는 브리지 선수는 자신의 판단에 대한 결과를 매판 확인할 수 있다.

이런 피드백은 매우 중요하다. 실패를 통해 배우려면 언제 실패하는지 알아야 한다. 뒤로 넘어가는 아기는 그것을 안다. 자전거를 타다가 넘어져 무릎에 피가 나는 아이도 그것을 안다. 어렵지 않아 보이는 퍼팅을 하다 벙커에 공을 떨어뜨린 회계사도 그것을 안다. 그들은 실패했다는 것을 알기 때문에 무엇이 잘못되었는지 생각하고 수정하여 다시 시도할 수 있는 것이다.

애석하게도 예측하는 사람들은 기상 전문가나 브리지 선수처럼 확실한 피드백을 받지 못한다. 거기에는 2가지 이유가 있다.

우선 모호한 언어가 큰 장벽이다. 3장에서 살펴본 대로, '아마도'나 '어쩌면' 같은 용어는 예측의 결과를 판단할 수 없게 만든다. 어떤 일이 일어날 수 있다거나 일어날지도 모른다고 말하는 것은, 무슨 말이든 할 수 있거나 무슨 말이든 해도 좋다는 뜻이 된다. 스티브 발머의 '의미 있는 시장점유율'이라는 말처럼 정확한 것 같지만 자세히 들여다보면 안개처럼 막연한 표현들이 예측에는 너무 많이 사용된다. 아무리 공정하게 평가하려고 해도 모호한 예측에서는 의미 있는 피드백을 끌어내기가 어렵다. 게다가 평가하는 사람이 예측하는 사람 자신인 경우에는 문제가 더욱 심각해진다.

'포러 효과Forer effect'라는 것을 예로 들어보자. 포러 효과란 심리학자 버트럼 포러Bertram Forer가 학생들을 대상으로 실시한 성격진단 실험을 통해 찾아낸 현상이다. 포러는 학생들의 성격을 검사하여 그 결과를 알려준 다음, 그 실험이 그들의 성격을 얼마나 제대로 짚어냈는지 물었다. 학생들은 실험 결과에 감탄하면서 5점 만점에 평균 4.2점을 매겼다. 학생들의 반응은 예상 밖이었다. 사실 포러는 모든 학생들에게 같은 결과가 적힌 종이를 나눠주었기 때문이다. 그것은 어떤 점성술 책에서 "사람들이 당신을 좋아하고 숭배하게 만들어야 한다"와 같은 모호한 진술들을 몇 가지 가져다가 작성한 결과지였다.[11] 모호한 언어는 탄력성을 가진다. 학생들은 그런 언어의 의미를 확대해석하여 자신의 이미지에 갖다 붙였다. 자신의 판단이 객관적이라고 생각한 학생들도 마찬가지였다. 모호한 예측을 해놓고 스스로 판단하는 사람들은 언제든 착각의 함정에 빠질 수 있다.

피드백에 방해가 되는 두 번째 장애는 시간 차이다. 몇 달 몇 년의 간격을 두고 예측을 하다 보면, 결과를 기다리는 동안 알게 모르게 기억에 문제가 생긴다. 지금은 우리가 미래를 어떻게 생각하는지 알고 있지만, 나중에 사건이 일어났을 때 우리가 어떻게 예측했었는지 정확하게 기억할 수 있을까? 그렇지 못할 가능성이 크다. 망각이나 기억의 결함도 문제이지만, 무엇보다 우리는 심리학자들이 말하는 '사후확신편향hindsight bias'에 영향을 받기 쉽다.

1991년 미국 대선에 관심이 있었던 사람이라면 이 문제를 풀어보기 바란다. 당시 현직 대통령이었던 조지 H. W. 부시(41대 대통령 아버지 부시)가 1992년 대선에서 재선될 것이라고 생각했는가? 지금은 부시가 빌 클린턴에게 패했다는 사실을 누구나 잘 알고 있다. 하지만 당시 부시는 걸프전의 승리로 인기가 대단했다. 그래서 당신은 아마도 부시가 승리할 확률이 꽤 높다고 생각했을지 모른다. 그러나 패할 확률도 아주 높았다. 그렇다면 50 대 50 정도로 보았을까? 아니면 전쟁의 영향이 조금 크다고 생각하여 이길 확률을 60%나 70%로 잡았을까? 어찌 됐든 당신이 내렸던 판단에 대한 기억은 잘못되었을 확률이 높다. 1991년에 방영된 〈새터데이 나이트 라이브1991 Saturday Night Live〉의 한 장면을 보자. 이 장면은 1991년에 일반적으로 통용되던 정치적 견해를 잘 포착한 토론으로, 등장 인물은 1992년 민주당 대통령 지명자 주요 후보들이다.

사회자 : 안녕하십니까? 저는 여성유권자연맹 League of Women Voters의 페이 설리번 Fay Sullivan입니다. 이 자리에 나오신 여러분을 환영합니다. 오늘은 민주당의 주요 인사 다섯 분을 모시고 벌이는 토론 시리즈의 첫 번째 시간입니다. 이분들은 당의 압력에 떠밀려 조지 부시 대통령과 가망 없는 맞대결을 벌여야 하는 불상사를 피하기 위해 애를 쓰고 있습니다. 대부분 지명전에 관심이 없다고 이미 공언하신 분들입니다. 이분들은 인기가 매우 높은 현직 대통령에 맞서 쓸모없는 소모품이 될지 모른다는 엄청난 중압감에 시달리고 있습니다. 그들은 … 뉴저지 상원의원 빌 브래들리 …

빌 브래들리 상원의원 : 나는 1992년 대통령 후보가 아닙니다.

사회자: 하원 다수당 대표 미주리 주의 딕 게파트 …

딕 게파트 하원의원 : 나는 지명받을 생각이 없습니다.

분위기는 점점 이상해진다. 이 토론에서 후보자들은 하나같이 그들의 적인 대통령에 대한 칭찬을 늘어놓으면서 자신을 비하했다. 누가 나서든 부시 대통령의 압승이 분명했기 때문이다. 그것을 모르는 사람은 없었다. 그래서 이들 민주당의 선두 주자들은 그해 지명전에 나서지 않았고, 덕분에 무명이었던 아칸소 주지사인 빌 클린턴이 나오게 되었다.

일단 결과를 알고 나면, 그 결과에 대한 지식이 결과를 알기 전 우리가 생각했던 것에 대한 인식을 왜곡하기 쉽다. 이런 현상을 실험을 통해 처음 입증한 사람은 바루크 피시호프Baruch Fischhoff였다. 피시호프는 사람들에게 당시 세계의 주요 사건의 가능성을 추측하게 했다. 예를 들면 '닉슨이 마오쩌둥을 개인적으로 만날 것으로 보는가?' 같은 질문이었다. 그 후 그런 일이 일어나거나 일어나지 않은 다음에 그들이 했던 추측을 기억해보라고 주문했다. 결과를 아는 사람들의 추측은 예외 없이 왜곡되었다. 결과에 영향받지 않으려고 애를 써도 소용없었다. 영향은 클 수도 작을 수도 있다.

1988년, 소련의 대대적인 개혁으로 사람들이 앞으로 전개될 상황을 궁금해하고 있을 때, 나는 전문가들에게 향후 5년 사이에 소련에서 공산당 독재가 끝날 가능성이 어느 정도인지 예측해달라고 요청했다. 그 후 1991년에 세계인들은 소련이 무너지는 충격적인 사건을 놀라움으로 지켜보았다. 1992~1993년에 나는 그 전문가들을 다시 소환하여 1988년에 제시했던 문제를 상기시킨 다음 당시 그들이 어떻게 추측했었는지 기억을 떠올려달라고 요청했다. 평균적으로 전문가들은 자신들이 제시했던 수치보다 31%포인트 더 높게 맞힌 것으로 기억했다. 다시 말해 공산당이 실각할 가능성을 10%라고 말했던 사람은 40% 또는 50%라고 답한 것으로 기억했다. 심지어 20%라 했던 답변을 70%로 기억하는 사람도 있었다. 사후확신편향은 이처럼 "난 원래 알고 있었다"라고 믿게 만든다.

모호한 언어를 사용한 후 불완전한 기억을 통해 자신의 예측을 수정하는 사람은 정확한 피드백을 얻을 수 없다. 그러니 경험에서 배울 기회도 갖지 못한다. 그들은 어둠 속에서 자유투를 던지는 농구선수와 다

름없다. 그들이 얻을 수 있는 피드백이라고는 소리뿐이다. 공이 금속을
때리는 소리, 백보드를 치는 둔탁한 소리, 네트를 스치는 '휙' 소리 등이
전부다. 자유투를 수없이 던졌던 선수는 소리만 듣고도 공이 들어갔는
지 아닌지 구분할 수 있겠지만 초보자는 아니다. '휙' 소리도 정확히 들
어간 소리인지 네트만 건드린 소린지 알 수 없다. '쿵' 소리도 링 가장자
리만 건드린 것인지 골이 들어간 소리인지 구분하기 어렵다. 물론 알 수
있다고 여기는 사람도 있겠지만 제대로 확인할 방법은 없다. 그리고 어
둠 속에서 몇 주 계속 그렇게 던지다 보면 자신감이 생긴다. '그래, 이렇
게 연습했으니 잘 들어가고 있을 거야!' 하지만 천만의 말씀이다. 불을
켜고 던져야만 정확한 피드백을 얻을 수 있다. 그럴 때만 실력을 향상시
킬 수 있다.

팀 민토는 2014년에 시리아 난민의 유입을 예측하여 브라이어 지수
0.07을 받았다. 분명하고 정확하고 의미 있는, 그야말로 대단한 결과였
다. 농구로 말하면 정확한 클린 슛이었다. 하지만 그런 그가 아베 신조
의 야스쿠니 신사 참배 여부를 묻는 질문에서는 1.46을 받았다. 공이 농
구대 뒤쪽에 있는 쓰레기통으로 들어간 셈이었다. 민토는 공이 엉뚱한
곳으로 날아갔다는 사실을 알았다. 어정쩡하게 모호한 언어를 사용하지
않았고 그만하면 괜찮은 예측이었다고 생각하게 하는 사후확증편향도
없었다. 민토의 예측은 크게 빗나갔지만 그 사실을 알아챈 그는 실수를
통해 배울 기회를 가질 수 있었다.

지름길은 없다. 브리지 게임을 하는 사람은 비딩하면서 어떤 판단
을 내리겠지만 이번 판에 통했던 판단이 다음 판에도 통할 수는 없다는

사실을 잘 안다. 그러니 브리지 게임을 잘한다고 해서 정치나 기업 분야의 예측도 잘할 수 있을 거라고 생각한다면 오산이다. 어떤 분야가 되었든 예측을 잘하려면, 좋은 피드백을 통해 연습을 계속 반복해야 한다.

♀ 분석과 수정

"우리 팀은 폴로늄 반감기 때문에 폴로늄 검출이 사실상 불가능하다는 사실에 의견의 일치를 보았다. 예를 들어, 붕괴 생성물이 폴로늄을 검출할 수 있는 수단이 될 수 있는지 생각해보거나 이 분야 전문가에게 질문함으로써 그런 가정에 의문을 제기할 수 있을 만큼 따져보지 못했다." 데빈 더피는 그의 예측 팀이 야세르 아라파트의 유해에서 폴로늄을 검출할 수 있는지를 묻는 질문에 엉뚱한 예측을 한 뒤 동료들에게 이런 메시지를 보냈다. 그는 이번 일에서 교훈을 얻었다. "전문적인 문제를 가정할 때는 신중할 것. 필요한 증거를 찾아낼 수 있는지 전문가에게 물어보고 추정 결과를 수시로 재검토할 것."

하나의 질문이 만료될 때마다 슈퍼 예측가들은 요령을 터득했고 다음에는 더 잘할 수 있다고 확신했다. 캐롤 드웩의 실험에서 드러난 고정적 마인드세트를 가진 사람들과는 전혀 상반된 모습이었다.

슈퍼 예측가들은 때로 팀원들과 상세한 사후 평가를 주고받는다. 이런 온라인 토론이 몇 쪽씩 이어질 때도 많다. 그런 다음 그들은 조용히 자신만의 시간을 가지면서 자신의 예측 결과를 반성하고 검토한다.

"주로 샤워할 때나 아침 출근길에서 그런 시간을 갖습니다." 장-피에르 뷔곰은 그렇게 말한다. "지루하거나 딴청을 부리고 싶을 때 그런 평가를 하기도 합니다." 토너먼트의 첫 두 시즌에, 장-피에르는 예전에 했던 예측을 다시 들여다보곤 했지만 대부분 실망할 때가 더 많았다. "왜 이렇게 예측했는지 이해되지 않을" 정도로 엉성한 답이 많았다. 그러다 보니 당시 사고 과정을 다시 재구성하기도 어려웠다.[12] 그래서 그는 자신의 생각을 나중에 비판적으로 검토할 수 있도록 답을 좀 더 자세히 그리고 더 길게 쓰기로 했다. 이후로 장-피에르는 아예 토너먼트의 설문을 받는 순간부터 사후 평가에 대비해 답을 작성한다.

경우에 따라서 사후 평가가 최초 예측만큼이나 조심스럽고 자기비판적일 때가 많다. 기니의 선거에 관한 설문에서(데빈 팀이 누구보다 잘 해낸 문제다), 데빈은 그들이 모든 공로를 다 차지할 수 없다는 사실을 강조했다. "아마 저항이 있다고 해도 선거를 치르지 못할 정도는 아니라고 생각했던 것 같아요. 그런데 선거가 거의 불발될 뻔했죠! 운이 좋았습니다." 아슬아슬했던 사안이었다. 어떤 결정이 내려진 후 좋은 결과가 이어지면 흔히들 그 결정이 좋았다고 생각한다. 그러나 늘 그런 것은 아니다. 좋은 결과로 인해 사고 방법 속 결함이 드러나지 않으면 위험할 수도 있다.[13]

답을 맞힌 사람들 역시 자신이 틀렸을 수도 있었다는 생각에는 그리 열려 있지 않다. 1980년대에 실시한 EPJ 리서치에서 나는 전문가들에게 소련에서 공산당이 계속 권력을 유지할지, 남아프리가 공화국에서 아파르트헤이트가 철폐될지, 퀘벡이 캐나다에서 분리될지 등을 예측해달라고 요청했다. 3개월의 마감 기간이 지나고 정답(전부 '아니다'였다)이 나온 뒤에, 우리는 그들에게 사실과 반대되는 시나리오가 펼쳐졌을 가능성을 생각해보라고 요구했다. 사소한 나비효과로 인해 역사가 다른 식으로 전개되었다고 가정해보라는 주문이었다. 예를 들어, 고르바초프를 타도하는 쿠데타가 좀 더 신중하게 계획되고 주동자들이 술을 덜 마시고 좀 더 치밀한 조직력으로 거사를 단행하여 공산당이 계속 집권했다는 가정이었다. 우선 자신의 잘못된 예측이 맞은 것으로 바뀐 전문가들은 이런 가설을 마치 오래된 친구 보듯 반갑게 맞았다. 그러나 제대로 맞힌 문제를 틀린 것으로 가정하라는 주문에는 가능성이 없는 시나리오라며 무시했다. 결국 전문가들은 "거의 맞았다"라는 시나리오는 반기면서도 "거의 틀렸다"라는 시나리오는 인정하지 않았다.

단 데빈은 그렇지 않았다. 제대로 맞혔을 경우에도 그는 대수롭지 않게 말했다. "운이 좋았죠."[14]

♀ 그릿

예측을 자전거 타기에 비유한 것은 아주 좋은 표현이지만, 모든 비유가 완벽하게 들어맞는 것은 아니다. 자전거를 탈 때 '도전하고, 실패하고, 분석하고, 수정하여 다시 도전하는' 주기는 몇 초 몇 분이면 되지만, 예측에서는 몇 달 몇 년이 걸린다. 게다가 예측에서는 우연의 역할이 크다. 자전거 타는 법을 제대로 지키면 아주 좋은 결과를 기대할 수 있지만, 예측하는 사람의 경우 노력과 결과가 그렇게 잘 들어맞지 않는 경우가 많다. 훈련을 많이 할수록 맞힐 수 있는 확률이 높아지지만 우연의 비중이 큰 게임에서는 정확성을 기대하기가 어렵다.[15] 성장 마인드 세트를 가진 사람이라도 '그릿grit', 즉 열정적 끈기가 있어야 실력을 향상시킬 수 있다.

그런 점에서 엘리자베스 슬론Elizabeth Sloane은 대단한 그릿을 가졌다. 뇌종양 진단을 받은 엘리자베스는 항암요법을 받으며 줄기세포를 이식하려고 했으나 실패했다. 그녀는 고통스러운 항암치료를 2년 더 연장해야 했다. 그럼에도 그녀는 약해지지 않았다. 엘리자베스는 '시냅스의 생성'을 촉진시키기 위해 GJP에 자원했다. 그녀는 우연히 자신의 상황을 완벽하게 설명한 칼럼을 읽게 되었고, 그 칼럼을 쓴 유명 종양 전문의를 찾아가 새로운 줄기세포를 이식받았다. "지금은 거의 완치 단계입니다." 엘리자베스는 GJP 프로젝트 매니저인 테리 머레이Terry Murray에게 보낸 이메일에서 그렇게 말했다. "기회를 2번씩이나 갖게 되다니, 대단한 행운이죠."

그릿 덕분에 그녀는 좌절과 실패를 겪으면서도 장기적인 목표를 보며 고통을 참아냈다. 성장 마인드세트에 그릿까지 더해지면 한 단계 도약할 수 있는 강력한 힘이 생긴다.

앤 킬커니Anne Kilkenny는 GJP에 자원하면서 자신이 조금 특이한 경우일 것이라고 생각했다. "지정학적인 문제에 관심을 갖고 있는 주부는 아니었습니다. 머리 쓰는 일을 그만둔 지가 40년이 넘었으니까요. 그래도 한번 해보자는 생각이 들더군요." 그녀는 그렇게 회상했다.

앤이 살고 있는 곳은 알래스카의 한 작은 마을이다. 히피 문화가 지배하던 시절에 캘리포니아 버클리 대학교를 졸업한 그녀는 고등학교 교사가 되려고 했다. 교사 프로그램에 지원했지만 낙방하게 된 그녀는 사무보조원, 경리, 대리 교사 등을 전전했으며, 한동안 볼룸 댄서를 하기도 했고 합창단에서 노래도 했다. 그녀는 알래스카 출신의 목수와 결혼해서 아들을 하나 낳았고 교회를 열심히 다녔다. 그녀는 이메일을 쓸 때마다 마지막에 자신의 좌우명을 꼭 넣곤 했다. "단순하게 살라. 넉넉하게 사랑하라. 세심하게 배려하라. 다정하게 말하라. 그리고 나머지는 하나님께 맡길 것."

앤은 2008년에 잠깐 유명세를 탔다. 당시 공화당 대통령 후보 존 매케인John McCain이 러닝메이트로 알래스카 주지사인 새라 페일린Sarah Palin을 지목한 것이 발단이었다. 의외의 선택이었다. 알래스카 출신이 아니라면 '와실라'라는 작은 마을의 시장을 역임했던 페일린의 이름을 들어본 사람이 거의 없었을 것이다. 그러나 앤 킬커니는 페일린을 알았다. 와실라는 그녀의 고향이고 앤은 공적 업무에 대한 관심이 높아 시의회에 참석할 정도로 적극적인, 몇 안 되는 모범 시민이었기 때문이다. 그래서 그녀는 페일린이 시장으로 있을 당시 했던 일을 요약하여 알래스카 밖에 있는 가족과 친구들에게 이메일로 알렸다. 사람들은 더욱 자세한 내용을 알고 싶어 했다. 그래서 그녀는 좀 더 자세히 조사하여 메일을 보냈다. 그녀의 메일은 사방으로 퍼졌다. 〈뉴욕타임스〉 기자가 앤에게 전화를 걸어왔고, 곧이어 〈뉴스위크Newsweek〉, 〈AP 통신Associated Press〉, 〈보스턴글로브Boston Globe〉, 〈세인트피터스버그타임스St. Petersburg

Times〉등 여러 언론사들이 그녀와 접촉했다. 가히 광풍이었다.

사실 민주당 지지자였던 앤의 이메일은 대부분 페일린에 대해 비판적인 내용이었다. 그녀에게 홍수처럼 쏟아져 들어오는 이메일도 당파적 색깔이 짙은 내용이 많았다. "그럴 줄 알았다!" 누군가는 그렇게 썼다. "페일린의 얼굴을 보는 순간 지정학은 전혀 모르는 사람이라는 것을 진작 알았다!" 그러면서 그들은 앤을 칭찬했다. 그녀의 행동은 여러 면에서 용기가 있었고 명민했고 환상적이었다.

그러나 앤은 냉정을 유지했다. 그녀는 칭찬에 들뜨지 않고 회의적인 시각을 계속 유지했다. "어떻게 사람을 잠깐 보고 알 수 있겠습니까?" 그녀는 내게 그렇게 썼다. "알 수도 없고 알지도 못했습니다. 사람들은 페일린이 공화당이라는 이유로, 여자라는 이유로 처음부터 고정관념을 갖고 있었습니다. 그녀에 대한 어떤 새로운 사실이 나와도 편견의 구실로만 사용하더군요. 그들은 느낌을 지식이나 생각이라고 착각했습니다." 이런 비판적인 시각과 예리한 심리학적 관찰력만 있으면 평범한 사람도 슈퍼 예측가가 될 수 있다. 신중하고 정확한 조사도 마찬가지다. 앤의 이메일 내용을 정밀 조사한 전국의 유명 팩트체킹fact-checking 기관들로부터 그녀의 글은 진가를 인정받았다. 앤이 원래는 단지 친구와 친지들을 위해 글을 짧게 썼다는 점을 생각할 때 놀라운 일이 아닐 수 없었다.

앤의 집요함은 수그러들 줄 몰랐다. 토너먼트에 중앙아프리카공화국의 난민 수와 관련된 질문이 올라온 것을 본 그녀는 UN 홈페이지를 조사했고 그곳에 올라온 내용들이 일주일 지난 자료라는 사실을 확인했다. 그녀는 그 자료에 만족하지 않고 UN에 이메일을 보내 데이터를 얼마나 자주 업데이트하는지, 다음 업데이트는 언제쯤 진행될 예정인지 물었다. 앤은 또한 UN의 데이터가 변동 폭이 심하다는 사실에 주목했다. 앤은 다시 그들에게 이 문제에 대해 따졌다. 그녀는 답장을 받았지만 이는 프랑스어로 되어 있었다. 그녀는 다시 이메일을 썼다. "감사합니다만, 저는 불어를 모릅니다. 영어로 답변해주실 수 있습니까?" 다시 영어로 된 장문의 답장이 왔다. 그들은 자신들의 분석 방식을 자세히 밝혔다. 아주 솔직한 내용이어서 예측하는 데 큰 도움이 되었다.

앤이 슈퍼 예측가는 아니다. 적어도 아직은 그렇다. 하지만 그녀의 성적은 매우 인상적이다. 앤은 3년 차에 총 150문항에 대해 예측 결과를 내놓았다. 그녀가 속한 팀은 열의가 없는 편이어서 그녀는 거의 모든 작업을 혼자 해야 했다. 왜 그랬을까? 대학생이 점수를 잘 주지 않는 교수의 과목을 일부러 신청하는 것과 같은 이유에서였다. 그녀는 성적보다 배우는 쪽에 관심이 더 많았다. "늘 성장하고 배우고 바뀌기 위해 노력하고 있습니다." 그녀는 내게 그렇게 썼다.[17] 그녀의 결과를 확인하는 과정에서 우리는 그녀의 이런 자세를 확인할 수 있었다. 앤은 자신의 결과를 세심히 되짚어 살폈고, 그녀의 방식과 결과의 관계를 검토했으며, 진지하고 반성적인 내용의 이메일을 우리의 프로젝트 매니저에게 자주 알려 왔다. 이런 자세를 계속 유지한 탓에 그녀의 브라이어 지수는 향상되어 최고 수준의 예측자들도 가볍게 누를 수 있을 것 같았다. 간혹 자신감이 넘쳐 예측이 빗나가거나 정확성이 크게 떨어져도 그녀는 쉽게 물러서지 않았다. 질문이 이어지고 시간이 흘러도 그녀의 꾸준함은 변치 않았다. 그것이 바로 그릿이다. 그녀가 언젠가 슈퍼 예측가가 된다 해도 나는 전혀 놀라지 않을 것이다.

물론 슈퍼 예측가가 그녀의 종착역은 아니다. 슈퍼 예측가들을 보면 알 수 있지만, 그것은 또 하나의 출발점일 뿐이다. 슈퍼 예측가가 되어도 더 많이 시도하고 실패하고 분석하고 수정하고 다시 시도해야 한다. 컴퓨터 프로그래머들은 종종 어떤 프로그램의 최종 버전을 내놓지 않고 있는 그대로 사용하면서 끝없이 분석하고 계속 업그레이드한다. 그들은 그런 프로그램을 '영원한 베타perpetual beta'라고 부른다.

슈퍼 예측가는 영원한 베타다.

📍슈퍼 예측가의 초상

우리는 이러한 작업을 통해 슈퍼 예측가의 생활부터 점수와 작업 습관 등 그들과 관련된 많은 사실을 알아냈다. 다시 한 번 이런 면들을 평가하면 양식화된 슈퍼 예측가에 대해 종합적인 초상화를 그릴 수 있다.

철학적 관점에서 볼 때 드러나는 슈퍼 예측가의 성향

조심성 : 확실한 것은 없다

겸손함 : 현실은 무한히 복잡하다

비결정적 : 일어나기로 되어 있거나 꼭 일어나야 하는 사건이란 없다

매우 개방적인 자세 : 신념은 지켜야 할 보물이 아니라 검증되어야
할 가설이다

인지 욕구를 겸비한 지성과 유식함 : 지적 호기심으로 퍼즐과 정신적
도전을 즐긴다

반성적 : 내향적이고 자기비판적이다

수리적 : 수치에 밝다

예측 방법에서 드러나는 슈퍼 예측가의 성향

실용적 : 특정 개념이나 항목에 집착하지 않는다

분석적 : 코끝 관점을 지양하고 다른 견해를 고려할 수 있는 능력을
갖추고 있다

잠자리의 눈 : 다양한 견해를 존중하고 그것을 자신의 견해로 종합
해낸다

확률적 : 다양한 수준의 '아마도'를 활용하여 판단한다

세심한 업데이트 : 사실이 바뀌면 생각도 바꾼다

훌륭한 직관력을 갖춘 심리학자 : 인식적, 정서적 편견에 휩쓸리지 않
도록 늘 생각을 검토한다

일에 대한 철학

성장 마인드세트 : 더 좋아질 수 있다고 여긴다

그릿 : 시간이 걸리더라도 흔들리지 않고 꾸준함을 유지한다

대략적으로 설명했지만 이런 속성의 중요도가 모두 같은 것은 아니다. 슈퍼 예측가의 대열에 합류하려면 영원한 베타가 되어야 한다. 이들은 신념을 부지런히 업데이트하고 자기계발에 남다른 노력을 기울인다. 업데이트와 자기계발은 가장 강력한 라이벌인 지능보다 대략 3배는 더 강력한 예측 능력을 갖게 한다. 토머스 에디슨Thomas Edison의 말을 잠깐 빌려 비틀면, 슈퍼 예측은 75%의 땀과 25%의 영감으로 이루어진다.

슈퍼 예측가라고 해서 이 모든 속성을 다 갖출 수는 없을 것이다. 또 그럴 필요도 없다. 한 분야가 조금 부족해도 다른 분야에서의 강점으로 보충하면 얼마든지 정확한 예측을 할 수 있다. 그러나 아무리 IQ가 높아도 '시냅스를 늘리려는' 노력을 게을리한다면 그 공백을 메우는 것이 어렵다.

여기서 전혀 언급되지 않는 요소가 하나 있다. 바로 다른 사람들이다. 미래를 판단할 때 완전히 단독으로 하는 경우는 드물다. 인간은 사회적 동물이다. 우리는 함께 결정한다. 그래서 궁금증 하나가 떠오른다. 슈퍼 예측가들이 집단으로 일한다면 어떤 결과가 나올까?

SUPERFORECASTING

9장

슈퍼 팀

: 대중의 지혜가 개인의 지혜를 이기는가?

1961년 1월 10일 아침, 〈뉴욕타임스〉의 독자들은 식탁에 앉아 신문을 펼쳐들었다. 1면 헤드라인이 눈에 들어왔다. "미국, 과테말라의 비밀 기지에서 반 카스트로 군사 훈련 지원." 과테말라의 태평양 연안 내륙에서 "특공대로 보이는 부대원이 외국 교관들에게 게릴라 전술 훈련을 받고 있다. 외국 교관들은 대부분 미국 출신이다."

훈련받고 있는 군인들은 쿠바인으로 확인되었다. 또한 미국의 항공기들이 그 기지를 사용하고 있는 것도 확인됐다. 기사에는 그 기지를 건설한 미국 회사의 이름도 거론되고 있었다. 〈뉴욕타임스〉는 "미겔 이디고라스 푸엔테스Miguel Ydigoras Fuentes 대통령 등 과테말라 당국자들은 언제 닥칠지 모르는 쿠바의 공격에 대비하기 위한 군사적 노력의 일환이라고 주장했다"고 설명했다. 그러나 "푸엔테스 정부의 적국들은 이러한 준비 조치가 피델 카스트로Fidel Castro로 정권을 타도하기 위한 것이며, 이를 기획하고 지시하고 자금을 조달한 쪽은 미국이라고 주장했다. 미국 대사관은 이 문제에 대해 철저한 침묵으로 일관하고 있다."

CIA는 실제로 쿠바에서 망명한 사람들을 훈련시킨 다음 쿠바에 상륙시켜 피델 카스트로의 새 정부와 게릴라전을 벌이게 할 계획이었다. 중요한 것은 기밀 유지였다. 게릴라는 쿠바를 해방시키기 위해 나타난 애국 전사로 비춰져야 했다. 미군이 게릴라와 함께 상륙하면 일을 그르칠 위험이 있었기에 미국은 국적 표시가 없는 낡은 폭격기로 공중에서 지원하기로 했다. 모든 작전을 획책하고 실행하는 배후가 미국이라는 사실이 알려져서는 안 됐다. 적어도 계획은 그랬다.

〈뉴욕타임스〉 1면에 비밀 작전이 대서특필된 상황이라면, 워싱턴에서 이런 군사 작전을 계획한 사람들은 이 사태를 우려하여 작전을 재고하리라는 것이 상식적인 추측이다. 실제로 우려는 있었지만 재고는 없었다. "미국 병사들이 실전에 투입되지 않는 한 큰 문제는 없다는 것이 각료들의 생각이었다." 아서 M. 슐레진저 주니어Arthur M. Schlesinger Jr.는 그렇게 회상했다. 슐레진저는 신임 대통령 존 F. 케네디의 고문으로, 이 작전을 재가한 이너서클의 일원이었다. 그의 회상은 피그만 침공으로 알려진 작전의 패착에 대한 회한으로 가득 차 있었다.[1]

CIA가 훈련시킨 게릴라들이 쿠바에 상륙했을 때 이미 쿠바 군이 이들을 기다리고 있었다. 1,400명의 게릴라들은 순식간에 2만 명이 넘는 쿠바 군인들에게 포위됐다. 사흘 동안 이어진 전투에서 그들은 전원 사살되거나 체포됐다.

작전 실행에는 문제가 없었다. 문제는 계획이었다. 애초부터 무모했다. 단, 사후확신편향은 없었다. 모두들 이 어설픈 무용담을 조사하기 위해 달려들었다. 드물게도 좌우를 가리지 않고 모든 전문가들이 한 입으로 계획의 문제점을 지적했다. 그리고 백악관이 마땅히 알았어야 할 문제점을 인식하지 못했다고 결론 내렸다.

특별히 문제가 된 부분은 우발적인 사태에 대비하여 세워놓은 비상 계획이었다. CIA는 상륙작전이 실패하더라도 게릴라들은 에스캄브라이 산맥으로 탈출하여 다른 반 카스트로 군과 합류할 수 있을 것이라며, 대통령의 자문들을 안심시켰다. 그런 생각은 게릴라들을 산기슭 해안가에 상륙시키게 되어 있던 최초 계획에서 나온 것이었다. 그러나 입안자들은 상륙지점을 바꿨다. 그들은 계획 변경이 어떤 결과를 초래할지 전혀 고려하지 않았다. "에스캄브라이 산맥은 피그만과 130km 떨어진 곳에 있으며 그 사이에는 도저히 뚫을 수 없는 늪과 밀림이 가로막고 있었다. 우리는 그런 사실을 제대로 인식하지 못했던 것 같다." 슐레진저는 그렇게 회고했다.[2]

작전은 실패로 끝났다. 이 사건에 미국이 개입되지 않았다고 생각하는 사람은 아무도 없었다. 그 영향은 즉각적이고 심각했다. 미국의 우방들은 당황했고 라틴아메리카 국가들은 분개했다. 세계 곳곳에서 반미 시위가 잇달았다. 신임 케네디 행정부에 큰 기대를 걸었던 자유주의자들은 배신감을 느꼈고, 보수주의자들은 초보 대통령의 무능을 비웃었다. 무엇보다도 치명적인 것은 미국의 전략적 관심에 위기감을 느낀 쿠바 정부가 소련 진영 내부에서 그들의 입지를 더욱 굳히기 시작했다는 사실이었다.

이후 18개월 동안 플로리다 해안에서 멀지 않은 한 섬은 주둔한 소련 병사 5,000명에 의해 언제든 워싱턴 DC와 뉴욕시를 타격할 수 있는 소련의 중거리 핵미사일이 설치된 군사 기지로 탈바꿈하고 있었다. 케네디가 핵전쟁으로 치달을 확률을 3분의 1에서 2분의 1 사이로 예상할 정도로 두 초강대국은 한 치의 양보도 없이 마주보고 달렸다.

쿠바 미사일 위기에 관한 이야기는 피그만 대실패와 비슷하지만 그 유사성은 거기까지가 전부다. 1962년 10월의 아슬아슬했던 13일 동안 케네디 행정부는 미국 본토 공격을 비롯한 소련의 위협에 맞서 여러 가지 위험한 선택을 고려한 뒤 해상 봉쇄를 단행했다. 소련 선박들은 미국의 적색 라인에 접근했고, 양편은 상대의 반응을 떠보는 한편 비밀 외교 루트를 동원하여 상대방의 진의를 파악하기 위해 애를 썼다. 마침내 양측이 타결을 보았다. 두 강대국은 전쟁을 피해갔고 세계는 안도의 한숨을 내쉬었다.

피그만이 케네디 행정부의 패착이었다면, 쿠바 미사일 위기는 케네디 행정부의 힘을 확실하게 보여준 쾌거였다. 케네디와 그의 각료들은 엄청난 중압감 속에서도 창의적인 힘을 발휘하여 긍정적인 결과를 만들어냈다. 이런 사실을 알고 있는 우리는 케네디가 피그만 사건 이후 각료들의 면모를 쇄신하고 훨씬 막강한 자문단을 구성하여 미사일 위기에 대처했을 것이라고 짐작하게 된다. 그러나 그렇지 않았다. 두 드라마의 등장 인물은 거의 그대로였다. 피그만에서 어이없는 판단을 내렸던 팀은 쿠바 미사일 위기에서 놀라운 슬기로움으로 위기를 극복해낸 바로 그 팀이었다.

심리학자 어빙 제니스Irving Janis(오래전에 예일 대학교에서 내 박사 학위 논문을 지도했던 분이기도 하다)는 1972년에 집필한 그의 고전 《집단 사고의 희생자들Victims of Groupthink》에서 피그만 침공과 쿠바 미사일 사건에서 내려진 결정 과정을 자세히 분석했다. 요즘은 집단사고라는 말을 흔히 사용하지만, 이 말이 처음 사용된 책을 읽어본 사람은 많지 않을 것이다. 또 제니스가 말하는 집단사고는 요즘 막연하게 유행하고 있는 집단사고라는 말과는 다른, 좀 더 구체적인 어떤 것을 의미했다는 사실을 아는 사람도 많지 않을 것이다.

제니스는 가설이라고 전제하면서 이렇게 밝혔다. "결집력이 강한 작은 집단의 구성원들은 중요한 사고와 현실 검증을 방해하는 많은 착각과 관련 규정을 무의식적으로 만들어냄으로써 단결력을 유지하는 경향이 있다."3) 단결이 잘 되는 집단은 어떤 가정에 의문을 제기하거나 불편한 사실과 마주하기를 꺼린다. 이러한 이유로 만장일치가 쉽게 이루어지며 만장일치가 되어야 그들은 안심한다. 그리고 모두가 동의한다는 사실이 바로 그 집단의 선택이 옳다는 증거라고 여긴다. 모두가 틀릴 수는 없는 일 아닌가?

바로 이러한 이유로 미국이 개입되었다는 분명한 증거 없이 쿠바를 침공하는 비밀 계획이 어쩌다 〈뉴욕타임스〉 전면에 등장해도, 그 계획은 계속 진행될 수 있다. 해변에 미국 병사들이 없다는 사실을 분명히 밝히고 미국의 개입을 부인하면 그만이라고 생각하는 것이다. 물론 사람들은 그 말을 믿지 않는다. 그래도 걱정할 필요 없다. 집단에 있는 누구도 반대하지 않았다. 그 말은 모두가 완벽하게 합리적이라고 생각했다는 뜻이다. 그러니 그것은 합리적인 결정이었음이 틀림없다.

참담한 결과가 나온 뒤, 케네디는 그의 참모들에게 어떻게 그런 터무니없는 판단을 내렸는지 알아보라고 지시했다. 조사 결과 가장 심각한 문제점은 서로 말을 맞춘 만장일치였던 것으로 드러났다. 조사팀은 의사결정 과정을 수정하여 다시는 그런 일이 재발하지 않도록 조치해야 한다는 의견을 제시했다. '회의적 시각'이란 말이 새로운 표어가 되었다. 회의에 참석하는 사람들은 자신의 전문 분야를 대표할 뿐 아니라 어떤 일에도 의문을 제기할 권리를 가진 일반론자의 입장에서 발언해야 했다. 대통령 특별고문 시어도어 소렌슨Theodore Sorensen과 대통령의 동생 바비Bobby(로버트 케네디Robert Kennedy의 애칭)가 '이지적 감시자'로 임명되었다. 그들의 역할은 "문제를 지나치게 피상적으로 분석할 때 저지를 수 있는 실수를 막기 위해 모든 논쟁의 원인을 철저히 분석하는" 것이었다고 제니스는 지적했다. "로버트 케네디는 이 역할을 적극 받아들여, 동료들의 곱지 않은 시선도 아랑곳하지 않고 날카롭거나 때로는 귀에 거슬리는 질문을 던졌다. 그는 악마의 대변자를 자처했다."

프로토콜과 위계질서는 자유분방한 토론을 방해할 우려가 있기 때문에 배제됐다. 신선한 관점을 제공하기 위해 가끔은 새로운 고문들도 투입되었다. 그리고 존 F. 케네디는 가끔 회의 도중 자리를 떠서 참모들이 자유롭게 의견을 교환할 수 있는 분위기를 만들어주었다. 대통령이 있으면 아무래도 기탄없는 의견 교환이 이루어지기 어려웠기 때문이다. 무엇보다 중요한 것은 대통령의 판단이었다. 처음에 케네디는 소련의 미사일 발사 기지에 대해 선제 공습을 단행해야 한다고 생각했지만, 그 생각을 발설하지 않았다. 선제 공습이 논의의 초점이 되는 것을 피하기 위해서였다. 그 결과 "첫날 회의가 끝날 무렵 위원회는 10가지 대안을 두고 신중한 논의를 거듭했다." 대통령의 생각도 바뀌기 시작했다. 결코 쉬운 과정은 아니었다. 의견과 의견이 팽팽히 맞섰고 중압감은 가중되었다. 그러나 이 과정을 통해 그들은 핵전쟁이 아닌 평화적 타결을 이끌어낼 수 있었다.[4]

케네디의 백악관이 의사결정 문화를 개선시킨 과정은 경영학과 공공정책을 공부하는 학생들이 배우는 필독서가 되었다. 그 과정이 집단의 양면적 성격을 정확히 드러내기 때문이다. 집단은 큰 실수를 야기할 수 있다. 집단은 또한 예리한 판단을 내리고 혼자서는 할 수 없는 일을 함께 치러낼 수 있다. 경영자는 부정적이거나 긍정적인 면에 초점을 맞추는 경향이 있지만 사실은 2가지 모두를 봐야 한다. 앞서 언급했지만, '대중의 지혜'라는 말은 제임스 서로위키의 2004년 동명의 베스트셀러에서 유래되었다. 하지만 서로위키의 책 제목은 1841년에 영국에서 출간된 언론인 찰스 매케이Charles Mackay의 고전 《미망과 대중의 광기 Extraordinary Popular Delusions and the Madness of Crowds》에 대한 또 다른 표현이었다. 매케이의 책은 집단적 우매함을 드러낸 사례들을 담고 있다. 집단은 현명할 수도 있고 무모할 수도 있으며, 그 둘 다일 수도 있다. 어느 쪽으로 가느냐는 집단을 구성하는 사람이 누구인지와 아무 관계가 없다는 사실을 케네디 참모들이 입증해 보였다. 집단은 구성원들 하기 나름인 것이다.

♀ 집단사고와 정확성

IARPA 토너먼트의 목표는 정확성이었다. 예측자들을 팀으로 짜면 정확성이 올라갈까? 그렇다는 주장과 그렇지 않을 것이라는 주장이 팽팽히 맞섰다. 부정적으로 보는 사람들은 팀을 이룰 경우 사람들이 열심히 생각하지 않는다는 자료를 내세웠다. 수십 년 동안 여러 대학위원회를 겪어본 내 경험으로 봐도 사실 그랬다. 다른 사람들이 잘할 텐데 내가 무엇 때문에 이런 복잡한 문제를 붙들고 씨름해야 하는가? 이런 태도가 만연하게 되면 팀은 점점 활기를 잃는다. 설상가상으로 예측자들은 서로 친해져 집단사고가 자리를 잡게 내버려둔다. 이 2가지 경향은 서로 상승작용을 일으킬 수 있다. 우리는 모두 의견이 일치한다. 그러니 문제는 해결되었다. 그렇지 않은가? 한 집단에서 만장일치가 갖는 위력은 대단하다. 의견일치가 근거 없이 만들어진 것이라고 하더라도, 집단은 자기 정당성이라는 함정에 쉽게 빠져든다.

반면, 집단은 정보와 견해를 공유한다. 아주 바람직한 현상이다. 집단에서는 잠자리의 눈이 가동되고 그렇게 모인 집성물은 정확성에 중요한 영향을 미친다. 물론 집성물은 박람회에서 황소의 무게를 맞히는 경우처럼 사람들이 독립적인 판단을 내릴 때 마법을 부릴 수 있다. 독립적인 판단에서는 실수가 임의적이고 하찮은 것이기 때문에 그런 실수는 집성 과정에서 서로 상쇄된다. 하지만 사람들이 한 자리에 모여 집단으로 토론할 때는 생각과 표현의 독립성을 유지하기가 어렵다. 목소리가 큰 사람이 토론을 주도할 수도 있고 때로는 완력으로 때로는 사탕발림으로 다른 사람들의 의견을 묵살하거나 제압할 수 있다. 여러 면에서 집단은 개인적인 판단을 배제하고 실수를 용인하게 만든다. 이럴 경우 실수는 상쇄되지 않고 누적된다. 이것이 바로 집단적 우매함의 원천이다. 집단적 믿음은 17세기의 네덜란드에서 튤립 1송이가 노동자의 1년 봉급보다 더 가치가 있다고 생각하게 만들었고, 2005년 미국에서는 부동산 가격이 계속 오르기만 할 것이라는 확신을 심어주었다.

그러나 쿠바 미사일 위기에서 JFK 팀이 보여준 것처럼, 집단에서 독립성을 유지하는 일이 불가능한 것만은 아니다. 예측자들이 자신과 동료들에게 끊임없이 질문하고 격렬한 토론을 환영하는 분위기가 조성된다면, 집단은 부분의 합보다 더 많은 것을 얻게 된다.

그렇다면 집단은 슈퍼 예측가들의 성적을 향상시킬까 아니면 저하시킬까? 향상시킨다는 주장도 있었고 저하시킨다는 주장도 있었지만, 모두 추측에 지나지 않았다. 결국 우리는 2가지 이유로 우리의 연구에 팀워크를 도입하기로 결정했다. 첫째, 현실적인 차원에서 볼 때 다른 사람과 의논하지 않고 중요한 예측을 하는 경우는 드물다. 따라서 현실 속에서의 예측을 좀 더 잘 이해하기 위해서는 집단의 예측을 더 잘 이해해야 한다. 둘째는 호기심이었다. 정답을 모르기 때문에 우리는 알고 싶었다. 그래서 우리는 아치 코크란의 충고를 받아들여 직접 실험해보기로 했다.

첫해(2011~2012년)에 우리는 특정인에게 슈퍼 예측가라는 꼬리표를 붙여 분류하기에 앞서 수백 명을 무작위로 선발하여 단독으로 작업하게 했고, 또 수백 명을 무작위로 선발하여 팀으로 작업하게 했다. 팀원끼리 직접 만나지는 못했지만, 우리는 그들에게 마음 놓고 토론할 수 있는 온라인 광장을 마련해주었다. 팀원들은 이메일이나 스카이프 등 원하는 방법으로 서로의 의사를 교환했다. 각자의 점수는 따로 기록하되, 그 기록을 합산하여 팀 성적을 산출했다. 팀원들은 각자의 성적과 팀 성적을 모두 확인할 수 있었다. 게다가 예측자들은 그들이 원하는 대로 팀을 구성할 수 있었다. 목표는 정확성이었다. 정확도를 어떻게 높이는가는 그들의 손에 달린 문제였다.

우리는 또한 각 팀에 기본적인 팀워크 지침을 전달했다. 집단 작업에 대한 연구를 통해 얻게 된 조언이 담긴 지침이었다. 한편 우리는 집단사고의 위험성을 경고했다. 협조는 하되 지나친 예의는 피할 것. 의견 합의가 늘 좋은 것은 아니다. 의견 차이가 늘 나쁜 것도 아니다. 의견의 일치를 보더라도 합의했다는 사실 자체를 옳은 판단의 근거로 삼지 말 것. 끊임없이 의심할 것. 예리한 질문이야말로 인체 내에서 작용하는 비타민처럼 팀에 필수적인 요소다.

적대감이나 역기능 등 집단사고의 부정적 측면도 경계해야 할 위험 요소였다. 따라서 우리는 의견이 같지 않아도 얼굴을 붉히지는 말라고 충고했다. 인텔의 전 CEO 앤디 그로브Andy Grove의 말을 빌리면, '건설적인 대립'이 필요하다. 그러기 위해서는 질문이 정확해야 한다. 데니스 매시스Dennis Matthies와 모니카 월린Monica Worline의 작업에 힘입어 우리는 사람들이 얼마나 자주 모호한 주장을 교묘하게 분해하는지 예측자들에게 보여주었다. 누군가가 이렇게 말한다고 하자. "애석하게도 세상 사람들이 가장 좋아하는 여흥거리인 축구의 인기가 시들해지고 있어." 당신은 말도 안 되는 소리라고 생각한다. 그럼 어떻게 반박해야 하는가? "무슨 멍청한 소리!" 같은 인신공격은 단념하자. 인신공격은 문제를 해결하는 것이 아니라 더욱 복잡하게 만든다. "그럴 리가 있나?" 그 사람 의견에 동의하지 않는 이유를 말하지 않고 이렇게 의견 차이를 표시할 수도 있다. "그게 무슨 말이야?" 이렇게 말하면 감정은 건드리지 않겠지만 그래도 너무 모호하다. 조금 더 정확히 조준하자. "'여흥거리'라는 말이 무슨 의미야?" 아니면 "축구 인기가 시들고 있다는 증거가 있어? 언제부터 그렇다는 거야?" 질문을 정확히 한다고 해서 만사가 해결되는 것은 아니지만, 정확한 질문은 그런 결론을 내리게 된 생각을 드러내어 철저히 검토하고 검증할 수 있게 만든다.

소크라테스 이래로 좋은 스승은 정확하게 질문하는 법을 가르쳤다. 그래도 정작 그래야 할 때는 그렇게 하지 못한다. 케네디 팀이 피그만 침공을 계획했을 때 정확한 질문에 좀 더 치중했다면 상황이 어떻게 달라졌을까?

"반군이 공격을 받아 일이 틀어지면 어떻게 되는 겁니까?"

"에스캄브라이 산맥으로 후퇴합니다. 거기서 다른 반군과 만나 게릴라 작전을 펴면 됩니다."

"피그만의 상륙지점에서 에스캄브라이 산맥까지 거리가 어떻게 됩니까?"

"130km입니다."

"지형은 어떤가요?"

"대부분 늪과 밀림입니다."

"자, 게릴라 부대가 공격을 받았고 계획은 무산됐습니다. 헬리콥터도 탱크도 없습니다. 그런데 130km나 이어지는 늪지대와 밀림을 통과해야 은신처를 찾을 수 있단 말인가요? 정말입니까?"

만약 이런 대화가 이어진다면 "그럴듯한 계획이오!"라는 말로 끝날 것 같지 않다.

하지만 이런 식의 질문은 없었다. 대통령에 취임하고 나서 내린 케네디의 첫 주요 결정은 재앙으로 끝났다. 그들은 즉시 교훈을 얻었고 결국 각자 확고한 주장을 갖고 있지만 서로를 존중하는 토론을 통해 쿠바 미사일 위기를 슬기롭게 빠져나갔다. 우리가 예측자들에게 권한 방식이 구현된 좋은 선례였다.

📍 슈퍼 팀의 탄생

첫해가 끝날 무렵, 결과는 분명하게 드러났다. 평균적으로 팀이 개인보다 23% 더 정확했다.

2년 차에 접어들었을 때, 우리는 팀이 리서치 설계의 핵심 파트가 되어야 한다는 결론을 내렸다. 그러나 우리에게는 선택해야 할 다른 문제도 있었다. 여러 실험 조건을 두루 적용하여 최고의 예측자를 가려내면, 새로 왕관을 쓴 슈퍼 예측가들에게 무엇을 해줄 것인가? 그들에게 슈퍼 예측가가 되었다고 말해주어야 하는가? 슈퍼 예측가들이 서로 힘을 합쳐 슈퍼 팀을 만들기를 바라야 할까?

예상할 수 있는 위험은 분명했다. 사람은 일단 칭찬과 인정을 받으면 자신의 장점을 당연하게 여기기 시작한다. 성적이 비슷하게 우수한 사람들을 모아놓고 당신들의 실력이 대단하다고 말해주면 그들의 자존심은 한껏 더 부풀어오를 것이다. 그렇게 되면 더 좋은 방법을 개발하는 것이 아니라 자신의 판단이 틀림없이 맞을 것이라고 생각하게 된다. 흔히 볼 수 있는 역설이다. 성공은 찬사를 부르고 그 찬사는 성공을 가능하게 만든 정신 자세를 서서히 훼손시킨다. 성취력이 남다른 유능한 사람일수록 오만의 희생자가 될 확률이 높다. 사업을 하는 사람들은 이런 현상을 'CEO 병病'이라 부른다.

우리는 다시 주사위를 굴렸다. 그리고 슈퍼 예측가 팀을 만들었다. 각각 12명씩으로 구성된 팀이었다. 우리는 그들에게 팀의 기능을 높이는 데 도움이 될만한 지침을 제공했고 온라인으로 의사를 교환할 수 있는 광장을 따로 마련해주었다. 팀이라고는 해도 직접 만나기는 어려웠는데, 여기엔 좋은 점도 있고 나쁜 점도 있었다. 만난 적이 없기 때문에 서로 쉽게 무시할 수 있다는 것이 단점이었다. 갈등이 심해질 수도 있었다. 인터넷에서 벌어지는 토론이 순식간에 유해한 장광설로 전락하는 사례를 보면 알 수 있는 일이다. 장점이라면, 서로 거리를 두고 있기 때문에 논쟁을 조정하기 쉽고 비판적 견해를 유지할 수 있다는 사실이었다.

일레인 리치Elaine Rich처럼 팀에 처음 참가하는 슈퍼 예측가들은 대개 걱정이 많다. "팀을 의식하면 조심스러운 부분이 많았어요." 그녀가 내게 말했다. 워싱턴 DC에 사는 일레인은 월터리드 메디컬센터Walter Reed Medical Center에서 약사로 일한다. 그녀는 팀원들 중에 "거창하고 그럴듯한 자격증을 내세우는" 사람들이 몇몇 있다고 말했다. 그들의 기에 눌린 그녀는 처음엔 조용히 입을 다물고 예측만 했다. 과격한 예측은 없었다. 다른 사람들의 간판이 대단하고 모두들 자신감이 넘쳐 보여서만은 아니었다. 전혀 모르는 사람들의 의견에 의문을 제기하기가 쉽지 않았기 때문이었다. 사람들의 태도도 제각각이었다. 어떤 사람이 제시한 의견을 도움이 된다고 생각하는 사람이 있는가 하면 시비조의 비판으로 받아들이는 사람도 있었다. 많은 사람들을 격분하게 만들만한 질문을 제기하는 사람도 있었다. 그런 문제를 두고 논쟁할 때는 마치 지뢰밭을 걷는 기분이었다. 아라파트―폴로늄에 관한 논의는 최악이었다. "그 문제를 다룰 때는 손에 진땀이 났습니다. 거의 금기시되는 문제였으니까요."

"서로 눈치만 보며 겉돌고 있다는 느낌이 들 때가 많았습니다." 마티 로젠탈Marty Rosenthal은 팀으로 일한 첫해를 그렇게 회상했다. 다른 사람의 평가에 동의하지 않을 경우엔 검증을 원했지만 그런 생각을 말했다가 상대방의 기분을 상하게 하지 않을까 걱정이 되었다. 그래서 사람들은 자신의 주장을 확실히 드러내지 않으면서도 하고 싶은 말이 제대로 전달되기를 바라면서 변죽을 울리는 "아주 신중한 어법을 사용했다."

시간이 지나면서 문제점이 드러나기 시작했다. 이렇게 눈치만 보는 모습을 보면서 사람들은 공손함이 지나치면 비판적인 검토가 어렵다는 사실을 깨달았다. 그래서 그들은 비판을 환영한다는 사실을 서로에게 확신시켜주기 위해 각별히 노력했다. "내가 보지 못하는 것을 보게 되었다면 기탄없이 저를 제지해주시기 바랍니다'라고 모두들 말했습니다." 로젠탈은 그렇게 전했다. 분위기가 달라졌다. 건설적인 비판에 대해 감사를 표하는 것도 상황을 바꾸는 데 도움이 되었다. 점차 눈치를 보며 변죽만 울리는 일이 줄어들었다.

팀으로 이루어지는 조사는 종종 팀에 리더와 규범이 있다는 가정 하에 이런 문제가 실적에 방해가 되지 않도록 하는 데 초점을 맞춘다. 가장 흔한 해법은 케네디 정부가 피그만 침공 이후에 시행했던 방법으로, 위계적 분위기를 없애고 외부 인사를 영입하며 리더의 견해를 드러내지 않는 것이다. '사전부검premortem'도 1가지 방법이다. 즉 어떤 조치가 실패했다고 가정한 다음 그 이유를 설명하게 하는 방법이다. 이러한 방식을 통해 팀원들은 리더의 계획에 대해 그들이 품고 있는 의구심을 마음 놓고 드러낼 수 있다. 그러나 슈퍼 팀은 리더와 규범으로 시작하지 않았다. 그들은 다른 도전을 만들어냈다.

지금은 비상근직으로 있는 마티 로젠탈은 수십 년 동안 경영 컨설턴트로 일하면서 팀을 꾸리는 일을 맡아왔다. 하지만 이젠 어떤 체계적인 조직도 없는 상태에서 팀을 꾸려야 했다. 게다가 팀원들을 직접 만나지 못하는 환경이라 더욱 어려웠다. 앞으로 나서서 방향을 제시할 수도 있지만 낯선 사람들에게 그런 행동이 통할지 의문이었다. "하나의 팀으로 운영하는 방법을 두고 사람들 간의 의견 차이를 확인할 수 있었습니다. 저는 그런 차이를 드러내고 싶었지만 그렇다고 그런 차이를 그대로 둬도 되는 거라고 생각하게 하고 싶지는 않았습니다. 그래서 전 나서지 않고 팀을 이끄는 방법을 주로 활용했습니다. 가능하면 솔선수범하는 방식이죠." 사람들이 자신의 예측을 충분히 설명하지 않아서 토론이 제대로 이루어지지 않는다고 판단한 그는 자신이 예측한 과정과 방식을 자세히 설명한 후 사람들의 논평을 유도했다. 그는 또한 화상회의를 통해 자신이 다루는 과제를 상세히 설명하면서 일에 대한 부담감을 논의하게 했다. 팀원들은 대부분 적극적으로 참가했다. "다들 피드백을 받기 더군요." 마티는 그렇게 말했다. "사람들은 이런 방법을 통해 팀에 좀 더 적극적으로 참여하고 있다는 느낌을 받는 것 같습니다."

팀원들이 직접 만날 수 있는 기회가 2번 있었다. 2년 차와 3년 차가 끝나는 시점에 GJP 프로젝트 매니저인 테리 머레이가 와튼 스쿨과 캘리포니아 대학교 버클리 캠퍼스에서 모임을 열었다. 모임의 공식 목표는 지식 공유였다. 연구진들은 자료를 제시했고 슈퍼 예측가들은 각자의 견해를 내놓았다. 하지만 좀 더 인간적인 관계를 조성해보자는 부차적인 목표도 있었다. 슈퍼 예측가들은 대부분 두 번째 목표를 적극 반겼다. 마티는 버클리 캠퍼스에서 그리 멀지 않은 곳에 살고 있었기에 팀원들을 집으로 초대하여 바비큐와 맥주를 대접했다. 팀원들 거의가 빠지지 않고 참석했다. 마티는 그것이 대단한 노력이 필요한 일은 아니었지만 그 모임 자체가 상당히 의미 있는 일이었다고 생각한다고 말했다. "모임을 갖고 나니 서로를 더욱 격려하게 되었고, 열의도 확실히 높아져 정보를 공유하기 쉬워졌습니다."[5]

일레인 리치도 소속감을 갖게 되었다. 그녀는 성적이 좋았고 자신감도 높아졌으며 그와 함께 책임감도 커졌다. "처음에는 다른 사람들이 쓴 글을 읽고 받아들이는 편이었지만, 점차 내가 할 일을 찾아야겠다는 생각이 들었습니다." 그 전까지는 자신의 생각과 조사한 내용을 쉽게 밝히지 않았다. "아무래도 혼자 작업하면 소극적이 되거든요."

어느 팀이든 5~6명 정도의 핵심 멤버들이 일의 대부분을 해냈다. 팀으로 작업하면 업무 분담이 이루어지기 때문에 그들이 예측 작업을 게임이 아닌 일로 생각하여 접근하게 되면 임무에 들어가는 노력도 분산되리라고 짐작하기 쉽다. 그러나 우리는 최고의 실적을 보이는 팀에서 그와 반대되는 현상을 확인할 수 있었다. 업무는 나뉘었지만 열의는 배가되었고 그래서 예측자들의 노력도 배가되었다. 팀으로 작업하면 "할 일이 더 많습니다." 일레인은 그렇게 말했다. 그래도 혼자서 할 때보다 자극을 더 많이 받을 수 있기 때문에 개의치 않았다. "서로 응원하고 도와주고 그래서 아이디어를 더 많이 찾아낼 수 있었습니다. 가히 폭발적이었죠."[6]

의식이 뚜렷한 슈퍼 팀들은 정보 발굴에 남다른 의욕을 보였다. 2013년에 시행되는 온두라스 대통령 선거에서 누가 이길 것인가, 하는 문제에서 남아프리카 출신의 폴 시런Paul Theron은 온두라스의 정세를 분석한 내용의 웹사이트를 찾았다. 글을 쓴 사람의 경력과 내용의 면밀함에 감탄한 그는 그 글을 올린 사람에게 이메일을 보내 의견을 나누고 토론을 벌였다. 폴은 자신의 예측 결과를 바꿔 카스트로와 맞서는 에르난데스의 우세를 점쳤다. 선거는 에르난데스의 승리로 끝났다. 애를 쓴 보람이 있었다. 찾아낸 정보를 하나도 빠뜨리지 않고 공유한 폴 덕분에 팀원들도 역시 혜택을 받았다. "혼자서 정보를 수집하는 것보다 팀으로 함께 수집하면 훨씬 더 효율적입니다." 폴은 내게 그렇게 말했다. "개인은 절대로 팀이 커버하는 범위를 모두 제대로 다룰 수 없습니다. 시간 제한이 없다고 해도 각자 조사하는 방식이 다르기 때문에 개인의 실적은 팀에 비해 떨어질 수밖에 없습니다. 팀원들은 조금씩 다른 정보들을 가지고 모입니다."7)

결과가 모든 것을 말해준다. 평균적으로 1명의 예측자가 1년 차에 열심히 하여 슈퍼 예측가가 되고, 2년 차에 슈퍼 예측가 팀에 들어가면 예측의 정확성이 50% 향상되었다. 3년 차에도 같았다. 사이버 공간에서 별다른 유대감도 없는 사람들끼리 만든 모임이라는 점을 생각하면 놀라운 결과가 아닐 수 없다.

더욱 놀라운 건 슈퍼 팀들의 견해가 예측시장과 달랐다는 사실이었다. 대부분의 경제학자들은 여기저기 흩어진 정보를 한 곳으로 모아 하나의 판단으로 추려내는 작업에는 시장이 가장 효율적인 메커니즘이라고 말한다. 시장은 거래를 통해 그런 작업을 수행한다. 어떤 주식이 특정 가격에서 가장 적당한 가치를 가진다고 판단할 때 나는 당신에게 그 주식을 사겠다고 제안한다. 하지만 당신도 나처럼 판단하고 있다면 당신은 팔지 않을 것이다. 그 사람이 나에게 판다면 내 판단이 틀렸다고 생각했기 때문인 것이다. 물론 현실에서 거래를 가능하게 만드는 데는 이외에도 여러 가지 이유가 있지만(당신과 내게는 서로 다른 방향으로 나가게 만드는 다른 재정적 니즈가 있다), 일반적으로 시장은 사람들이 상대방의 생각을 쉴 새 없이 추측하게 만드는 인센티브를 창출해낸다. 이런 모든 판단과 그 판단에 입각한 정보가 모여 가격으로 표현된다. 나처럼 그 주식이 현재 가격보다 더 가치 있다고 생각하는 사람이 많으면, 그들은 그 주식을 사려고 할 것이다. 수요가 많아지면 가격은 밀려 올라간다. 사는 사람들의 모든 개인적 판단과 그런 판단을 유도하는 모든 정보

는 '가격에 반영된다.'

그렇다고 해서 시장이 완벽하다는 의미는 아니다. 또 정보를 효율적으로 모으는 사람들이 대단히 유리한 위치에 있는 것은 사실이지만 그렇다고 그들을 이길 수 없는 것은 아니다. 경제학자들이 말하는 효율적 시장가설efficient market hypothesis, 이하 EMH은 사실 우리가 심리학이나 경험을 통해 배운 것과는 잘 맞지 않는다. 시장도 실수를 한다. 때로 시장은 집합적 마인드를 잃는다. 그러나 시장이 EMH를 전폭 지지하는 사람들의 주장만큼 효율적이지 못하더라도, 개인이 시장을 지속적으로 이기기는 매우 힘들다. 그런 실적을 올렸다고 주장하는 사람이 많지 않은 것도 바로 이 때문이다.

예측시장은 예측을 거래하는 시장이다. 다시 말해 트레이더들은 특정 결과에 대한 계약을 사고판다. 가령 '2016년 미국 대선에서 힐러리 클린턴이 당선될 것이다'와 같은 결과에 사람들은 베팅을 한다. 2016년에 대선이 치러지면 계약은 청산된다. 힐러리가 패하면 그 계약에서 지급되는 돈은 없다. 힐러리가 이기면 계약은 1달러짜리가 된다. 계약이 현재 40센트에 팔리는데 힐러리가 이길 확률을 60~70% 정도로 본다면 그 계약을 사야 한다. 그렇게 생각하는 사람이 많으면 수요가 늘어나 가격이 트레이더들이 적당하다고 생각하는 수준까지 오를 것이다. 선거 전에 힐러리에게 불리한 사건이 생기면 팔겠다는 주문이 몰리면서 가격이 떨어진다. 이러한 모든 판단이 모여 계약 가격은 힐러리 클린턴이 이길 확률을 근접하게 추적해간다. 이론적으로 그렇다.

아이오와 전자시장Iowa Electronic Markets은 높은 적중률로 유명하다.

이 시장은 노벨상 수상자들이 만든 이론을 적용한다. 슈퍼 팀과 예측시장이 맞붙으면 누가 이길까? 경제학자들은 보나마나 예측시장이 슈퍼팀을 압도할 거라고 말할 것이다.

우리는 예측자들을 3가지 부류로 나누어 경제학자들의 생각이 맞는지 실험했다. 첫 번째는 단독으로 활동하는 부류였다. 두 번째는 팀을 이뤄 작업했다. 세 번째는 잉클링Inkling이나 루메노직Lumenogic 같은 기업들이 운영하는 예측시장의 트레이더들이었다. 물론 1년 차가 끝나고 팀의 중요성이 확실히 입증되었을 때 혼자 작업한 예측자들이 팀이나 예측시장과 대등한 실적을 올릴 것이라고 예상한 사람은 아무도 없었다. 그래서 우리는 '대중의 지혜'를 얻기 위해 모든 예측을 결합하여 가중치를 사용하지 않은 평균값을 계산했다. 그리고 우리에게는 비교할 대상이 하나 더 있었다. 슈퍼 팀이었다.

결과는 매년 분명하게 드러났다. 일반 예측자 팀은 대중의 지혜를 10% 정도 차이로 눌렀다. 예측시장은 일반 예측자 팀을 약 20% 차이로 이겼다. 그리고 슈퍼 팀은 예측시장을 15~30% 차이로 눌렀다.

금융 분야에서 일하는 내 동료들이 먼저 이의를 제기했다. 슈퍼 팀이 예측시장을 누를 수 있었던 것은 시장의 유동성 부족 때문이라는 주장이었다. 다시 말해 진짜 돈이 아닌 가상화폐로 베팅하는 데다 참가하는 트레이더가 많지 않기 때문이라는 것이다. 그들의 말이 맞을지 모른다. 이는 검증을 거쳐야 하고 또 검증할 가치가 충분히 있는 부분이다. 하지만 예측시장이 복잡한 국제 문제를 예측하는 데 매우 우수한 성적을 냈으며, 그런 예측시장을 슈퍼 팀이 눌렀다는 사실을 인정하는 것도 중요하다.

슈퍼 팀은 어떻게 그렇게 탁월한 성적을 올릴 수 있었을까? 극단적인 집단사고와 온라인 논쟁의 폐해를 피했기 때문이다. 무엇보다 서로에 대한 예의를 잃지 않으면서도 상대방에 대해 비판을 제기하고 무지를 인정하고 도움을 요청하는 분위기를 조성하는 그들만의 문화가 큰 위력을 발휘했다. 슈퍼 팀은 하버드 대학교 경영대학원 교수인 에이미 에드먼슨Amy Edmondson이 밝힌 최고의 수술 팀과 닮은 점이 많았다. 의사가 환자의 췌장 뒤에 있는 스펀지를 꺼내지 않은 채로 봉합하려고 하면 간호사는 지체 없이 그 자리에서 의사의 실수를 지적한다. 그 편이 '심리적으로 안전하다'는 것을 그녀는 알고 있다. 에드먼슨이 확인한 최고의 팀은 공통의 목적을 가지는 팀이었다. 우리가 조직한 슈퍼 팀들도 그랬다. 그들이 사용하는 언어만 봐도 알 것 같았다. 그들은 '나'라는 말보다 '우리'라는 말을 많이 썼다.

슈퍼 팀이 되려면 개방적 사고가 전제되어야 한다. 5장에서 본 대로 개방적 사고는 정확한 예측에 있어 매우 중요한 요소다. 그래서 개인의 적극적인 개방성active open-mindedness을 검증했던 것처럼, 우리는 팀의 구성원이 집단을 대하는 태도나 집단 내에서 이루어지는 상호작용의 패턴을 조사했다. 예상했던 대로 팀의 개방성과 정확성에는 일정한 상관관계가 있었다. 어찌 보면 당연한 결과였다. 그러나 하나의 팀으로 하여금 개방적 마음을 갖게 만드는 것은 무엇일까? 아마도 팀원 개인의 성향일 것이라고 생각할지 모른다. 열린 마음을 가진 사람들로 구성된 팀은 열린 사고를 하게 되고, 그렇지 못한 사람으로 팀을 짜면 그 팀은 열린 사고를 하지 못할 것이라고 생각할 것이다. 하지만 결과는 그렇지 않았다. 팀은 부분의 단순한 합이 아니었다. 집단이 집합적으로 생각하는 방법은 집단 그 자체의 발현적 속성emergent property으로, 각 멤버 내부의 사고 과정일 뿐만 아니라 멤버들 간의 의사소통 패턴의 속성이다.8) 열린 마음을 가진 집단이라도 서로에 대한 관심이 부족하다면 그 집단은 부분의 합보다 작을 것이다. 서로 적극적으로 관심을 가진 상태에서 자신의 주장을 내세우며 진실을 추구하는 사람들의 집단은 각자의 주장을 내세우는 부분의 합보다 클 것이다.

⦿ 공유하는 문화

이러한 과정을 통해 우리는 이기는 팀의 결정적 특징을 알아낼 수 있었다. 그것은 다름 아닌 공유하는 문화였다. 나의 와튼 스쿨 동료이자 《오리지널스Originals》의 저자인 애덤 그랜트Adam Grant는 사람들을 '주는 자'와 '받는 자'와 '받는 만큼 주는 자'로 나눈다. 주는 자는 받는 것 이상으로 준다. 받는 자는 받은 것보다 덜 준다. 받는 만큼 주는 자는 말 그대로 받는 만큼만 준다. 늘 손해 본다고 주는 자를 비웃을 수도 있다. 주는 자는 남에게 이용당하기 쉽기 때문에 사정이 더욱 안 좋아질 것이라고 생각할 수도 있다. 그러나 그랜트의 연구에 따르면, 주는 자의 친 사회적 사례는 다른 사람의 행동까지 바꾸기 때문에 사회구성원 모두에게 도움이 되는 것으로 밝혀졌다. 그랜트의 확인 결과, 예측 토너먼트에서도 주는 자들의 성적이 가장 좋았다.

마티 로젠탈은 주는 쪽이다. 그렇다고 무조건 베풀지는 않는다. 그는 모두에게 이익이 되는 쪽으로 사람들의 행동을 바꾸려고 애를 썼고 그래서 솔선수범을 보였다. 마티가 그랜트를 알 리는 없었지만, 내가 그랜트의 연구 결과를 귀띔해주었을 때 그는 전적으로 동의했다. "무슨 말인지 알겠습니다." 슈퍼 팀에는 주는 자들이 많다. 더그 로치는 사람들이 창의적으로 생각하고 자신의 생각을 공유하도록 만드는 프로그래밍 툴을 만들어 나눠주었다. 팀 민토는 시간의 경과에 따라 예측을 자동으로 수정하는 법을 알려주었다. 모두가 주는 자였다. 손해를 보는 사람은 없었다. 더그 로치의 점수는 2년 차에 최고였고, 팀 민토는 3년 차에 최고였다. 그리고 그들의 팀은 모두 팀 대항에서 1위를 했다.9)

그러나 쉽게 생각해서는 안 된다. 언뜻 보면 별것 아닌 요리법처럼 보인다. 시장에서 최고의 실적을 올린 사람들을 구해 한 팀으로 버무린 다음 집단사고를 걸러내고 주는 자들을 조금 뿌린 다음 돈이 들어오길 기다리면 그만이라고 생각할지 모르겠다. 하지만 그렇게 간단하지 않다. 기존의 조직에 이런 방법을 그대로 적용하려면 여러 가지 걸림돌이 많다. '슈퍼' 지위에 어울리는 사람들을 찾아내겠다고 함부로 사람들을 추려 교차기능팀을 만들려고 하면 분열과 불화만 조장하기 쉽다. 또 좋은 결과가 나온다는 보장도 없다. 앞에서 설명한 분위기와 전혀 맞지 않는 예외가 있었다. 서로 응원하는 분위기는 아니었지만 그래도 잘하는 팀이었다. 다만 최고의 슈퍼 예측가였던 그들 중 어떤 사람은 집단사고의 위험을 무릅쓰고 싶지 않다는 이유로 팀원들과 의견을 교환하지 않으려고 했다.

이런 부분은 심리학적 연구가 필요한 복잡한 문제다. 확실한 결론을 얻으려면 시간이 더 필요하다. 특히 슈퍼 팀에 대한 우리의 연구는 아직 초보 단계를 벗어나지 못하는 수준이다. 이제 겨우 단서만 잡은 문제도 많다.

나의 동료 중 하나로 IARPA 토너먼트에도 참가했던 스콧 페이지 Scott Page는 '다양성이 능력을 누른다'는 조금 도발적인 표현을 썼다.[10] 이미 살펴본 대로, 다양한 견해를 모으면 판단을 향상시킬 수 있다. 그만큼 다양성은 중요하다. 일치된 의견은 아무리 많이 모아도 나아지지 않는다. 그러나 조금씩 다른 견해들이 모이면 약간 향상된 결과가 나온다. 관점의 다양성은 마법의 힘을 갖는다. 슈퍼 예측가들이 다양하니까 슈퍼 팀도 매우 다양했지만, 사실 우리가 처음부터 그 점을 염두에 두고 팀을 구성했던 것은 아니다. 우리는 그들의 능력을 먼저 생각했다. 페이지의 말이 맞다면, 그래서 우리가 다양성을 팀 구성의 핵심 요소로 삼고 능력을 부차적으로 생각했다면 더 좋은 결과가 나왔을지도 모를 일이다. 하지만 여기서도 이분법은 위험하다. 능력이냐 다양성이냐의 문제는 중요하지 않다. 중요한 것은 능력과 다양성을 잘 조화시켜 어떤 상황에서 어떤 작업이 가장 좋은 결과를 내는지 알아내는 것이다.

이런 균형 잡힌 조화의 의미와 그 신뢰성을 가려내기 위해 다시 파키스탄의 의문의 저택으로 시선을 돌려보자. 오바마 대통령은 참모들에게 그 저택에 머물고 있는 유별나게 키 큰 남자가 오사마 빈 라덴일 가능성이 어느 정도인지 물었다. 대답은 30%에서 95%까지 제각각이었고 그중 50%가 가장 많았다. 그 수치를 합해 인원수대로 나누면 대략 70%가 된다. 그것이 대중의 지혜였다. 그 수치는 그 모임이 가장 중시해야 할 수치이고 함부로 무시할 수 없는 수치였다. 그렇다면 그 이상의 수치도 가능할까?

우리가 연구한 대로라면 '그렇다'고 볼 수 있다. 오바마 팀의 다양성을 고려할 때 대통령은 더 확실한 수치를 얻을 수 있었다. 참모 구성원이 다양할수록 그들은 다른 사람이 갖지 못한 정보를 수집할 확률이 더 클 것이다. 그리고 그 단편적인 정보들은 대부분 '그가 빈 라덴이다'라고 보기 때문에, 모두가 다른 사람들이 갖지 못한 단편적인 정보를 받는다면 각자의 추산은 상향조정될 것이다. 그래서 대중의 지혜는 아마 80%나 85%가 될 것이다.

이것이 바로 4장에서 언급한 극단화 알고리즘의 배경이다. 극단화 알고리즘의 효과는 대단하지만 그 효율성은 다양성 여부에 달려 있다.[11] 다양성이 전혀 없어 모든 구성원이 모두 같은 생각을 하고 모두가 다른 사람이 아는 내용을 전부 아는 팀에서는 극단화가 이루어질 수 없다. 물론 그런 팀은 없다. 그러나 정보 교환이 잘 이루어져 다양성이 줄어드는 팀은 있다. 슈퍼 예측가 팀에서 특히 그런 경향이 강했다. 그래서 극단화는 그들에게 별다른 도움이 되지 않았다. 그러나 일반 예측팀들은 정보 교환에 익숙하지 않았다. 그래서 우리는 그들의 결과를 극단화함으로써 큰 소득을 얻을 수 있었다. 실제로 극단화 과정을 통해 일반 예측팀들은 몇몇 슈퍼 팀을 능가할 정도로 큰 진전을 이루었고, 앞서 본 대로 일반 예측자들을 많이 모은 풀을 극단화할 경우 토너먼트에서 이기는 결과를 거둘 수 있었다.

이들이 가진 도구의 효능이 아무리 좋다고 해도 정보 분석가들이나 그들의 결론을 종합하는 관리들을 대신할 수는 없다. 또 그래서도 안 된다. 내가 아는 한, 쿠바 미사일 위기 당시 존 F. 케네디처럼 리더는 언제나 똑똑한 참모로 구성된 팀의 조언을 받아야 한다. 그러나 이 도구는 미국 대통령을 비롯한 의사결정자들의 탁자에 올려도 손색이 없을 만한 예측을 만들어낼 정도로 좋다.

리더의 딜레마

: 최고의 예측과 리더의 실적

리더는 결정을 내린다. 결정을 내리려면 예측하거나 예측을 활용해야 한다. 그리고 예측은 정확해야 한다. 따라서 슈퍼 예측의 교훈은 그들에게 대단한 관심사가 된다.

하지만 리더는 또한 목표를 실천하고 목표를 이루어야 한다. 한마디로 리더는 리드해야 한다. 그래서 사람들을 이끄는 리더는 리더를 위한 슈퍼 예측이 주는 교훈의 효용성을 의심하게 된다.

사람들에게 능력 있는 리더가 갖추어야 할 자질에 대해 열거해보라고 하거나, 리더십에 대해 가르치는 업체에 자문을 구하거나, 리더십에 관한 연구를 조사해보면, 기본적으로 3가지 점에서 의견이 일치한다. 일단 자신감이다. 리더는 자신감이 있어야 하고 다른 사람들에게도 자신감을 불어넣어주어야 한다. 할 수 있다는 믿음이 없으면 아무것도 할 수 없다. 두 번째는 결단력이다. 리더는 오래 생각할 시간이 없다. 상황을 신속하게 파악하고 결정을 내린 다음 과감히 실천에 옮겨야 한다. 그리고 리더는 비전을 제시해야 한다. 간절히 바라는 것을 이룰 수 있다는 믿음을 갖게 해주어야 한다.

그렇다면 어떤 유형의 사고를 해야 슈퍼 예측을 할 수 있으며, 그런 예측을 리더들의 덕목에 맞출 수 있을까? 리더가 아무것도 확신하지 못한다면 어떻게 자신감을 가지며, 무슨 수로 사람들에게 자신감을 불어넣을 수 있단 말인가? 리더가 생각이 많고 복잡하고 자기비판적이라면 어떻게 '분석마비증(너무 많은 정보로 인해 결론을 내리지 못하는 상태-옮긴이)'을 피해 단호한 결정을 내릴 수 있단 말인가? 새로운 정보가 나올 때마다 생각을 바꾸고 심지어 자신의 판단이 틀렸다고 생각하면 어떻게 거침없는 결정을 내릴 수 있단 말인가?

슈퍼 예측에 필요한 것은 겸손한 정신이다. 즉 현실은 생각보다 훨씬 더 복잡하며 우리의 이해력에는 한계가 있고 실수는 불가피하다는 생각을 잊지 않아야 슈퍼 예측을 할 수 있다. 윈스턴 처칠이나 스티브 잡스 같은 리더들을 가리켜 '겸손한' 인물이라고 말한 사람은 아무도 없다. 간디라면 모를까. 간디 외엔 없을까? 겸손한 리더를 1~2명 더 찾아보라.

그리고 슈퍼 팀의 운영 방식을 생각해보자. 우리는 슈퍼 팀에게 팀을 효율적으로 운용하는 방법에 관한 지침을 주었지만 결코 강요한 것은 아니었다. 그들에게는 위계나 지시도 없고 정해진 리더십도 없었다. 이들 무정부주의자들의 기본 조직은 슈퍼 예측가들이 좋아하는 끝없는 재고와 삼고를 위한 터전이었지만, 함께 모여 일을 처리하는 조직을 갖추는 경우는 거의 없었다. 그렇게 하려면 구조가 있어야 하고 책임을 지는 리더가 있어야 한다.

이는 심각한 딜레마처럼 보인다. 리더는 예측을 하는 사람인 동시에 리더여야 하지만 한 쪽을 잘하려면 다른 한 쪽을 희생해야 할 것 같다.

다행히 슈퍼 예측가와 슈퍼 리더의 모순은 보기만큼 그렇게 심각하지 않다. 실제로 슈퍼 예측가 모델은 훌륭한 리더를 더 훌륭하게 만들고 그들이 이끄는 조직을 스마트하고 융통성 있고 효율적으로 만드는 데 도움이 될 수 있다. 이런 특징을 가장 잘 드러낸 사례를 우리는 19세기 프로이센의 장군이 처음 구체적으로 언급하고, 제2차 세계대전의 독일군이 완성한 제도에서 찾을 수 있다. 이들의 기본 방법은 현대 미군의 기본 원리가 된 데 이어 많은 기업들이 리더십과 조직 구성에 적용했고 또 지금도 적용하고 있다. 근처에 있는 월마트에만 가도 이런 방법을 확인할 수 있다.

📍 몰트케의 유산

"전쟁에서는 모든 것이 불확실하다."[1] 헬무트 폰 몰트케Helmuth von Moltke는 그렇게 썼다. 몰트케는 1864년에 덴마크를 패주시키고, 1866년에는 오스트리아를, 1871년에는 프랑스를 무찔러 이름을 높인 프로이센의 장군이다. 이러한 승리는 독일의 통일로 절정을 이루었다. 전쟁에 관한 그의 여러 저술은 위대한 전쟁 이론가인 칼 폰 클라우제비츠Carl von Clausewitz의 영향을 받아 쓴 작품들로, 두 차례의 세계대전을 치르게 되는 독일군을 만드는 데 결정적인 역할을 했다. 몰트케는 나폴레옹과 달랐다. 그는 자신을 체스판의 말을 움직이듯 군사들에게 지시만 내리는 리더로 여기지 않았다. 리더십과 조직을 대하는 그의 방법은 기존의 리더의 개념과 완전히 달랐다.

프로이센 군대는 오래전부터 불확실성을 인정하고 있었지만 몰트케에게 "모든 것이 불확실하다"라는 표현은 그 함축적 의미를 되새겨봐야 하는 경구였다. 무엇보다 중요한 것은 자신의 계획을 무조건 신뢰해서는 안 된다는 점이었다. "적의 주력 부대와 처음 마주치는 순간 효력이 계속 확실하게 유지되는 작전은 없다." 그는 그렇게 썼다. 이 문장은 수십 년 동안 되풀이되고 다듬어져 요즘은 약간 다른 말투로 병사들에게 각인된다. "어떤 작전도 적과 마주치는 순간 무의미해진다." 표현이 훨씬 간단명료해졌다. 그러나 몰트케가 말한 원래의 표현이 그의 생각을 더욱 함축적으로 잘 드러낸다. 어떤 상황에서든 모두 통하는 "절대적인 규정은 있을 수 없다." 그는 그렇게 썼다. 전쟁에서 "정확히 같은 사례는 있을 수 없다." 그래서 임기응변이 중요하다.2)

몰트케는 장교들의 임기응변 능력을 믿었다. 군사 훈련 외에도 그들은 오늘날 우리가 인문 교육이라고 지칭하는 훈련을 받았다. 비판적 사고를 기르기 위한 교육이었다. 군사 과목 시간에도 그들은 신중하게 생각하라고 배웠다. 같은 시기에 미국 등 다른 나라의 교관들은 문제를 제시하고 정답을 일러준 다음 고개를 끄덕이는 학생들에게 정답을 암기하도록 훈련시켰다. 독일 군사 학교의 교관은 시나리오를 제시할 뿐 해법은 학생들이 머리를 맞대고 의논하여 스스로 찾아내게 했다. 의견 차이는 용인되는 정도가 아니라 적극 장려되었다. 교관의 견해조차 "그 자신이 전우의 한 사람"이기 때문에 얼마든지 반박의 대상이 되었다고 역사가 요르크 무트Jorg Muth는 지적했다. 장군의 견해 역시 검토 대상이었다. "독일의 하급 장교들은 정기적으로 자신의 의견을 제시해야 했고, 장군이 발언하기에 앞서 그 앞에서 여러 부대와 주요 작전의 결과를 비판하곤 했다."3)

비판을 인정하는 관례는 교실에서 그치지 않고 전투 현장에까지 확대되었다. 1758년에 존도르프에서 러시아 군과 맞붙은 프로이센의 프리드리히 대왕은 기병대를 지휘하던 프로이센의 최연소 장군인 프리드리히 빌헬름 폰 자이들리츠Friedrich Wilhelm von Seydlitz에게 전령을 보냈다. '공격하라'는 지시였다. 자이들리츠는 거부했다. 그때 공격하면 병력 손실이 너무 클 것이라고 판단한 것이다. 전령은 돌아갔다가 다시 왔다. 대제가 공격을 독촉한다는 내용이었다. 그는 다시 명령을 거부했다. 세 번째 다시 온 전령은 당장 공격하지 않으면 목을 가져가겠다고 경고했다. "전투가 끝나면 내 목을 마음대로 하시라고 전하게. 그때까지는 내가 좀 써야겠네." 자이들리츠는 그렇게 대꾸했다. 그리고 때가 왔다고 판단한 순간 자이들리츠는 러시아군을 공격하여 전세를 프로이센에 유리하게 돌려놓았다. 프리드리히 대제는 자이들리츠 장군을 치하하고 목을 보전해주었다.

다른 이야기와 마찬가지로 이 사례도 "공식 강의나 장교 식당이나 동료들 사이의 서신에서 다양한 형태로 수없이 되풀이되어 강조된다."

요지는 하나다. 생각하라. 필요하다면 명령도 토론에 붙여라. 심지어 명령을 비판하라. 그리고 꼭 그래야 한다면 그리고 그럴만한 이유가 있다면, 명령을 거부하라.[4]

말이 그렇지 이런 조직으로 무슨 일을 해낼 수 있을지 의문이 들 것이다. 그러나 독립적인 사고를 조장하는 요소와 행동에 필요한 요소의 균형을 맞추면 얼마든지 결속력의 취약성을 극복할 수 있다.

결정을 내리는 데 필요한 시간은 처한 상황에 따라 다르다. 여유가 있을 때는 복잡한 결정을 내릴 수 있지만, 총알이 빗발치는 상황에서는 단순한 결정을 빠르게 내려야 한다. 결정을 내리는 데 필요한 정보가 많지 않아도 크게 문제되지 않는다. 완벽한 결정을 너무 늦게 내리는 것보다는 완벽하지 못한 결정이라도 적시에 내리는 편이 낫다. "적의 상황을 명확히 파악하는 것이 우선이다. 그러나 일촉즉발의 상황에서 정보를 기다리는 것은 현명한 리더가 취할 행동이 아니다. 오히려 그것은 나약함의 증거다." 1935년에 출판되어 제2차 세계대전 내내 사용되었던 독일군 지휘교본은 그렇게 단정했다. "전쟁에서 가장 으뜸가는 기준은 단호한 조치다."[5]

독일군은 또한 신중함과 임무 수행을 분명히 구분했다. 결정이 내려지면 마음가짐이 달라진다. 불확실성과 복잡함 따위는 잊어야 한다. 행동개시! "공격하기를 원한다면 단호하게 공격해야 한다. 어정쩡한 조치는 일을 그르친다." 몰트케는 그렇게 썼다. 장교들은 "확신을 가지고 침착하게" 행동함으로써 '병사들의 신임을 얻어야 한다." 의심이 끼어들 여지를 두어서는 안 된다. "강인함과 자신감만이 부대를 이끌 수 있고 임무를 완수할 수 있다." 현명한 장교는 전장에 아무리 "불확실성이 가득해도 적어도 하나만은 확실하다"는 사실을 안다. 그것은 다름 아닌 "자신의 결정이다. 지휘관은 자신의 결정을 고수해야 하고 불가피한 경우가 아니면 적의 행동에 따라 결정을 바꾸는 일이 있어서는 안 된다."6)

지휘관은 의연한 결정으로 난관을 극복해야 하며, 언제든 기존의 계획을 포기하고 다른 방법을 시도할 가능성을 열어두어야 한다. 독일군은 이러한 유연성을 지휘관의 핵심 덕목으로 보았다. "일단 행동을 개시하면 특별한 이유 없이 이를 폐기해서는 안 된다." 독일군 교본은 그렇게 언급했다. "그러나 상황이 수시로 바뀌는 실전에서 정해진 작전을 고집하다가는 패할 수 있다. 지휘관의 능력에는 시의 적절하게 상황을 인식하고 새로운 결정을 내려야 할 순간을 간파하는 기술이 포함된다."7)

"아무것도 확실하지 않다"에서부터 "단호한 결정"에 이르는 모든 것이 하나로 묶여 '아우프트락스탁틱Auftragstaktik'이라는 지휘 수칙으로 결집되었다. 흔히 '임무형 지휘mission command'라고 번역되는 아우프트락스탁틱의 기본 개념은 단순하다. "전쟁은 탁자 위에서 치러지는 것이 아니다." 몰트케는 사령부의 최고 지휘관을 겨냥하여 그렇게 썼다. "현지 사정에 따른 결정은 신속하고 빈번하게 즉석에서만 내려질 수 있다."8) 결정권은 위계 체계를 따라 내려가 수시로 상황이 변하는 전장에서 가장 먼저 불의의 사태와 맞부딪히는 가장 아래쪽 병사들까지 빨리 반응할 수 있도록 확대되어야 한다. 물론 현장에 있는 병사들은 큰 그림을 볼 수 없다. 그들이 전략적 결정을 내린다면 군대는 결속력을 잃고 작은 단위부대들의 집합으로 쪼개져 저마다 각자의 목적을 추구할 것이다. 임무형 지휘는 전략적 응집력과 분산된 결정을 단순한 원리로 혼합한다. 지휘관은 사병들에게 목표를 분명히 일러주지만 그 목표를 성취할 방법은 설명하지 않는다.

상명하달식 지휘 체계를 갖춘 부대가 한 도시에 접근한다. 부대장은 도시를 점령하라는 명령을 받았다. 방법은 무엇인가? 남서쪽에서 접근하되 교외에 있는 공장을 우회하여 운하교를 확보한 다음 시청을 접수한다. 이유는? 몰라도 된다. 그저 경례를 한 다음 지시를 이행하면 그만이다. 현지 상황이 사령부의 말과 다르다면? 그런 일은 없을 것이다. 하지만 그런 일이 있다면? 묵묵부답. 사령부에 새로운 명령을 요구한 부대장은 달리 어떤 조치를 취해야 할지 확신이 서지 않는다. 머뭇거리다가는 큰 희생을 치르게 될 것이다. 몰트케가 말한 대로 "현장 상황이 상부의 판단과 완전히 다르다면 부대원들의 신뢰는 흔들리고 불확실성만 증폭된다."[9]

이와 달리 독일군 지휘관이 그 도시를 점령하라는 명령을 받았다고 가정하자. 방법은? 알아서 하라. 도시를 점령해야 할 이유는? 그 지휘관의 상관이 그 도시의 다른 쪽에서 접근하는 적군을 막으라는 명령을 받았기 때문이다. 그 도시를 점령하면 적군이 접근하는 유일한 도로를 차단할 수 있다. 임무형 지휘 덕분에 그 지휘관은 사령부가 예상하는 상황이 아니라 그가 마주한 상황을 고려하여 점령 계획을 세울 수 있다. 그는 즉석에서 계획을 세운다. 도중에 다른 길에서 다리를 하나 만난다. 사령부에서 파괴되었을 것이라고 말했지만 와서 보니 파괴되지 않았다. 지휘관은 그 다리로 적군이 들어올 수 있다고 판단하여 파괴하기로 작정한다. 사령부에 문의할 필요가 없다. 지금 당장 파괴하라.

독일군의 명령은 보통 짧고 간결하다. 상황이 아주 불안할 때도 마찬가지다. "제군들, 각자 부대를 이끌고 국경을 넘어 벨기에로 들어가 뫼즈 강을 도강하라." 1940년 5월 10일 벨기에와 프랑스 침공을 앞두고 독일군의 한 고위 장교는 부대장들에게 그렇게 말했다. "어떤 식으로 공격하든 상관없다. 방법은 제군들에게 맡기겠다."10)

임무형 지휘는 고위 장교나 장교에게만 해당되는 사항이 아니었다. 하급 장교나 하사관이나 말단 이등병까지 병사들은 사령관으로부터 수행하라는 임무를 듣지만 현장을 본 순간 임무를 완수할 방법을 결정하는 것은 자기 자신이다. 전장은 "단독으로 생각하고 행동하고 모든 상황을 계산하고 결단하여 과감히 활용하며 승패 여부가 각자에게 달려 있다는 사실을 잘 알고 있는 병사들을 필요로 하는 장소"라고 지휘교본은 밝혔다.11)

이것은 사람들이 제2차 세계대전 당시 독일군에 대해 갖고 있는 이미지와는 전혀 상반된 모습이다. 나치 정권은 전군에게 총통의 명령에 대한 무조건적인 복종을 요구했다. 사람들의 뇌리에 박힌 독일군은 오래된 뉴스 화면에서처럼 다리를 굽히지 않고 번쩍 들며 절도 있게 행진하는 모습이다. 그들은 심지어 사람처럼 보이지도 않는다. 마치 엔진의 부품과 탱크의 철갑처럼 아무런 생각 없이 용도에 따라 조립되어 무조건 복종하고 무자비하게 임무를 수행하는 효율적인 전쟁 기계처럼 보인다. 그러나 사람들이 잘 모르는 사실이 하나 있다. 독일군은 나치의 작품이 아니라는 것이다. 나치는 독일군을 물려받았다. 그리고 그 독일군은 우리가 상상하는 생각이 없는 기계와 전혀 달랐을 수 있다. 난공불락이라던 벨기에의 에방 에말Eben Emael 요새를 점령한 전말을 보면 알 수 있다.

1940년 5월 10일, 날이 아직 밝지 않은 새벽에 수십 대의 글라이더가 에방 에말을 향해 조용히 날아갔다. 이 요새는 독일이 프랑스로 진입할 때 반드시 거쳐야 하는 관문으로, 다시는 독일군의 손에 넘어가는 일이 없도록 하기 위해 벨기에가 각별한 노력을 기울여 주로 지하에 구축한 대형 요새였다. 글라이더의 대부분은 들판에 착륙했다. 병사들은 흩어져 교량들을 지키고 있던 벨기에 군대를 공격했다. 요새 지붕에 내려앉은 글라이더는 9대였다. 병사들은 서둘러 벨기에군을 향해 달려들었고 순식간에 그들의 중화기를 파괴했다. '팔겔프Fall Gelb(황색작전, 벨기에와 프랑스 침공 작전)'의 개시를 알리는 신호탄이었다. 에방 에말 수비대는 항복했다.

이것이 흔히 알려진 사건의 전말이다. 하지만 알려지지 않은 사실이 있다. 독일군은 이 중요한 작전의 지휘권을 젊은 장교 루돌프 비트치히Rudolf Witzig 중위에게 일임했다. 하지만 그가 탄 글라이더는 국경을 넘지도 못하고 독일 땅에 비상착륙해야 했다. 목표에서 100km나 떨어진 곳이었다. 벨기에의 레이더망을 피하기 위해 무선장치를 끈 채 저공비행했던 다른 글라이더들은 땅에 내려앉은 순간 지휘관도 병력 대부분도 없다는 사실에 망연자실했다. 교량을 공격하기로 했던 글라이더는 목표 지점에서 60km 떨어진 곳에 착륙했다. 작전이 어이없는 실패로 끝날 판이었다. 그러나 에방 에말 요새 지붕에 내려앉은 한 하사관이 남은 병사들에 대한 지휘권을 장악했고, 신속히 벨기에의 대포들을 궤멸시켰다. 그때 또 다른 글라이더가 요새 지붕에 내려앉았다. 그리고 루돌프 비트치히가 뛰어내렸다. 그는 다른 비행기를 타고 날아와 예정보다 조금 늦었지만 결국 목적지에 도착했다. 길을 잘못 든 또 다른 글라이더에 타고 있던 하사관은 2대의 차량을 징발하여 벨기에로 향했고 지상전을 벌여 121명의 포로를 잡는 전과를 올렸다.[12]

"큰 전과를 올리려면 대담무쌍해야 하지만 무엇보다 정확한 판단이 우선돼야 한다." 독일군 지휘교본은 그렇게 설명한다. "군대의 사령관과 예하 단위 부대에는 명확한 통찰력과 예지력을 가지고 판단할 수 있는 지휘관이 있어야 한다. 지휘관은 또한 독자적으로 결정을 내리고 그렇게 내린 결정을 한 치의 흔들림 없이 적극 수행할 수 있는 능력을 갖춰야 한다." 우리의 입장에서 말하자면 슈퍼 예측가이자 슈퍼 리더인 사람들이 필요하다는 말이다. 물론 독일군 장교들이 모두 그랬던 것은 아니지만 작전이나 전술적 차원에서 볼 때 그들이 말하는 지휘관은 분명 슈퍼 예측가이자 슈퍼 리더였다. 그래서 그들은 전쟁 기간 내내 수적 열세와 화력의 열세에도 불구하고 몇 년 동안 유럽 대부분 지역을 점령하고 그 상태를 유지할 수 있었다. 역사가 제임스 코럼James Corum은 이렇게 지적했다. "그들이 섬긴 체제의 사악한 본성에도 불구하고 제2차 세계대전의 독일군은 한 사람 한 사람으로 볼 때 가장 효율적인 전투력을 지닌 병력이었다는 사실을 인정하지 않을 수 없다."[14]

하지만 독일군은 패했다. 적의 월등한 자원도 원인이라면 원인일 것이다. 그러나 실수도 있었다. 특히 군 통수권자인 아돌프 히틀러의 실수가 결정적이었다. 히틀러는 헬무트 폰 몰트케의 원칙을 어기고 작전권을 직접 챙겼다. 노르망디 침공 기간보다 더 끔찍한 결과는 없었다. 연합군은 그들이 해안에 상륙했을 때 독일군 탱크의 반격으로 수몰되지 않을까 우려했지만, 히틀러는 오직 자신의 명령이 있을 경우에만 행동을 개시하라고 지시했다. 그리고 히틀러는 늦잠을 잤다. 연합군이 노르망디에 상륙한 지 몇 시간이 지났지만, 총통의 친위대들은 감히 그를 깨우지 못했다.

역설적이게도, 19세기에 활약했던 한 독일군 장군의 이론은 노르망디에서의 독일군의 패배로 그 정당성을 입증받았다. 그것을 입증한 장본인은 독일의 군 통수권자보다 몰트케의 철학을 더 확실하게 이해하고 있던 독일계 미국 장군 드와이트 아이젠하워Dwight Eisenhower였다.

📍 독립적 사고의 힘

권위적인 독일군과 달리 같은 시기에 자유분방하고 민주적인 미국 육군은 오히려 독립적인 사고를 거의 활용하지 않았다.

제1차 세계대전 직후 '탱크'라는 신무기를 직접 겪어본 하급 장교 아이젠하워는 〈미 육군 보병지Infantry Journal〉에 논문을 발표했다. "어설프고 서투르고 느려터진 낡은 탱크는 잊어야 한다. 이제는 빠르고 믿을 만하고 효율적인 파괴력을 가진 장비를 준비할 때다." 아이젠하워는 근신처분을 받았다. "잘못되었을 뿐만 아니라 위험하기까지 한 발상이라는 지적을 받았다. 이후로 나는 내 생각을 함부로 드러내지 않았다." 그는 그렇게 회상했다. "특히 엄격한 보병 수칙과 맞지 않는 내용은 발표하지 않았다. 아마 그랬다면 군법회의에 회부되었을 것이다."15)

군대에서 하급자는 상관에게 경의를 표하고 무조건 복종해야 한다. 명령은 길고 상세했다. "북아프리카에 미군을 상륙시키라는 명령은 시어스로벅 카탈로그만큼이나 두터웠다."16) 요르크 무트는 그렇게 썼다. 거기에 개인적인 주도권이 끼어들 여지는 거의 없었다. 하지만 똑똑하고 창의성이 넘치는 장교가 많았다. 그들은 상명하복 체제 속에서 훈련을 받았지만 개인의 주도권을 중시했다. 조지 패튼George Patton도 그런 장교 중 하나였다. "병사들에게 어떻게 해야 할지 일일이 말하지 말라." 임무형 지휘 정신을 확실하게 받아들였던 패튼은 그렇게 썼다. "무엇을 할지만 말하라. 그러면 그들은 놀라운 독창력으로 우리를 놀라게 할 것이다."17)

패튼의 평생지기였던 드와이트 아이젠하워도 그랬다. 몰트케처럼 아이젠하워도 확실한 것은 없다고 믿었다. 그는 'D-데이'라는 돌이킬 수 없는 결정을 내린 직후, 이후의 책임은 모두 자신이 지겠다는 메모를 남겼다. 작전이 실패했을 때 공개하려고 써둔 메모였다. 말수가 적기로 유명했던 몰트케처럼 아이젠하워도 확실성을 말로 표현하기보다는 침착하고 확고한 표정을 보여주는 것이 병사들에게 자신감을 불어넣고 군대의 사기를 진작시키는 데 더욱 효과적이라고 믿었다. 혼자 있을 때는 울적해하기도 하고 담배를 연신 피워대기도 한 아이젠하워였지만, 병사들 앞에서 그는 언제나 웃는 표정을 지었고 말도 일관성 있게 했다.

또한 아이젠하워는 장교들이 기탄없이 자신의 의견을 표출하고 격의 없이 토론하도록 분위기를 유도했다. 그는 이유 있는 비판을 존중했고 실수를 기꺼이 인정했다. 그가 대통령으로 있던 1954년, 육군참모총장 매슈 리지웨이Matthew Ridgway는 50만 명이 넘는 엄청난 병력을 투입해야 한다는 이유를 들어 베트남전 개입을 반대했다. 아이젠하워는 리지웨이의 판단을 존중했다. 1943년에 로마에 공수부대를 투입하라는 아이젠하워의 명령을 거부한 리지웨이의 판단이 옳았던 것으로 판명되었기 때문이었다.[18]

하지만 제2차 세계대전 이후에 미군은 독일군의 교훈을 제대로 배우지 못했다. 개인이 갖는 재량권의 가치를 간파한 것은 신생 이스라엘 군이었다. "계획은 변화를 모색하기 위한 기반에 지나지 않는다." 이는 당시 이스라엘 방위군의 유명한 슬로건이었다. 1956년에 벌어진 이집트와의 전쟁에서 어떤 부대의 성과를 평했던 한 이스라엘 장교는 이렇게 지적했다. "전투 기간 동안 거의 모든 계획이 무위로 돌아갔지만 목표는 모두 완벽하게 달성되었다. 그것도 예상보다 빨리." 그러나 다른 나라들은 독일의 임무형 지휘의 진가를 제대로 인정하지 못했기 때문에 이스라엘의 체제를 제대로 구체화하지 못했다.[19]

사람들이 임무형 지휘의 진가를 알아차리기 시작한 것은 1980년대가 되어서였다. 소련이 병력과 탱크에서 확실한 수적 우세를 유지하게 되자 유럽의 긴장이 고조되었다. NATO는 적은 자원으로 많은 일을 해내야 했다. 미국의 장군들은 역사책과 이론서를 샅샅이 훑었고 이스라엘의 전례를 조사했다. 한물간 독일군 장군들의 사례를 뒤지는 사람도 있었다. 1982년에 임무형 지휘는 미군의 공식 수칙으로 자리 잡았다.

육군의 지휘권이 필요한 만큼 분산되어 있는지는 논의의 여지가 있지만, 현대전에서 야전 지휘관의 재량이 성공의 열쇠였다는 사실을 의심하는 사람은 없다. 2003년의 이라크 침공 당시, 미군은 사막에서 이라크군을 패주시키고 바그다드로 진격했다. 치열한 시가전이 예상되는 가운데, 적지 않은 희생을 각오해야 할지 모른다는 두려움이 엄습했다. 중무장한 병력은 '선더런thunder run'이라고 불린 작전을 통해 새로 점령한 공군기지로 통하는 주도로를 따라 달렸다. 이라크군은 완전히 무방비 상태였고 미군의 손실은 차량 1대가 전부였다. 이틀 뒤 전체 병력이 같은 길을 따라 선더런 작전을 수행했지만, 도중에 목표를 바꾸어 주요 공관들이 몰려 있는 지역을 점령함으로써 미군은 이라크 방위군을 순식간에 궤멸시켰다. 승리의 핵심은 현지 지휘관들에게 권한을 부여한 점이었다. 나중에 밝혀진 대로, 탄약이 떨어져가는 와중에도 공관지역을 사수한다는 용감한 결정 등 여러 차례의 중요한 결정들이 승기를 잡을 수 있었던 직접적인 원인이 되었다.

바그다드는 함락되었지만 반란이 끊이지 않았다. 지휘부가 전혀 예측하지 못한 현상이었다. 몇 해가 지나도 그들은 반란에 대처할 적절한 방법을 찾지 못했다. 현지 사령관들은 이 문제를 처리하기 위해 갖은 궁리를 다했다. 이라크 북부의 모술에 주둔 중인 101공수사단의 사단장 데이비드 퍼트레이어스David Petraeus 장군은 전사戰史에 대한 자신의 해박한 지식을 최대한 활용하기로 했다. 그는 시민들을 '안전하게 도울' 전략을 구상하여 저항 세력과 대중의 연결 고리를 끊었다. 이런 아이디어는 모두 그의 머리에서 나온 것이었다. "퍼트레이어스는 바그다드에 있는 상관들에게 그의 구상을 보고했다." 저널리스트 프레드 카플란Fred Kaplan은 그렇게 썼다. "그러나 그는 허락을 구하지 않았고 지시를 기다리지도 않았다. 그런 것은 애당초 소용없다는 것을 알았기 때문이었다."[20] 퍼트레이어스의 작전은 효과가 있었다. 다른 곳의 폭동은 여전히 기승을 부렸지만, 모술의 저항 세력은 그가 지휘를 맡은 이후로 눈에 띄게 약화되었다.

2007년 모두가 저항 세력들의 폭동에 거의 손을 놓을 지경이 되었을 때, 퍼트레이어스는 전권을 위임받았다. 그는 자신과 비슷한 생각을 가지고 있는 장교들을 모았다. 독자적인 판단을 내릴 수 있는 유연한 사고를 가진 지휘관들이었다. 그가 모술에서 실험했던 반폭동 작전은 이라크 전역으로 확대 시행되었다.[21] 폭동은 급격히 줄어들었다. 그것이 어떤 한 사람의 공으로 돌릴 수 있는 일인지는 분명치 않다. 하지만 관련자들은 대부분 퍼트레이어스의 역할이 결정적이라는 데 동의한다.

나는 데이비드 퍼트레이어스에게 그의 리더십 철학에 대해 물었다. 그의 입에서 아무렇지도 않게 몰트케의 원칙이 튀어나왔다. 그는 심지어 "어떤 작전도 적과 마주치는 순간 무의미해진다" 또는 "확실한 것은 아무것도 없다" 같은 경구를 인용했다. 그러나 퍼트레이어스는 말은 쉽지만 "말로 그치지 않고 이를 위해 무엇을 할 것인가"가 중요하다고 덧붙였다.

퍼트레이어스는 부하들에게 "지적 안전지대"에서 빠져나와 유연한 사고를 하라고 촉구한다. 82공수사단장 시절, 퍼트레이어스는 미리 정해진 각본에 따라 실시되는 실탄 훈련을 못마땅하게 여겼다. 불의의 상황은 완전히 배제된 코스였다. "중대장들에게 각본 같은 것이 지급되었습니다. 100m를 전진하다가 특정 도로를 가로지른 다음 간접사격을 요청하거나 어떤 지점에서 공격용 헬리콥터의 지원을 받거나 어떤 정해진 조치를 취한다는 사실을 모두 알고 있었습니다." 실전에서 갑작스런 상황과 맞닥뜨리면 그에 맞게 지시를 내려야 한다. 그런데 왜 각본을 만드는가? 안전 때문이었다. 실탄 훈련은 실제 무기와 폭약을 사용한다. 퍼트레이어스의 말에 따르면, 안전을 보장하면서 동시에 갑작스러운 상황에 대처하는 훈련을 개발하는 것은 아주 어려운 문제였다. 그러나 그것이 불확실성을 다룰 수 있는 유연한 리더십을 개발할 수 있는 방법이기 때문에 그들은 새로운 훈련 방식의 필요성을 이해했다.

퍼트레이어스는 또한 장교들을 명문 대학원에 보내는 정책을 적극 지지했다. 교육의 목적은 지식 습득이 아니었다. 물론 지식도 부인할 수 없는 혜택이긴 하지만 정작 중요한 것은 또 다른 종류의 이례적 상황을 만난다는 점이었다. "대학원 교육을 통해 그들은 세상에 다양한 주제에 대해 아주 다른 생각을 갖고 있는 똑똑한 사람들이 많고, 따라서 자신의 생각이나 주류의 사고와 너무도 다른 결론을 내리는 사람들이 많다는 것, 특히 군복을 입은 사람들과 다른 생각을 하는 사람들이 많다는 것을 배우게 됩니다." 퍼트레이어스는 그렇게 말했다. 전장에서 갑작스러운 상황을 만났을 때의 충격처럼, 다른 방식의 사고를 가진 사람들과 만나게 되면 정신적 유연성을 기를 수 있다. 퍼트레이어스의 말은 경험에서 우러나온 것이었다. 웨스트포인트를 졸업한 지 13년 뒤, 그는 프린스턴 대학교에서 국제관계로 박사 학위를 취득했다. 그는 그것을 "가치를 따질 수 없을 만큼 소중한" 경험이었다고 회고했다.

그러나 퍼트레이어스는 실행하는 사람과 생각하는 사람을 나누는 것은 잘못된 이분법이라고 말한다. 리더는 2가지를 모두 갖추어야 한다. "대담한 조치는 그것이 잘못되지 않았을 경우에만 올바른 조치입니다." 그는 그렇게 말한다. 리더는 "올바른 조치가 무엇인지 알고 그것을 과감히 실행할 수 있어야 합니다."[23] 그것이 몰트케가 강조하고 퍼트레이어스가 이라크에서 적용한 신중함과 임무 수행의 균형 관계다.

리더가 이런 균형 관계를 능숙하게 처리하느냐 아니냐에 따라 슈퍼 팀이 될 수 있는지 아닌지가 결정된다. 슈퍼 팀은 여러 가지 명령이 계속 하달되더라도 균형 감각을 잃지 않고 적절한 행동을 취할 수 있다. 그리고 그 행동은 고독한 리더 1명의 독자적인 판단에서 비롯된 것이 아니다. 그런 행동을 하기 위해서는 다른 사람의 기탄없는 비판을 들을 수 있는 의지가 필요하고, 아울러 모든 사람들이 스스럼없이 비판적인 의견을 제시할 수 있는 문화가 조성되어야 한다. 젊은 드와이트 아이젠하워에게 가해진 징계는 중대한 실수였다고 퍼트레이어스는 지적한다. "상식을 깨는 우상 파괴자들을 우리는 보호하고 장려해야 합니다."[24]

📍 비즈니스와 임무형 지휘

꼭 군대가 아니어도 조직의 보스라면 통제와 혁신의 긴장 관계를 실감한다. 총알이나 폭탄과 아무 관련이 없는 조직에서도 몰트케의 정신은 여전히 빛을 발한다.

"우리는 우리가 직원들에게 바라는 바를 일러준다. 우리는 그들에게 달성해야 할 목표를 알려준다. 그러나 방법은 말하지 않는다. 그 점이 중요하다."25) 임무형 지휘를 그대로 요약한 말이다. 이는 혁신적 재벌 기업으로 유명한 3M의 연구개발팀 선임 부팀장 윌리엄 코인William Coyne이 한 말이다.

"분명한 줏대를 가질 것. 반대하되 정해지면 철저히 따를 것." 이것은 제프 베조스Jeff Bezos가 아마존 신입사원에게 일러주는 14가지 리더십 원칙 중 하나다. 이 원칙은 이렇게 계속된다. "리더라면 마음에 들지 않는 결정이라도 이를 존중하되 이의를 제기할 의무가 있다. 그렇게 하는 것이 번거롭고 소모적일 경우에도 마찬가지다. 리더는 확고함과 집요함이 있어야 한다. 리더는 조직의 융합만을 위해 타협하지 않는다. 일단 결정이 내려지면 전적으로 수용하고 위임해야 한다."26) 몰트케에 비하면 약간 투박한 표현이긴 하지만 독일군 지휘교본이나 데이비드 퍼트레이어스의 생각과 크게 다르지 않다.

월마트는 매장이 늘어나는 속도가 너무 빨라서 매장 매니저를 훈련시킬 틈이 없게 되자, '리더십 아카데미'를 만들어 매니저를 양성하기로 했다. 아카데미를 계획한 것은 영국 해병대 출신인 데미언 매키니Damian McKinney가 세운 컨설팅 회사 매키니 로저스McKinney Rogers였다. 매키니는 '임무형 지휘' 철학을 바탕으로 한 사관학교를 본 따서 리더십 아카데미를 만들었다.27)

기업체에 군사 경험을 도입한 것이 매키니뿐은 아니다. 데이비드 퍼트레이어스를 비롯한 많은 전직 군인들이 같은 경로를 따랐다. 그들은 사람들이 군대를 너무 위계적인 조직으로 생각하고 있다고 판단했다. 흔히들 하급자는 상급자에게 경례를 붙이고 상급자의 말에 기계적으로 복종하는 곳이 군대라고 생각한다. 이는 우스꽝스러울 정도로 시대에 뒤떨어진 이미지다. 기업에서 자문을 맡고 있는 군 출신들은 대부분 중역들에게 지위를 너무 앞세우지 말라고 타이르면서, 직원들에게 좀 더 많은 권한을 부여하고 팀이 목표를 성취할 수 있는 가장 좋은 방법을 직접 선택할 수 있게 하라고 유도한다. 데미언 매키니는 〈파이낸셜타임스〉에 이렇게 썼다. "역설적이게도 기업들은 군대 조직보다 소위 '지휘 통제'에 더 매달린다."28)

📍 특이한 형태의 겸손

그러나 여전히 '겸손'이라는 난감한 문제가 있다.

누구도 윈스턴 처칠이나 스티브 잡스를 가리켜 겸손하다고 말하지는 않을 것이다. 데이비드 퍼트레이어스도 마찬가지다. 퍼트레이어스는 웨스트포인트 생도시절부터 자신에게 최고의 장군이 될 수 있는 자질이 있다고 생각했다.

내가 이 책에서 따로 선별한 많은 리더나 사상가들에게서도 이런 자기 확신을 엿볼 수 있다. 헬무트 폰 몰트케, 셔먼 켄트, 심지어 아치 코크란 등은 쉽게 넘볼 수 없는 권위에 도전할 정도로 대담무쌍했다. 존

메이너드 케인스는 늘 자신이 주변사람들보다 더 똑똑하다고 생각했다. 조지 소로스는 사람들이 지쳐 떨어질 만큼 무서운 속도로 상황을 몰아붙이며 엄청난 중압감 속에서 베팅하는 월스트리트의 헤지펀드 매니저였다. 1992년에 유명한 베팅으로 그는 100억 달러에 해당하는 파운드화를 투매하여 약 11억 달러를 챙겼다. "정신만 바짝 차리면 위험 따위는 없다." 언젠가 그가 한 이 말은 그런 일을 감당할 능력이 없다고 걱정한 사람이 한 말 같지 않다.

캔자스 주 애빌린 출신으로 늘 직설적인 화법을 구사했던 드와이트 아이젠하워도 자부심이 대단했다. 제2차 세계대전 이후 아이젠하워의 인기가 무서울 정도로 치솟자, 공화당과 민주 양당은 그를 대통령 후보로 영입하기 위해 거의 통사정하다시피 졸라댔다. 트루먼 대통령조차 그가 나선다면 재출마를 양보하겠다고 할 정도였다. 하지만 아이젠하워는 요지부동이었다. 그는 대통령직을 탐탁지 않아 했다. 그러나 1952년 대선 레이스가 본격화되면서 모든 미 군단에게 '자유의 지브롤터'를 분명히 실감나게 해주겠다고 약속한 한 고립주의자가 공화당 지명에 이어 대통령에 당선될 것이 분명해지자, 아이젠하워는 마음을 바꿨다. 그렇게 되면 큰일이라고 여긴 아이젠하워는 이 사태를 막을 수 있는 사람은 자신뿐이라고 판단했다. "그는 조국에 도움이 되는 일을 하고 싶었다." 어떤 전기 작가는 그렇게 썼다. "그리고 결국 그는 국가에 봉사하기로 결심했다."[29] 아이크(드와이트 아이젠하워의 약칭—옮긴이)도 분명 자존심이 약한 사람은 아니었다.

그렇다면 어떻게 해야 겸손하면서도 할 일을 다 하는 예측자가 될 수 있다는 걸까? 내게 답이 될만한 말을 해준 사람은 애니 듀크였다.

앞서 소개한 바 있는 애니는 스스로를 세계 최고의 포커 플레이어로 여겼다. 포커 월드시리즈 우승을 비롯한 그녀의 화려한 기록을 보면, 그런 자신감 넘치는 주장이 결코 빈말이 아니라는 걸 알 수 있다. 그러나 자신감 뒤에는 늘 위험이 도사리고 있다는 사실을 그녀는 누구보다 잘 안다. 애니같이 영리한 사람은 늘 결정을 내릴 때 단순한 인식적 지름길의 유혹을 받는다. "답은 압니다. 그러니 오래 생각하고 말고가 없죠. 전 정확한 판단으로 성공한 사람입니다. 내 판단이 옳다고 믿는다는 사실이 내 판단이 옳다는 것을 입증해줍니다." 이런 식으로 결정하면 현실을 코끝으로만 보게 된다. 제아무리 대단한 사람이라도 이런 식으로 결정을 내리는 것은 위험하다. 이런 함정을 피하기 위해 그녀는 그녀가 자신있어 하는 것과 그렇지 않은 것을 조심스럽게 구분한다.

"포커 게임에 임할 때는 아주 겸손해야 합니다. 게임은 매우 복잡하고 정답이 없기 때문이죠. 오목이나 체커 게임 정도로 생각했다가는 큰 코다칩니다." 그녀는 그렇게 말한다. "포커 게임은 쉽게 정복할 수 있는 대상이 아닙니다. 평소에도 늘 생각하고 연구해야 하죠. 말이 나왔으니 하는 말이지만, 게임에 임했을 때 겸손은 적을 앞에 두었을 때의 겸손과는 전혀 다릅니다." 애니는 포커 테이블에 앉으면 누구와도 해볼 만하다는 자신감을 갖는다. "그렇다고 해서 내가 게임의 원리를 완전히 터득하고 있다는 말은 아닙니다."[30]

정확한 판단을 내리려면 겸손해야 하지만 그렇다고 자신의 능력까지 의심할 필요는 없다. 스스로 재능이 없고 지력도 모자라고 자격이 없다고 생각한다면 좋은 판단을 내릴 수 없다. 좋은 판단에 필요한 것은 지적 겸손이다. 지적 겸손이란 현실이 매우 복잡하며, 상황을 직시하려면 고통을 감수해야 하고, 어떻게 해서 그렇게 할 수 있다고 해도 인간의 판단은 잘못될 수 있다는 사실을 인정하는 것이다. 이는 바보에게든 천재에게든 마찬가지다. 따라서 스스로를 대단하다고 여겨도, 지적으로는 얼마든지 겸손할 수 있다. 자신감과 지적 겸손이 잘만 조합된다면 아주 놀라운 결과를 얻어낼 수 있다. 지적 겸손을 가지려면 그만큼 깊이 생각해야 하고 깊이 생각해야 정확한 판단을 내릴 수 있다. 반면에 자신의 능력에 대해 자신감을 가지면 단호한 결정을 내릴 수 있다.

에이브러햄 링컨은 재선 취임사에서 이렇게 선언했다. "신이 우리에게 보여주신 대로 정의에 대한 확고한 신념을 갖고 우리가 매진하는 과업을 완수하기 위해 노력합시다." 이 말에는 분명 그의 확신과 결단이 드러난다. 동시에 "신이 우리에게 보여주신 대로"라는 표현에서 겸손함도 엿볼 수 있다. 이는 우리의 시야가 제한적이고 우리의 판단은 결함이 있으며 아무리 확고한 믿음이라도 틀릴 수 있는 사실을 인정하는 행위다.

♀ 그 밖의 문제

그럼에도 불구하고 여전히 풀리지 않는 의문이 하나 있다. 정말로 독일군을 선택했어야 했나? 다른 조직들에서도 슈퍼 예측가처럼 생각할 때 리더의 실적이 어떻게 향상되는지 알 수 있지 않을까? 그런데 무엇 때문에 현대사에서 가장 사악한 명분을 내세웠던 군대의 철학을 강조하는가?

독일군에게 발휘된 효과를 제대로 이해하기 위해서는 어떤 형태의 관점도 수용할 수 있는 배포를 가져야 한다. 심지어 우리가 경멸하는 대상에도 매우 훌륭한 속성이 담겨 있을 수 있다는 사실을 인정해야 한다. '인지부조화cognitive dissonance'에 적절히 대처하지 못하면 적을 대수롭지 않게 평가할 위험이 있고, 이는 잘못된 예측으로 이어진다.

도덕성과 유능함을 이어주는 신성한 고리 같은 것은 없다. 청교도 시인인 존 밀턴John Milton은 《실낙원Paradise Lost》에서 사탄을 악하면서도 기략이 풍부한 존재로 묘사했다. 독일군에도 같은 표현을 적용할 수 있다. 예측을 두고 도덕성과 인지력을 섣불리 연결하려고 시도하다가는 가장 중요한 순간에 잘못된 판단을 내리기 쉽다. 지하드(성전聖戰)를 부르짖는 단체들은 무능하고 사악한 집단이기 때문에 창의적일 수 없다고 생각하는 정보 분석가들은 예측가로서 자격이 없다.

인지부조화에 적절히 대처하기는 생각처럼 쉽지가 않다. F. 스콧 피츠제럴드F. Scott Fitzgerald는 자신의 책 《붕괴The Crack-Up》에서 "최고의 지성은 마음속에 대립하는 2가지 개념을 동시에 간직하는 능력이고, 그 능력이 제대로 기능할 수 있도록 유지하는 역량이다"라고 말했다. 그렇게 하려면 독일군의 유연한 조직력에 대한 우리의 사실적 판단과 나치 체제를 바라보는 우리의 느낌을 분리시켜야 한다. 그다음, 독일군을 파멸시켜 마땅한 가공할 집단이자 동시에 배울 점이 있는 효율적 조직으로 볼 수 있어야 한다. 여기에는 어떤 논리적인 모순도 없다. 심리와 논리의 긴장이 있을 뿐이다. 슈퍼 예측가가 되고 싶다면 그런 긴장을 극복해야 한다.

결코 쉬운 일은 아니다. 자기비판에 적극적인 슈퍼 예측가조차도 사실과 가치를 혼동할 때가 많다. 시리아 내란 초기에 더그 로치는 반군의 알레포 시 점령 여부에 대한 문제를 그르쳤다. 아사드 정권에 대해 혐오감을 가지고 있던 그는 반군이 이기기를 은근히 바랐고, 그로 인해 바람을 결론에 투영하고 말았다. 반군의 병력이 약세였다는 증거가 있었는데도 그는 이를 가볍게 생각했다. 조슈아 프랭클은 북한의 핵무기 사용 여부에 대한 예측을 잘못 짚었다. "사태를 낙관한 데다 새로운 진전을 바랐기" 때문이었다고 그는 회상했다. 그는 당시 자신이 내린 판단의 문제점을 인식하지 못했다. 그러나 "마감일 몇 주 전에 한국전쟁 당시 북한에서 탈출했던 사람을 가족으로 둔 어떤 친구와 대화를 나누다가 뒤늦게 그것을 깨달았고" 그는 자신의 예측을 번복했다.[31]

독일군이라는 사실 때문에 머뭇거려지는데도, 그들을 하나의 사례로 활용해야 하는 이유는 무엇일까? 정확히 말하자면, 바로 그 머뭇거리게 만드는 요인 때문이다.

11장

그들은 정말 슈퍼인가?

: 다른 사람이 아니라, 다르게 행동할 뿐

로널드 레이건 정부와 붉은 군대의 퍼레이드 시절부터 오늘에 이르기까지 예측 토너먼트를 운영해오면서 나는 수시로 대니얼 카너먼과 머리를 맞대고 우리의 작업에 대해 의논했다. 그런 점에서 나는 매우 운이 좋은 사람이다. 노벨 경제학상을 수상한 카너먼은 사실 경제학이라고는 공부한 적이 없는 인지심리학자다. 그럼에도 그의 연구는 경제학의 기반을 흔들어놓았다. 또한 화술에도 매우 능해서 그는 농담을 하다가도 농담에 담긴 의미를 예리하게 분석하고 비판하기도 한다. 카너먼과 이야기를 하다 보면 마치 소크라테스를 마주하고 있는 듯한 기분이 든다. 그의 기세에 눌려 지나치게 방어적인 태도를 취하지만 않는다면, 그를 통해 많은 활력을 얻을 수 있다.

2014년 여름, 슈퍼 예측가들의 적중률을 단순히 운으로 돌릴 수 없다는 사실이 명백해졌을 때, 카너먼이 내게 단도직입적으로 물었다. "그들을 다른 종류의 사람들로 보는 겁니까, 아니면 다른 종류의 일을 하는 사람들로 보는 겁니까?"

나는 답했다. "둘 다입니다." 지능이나 열린 마음의 관점에서 볼 때 슈퍼 예측가들이 유달리 뛰어난 것은 아니지만, 그래도 그들은 평균 이상의 성적을 보였다. 그들이 그렇게 좋은 성적을 내는 이유를 알아내려면, 그들이 어떤 사람들인가보다는 그들이 무엇을 하는가에 초점을 맞춰야 한다. 그들은 누구보다 조사를 많이 하고, 신중하게 생각하고, 자기비판적으로 행동하며, 다른 사람들의 관점을 많이 수집하고 종합하며, 판단을 세분화하고, 수시로 업데이트한다.

그렇다면 그런 습관을 얼마나 오래 유지할 수 있을까? 이미 살펴본 대로 사람들은 원래 빠르고 무의식적인 시스템 1이 만드는 실수를 찾아내기 위해 의식적인 시스템 2를 반성적으로 사용할 수 있다. 슈퍼 예측가는 특히나 이런 일에 엄청난 노력을 기울인다. 그러나 이렇게 끊임없이 자신의 작업을 검토하다 보면 기력이 고갈되게 마련이다. 또 이미 자신이 잘 알고 있다고 보는 생각도 쉽게 떨쳐내기 힘들다. 그래서 예측을 아주 잘하는 사람들도 어쩔 수 없이 편하고 직관적인 사고 모드에 빠지고 마는 것이다.

2014년에 있었던 마이클 플린Michael Flynn 장군의 인터뷰 내용을 보자. 국방부 내의 CIA라고 할 수 있는 국방정보국Defense Intelligence Agency, 이하 DIA의 국장으로 1만 7,000명의 직원을 지휘하던 그는 은퇴하기 직전에 세상에 대한 자신의 견해를 이렇게 요약했다. "매일 아침 사무실에 나오면 머리를 맑게 하기 위해 간단히 조깅을 한 다음, 2~3시간 정도

보고서를 읽습니다. 솔직히 말해 요즘의 국제 정세는 그동안 내가 목격했던 그 어느 때보다 더 불확실하고 혼란스럽고 어수선합니다. 나치와 일본 제국주의자들이 세계를 호령했던 위험한 시기도 있었지만, 우리는 또 다른 아주 위험한 시대를 살아가고 있습니다. (중략) 우리는 전례가 없는 만성적 사회 갈등의 시대에 있는 것 같습니다."[1]

플린이 말한 내용은 대부분 그 대상이 모호해서 이렇다 판단하기가 어렵지만 마지막 말만은 분명하다. 이 부분은 인터뷰를 한 기자가 우크라이나와 한반도와 중동 지역의 갈등을 언급한 뒤에 나온 말이지만, 그의 발언으로 볼 때 플린이 사회 갈등을 '전례가 없는' 수준으로 여긴다는 것만은 분명하다. 플린은 자신의 경험에 비추어 그렇게 말했지만, 제2차 세계대전 이후로 국제 분쟁을 양적으로 다룬 많은 보고서를 검토해보면, 실상은 그의 발언과 조금 다르다는 것을 알 수 있다. 이들 자료에 따르면, 1950년대 이후로 국가들 간의 전쟁은 줄어들었고 내란도 1990년대 초 냉전 종식 이후로 줄어들고 있다. 이런 사실은 매년 전투로 죽는 사람들의 수에서도 드러난다. 대단한 수준은 아니지만 이 시기 동안 그 수치는 계속 줄어들었다.[2]

DIA 국장이 아니더라도 그런 보고서는 얼마든지 찾을 수 있다. 인터넷에서 '국제 분쟁 추세global conflict trends'를 검색하면 금방 알 수 있다. 그런데 플린은 무슨 근거로 그런 대담한 결론을 내렸으며 그런 생각을 아무렇지도 않게 기자에게 말한 것일까? 사실을 확인할 필요도 없다고 생각한 것일까? 이유는 페기 누난의 경우와 같다. 누난은 부시 전 대통령의 지지율이 올라가는 현상에 나름대로의 의미를 부여하면서도 다른 전 대통령들의 지지율에 대한 자료를 검토할 필요성은 느끼지 못했다. 둘 다 카너먼이 말하는 WYSIATI^What You See Is All There Is가 인지적 착각의 원흉이다. 이런 식으로 세상을 보면 코끝 관점 외에는 아무것도 보이지 않게 되어 자기중심적인 세계관에서 벗어날 수 없다. 플린은 매일 아침 자신의 탁자에 산더미처럼 쌓이는 나쁜 뉴스를 보았고, 그래서 자신의 결론이 옳다고 생각했다. 보이는 것이 전부이니까. 평생을 정보 전문가로 지낸 플린은 아무리 사실처럼 보이는 가설이라고 해도 반드시 확인 절차를 거쳐야 한다는 사실을 누구보다 잘 알았을 것이다. 그럼에도 그는 그렇게 하지 않았다. 가설이 하나의 가설로 보이지 않았기 때문이다. 그것은 사실처럼 보였다. 심리학 교과서가 지적하는 아주 전형적인 함정에 빠진 것이다.

📍 뮐러리어의 착시

마이클 플린을 과소평가할 생각은 없다. 오히려 그 반대다. 대단한 지위에 있는 대단한 사람이 너무도 분명한 실수를 저질렀기 때문에 그 실수가 더욱 도드라져 보였을 뿐이다. 누구나 실수할 수 있다. 그렇다고 방탄조끼를 만들 수도 없다. 독일의 사회학자이자 심리학자인 뮐러리어 Muuller-Lye의 유명한 착시도형이 이를 잘 설명해준다.

355페이지 그림 속 위쪽 선분이 아래쪽 선분보다 길어 보이지만 사실 두 선분의 길이는 같다. 미심쩍으면 자로 재보라. 두 선분의 길이가

| 뮐러리어 착시 |

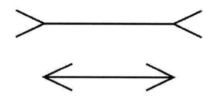

같다는 사실을 확인한 다음 다시 한 번 보라. 어떤가? 그래도 같아 보이지 않는다. 착시라는 것을 안다고 해도 어쩔 수 없다. 코끝 관점이 만드는 인지적 착각도 마찬가지다. 코끝 관점을 버리려고 해도 뜻대로 되지 않는다. 할 수 있는 것이라고는 의식 속으로 들어오는 답을 감시하는 것뿐이다. 시간이 있고 인지 능력이 있다면 자로 재보기 바란다.

이렇게 볼 때, 슈퍼 예측가들이 빗나간 예측을 하고 순위에서 밀리는 것은 시스템 2를 소홀히 한 탓이다. 카너먼과 나는 그 점에 대해 의견이 같았다. 그러나 나는 좀 더 낙관적인 편이어서 똑똑하고 성실한 사람들은 어떤 인지적 착각에 대해 어느 정도 면역력이 있다고 보는 입장이다. 이런 주장을 해봐야 찻잔 속의 폭풍이겠지만, 이것이 현실 세계에서 갖는 의미는 결코 작지 않다. 내 말이 맞다면, 재능 있는 사람들을 뽑아 편견을 물리치는 훈련을 시킬 경우 조직이 더 많은 성과를 거둘 수 있을 것이다.

카너먼은 공식적으로 오래전에 은퇴했지만, 여전히 적대적 공동연구adversarial collaboration(이론적으로 반대편에 있는 학자들이 상호존중의 원칙 아래 함께 연구하는 활동-옮긴이)를 활발히 진행하고 있다. 과학자로서 그가 맡은 일은 그와 견해를 달리하는 사람들과의 공통 기반을 찾는 것이다. 이미 게리 클라인과 공동 연구를 통해 전문가 직관expert intuition에 대한 논문을 발표한 바 있지만, 카너먼은 바버라 멜러스와 손잡고 예측과 특히 깊은 연관성을 가진 편견을 피하는 슈퍼 예측가의 능력, 즉 '범위 둔감성scope insensitivity'을 연구했다.

30년 전, 그는 실험을 통해 처음으로 범위 둔감성을 확인한 바 있다. 캐나다 온타리오 주의 주도인 토론토에서 무작위로 선출한 집단에게 그는 온타리오의 한 작은 지역에 있는 호수들의 수질을 정화하는 데 얼마 정도의 돈을 낼 의향이 있느냐고 질문했다. 사람들이 내놓겠다고 답한 평균 금액은 10달러였다.[3] 카너먼은 또 다른 무작위 선발 집단에게 온타리오에 있는 25만 개의 호수를 모두 정화하는 데 얼마를 낼 의향이 있느냐고 물었다. 그들의 평균 금액도 역시 10달러였다. 이후에 실시한 조사에서도 같은 결과가 나왔다. 또 다른 실험에서 그는 사람들에게 매년 약 2,000마리의 철새가 석유로 오염된 물에서 죽는다고 알려주었다. 두 번째 집단에게는 매년 2만 마리의 철새가 죽는다고 일러주었다. 세 번째 집단에게는 20만 마리가 죽는다고 말했다. 그러나 세 경우 모두 사람들이 수질 정화를 위해 기부할 의향이 있다고 밝힌 금액은 평균 약 80달러였다.

카너먼은 이것이 오염된 호수나 석유를 뒤집어쓰고 죽어가는 오리 등 원형적 이미지에 대한 사람들의 반응이었다고 분석했다. "표준적 이미지는 반사적으로 정서적 반응을 환기시키고 그런 정서의 강도가 금액의 규모로 나타난다." 이는 고전적인 미끼 상술이다. 제시된 질문은 돈으로 따질 수 없는 문제에 돈의 가치를 매기라는 요구이므로 사실 답하기가 어렵다. 따라서 사람들의 반응은 제시된 질문에 대한 답이 아니라 "이런 문제로 기분이 얼마나 나빠졌는가?"에 대한 답이었다. 문제에 거론된 오리가 2,000마리이든 20만 마리이든 답은 대체로 같다. 그냥 기분이 나쁘다. 범위는 배경으로 물러난다. 그리고 대상이 멀어지면 마음도 멀어진다.

투표에 붙여진 호수들과 IARPA 토너먼트에서 제시된 시리아 내전 등 여러 지정학적 문제들은 어떤 관계가 있을까? 대니얼 카너먼이라면 '상당히 밀접한' 관계가 있다고 답할 것이다.

2012년 초로 되돌아가보자. 아사드 정권이 무너질 가능성은 어느 정도일까? 무너지지 않을 것이라고 주장하는 근거는 2가지다. 첫째, 아사드 정권에게는 단단히 무장한 핵심 지지자들이 있다. 둘째, 아사드 정권에게는 강력한 동맹 세력이 있다. 무너진다고 주장하는 근거도 2가지다. 첫째, 시리아군은 이탈자가 많다. 둘째, 반군은 수도까지 진출할 정도로 그 세력이 만만치 않다. 이런 양측 주장의 비중은 대체로 대등해 보이므로 가능성을 대략 50%로 정하면 될 것 같다.

그런데 뭔가 빠진 것 같지 않은가? 시간 프레임이 없다. 시간 프레임은 매우 중요한 요소다. 극단적으로 말해 앞으로 24시간 이내에 아사드 정권이 무너질 가능성은 향후 24개월 이내에 무너질 가능성보다 크게 적을 것이다. 카너먼의 용어로 설명하면, 여기서는 시간 프레임이 예측의 '범위'다.

그래서 우리는 무작위로 선발된 슈퍼 예측가 집단에게 물었다. "앞으로 3개월 안에 아사드 정권이 무너질 가능성은 어느 정도인가?" 그리고 또 다른 집단에게는 앞으로 6개월 이내에 무너질 가능성이 어느 정도인지 물었다. 우리는 일반 예측자들에게도 같은 실험을 했다.

카너먼은 '범위 불감성'의 정도가 클 것이라고 예측했다. 그들은 무의식적으로 미끼 상술을 구사하여 시간 프레임에 대한 가능성을 계산해야 하는 어려운 문제를 피해 정권의 몰락 여부를 따지는 비교적 비중이 약한 문제를 놓고 따질 것이다. 죽어가는 철새가 2,000마리이든 2만 마리이든 20만 마리이든 답변에 아무런 차이가 없듯, 시간 프레임도 최종 답변에 아무런 차이를 주지 못할 것이다. 멜러스는 여러 연구를 통해 카너먼의 예측대로 대다수의 예측자들이 범위에 둔감하다는 사실을 확인했다. 일반 예측자들은 3개월 사이에 아사드 정권이 무너질 가능성을 40%로 보았고 6개월 이내에 무너질 가능성은 41%라고 답했다.

그러나 슈퍼 예측가들은 달랐다. 그들은 3개월 이내에 아사드 정권이 무너질 가능성을 15%로 보았지만 6개월 이내에 무너질 가능성은 24%로 보았다. 문제 자체가 정확히 답하기에 까다로웠으므로 완벽한 범위 감각이라고 하기 어렵겠지만, 그래도 카너먼을 놀라게 하기에는 충분한 분석이었다. 누구에게도 3개월과 6개월짜리 문제를 동시에 낸 적이 없다는 점을 감안할 때, 이는 대단한 성과였다. 슈퍼 예측가들은 문제의 시간 프레임에 주의를 기울였을 뿐만 아니라 다른 가능한 시간 프레임도 생각했고 그래서 떨치기 어려운 편견을 털어냈다.

나 역시 이 점을 높이 평가하고 싶다. 그러나 우리는 보다 향상된 훈련 지침으로 예측자들을 더욱 몰아세운다. 우리는 그들에게 '주어진 질문'을 달리 생각하여 마감 날짜가 12개월이 아니라 6개월이거나, 목표로 삼은 유가가 10% 낮거나 그 밖의 변수가 있다면 이런 시간 프레임을 가진 문제에 대한 대답을 어떻게 바꿀 것인지 묻는다. 이런 머릿속의 '생각 실험'은 문제에 대한 각자의 정신적 모델의 적합성을 스트레스 테스트함으로써 범위 불감성을 피할 수 있게 해준다. 그러나 사실 슈퍼 예측가들은 범위 불감성이라는 용어를 사용하지 않았을 뿐, 이미 우리가 이 문제를 연구하기 전부터 이런 문제를 두고 이야기하고 있었다. 그리고 우리의 훈련 지침이 그들의 사고에 도움을 주는 것만큼이나 그들의 생각도 우리의 훈련 지침에 도움이 되었다.

일부 슈퍼 예측가들은 시스템 2의 교정에 아주 능숙하여, 가령 물러서서 외부 관점을 받아들이는 등의 행동이 아예 습관화되어 있는 것 같다. 사실 이런 과정은 아예 시스템 1의 일부로 편입되어 있다. 이러한 현상은 슈퍼 예측가들이 아니더라도 우리 주변에서 어렵지 않게 볼 수 있다. 골프를 잘 치는 사람들에게도 처음 티샷을 하던 순간이 있었다. 그들은 무릎을 굽히고 고개를 약간 기울이고 한 쪽 어깨를 들고 다른 쪽 어깨는 내리고 팔꿈치를 들어 올리라는 말을 듣는다. 좀 어색한 순간이지만 그들은 이런 지시를 듣고 자세를 스스로 점검한다. 두 번째 티샷을 할 때 그들은 공을 티 위에 놓고 머릿속으로 점검표를 꼼꼼히 훑어본 다음 다시 무릎을 굽히고 고개를 기울이고 한 쪽 어깨를 올리고 다른 쪽 어깨는 내리고 팔꿈치를 들어 올리는 자세를 잡는다. 그러다 어느 부분을 놓쳐 다시 주의를 받는다. 세 번째도 마찬가지다. 그러나 티샷이 반복되다 보면 동작이 조금씩 쉬워진다. 이러한 과정을 꾸준히 계속 반복하는 가운데 어느새 그런 지시사항이 시스템 1에 녹아 들어가 우아한 동작으로 나오기 시작한다.

요리, 항해, 수술, 오페라 아리아, 전투기 조종 등 물리적으로나 인식적으로 벅차 보였던 임무도 꾸준히 생각하면서 연습하면 제2의 천성으로 몸에 익힐 수 있다. 단어를 또박또박 발음하며 문장의 의미를 파악해보려고 애쓰는 아이를 보라. 기억이 나지 않을 뿐 우리도 언젠가 그랬을 것 아닌가? 다행히 그 덕분에 지금 이 문장도 힘들이지 않고 읽는 것이 아닌가?

슈퍼 예측가들은 얼마나 오랫동안 심리적 중력 법칙과 싸워서 버틸 수 있을까? 답은 그들의 인식적 부하의 무게에 달려 있다. 자기의식적인 시스템 2의 교정을 무의식적인 시스템 1의 작용으로 돌리면 그 부하를 크게 줄일 수 있다. 일부 슈퍼 예측가들이 개발한 소프트웨어 툴도 그러한 역할을 한다. 더그 로치가 비슷한 마음을 가진 사람들을 위해 시스템 1의 편견을 교정하도록 만든 새로운 자원 선택 프로그램도 그런 툴 중 하나다.

그래도 슈퍼 예측은 여전히 힘든 작업이다. 예측을 잘하는 사람들은 자신이 쌓아올린 성과가 얼마나 허약한 것인지 잘 안다. 그들은 언제 어디서 자신이 실패할지도 모른다는 생각을 한시도 잊지 않는다. 그리고 실패하면 원인을 찾아내고 마음을 다잡아 다시 예측을 계속해나간다. 그런데 나의 동료이기도 한 어떤 친구는 나만큼 슈퍼 예측가에게 깊은 인상을 받지 못하고 있다. 그는 이런 모든 연구 프로그램에 뭔가 문제가 있다고 생각하는 것 같다.

📍 블랙 스완의 한계

나심 탈레브Nassim Taleb는 한때 월스트리트의 트레이더였다. 불확실성과 확률에 대한 그의 생각을 집약한 3권의 책은 엄청난 반향을 일으켰고, 그가 처음 사용한 '블랙 스완Black Swan'이라는 단어는 일상의 어구로 자리 잡았다.

블랙 스완이라는 개념에 익숙하지 않다면, 자신이 4세기 전 유럽에서 살고 있다고 생각해보기 바란다. 그들에게 백조는 모두 흰색이었다. 사람들에게 백조의 모습을 떠올려보라고 한다면 그 크기나 모양은 제각각이겠지만 색깔만은 모두 흰색을 떠올릴 것이다. 경험상 모든 백조는 흰색이었으니까. 그런데 그때 오스트레일리아에서 배 한 척이 들어온다. 그 배에는 백조가 실려 있다. 그런데 그 백조들은 모두 검은색이다. 사람들의 눈이 휘둥그레진다. '블랙 스완'이란 어떤 일이 일어나기 전까지는 전혀 상상이 되지 않았던, 경험 밖에 있는 사건을 지칭하는 화려한 메타포다.

탈레브의 관심이 놀라움에만 있는 건 아니다. 블랙 스완은 충격적이어야 한다. 실제로 탈레브는 블랙 스완이 그리고 블랙 스완만이 역사의 진행 방향을 결정한다고 주장한다. "역사와 사회는 기어가지 않는다." 그는 그렇게 썼다. "역사와 사회는 도약한다."4) 그렇다면 나는 헛고생을 한 것이나 다름없다. 그동안 예측의 적중률을 높이기 위해 무진 애를 써왔지만 역사가 도약한다면 결국 IARPA는 내게 바보 같은 짓을 위촉한 셈이다. 중요한 일은 예측할 수 없고, 예측할 수 있는 일은 중요하지 않다. 그렇지 않다고 믿으면 마음이야 편하겠지만 그렇다고 사실이 달라지지는 않는다. 과학적인 관점에서 보면, 지금껏 내가 한 작업은 뒷걸음질만 친 셈이다. EPJ 연구에서 나는 전문가와 다트를 던지는 원숭이가 시사하는 문제의 의미를 대체로 올바르게 이해했지만, GJP 프로젝트에서는 잘못된 개념을 전제로 삼아 절망을 사주하고 어리석은 자기만족을 조장한 꼴이 되고 말았다.

나는 탈레브를 존중한다. 그와 나는 논문도 함께 쓸 정도로 서로의 견해가 일치되는 부분도 있다. 나는 미래를 예측하는 토너먼트가 역점을 두고 다루어야 할 주요 부분에 대한 그의 심도 있는 비판도 귀담아들을 필요가 있다고 생각한다. 하지만 나는 여기서 또 다른 잘못된 이분법을 엿보게 된다. "이대로만 하면 예측은 해볼만한 것이다"와 "예측은 쓸모없는 짓이다"라는 주장의 대립이다.

이러한 이분법을 물리치려면 우리를 기만하는 블랙 스완이라는 메타포를 현미경 위에 올려놓고 제대로 분석해야 한다. 블랙 스완이란 정확히 무엇인가? 엄밀히 정의하자면 블랙 스완은 전혀 일어나리라고 생각하지 않았던 일이다. 탈레브가 말한 것도 사실 그런 의미였다. 그렇다고 해도 블랙 스완이라고 불린 사건들을 살펴보면 그것은 대부분 실제로 회색이었다.

블랙 스완의 전형이라 할 수 있는 9·11 테러에 대해 생각해보자. 눈부시게 맑았던 9월의 어느 날 아침, 청천벽력 같은 사건 하나가 역사를 바꿔놓았다. 그러나 9·11은 생각할 수 없었던 사건이 아니다. 1994년에 제트기를 강탈하여 에펠탑에 충돌시키려 했던 테러리스트들의 음모가 사전에 적발된 적이 있었다. 1998년에 미 연방항공청US Federal Aviation Administration은 테러리스트들이 페덱스FedEx 화물기를 강탈하여 세계무역센터에 충돌시키는 시나리오를 검토하기도 했다. 이는 안보 서클에서는 너무도 잘 알려진 시나리오였기에, 2001년 8월에 한 정부 관리는 하버드의 테러 전문가인 루이스 리처드슨Louise Richardson에게 테러 집단들은 왜 비행기를 날아다니는 폭탄으로 사용하지 않느냐고 질문을 했을 정도였다. "내 대답은 별반 도움이 되지 않았다." 그녀는 그렇게 썼다. "나는 일부 테러 집단들이 그런 전술을 진지하게 고려하고 있으며 조만간 실제로 그런 전술을 실행에 옮길 것으로 본다고 말해주었다."5)

오래전에도 블랙 스완으로 불린 사건이 많았다. 제1차 세계대전만 해도 그랬다. 그러나 제1차 세계대전이 일어나기 10여 년 전부터 열강들이 전쟁을 벌일 위험이 있다는 이야기가 끈질기게 나돌고 있었다. 이 또한 상상하기 어렵다는 검증을 통과하지 못한다. 정말 일어나기 전까지는 일어나리라고 생각하지 못한 사건만이 블랙 스완이라면, 블랙 스완을 찾는 것은 정말 어려워진다.

탈레브도 블랙 스완의 정의를 조금 낮추어 "좀처럼 있을 법하지 않은 중대한 사건"이라고 물러섰다.6) 이 정도 사건이라면 역사에서 어렵지 않게 찾을 수 있다. 그리고 탈레브와 내가 공동 작업한 논문에서 연구한 대로, 그렇게 생각하면 그의 비판의 진정한 의미를 찾을 수 있다.

예측자들이 겨우 몇 달 뒤 일어날 일에 대한 예측을 수백 개 내놓는다면, 우리는 그런 예측들이 얼마나 제대로 수정하고 조율한 것인지 판단할 수 있는 자료를 쉽게 확보할 것이다. 그러나 '좀처럼 있을 법하지 않은' 사건은 좀처럼 일어나지 않는다. 우리가 '좀처럼 있을 법하지 않은'이라는 말을 1%나 0.1%나 0.0001%로 받아들인다면, 그런 자료를 확보하는 데 몇십 년이나 몇백 년 혹은 몇천 년이 걸릴 것이다. 그리고 이런 사건이 좀처럼 있을 법하지 않은 사건일 뿐만 아니라 아주 강렬한 충격을 안기는 사건이라면, 자료 확보의 어려움이 몇 배로 늘어날 것이다. 그래서 1세대 IARPA 토너먼트로는 슈퍼 예측가들이 그레이 스완나 블랙 스완을 얼마나 잘 찾아내는지 알 수 없다. 슈퍼 예측가들은 다른 사람들처럼 아무것도 모르는 사람일 수도 있고 아니면 놀라울 정도로 재주가 비상한 사람일 수도 있다. 어느 쪽인지는 알 수 없다. 또 안다고 우리 자신을 속여서도 안 된다.

결국 블랙 스완만이 중요하다고 생각한다면, GJP는 단기 예측자에게만 관심을 가져야 할 것이다. 그러나 역사는 블랙 스완으로만 이루어지지 않는다. 조금씩 늘어나는 인간의 수명은 어떤가? 19세기에 매년 평균 1%씩, 20세기에 매년 2%씩 성장한 세계 경제는 또 어떤가? 그로 인해 18세기와 그 이전의 곤궁했던 오랜 세월이 전례 없는 풍요로 바뀐 상태에서 21세기를 맞았다는 사실은 어떤가?[7] 물론 역사는 때로 비약한다. 그러나 역사는 기어가기도 한다. 그렇게 느리고 점진적인 변화가 매우 중요할 때가 있다.

투자 세계를 보면 쉽게 이해할 수 있다. 비노드 코슬라Vinod Khosla는 선마이크로시스템Sun Microsystems사를 공동 설립한 실리콘밸리의 벤처자본가다. 그는 나심 탈레브의 열혈 팬이기도 하다. 코슬라는 부침이 심하기로 유명한 테크놀로지 분야에 투자하면서 예측이 빗나가는 경우를 수없이 목격했다. 그는 다음에 어떤 큰일이 일어난다고 해도 그것을 정확하게 예측할 수 없다는 사실을 누구보다 잘 안다. 그래서 그는 투자를 크게 분산시키되 대부분 실패하리라고 예상하면서도 가끔 예상을 깨는 신생 기업 1~2곳에서 구글Google 정도의 횡재를 거두기를 희망한다. 2013년에 내가 그를 인터뷰했을 때 코슬라는 대부분의 사람들은 상황을 잘못 판단하기 때문에 이런 배포를 가지지 못한다고 말했다. "실패할 확률이 90%라면 다들 외면합니다. 하지만 세상을 바꿀 확률이 10%라고 하면 좋아해요. 재미있는 현상이죠." 이것이 블랙 스완 투자다.

　탈레브도 작가가 되기 전 트레이더였을 때 이와 비슷한 투자 기법으로 성공했다. 그러나 그런 투자만 있는 것은 아니다. 예측을 좀 더 정확히 하여 경쟁자를 물리치는 방법도 얼마든지 있다. 예를 들어 어떤 일이 일어날 확률이 60%라고 사람들이 예상할 때, 그 확률을 68%로 판단하여 적중하는 경우가 그렇다. 주로 포커의 고수들이 쓰는 방식이다. 이런 방법을 쓰면 돈을 벌 수 있지만 수익이 평범하기에 큰돈을 기대하기는 어렵다. 블랙 스완에 투자하는 사람은 투자에 능한 사람도 아니고 투자할 줄 모르는 사람도 아니다. 이는 다른 문제다.

　예측 토너먼트를 중단하지 못하는 또 하나의 큰 이유가 있다. 블랙 스완이 갖는 충격의 강도를 높이는 것은 사건의 영향력이다. 그러나 그 영향이 드러나는 데는 시간이 걸린다. 1789년 7월 14일, 한 무리의 폭도들이 바스티유로 알려진 파리의 감옥을 장악했다. 그러나 우리가 오늘날 '바스티유 습격'이라고 부르는 사건은 그날 실제 일어났던 일보다 훨씬 더 큰 의미를 담고 있다. 우리는 그 사건을 그 사건이 야기한 실제의 사건, 즉 프랑스 혁명의 도화선으로 받아들인다. 그런데 7월 14일이 프랑스의 국경일로 정해진 것은 몇 세기 뒤였다. "바스티유 습격 같은 블랙 스완에 관한 설명을 더 많이 원할수록 그 사건 자체라고 생각하는 것에 대한 경계를 더 넓게 그려야 한다."[8]

이런 면에서 볼 때 블랙 스완은 생각처럼 그렇게 전혀 예측할 수 없는 사건이 아니다.

테러리스트들이 세계무역센터와 국방부를 공격한 지 사흘 뒤, 미국 정부는 아프가니스탄의 탈레반 통치자들에게 오사마 빈 라덴과 그 밖의 알카에다 테러리스트들을 넘겨줄 것을 요구했다. 탈레반은 미국 정부가 알카에다의 소행이라는 확실한 증거를 제시하면 그렇게 하겠다고 응수했다. 미국은 침공을 준비했다. 그래도 탈레반은 빈 라덴을 넘기지 않았다. 9·11이 있고 나서 거의 1개월쯤 되어갈 무렵, 미국은 공격을 개시했다. 요즘 우리가 9·11을 블랙 스완이라고 언급할 때, 이는 아프가니스탄에 대한 공격뿐 아니라 아프가니스탄 침공과 그에 따른 결과까지 포괄적으로 지칭한다.

그러나 그 사건의 전말은 다르게 진행될 수도 있었다. 아프가니스탄의 입장에서 볼 때 빈 라덴과 알카에다는 아랍어를 사용하는 외국인일 뿐이다. 또한 탈레반으로서는 빈 라덴에게 은신처를 제공하는 것이 그들이 가장 증오하는 북부동맹Northern Alliance(탈레반 정권에 불만을 품은 7개 파벌이 1997년에 결성한 아프가니스탄 반군 단체–옮긴이)을 궤멸시킬 수 있는 가장 좋은 시기에 세계 유일한 초강대국을 자극하는 현명하지 못한 처사라고 판단했을 수도 있었다. 그게 아니더라도 언제 미국의 손에 넘겨질지 모른다고 생각한 빈 라덴과 그의 추종자들이 파키스탄이나 소말리아나 예멘으로 달아날 수도 있었다. 아프가니스탄 침공이 없거나 오사마 빈 라덴을 10년 동안 찾아다니는 일도 없는 각본을 생각할 수 있었던 것이다. 그렇게 되면 9·11을 다르게 볼 수도 있을 것이다. 9·11은 분명 비극임에 틀림없지만 이후 10년 동안 이어지는 일련의 일이 전쟁의 신호탄이 되지 않을 수도 있었다.

슈퍼 예측가들이 2001년 9월 11일의 사건을 예견할 수 있었다는 증거는 없을지 모른다. 그러나 그들이 다음과 같은 질문을 예측할 수 있다는 증거는 많다. 탈레반이 오사마 빈 라덴을 넘기지 않는다면 미국이 군사적 조치를 취하겠다고 위협할까? 탈레반은 순순히 응할까? 빈 라덴은 침공 이전에 아프가니스탄을 떠날까? 그런 예측으로 9·11의 결과를 예감할 수 있고 그 결과가 블랙 스완을 블랙 스완으로 만들 정도라면, 우리는 블랙 스완도 예측할 수 있다.

📍 빗나갈 예측에 대한 계획

내가 보기에, 카너먼과 탈레브의 비판은 슈퍼 예측이라는 개념에 대한 가장 강력한 도전이다. 실증적인 입장에서 보면 우리 각자는 분명 입장이 많이 다르다. 그러나 철학적인 입장에서 볼 때 우리의 주장은 소통이 가능하고 심지어 협업까지 할 수 있을 정도로 가깝다.

우리가 얼마나 가까운지 알 수 있는 자료가 있다. 역사의 각주에 끼울 만큼 대단한 사건은 아니지만 타이밍이 적절했던 한 관료의 메모를 보자. 2001년 4월 11일, 국방장관 도널드 럼스펠드Donald Rumsfeld는 조지 W. 부시 대통령과 딕 체니Dick Cheney 부통령에게 메모지를 보냈다. "우연히 미래를 예견하는 일이 얼마나 어려운지를 다룬 작품을 보았습니다." 럼스펠드는 그렇게 썼다. "보면 흥미를 느끼실 겁니다."9) 그 '작품'이란 1900년부터 2000년까지 매 10년 단위 기간이 시작되는 시점에서 전략적 상황을 가늠했던 예측과 10년 뒤에 실제 현실이 얼마나 다른지를 보여주는 자료였다. "이런 사실로 미루어볼 때 2010년의 모습이 어떨지는 확실히 말할 수 없다." 그 작품의 작성자 린턴 웰스Linton Wells는 그렇게 결론 내렸다. "그러나 확신할 수 있는 것이 하나 있다. 2010년의 모습은 우리의 예측과 사뭇 다를 것이고, 따라서 그에 따라 계획을 짜야 한다는 사실이다."

2001년 4개년 국방정책 검토 보고서에 대한 생각

L.N WELLS
Cf: Amdn

* 1900년에 당신이 세계 최강대국의 안보정책 입안자였다면, 당신은 숙적 프랑스를 경계의 눈초리로 바라보는 영국인이었을 것이다.
* 1910년에 당신은 프랑스와 동맹을 맺을 것이고 적은 독일로 바뀔 것이다.
* 1920년에 당신은 제1차 세계대전을 치러 승리하고 과거의 동맹국

인 미국 그리고 일본과 해군 군사력 경쟁에 몰두할 것이다.

* 1930년에 해군 군비제한 협정이 발효되고 대공황을 겪으면서 방위 계획 기준은 '10년간 전쟁 없음'이라고 적을 것이다.

* 9년 뒤 제2차 세계대전이 발발했다.

* 1950년에 영국은 이미 세계 최강대국이 아니었고, 핵시대가 열렸으며, 국제 평화를 위한 '군사 행동'이 한국에서 실행되었다.

* 10년 뒤 정책 초점은 '미사일 격차'에 맞춰지고, 전략 패러다임은 대량보복에서 유연한 대응으로 바뀌었다. 베트남 소식을 들은 사람은 거의 없었다.

* 1970년, 베트남전에 대한 우리의 개입이 절정에 이르렀다. 우리는 소련과 긴장완화 정책을 시작했고, 걸프 지역에서 우리의 비호를 받을 왕을 권좌에 올렸다.

* 1980년에 소련은 아프가니스탄에 있었고 이란은 혁명의 소용돌이를 겪고 있었다. 우리의 '속 빈 군대'와 '취약성의 창문'에 대한 논의가 있었고, 미국은 세계 역사상 최대 채권국이었다.

* 1990년, 소련은 붕괴되기까지 1년을 남겨두고 있었다. 사막에서 미군은 그들이 절대로 속 빈 강정이 아니라는 사실을 막 입증하려 하고 있었다. 미국은 세계 역사상 최대 채권국이 되었고 인터넷이라는 말을 들어본 사람은 거의 없었다.

* 10년 뒤, 바르샤바는 NATO의 한 회원국의 수도였다. 비대칭 위협

이 지리를 초월했고, 평행 정보혁명, 바이오테크놀로지, 로봇공학, 나노테크놀로지, 고밀도 에너지 자원 등은 거의 예측의 한계를 넘어서는 변화의 전조가 되었다.

* 이런 사실로 미루어볼 때 2010년의 모습이 어떨지는 확실히 말할 수 없다. 그러나 확신할 수 있는 것이 하나 있다. 2010년의 모습은 우리의 예측과 사뭇 다를 것이고, 따라서 그에 따라 계획을 짜야 한다는 사실이다.

린턴 웰스

비기밀 문서
2009년 1월 9일
IAW EO 12958, 수정본
Chief, RDD, ESD, WHS

Certified As Unclassified
January 9 2009
IAW EO 12958, as amended
Chief, RDD, ESD, WHS

럼스펠드가 이 메모를 쓴 날로부터 정확히 5개월 뒤, 테러리스트들이 미국 쌍둥이빌딩과 국방부에 제트여객기를 충돌시켰다. 이어진 10년 역시 국제 문제를 다루는 집단들이 처음에 예상했던 것과는 닮은 구석이 거의 없는 또 다른 모습이었다. 지정학이나 경제를 예측해보려고 해도 아주 빤한 사실(갈등이 있을 것이다) 외에 어떤 일을 10년 미리 내다볼 수는 없으며 어쩌다 맞는 경우에도 운이 좋아 맞히는 경우가 많다는 사실에는 탈레브와 카너먼과 나의 의견이 일치하는 편이다. 이처럼 예측에 한계가 있을 수밖에 없는 것은 비선형적 체계의 나비 역학이 보여주는 당연한 결과다.

　내 EPJ 연구에서도 5년 이상의 미래에 대해서는 전문가라고 해도 예측의 정확도가 떨어졌다. 그러나 그런 사실을 잘 아는 기관에서도 이처럼 정확성이 떨어지는 예측을 사양하지 않는다. 미 의회는 국가 안보 상황에 대한 20년 기간의 예측을 4년에 한 번씩 국방부에 요구한다. "이 4년 주기 국방정책 검토 보고서에는 엄청난 자원과 노력이 투입된다." 전 해군 장관 리처드 댄지그Richard Danzig는 그렇게 설명했다.10) 린턴 웰스가 이 점을 지적하는 모반을 감행하면서까지 그런 논문을 쓴 것도 이런 의례적인 관행 때문이었다.

　웰스는 맺음말에서 좀 더 나은 방식을 제시했다. 예측의 수평선 너머에 있는 미래를 두고 계획을 세워야 할 때는 기습적인 사건에 대비하는 계획을 세워야 한다는 것이다. 다시 말해, 댄지그의 충고대로 임기응변과 탄력성을 갖춘 계획을 세워야 한다. 갑자기 뺨을 맞는 시나리오를 생각하고 그에 대응하는 방법을 생각해야 한다. 그런 다음 정강이를 차일 경우를 예상해보고 그에 대한 대응책을 생각해야 한다. 아이젠하워는 전투를 준비하는 문제에 대해 "계획은 아무 소용이 없다"고 말하면서도 토를 달았다. "그래도 계획은 반드시 필요하다."11)

　탈레브는 이런 논지를 더욱 끌고 나아가 국제 은행 업무나 핵무기 등, "안티프레질antifragile"하게 되는 비판적 체계를 요청했다. 안티프레질은 충격을 흡수할 뿐 아니라 충격으로 인해 더욱 강해지는 경향을 말한다. 나도 원칙적으로는 이에 동의한다. 그러나 간과하기 쉬운 부분이 있다. 탄력성을 겨냥하든 안티프레질을 겨냥하든 뜻밖의 기습에 대비하는 데는 많은 돈이 든다는 사실이다. 그래서 우선순위를 정해야 한다. 그렇게 순위를 정한 뒤 다시 예측 사업을 벌여야 한다. 건축 법규를 보자. 도쿄에서 대형 건물을 신축하려면 강도 높은 지진에 버틸 수 있는 첨단공학 기법을 적용해야 한다. 그러려면 돈이 많이 든다. 그런 비용을 들이는 것이 과연 합리적인 처사일까? 지진이 일어나는 시간을 정확하게 예측할 수 없지만 지진학자들은 지진이 자주 일어나는 장소와 그 크기의 규모에 대해서는 어느 정도 알고 있다. 도쿄는 지진이 자주 발생하는 곳이기에 돈이 많이 드는 기준을 적용하는 것이 당연하다. 그러나 큰 지진이 많이 나지 않는 지역, 특히 가난한 나라에서 그런 기준을 적용한다면 그것은 현명하지 못한 처사일 것이다.

이런 종류의 확률 추산은 장기 계획을 세우는 데 필수적이지만, 사실 이런 추산은 지진을 대비하는 일만큼이나 명확하지 못하다. 몇십 년 동안 미국은 2개의 전쟁을 동시에 치를 수 있는 여력을 유지해왔다. 그렇다면 3개는 왜 안 되는가? 4개는? 내친 김에 외계인 침공에 대한 준비는 왜 하지 않는가? 답은 확률에 달려 있다. 2개의 전쟁 원칙은 군대가 2개의 전쟁을 동시에 치러야 할 가능성이 막대한 비용을 정당화시킬만큼 크다는 판단을 근거로 한 것이다. 그러나 3개, 4개, 외계인 침공의 경우에는 그런 비용을 정당화시킬만한 판단이 나오지 않는다. 이런 판단을 외면할 수는 없다. 때로 장기 계획에서 그런 판단이 외면당하는 것처럼 보이는 이유는 단지 우리가 그런 판단을 묵살하기 때문이다. 그렇다면 매우 걱정스러운 일이다. 확률 판단은 가능한 한 정확해야 한다. 그리고 우리가 할 수 있는 일이 추측밖에 없기에 추측으로만 판단해야 한다면, 그런 사실을 솔직하게 말해야 한다. 무엇을 모르는지 아는 것이 무엇을 모르는지 안다고 생각하는 것보다 낫다.

예측하는 일을 가만히 따져보면 이 같은 사실을 분명히 알 수 있다. 그러나 우리는 그렇지 못한 경우가 많다. 그래서 20년짜리 지정학적 예측을 남발하고 다가오는 세기를 이야기하는 책들이 베스트셀러가 된다. 탈레브와 카너먼의 주장을 살펴보면 이런 종류의 실수가 계속되는 이유를 알 수 있을 것 같다.

카너먼을 비롯한 현대 심리학의 개척자들은 인간의 마음이 확실성을 갈망하고 확실성을 찾을 수 없을 때는 그것을 강요한다는 사실을 밝혀냈다. 예측에서 사후확신편향은 절대 저질러서는 안 되는 실수다. 고르바초프의 폭탄 선언에 놀란 전문가들이 나중에 그 사건을 완벽하게 설명할 수 있다고 확신하게 된 이유를 생각해보면 알 수 있다. 그들은 예측하지도 못했던 일을 설명할 수 있다고 생각했을 뿐 아니라, 예측할 수도 있었다고 생각했다.

충격적이었다는 사실만 무시하면, 과거의 일은 당시보다 더 쉽게 예측할 수 있었던 것처럼 보인다. 그래서 미래도 실제보다 훨씬 더 쉽게 예측할 수 있다고 생각하게 만든다.

중국이 21세기 중반에 세계 최고의 경제 강국이 될까? 많은 사람들이 그럴 것이라고 확신한다. 그리고 그럴지도 모른다. 그러나 1980년대와 1990년대 초에는 지금 사람들이 중국에 대해서 생각하는 것보다 훨씬 더 일본 경제력의 강세를 예상했다. 그리고 일본 경제는 기울었다. 그렇다면 중국이 앞으로 세계 경제를 지배할 것이라는 주장도 함부로 해서는 안 될 것 같다.12) 그런데도 그런 주장이 나온다. 이제 와서 보면, 일본이 세계 경제를 주도하리라고 생각했던 것 자체가 이상해 보인다. 당연히 일본은 곧 비틀거리게 된다! 지금 볼 때 중국이 비틀거리지 않을 것 같다는 사실만큼이나 당시 일본이 곧 비틀거리게 된다는 사실은 너무 분명했다. 지금에야 하는 말이지만.

이제 이런 심리학이 나심 탈레브가 그렇게 잘 설명한 현실을 만날 때 어떤 일이 일어나는지 살펴보자.

일상에서 일어나는 일을 그래프로 표시하다 보면 전형적인 종형곡선에 들어맞는 사건들을 자주 보게 된다. 예를 들어, 성인 남자들의 신장은 대부분 150cm에서 180cm 사이에 분포한다. 키가 120cm이거나 2m에 이르는 사람은 드물다. 지금까지 성인 기준 가장 키가 작은 사람은 90cm, 가장 키가 큰 사람은 240cm 정도였지만 실제로 그런 사람은 극히 드물다. 그러나 종형곡선이 맞지 않는 경우도 있다.

미국의 불평등한 부가 그렇다. 미국의 평균 가계 자산이 약 10만 달러이고 전체 가구의 95%가 1만 달러에서 100만 달러 사이에 분포되어 있다고 하자. 재산이 전형적인 종형곡선에 따라 분포된다면, 다음 그래프에서 보듯 1,000만 달러가 넘는 자산을 가진 가구는 사실상 보기 어려울 것이다. 그리고 순자산이 10억 달러인 가구를 만나게 될 확률은 1조 분의 1이다. 그러나 부는 정상적으로 분포되지 않는다. 실제로 순자산이 10억 달러 정도인 개인은 500명 가까이 되고 100억 달러를 가진 사람도 더러 있다. 따라서 부의 분포는 사실 훨씬 더 극단적인 팻테일(꼬리 부분이 두꺼운 모양새-옮긴이) 분포를 보인다. 미국에서 10억 달러

이상을 가진 억만장자가 될 가능성은 1조 분의 1에서 70만 분의 1로 크게 올라간다.

| 신장과 순자산 분포 |

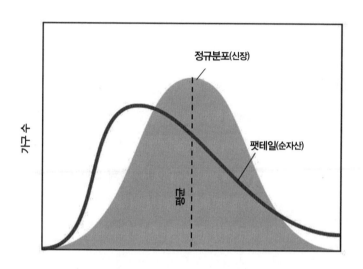

이제 탈레브의 세계관에서 가장 이해하기 어려운 부분이 등장한다. 그는 역사적 확률(미래가 전개될 수 있는 모든 가능한 방법)이 인간의 신장처럼 분포되는 것이 아니라 부처럼 분배된다고 단정한다. 다시 말해, 세상은 우리가 생각하는 것보다 훨씬 더 변동 폭이 심하기 때문에 잘못 계산할 위험이 크다는 것이다.

1914년 여름, 제1차 세계대전이 발발하기 직전으로 시계를 되돌려 보자. 영국 내무부의 한 고위 관리가 그때까지 전쟁에서 죽은 사망자 수를 평균 10만 명 정도로 (잘못) 추산했다고 하자.[13] 그가 생각하는 최악의 시나리오는 100만 명의 목숨을 앗아가는 전쟁이다. 그런데 그 앞에 유럽이 곧 1,000만 명의 목숨을 앗아가는 전쟁에 휘말리고, 이어지는 전쟁에서는 6,000만 명이 죽을 것이라고 주장하는 예측자가 나타난다. 정책을 입안하는 지위에 있는 그 관리는 이런 끔찍한 조합이 엮일 확률을 수백만 분의 1로 추산하여 그 예측자를 정신병자로 취급한다.

그 관리가 사상자를 예측하는 과정에서 좀 더 현실적인 팻테일 분포를 신뢰했다면 어떻게 되었을까? 그렇다고 해서 그런 예측이 현실이 될 수 있다고 생각하지는 않았겠지만, 가능성은 몇천 배 더 높아졌을 것이다.[14] 그 영향은 복권의 당첨 확률이 500만 분의 1에서 500분의 1로 올랐다는 사실을 알게 되는 것과 유사하다. 500분의 1이라면 복권을 사러 달려가지 않겠는가? 엄청나게 많은 사상자를 낼 수 있는 전쟁이 갖는 진정한 팻테일의 위험성을 1914년에 그 정책 입안자가 알았다면, 그는 재앙을 피하기 위해 훨씬 더 많은 노력을 기울였을 것이다.

문제를 이렇게 볼 수도 있다. 인간의 신장이 팻테일 분포를 보인다고 해도, 길을 가다가 키가 3.5m인 사람을 만난 다음 얼마 안 가 4.5m인 사람을 만나기는 거의 불가능할 것이다. 그런 일은 상상 속에서나 가능한 일이다. 마찬가지로 우리는 전쟁 사상자가 실제로 팻테일 분포를 보인다는 사실을 알기 때문에, 군사 전문가가 히틀러가 1941년에 소련 침공을 더 일찍 개시한다고 말하거나 핵무기의 파괴력을 본능적으로 알아서 제2차 세계대전으로 인한 사상자가 6,000만 명을 훨씬 넘어섰을 것이라고 말해도 전혀 놀라지 않을 것이다. 그런 가능성은 한때 현실이었고 엄청나게 컸다.

가능한 세계의 통계적 분포에 대한 탈레브의 생각을 이해하기 어렵다고 생각하는 사람도 있다. 그런 생각은 지식인들이나 할 수 있는 난센스처럼 보인다. 현실은 단 하나뿐이다. 과거에 일어난 일, 현재 우리가 겪는 일, 앞으로 일어날 일, 그것이 전부다. 그러나 탈레브처럼 수학적으로 생각한다면, 우리가 살고 있는 세상은 한때 가능했던 세계의 많은 집단에서 무작위로 튀어나온 세상일 뿐이라는 개념에 익숙해진다. 과거는 그렇게 전개될 필요가 없었고, 현재도 지금처럼 되어야 하는 것이 아니며, 미래는 완전히 개방되어 있다. 역사는 무한한 가능성의 배열이다. 현명한 리더는 이를 직감적으로 안다. 존 F. 케네디가 쿠바 미사일 위기를 보며 평화로운 해결에서부터 핵 전멸에 이르기까지 모든 경우의 수를 생각했던 것처럼 말이다. 그 사건이 핵전쟁으로 이어졌다면 수억 명의 생명을 앗아가는 제3차 세계대전을 초래할 수도 있었을 것이다. 정말로 팻테일이다!15)

대니얼 카너먼은 그만이 할 수 있는 세련된 사고 실험을 통해 이 문제의 본질을 드러냈다. 그는 히틀러, 스탈린, 마오쩌둥 등 20세기에 막강한 영향력을 가지고 있는 이 3명의 지도자를 실험실로 초대했다. 이세 사람은 여성 지도자가 결코 발을 들일 수 없는 정치 풍토 속에서 권력을 잡았지만, 그들에게도 미수정란이었던 순간이 있었을 것이다. 이미수정란이 다른 정자에 의해 수정되고 여자가 될 접합체를 만들고 여아 태아가 되어 마침내 여아로 태어날 확률은 50%였다. 따라서 세 지도자가 모두 남자로 태어날 확률은 겨우 12.5%였으며 적어도 1명이 여성으로 태어날 확률은 87.5%였다. 그렇게 해서 3명 중 적어도 1명이 여자로 태어났을 경우 그것이 미치는 파급 효과가 어느 정도인지는 정확히 알 수 없지만 전혀 다른 결과가 나올 수도 있었다.

아돌프 히틀러를 낳은 안나 히틀러Anna Hitler가 1889년 4월 20일에 오스트리아의 바라우나우암인에서 태어나지 않았다면 제2차 세계대전은 결코 일어나지 않았을 수 있다. 아니면 더 똑똑한 나치 독재자가 나타나 더욱 끔찍한 결정으로 세상을 훨씬 더 끔찍한 공포 속으로 몰아넣었을지도 모를 일이다.

카너먼과 탈레브 그리고 나는 역사를 이러한 방식으로 본다. 사실과 다른 조건법적 서술은 과거 어느 순간의 가능성이 무한히 개방적이며, 치밀하게 수립한 계획이 나비 한 마리의 날갯짓으로 어이없을 만큼 쉽게 무산될 수 있다는 사실을 강조하기 위한 것이다. 역사를 이렇게 가정법적 시각으로 보기 시작하면 탈레브의 극단적인 비결정적 비전은 어떤 본능적 느낌이 되고 만다. 역사가 무수히 많은 다른 결과를 낳을 수도 있었다거나 앞으로도 무수히 많은 다른 미래를 만들 수 있다는 사실을 엿본다는 것은 우리 은하계에서 알려진 1,000억 개의 별과 알려진 1,000억 개의 은하계를 생각하는 것과 같다. 그런 생각을 하면 더욱 더 겸손해질 수밖에 없다.16)

우리 세 사람은 그 정도로 의견이 일치한다. 그러나 나는 사람들이 상당한 노력을 기울이면 정말로 중요한 어떤 발전에 관해 정확한 예측을 할 수 있다는 사실을 '겸손'이 가려서는 안 된다고 믿는다. 큰 틀에서 보자면 인간의 예지력은 분명 하잘것없다. 그러나 우리가 그런 하찮은 인간적 차원으로 살면서 하찮게 여길 수 있는 것은 아무것도 없다.

SUPERFORECASTING

12장

예측의 미래

: 불확실한 미래를 명확히 볼 수 있다면

몇 개월 동안 결과는 의심의 여지가 없었다. 결정을 내리지 못한 사람들을 제외한 스코틀랜드 사람들 중 약 43%는 2014년 9월 18일에 있을 스코틀랜드 영연방 분리독립 주민투표에서 찬성표를 던지겠다고 답했다. 반대는 57%였다. 그러나 투표 2주 전에 실시한 여론조사에서는 사정이 갑자기 달라져 찬성이 조금 우세하게 나왔다. 투표가 임박했을 때 실시한 마지막 조사에서 다시 전세가 조금 역전되어 반대가 근소한 차이로 우세했다. 결정을 내리지 못한 사람들은 여전히 9%였다. 307년 이어진 영연방이 지속될 수 있을까?

　늘 그렇지만 사안이 모두 끝나고 나면 결과는 늘 분명해 보인다. 그러나 당시에는 그렇지 않았다. 찬성 캠페인은 민족주의 정서에 호소했고, 반대 캠페인은 분리되면 스코틀랜드의 경제가 흔들릴 거라고 맞섰다. 일부 전문가들은 민족적 정체성을 강조하는 정책이 경제적 타산을 누를 것이라고 주장했고, 다른 전문가들은 그 반대를 예상했다. 분명한 것은 어떤 결과가 나오든 전문가들은 즉시 이유를 설명해야 한다는 사실이었다.

결과론이지만 55.3% 대 44.7%라는 경이적인 큰 차이로 이 투표가 부결되는 것을 맞힌 사람은 없었다(슈퍼 예측가들은 이 부분에서 압도적인 성적을 거두어, 실제로 돈이 걸린 영국의 여러 도박시장까지 눌렀다).[1]

그러나 좀 색다른 전문가가 있었다. "나는 스코틀랜드의 주민투표가 끝난 뒤에 '나름대로 분석하여 골라보세요(독자가 무엇을 고르느냐에 따라 내용과 결말이 달라지는 이야기 게임북 '직접 모험을 골라보세요Choose Your Own Adventure'를 패러디 한 게임-옮긴이)'라는 게임을 만들어 재미 삼아 포스팅할 준비를 해놓았다." 스코틀랜드의 투표가 부결된 다음날 정치학자이자 〈워싱턴포스트〉의 블로거인 대니얼 드레즈너Daniel Drezner는 그렇게 썼다. 그 내용은 "어제의 투표는 '21세기 민족주의의 끈질긴 저력과 서방 유권자의 경제 회복에 대한 소망'을 보여주는 분명한 증거이며, 성급하게 반대 혹은 찬성 결과를 예측했던 전문가들은 아마도 '경제의 미약한 호소력과 민족주의가 제공할 수 없는 능력'을 평가 절하한 것 같은 문장들"이었다.

드레즈너가 그런 자세를 계속 유지했으면 얼마나 좋았을까? 그랬다면 자신감이 넘쳤던 평론가들의 즉흥적 분석을 통렬히 비판했다는 평가를 받았을 것이다. 그러나 드레즈너는 그렇게 하지 않았다. 그는 스스로 결과를 확신하지 못했으며 그렇게 큰 폭으로 반대가 이겼다는 데 놀랐다고 고백했다. 드레즈너는 "전문가의 견해에 대해 뭔가 깨닫게 된 순간이었다"라고 썼다. "말하자면 이런 자료를 가지고 세계관을 어떻게 수정할 것인가 하는 문제였다."[2]

얼마나 멋진 말인가! 한편에는 중요한 사건 이후에 논평을 지배하는, 결과의 영향을 받은 분석들이 있다. 사실 이런 분석은 있으나마나한 것이다. 스코틀랜드 투표에는 많은 요인들이 작용했다. 그래서 '경제가 민족주의를 눌렀다'는 단편적인 분석은 너무 많은 것을 도외시하고 있다. '경제가 민족주의를 눌렀다'는 분석 때문에 다른 곳에서도 그럴 것이라고 경솔하게 결론 내린다면 훨씬 더 많은 문제를 일으킬 수 있다. 다른 한편에는 미래에 대한 우리의 예측이 있다. 이런 예측은 세상이 돌아가는 방식에 대한 우리의 '심적 모형mental models'에서 비롯된 것으로, 모든 사건은 이들 모형을 습득하고 향상시키는 기회가 된다.

그러나 드레즈너가 지적한 대로 경험으로부터 배우는 효과적인 학습에는 분명한 피드백이 전제되어야 한다. 예측이 확실하지 않거나 예측에 점수를 매길 수 없다면 분명한 피드백을 얻을 수 없다. 익숙한 이야기가 아닌가? 당연히 그렇다. 드레즈너는 IARPA 토너먼트에 대한 기사를 인용했다. "변덕스러웠던 예측에 대해 확실히 죄책감을 느낀다." 그는 그렇게 썼다. 스코틀랜드의 투표에 앞서, 그는 반대가 이길 것으로 보고 있지만 실제로는 찬성이 이길 수도 있는 이유를 써서 포스팅을 할 준비를 해두었다. 그렇다면 정작 그의 예측은 어느 쪽인가? 확실하지 않다. 결과에 따라 그는 어떻게 생각을 바꾸어야 할까? 그것 역시 확실하지 않다. "그래서 앞질러가며 스코틀랜드 주민투표 같은 별개의 사건에 관해 글을 쓸 때, 나는 2가지를 하려고 애쓸 것이다. 하나는 확실한 예측을 하는 것이고 또 하나는 그런 예측에 대한 신뢰구간confidence interval 을 제공하는 것이다. 다시 말해, 나는 내 예측에 점수를 매기고 싶다."3)

내가 바라는 것이 바로 이런 반응이었다.

점수를 매기고 순위표를 작성한다면 예측 토너먼트가 무슨 게임처럼 되는 느낌이 없지 않겠지만, 내기는 현실이고 또 중요하다. 사업에서 정확한 예측은 흥망을 가르는 기로다. 정부에게는 경기를 진작시키는 정책을 낳느냐, 아니면 세금만 낭비하는 정책을 만드느냐를 가르는 분기점이다. 국가 안보로 보자면 전쟁과 평화를 가르는 갈림길이다. 미국 IC가 의회에서 사담 후세인이 대량살상무기를 보유하고 있는 것이 틀림없다는 말을 하지 않았다면 많은 희생을 치른 침공 작전은 애당초 있지도 않았을지 모른다. 예측을 평가하고 기록하는 작업의 엄청난 잠재력을 IARPA는 잘 알고 있다. 이런 프로젝트에 큰 예산을 투입하는 것도 그 때문이다.

토너먼트를 통해 연구팀은 예측의 정확성을 향상시키고 예측하는 사람들이 연습과 피드백을 통해 실력을 향상시키게끔 도울 수 있다. 토너먼트는 사회에도 도움을 줄 수 있다. 또한 이런 혹은 저런 정책을 시도했을 때 어떤 결과가 나타나는지 생각해볼 수 있는 도구를 제공할 수 있다. 막연한 미래에 대한 막연한 예측은 아무런 도움이 되지 않는다. 막연한 생각으로는 무엇이 잘못되었는지 확인할 수 없다. 잘못된 점을 분명히 밝혀내고 더 이상 그런 일을 되풀이하지 않겠다고 말해야만, 세계에 대한 심적 모형을 수정하여 현실을 정확히 그려낼 수 있다. 예측하고 평가하고 수정하는 것, 그것이 세상을 좀 더 제대로 보는 가장 확실한 방법이다.

대니얼 드레즈너는 그 점을 간파했다. 다소 몽상에 가까운 꿈이지만 이 책을 읽는 사람들이 모두 그렇게 한다면 중대한 변화가 시작될 것이다. 예측을 소비하는 사람들은 더 이상 그럴듯한 이야기를 늘어놓는 전문가들의 말에 쉽게 현혹되지 않고, 그들의 지난 예측이 어느 수준이었는지 그들에게 묻기 시작할 것이다. 엉뚱한 비화나 화려한 경력에 솔깃하지도 않을 것이며, 아무 알맹이도 없는 답변에는 귀를 닫을 것이다. 약을 하나 먹을 때도 그 약이 전문적인 실험을 거쳤을 것이라고 기대하는 것처럼, 우리는 예측자들의 충고를 받아들이기 전 그 예측의 정확성이 철저히 검증된 것이라고 기대하게 된다. 그리고 예측자 자신도 대니얼 드레즈너처럼 이런 높은 기대가 결국 그들에게도 도움이 된다는 사실을 깨달을 것이다. 예측의 정확성을 향상시키려면 철저한 검증과 그로 인한 명확한 피드백이 전제되어야 한다. '증거에 입각한 의학'과 마찬가지로 '증거에 입각한 예측' 혁명은 의미가 있으며 매우 중요하다.

아니면 아무것도 달라지지 않을 수도 있다. 실패할 수도 있다는 말은 혁명가들이 입에 담을 말이 아니다. 그러나 슈퍼 예측가처럼 생각하되, 상황이 다르게 전개될 수도 있다는 점을 인정하자.

책을 마무리하는 시점에서 나는 변화를 거부하는 가장 강력한 세력들을 살펴보고, 또 그럼에도 불구하고 현 상황이 충격에 휩싸일 수 있는 이유를 짚어보고자 한다. 그다음 나는 내가 할 수 있는 일, 즉 미래 연구를 살펴볼 것이다. 그것이 내가 바라는 대로 거센 변화 속에서 이루어질 것인지 아니면 우려하는 대로 정체된 현 상황 속에서 이루어질 것인지는 정치학자들이 말하는 '참여적 관심층attentive public'들의 태도에 따라 결정될 것이다. 나는 중도적 낙관주의자다.

📍 예측의 장애물

2012년 대통령 선거가 치러지기 몇 달 전부터 네이트 실버는 한결 같이 오바마가 미트 롬니에 앞설 것이라고 예측했다. 롬니가 오바마의 목을 조이고 있다는 여론조사 결과가 나올 때도, 언론 매체들이 '50 대 50'이나 '박빙'을 점칠 때도, 실버의 예측은 오바마가 이길 확률을 61% 이하로 내리지 않았다. 공화당은 실버의 시각이 비뚤어졌다고 비난한 반면, 민주당은 그의 판단이 매우 종합적이며 대단히 예리하다고 평가했다. 선거가 오바마의 승리로 끝난 뒤에도 민주당은 지나칠 정도로 그를 추켜세웠다.

그러나 2014년 3월, 실버가 11월 중간 선거에서 공화당이 상원을 장악할 것이라는 예측을 내놓자 민주당의 태도는 돌변했다. 일부 관리들은 실버의 예측이 빗나갔던 해묵은 자료들을 찾아내 배포했다.[4] 예측자도 그대로고 실적도 그대로였지만 민주당의 당리당략에 맞지 않은 예측을 내놓은 뒤 실버는 예언자에서 엉터리로 전락했다.

이것은 1장에서 내가 감추어두었던 문제를 드러내는 극단적인 사례다. 나는 예측이 지향해야 할 유일한 배타적 목표는 정확성이며 그것이 이 책의 유일한 관심사라고 말했다. 하지만 현실에서는 정확성이 많은 목표 중 하나에 지나지 않을 때가 있고 심지어 정확성이 어울리지 않는 자리도 있다.

이런 어색한 진실은 흔히 가면 속에 감추어져 있지만 가끔 가면이 떨어질 때도 있다. 방코 산탄데르 브라질 SABanco Santander Brasil SA 소속의 한 분석가가 부유한 고객들에게 좌파 후보가 여론조사에서 계속 상승세를 유지한다면 브라질의 주식시장과 통화 가치가 하락할 수 있다고 경고했다. 그 후보와 그녀의 소속당은 발끈하여 그 분석가를 해고하라고 다그쳤다. 분석가는 즉시 해고되었다. 은행이 장래에 대통령이 될지도 모르는 사람에게 밉보여서 좋을 게 없기 때문이었다. 분석가의 예측이 정확한지 그 여부는 전혀 중요하지 않았다.5)

권모술수를 일삼는 사람들이 늘 그렇듯 블라디미르 레닌Vladimir Lenin은 정치란 넓은 의미에서 권력을 향한 투쟁에 지나지 않는다고 주장하면서, "크토, 카고kto, kogo?"라는 유명한 말을 했다. 문자 그대로 풀이하면 "누가, 누구를?"이라는 말로, "누가 누구를 제압하는가?"라는 레닌의 권력 투쟁을 간결하게 나타낸 말이다. 논쟁과 증거는 그럴듯한 장식품일 뿐, 중요한 것은 '누구를'이 아니라 '누가' 되느냐 하는 끊임없는 경쟁이다.6) 이 말에 따르면, 예측의 목적은 앞으로 나타날 일을 알아내는 것이 아니다. 예측의 목적은 예측자와 예측자의 주변 사람들의 관심을 높이는 것이다. 정확한 예측은 그런 일에 도움이 될 때가 있다. 그리고 그럴 때 환영받는 건 정확성이다. 그러나 그것이 권력 추구에 필요한 것이라면 정확성은 옆으로 밀려난다. 앞서 나는 조너선 셸이 "핵무기를 제거하지 않는다면" 가까운 장래에 재앙이 일어날 것이라고 경고했던

1982년의 예측을 언급했다. 이는 분명 정확한 예측이 아니었다. 셸이 원했던 것은 고조되는 핵군축에 동참하도록 만드는 것이었고 그는 성공했다. 그래서 그의 예측은 정확하진 않았지만 실패한 것이 아니다. 레닌도 바로 그 점이 진짜 목표라고 말했을 것이다.

공화당 선거 컨설턴트이자 빌 클린턴의 자문이었던 딕 모리스Dick Morris는 2012년 대선이 끝난 며칠 뒤에 이와 비슷한 주장을 했다. 투표가 치러지기 직전에 모리스는 롬니의 압승을 예상했다. 나중에 그는 조롱의 대상이 되었다. 그는 변명했다. "롬니의 선거운동은 지리멸렬한 상태였다. 사태를 낙관하는 사람도 없고 아무도 승리할 가망성이 있다고 생각하지 않았다. 그때 내가 했던 말을 하는 것이 그 순간 내가 해야 할 일이라고 생각했다."[7] 모리스는 그렇게 말했다. 물론 모리스가 거짓말을 했다는 사실도 거짓말일지 모른다. 그러나 이러한 변명이 그럴듯하다고 모리스가 생각했다는 사실이 그가 활동하는 '크토, 카고' 세계에 대해 많은 것을 말해준다.

마르크스 레닌주의자들이어야만 레닌의 말을 수긍할 수 있는 것은 아니다. 자신과 자신의 일족은 중요하다. 그들의 관심을 고조시키기 위해 예측을 활용할 수 있다면 얼마든지 그렇게 할 수 있다. 그런 관점에서 본다면, 꼭 예측의 정확성을 개혁하고 향상시켜야 하는 것은 아니다. 그 점은 달라지지 않을 것이다. 왜냐하면 예측은 이미 자신의 1차적 목적에 훌륭히 기여하고 있기 때문이다.

그러나 포기하기 전에 레닌이 고압적인 교조주의자였다는 사실을 기억하자. 사람들은 권력을 원한다. 그렇다. 그러나 그들은 다른 것도 역시 소중히 여긴다. 그리고 이는 전혀 다른 결과를 낳을 수 있다.

♀ 변화에 대한 희망

　한 세기 전 의사들이 서서히 전문성을 갖추고 의학이 과학의 첨단에 들어설 무렵, 보스턴의 어니스트 에이머리 코드먼Ernest Amory Codman이라는 의사는 예측 점수매기기와 비슷한 아이디어를 구상하고 있었다. 그는 그것을 '최종 결과 시스템End Result System'이라고 불렀다. 병원은 환자의 병명과 그 병의 치료법을 기록해야 한다. 그중에도 가장 중요한 것은 각 환자의 최종 결과를 기록하는 것이다. 이런 기록을 집계하고 통계를 공개하면, 소비자들은 이를 토대로 병원을 선택할 수 있다. 병원 역시 이런 자료를 토대로 의사를 고용하고 승진시켜 소비자들의 압력에 대응한다. 그렇게 해서 의학은 모두에게 도움이 되는 방향으로 발전할 것이다. 이에 대해 역사가 아이라 럿코는 "코드먼의 계획은 의사의 임상적 평판이나 사회적 지위뿐 아니라 환자를 대하는 태도나 전문적 기술도 경시했다"라고 지적했다. "중요한 것이라고는 오직 의사의 노력에 대한 임상 결과뿐이었다."8)

　요즘 병원들은 코드먼이 요구한 내용의 상당 부분을 그대로 시행한다. 그러나 코드먼이 처음 이런 아이디어를 내놓았을 때 의료기관들의 반응은 지금과 달랐다.

　병원들은 그런 발상을 탐탁지 않아 했다. 일단 진료 경과를 기록하려면 돈을 주고 기록할 사람을 고용해야 한다. 의사들이 그런 방침을 반길 이유도 없었다. 그들은 이미 사람들에게 존경을 받는 신분인데, 점수를 매기면 그들의 명성에 흠집만 날 뿐이다. 예측할 수 있는 일이지만 코드먼은 아무런 성과도 거두지 못했다. 그럴수록 코드먼은 더욱 거세게 밀어붙였다. 결국 동료들과 사이가 틀어진 그는 매사추세츠 병원에서 쫓겨났다. 코드먼은 직접 병원을 차렸다. 규모는 작았지만 그는 통계학자를 고용하여 진료 결과를 작성하고 발표하는 한편, 자신의 방식을 계속 사람들에게 알렸다. 그의 행동은 갈수록 거칠어졌다. 1915년에 지역 의학협회 회의에서, 코드먼은 하버드 대학교 총장을 비롯한 여러 유명인사를 비웃는 거대한 그림을 내걸었다. 코드먼은 의료계로부터 징계를 받았고 하버드 의대 교수직을 상실했다. 기존 체제는 난공불락처럼 보였다.

그러나 럿코는 "코드먼의 그림에 대한 비난과 야유가 전국적으로 물의를 일으켰다"라고 썼다. "의료의 효율성과 최종 결과 시스템이 갑자기 당대 최대의 관심사로 떠올랐다. 전문가들과 대중들이 코드먼의 생각을 배우게 되면서 그의 방식을 실천에 옮기는 병원들의 수가 조금씩 늘어갔다. 코드먼은 인기 높은 초빙 강사가 되었고, 신설된 미 외과의사협회American College of Surgeons는 병원 규정을 정하는 위원회를 만들고 코드먼을 초대 위원장에 임명했다."9) 사실 코드먼이 주장한 내용은 대부분 채택되지 않았다. 그는 분명 지칠 줄 모르는 이상주의자였다. 그리고 그의 핵심 사상은 결국 승리했다.

레닌이 생각했던 대로 '크토, 카고'가 인간사를 결정하는 힘이었다면, 증거에 기초한 의학은 의학의 위계 제도 내에 있는 모든 사람에게 위협적이기에 태어나지도 못하고 사산되었을 것이다. 그러나 어니스트 코드먼이나 아치 코크란 같은 사람들은 이런 견고한 이익 집단의 저항을 극복했다. 그들이 성벽을 공격하여 그런 성과를 거둔 것은 아니었다. 그들은 환자들을 회복시키겠다는 단 1가지 목표에만 초점을 맞춰 이성을 무기삼아 그 일을 해냈다.

그들의 성공은 많은 사람들을 자극했다. 증거를 기반으로 하는 정부 시책은 증거 기반 의학이 모델이었다. 증거 기반 정책의 목표는 정부 시책을 철저히 분석하여 입법자들이 정책 결과를 안다고 생각하는 것을 넘어 실제로 알게 하려는 것이었다. 그 결과 미국과 영국을 비롯한 그 밖의 나라에서 그 어느 때보다 높은 수준의 정책 분석이 이루어지고 있다. 물론 정책은 어디까지나 정책이고, 정치가는 당리당략과 이데올로기적 신념의 한 인자임에 틀림없다. 그러나 철저한 분석이 정부 정책에 많은 변화를 가져온다는 증거도 얼마든지 찾을 수 있다.10)

이런 생각은 자선기금까지 바꿔놓는다. 증거를 기초로 한 자선기금은 엄중한 프로그램 평가에 따라 재원을 확보하게 된다. 재원을 쉽게 마련하는 기금은 확장되고 그렇지 못한 기금은 폐쇄된다. 분명한 목표와 수단을 가진다는 빌 게이츠의 주장에 맞게 세계 최대 규모를 자랑하는 게이츠 재단Gates Foundation은 엄중한 자체 평가로 유명하다.

스포츠도 증거 기반 사고의 성장과 위력을 보여주는 뚜렷한 사례다. 제임스 서로위키가 〈뉴요커〉에서 지적한 대로, 운동선수와 스포츠 팀들은 지난 30~40년 동안 질적·양적 차원에서 놀라울 정도의 성장세를 구가했다. 이들에게 투자된 돈의 규모가 커진 것도 물론 이유일 것이다. 그러나 그들의 증거 기반에 입각한 체제야말로 그들을 성장하게 만든 분명한 이유 중 하나다. "존 매든John Madden이 오클랜드 레이더스의 감독을 맡았을 때였다. 8월이었지만 그는 선수들에게 장비를 모두 갖추고 연습을 하게 했다." 서로위키는 그렇게 설명했다. "돈 슐라Don Shula는 볼티모어 콜츠의 수석코치였을 때 선수들에게 물을 주지 않고 훈련시키는 방식을 고집했다." 인간의 능력에 대한 과학적 연구 덕택에 이런 육감에 의한 훈련 방식은 의학에서 사혈이 밟았던 전철을 따르고 있다. 서로위키는 훈련이 "훨씬 더 합리적이고 데이터 지향적"이 되었다고 썼다. '머니볼Moneyball(오클랜드 애슬레틱스의 빌리 빈 단장이 주장한 저비용 고효율 운영법-옮긴이)' 방식의 분석으로 빠른 진전을 이룬 덕분에 팀들의 질적 향상에도 가속도가 붙었다. "스포츠에서 '실적 혁명'의 핵심은 조직이 체계적인 방법으로 고용인들의 효율성과 생산성을 높이는 방법에 관한 이야기다."11)

이 모든 변화는 정보기술의 급속한 진전에 자극을 받아 이루어졌다. 우리는 전과 달리 계산하고 실험할 수 있다. 또 실제로 그렇게 한다. 증거를 기반으로 한 예측 운동은 어느 날 갑자기 땅속에서 솟아난 방법론이 아니다. 그것은 오히려 정량화, 분석 지향적 경험, 직관, 권위("전문가인 내가 효과 있다고 생각하는 것이니 그대로 실천하라")를 근거로 하는 결정과는 전혀 다른 방향으로 배의 키를 돌리라는 또 다른 선언이다. 사람들은 놀라기는커녕 이렇게 생각할지도 모른다. "어디 갔다가 이제 나타난 거야?"

아마도 변화를 바라는 가장 큰 이유는 IARPA 토너먼트 자체일 것이다. 누군가가 10년 전에 내게 예측 체계를 가장 절실하게 필요로 하면서도 이를 가장 외면하는 조직을 들어보라고 요구했다면, 나는 가장 먼저 IC를 꼽았을 것이다. 왜? '크토, 카고'니까. 증거 기반의 예측은 장기적으로는 그들의 작업을 향상시키겠지만 단기적으로는 위험한 일일 것이다.

'아마도'의 잘못된 쪽 오류를 다시 생각해보자. "어떤 사건이 일어날 확률이 70%"라고 말했다가 그런 일이 일어나지 않으면 사람들은 그 예측이 틀렸다고 말한다. 예측의 수치 범위를 적용해야 한다는 셔면 켄트의 온당한 제안이 아무런 소용이 없는 이유도 바로 그 때문이다. 수치를 사용하면 비난받을 위험이 크다. 담배 연기처럼 모호한 어구를 사용해야 안전하다.

조직에 몸담고 있는 사람들은 누구나 이런 생각을 하게 되지만 IC에서는 특히 이런 유혹을 뿌리치기 힘들다. 그들은 이리 차이고 저리 차이며 비난을 받는다. 9·11 이후에 IC는 단편적인 정보의 의미를 제대로 엮지 못하고 테러 공격의 가능성을 과소평가했다는 비난을 받았다. 2003년의 이라크 침공 이후에는 단편적 정보의 의미를 엉뚱하게 엮어 대량살상무기의 위험을 과대평가했다고 비난받았다. 이런 일이 일어날 때마다 IC는 이미 저지른 실수를 피하기 위해 반사적으로 극단적인 방법을 취한다. 위협이 현실이 되었을 때 경보를 울리지 못하면, 사소한 문제에도 경보를 남발하게 된다. 그렇게 허위 경보를 울리다 보면 늑대소년 신세가 되고 만다. 이처럼 비난의 공을 주고받는 탁구 게임은 IC의 개선에 아무런 도움도 되지 않는다. 그것은 심지어 예측의 정확성을 향상시키는 데 필요한 장기 투자까지 방해한다.[12)]

도움이 되는 것은 평가에 철저히 몰두하는 것이다. 성과를 기록하고, 결과를 분석하고, 효과가 있는 것과 없는 것을 가려내야 한다. 그렇게 하려면 수치가 필요하다. 수치를 동원하면 IC는 '아마도'의 잘못된 쪽에 취약한 상태로 남게 되기 때문에, 다음 번 중요한 예측에 실패하면 피할 곳이 없게 된다. 미 국가정보국 국장이 의회 청문회에 나와 정보 분석가들이 혁명이나 테러 공격 같은 큰 사건의 발발을 예측하지 못하고 뒷북만 치는 이유를 해명하는 모습을 생각해보라.

"우리는 대체로 이런 일에 능숙합니다. 또 지금도 계속 능숙해지고 있습니다." 그는 도표를 꺼내면서 이렇게 말한다. "보이십니까? 우리의 평가를 보면 우리의 분석에 대한 브라이어 지수가 믿을만하고 시간이 가면서 크게 개선되고 있다는 사실을 알 수 있습니다. 우리는 심지어 성가신 슈퍼 예측가들까지 따라 잡았습니다. 우리가 중요한 사건을 놓치는 것이 사실이고 그래서 터무니없는 결과가 뒤따르긴 하지만, 그래도 이러한 통계를 염두에 두셔야 합니다."

그러나 이와 같은 여러 사정에도 불구하고, IC는 IARPA 토너먼트에 기금을 댔다. 나는 미 국가정보국 국장이 정보 분석의 성과를 기록하는 데 매우 각별한 관심을 기울이는 모습을 눈으로 확인했다. 쉽게 할 수 있는 일은 아니다. 그것만 해도 놀랍고 환영할만한 변화이다. 역사는 결국 우리 편일지 모른다.

📍 인문주의자들의 반대

이 모든 점을 종합해볼 때 지금까지 해온 나의 작업이 증거 기반의 예측 운동에 기여할 수 있다고 볼 수 있을 것이다. 나는 조심스럽게 낙관하는 입장이니까. 하지만 이와 같은 희망을 모든 사람에게 강요할 수는 없다. 오래전 진로를 두고 고민하던 시기에 나의 의견에 제동을 걸었던 한 사람이 생각난다.

1976년에 난 세상 물정에 대해 아무것도 모르는 스물두 살의 캐나다 청년이었다. 다른 사람들과 마찬가지로 나는 앞으로의 진로를 결정해야 하는 기로에 서 있었다. 당시 나는 브리티시컬럼비아 대학교를 막 졸업한 상태였고, 옥스퍼드 대학교에서 인문학을 공부하기 위해 영연방 장학금을 신청할 생각이었다. 내 지도교수였던 피터 서드펠드Peter Suedfeld는 반대했다. 그는 내게 미국으로 가서 과학적 방법을 배우라고 권했다. 그의 권고를 받아들이긴 했지만 난 선뜻 내키지 않았다. 다른 결정을 내릴 수도 있었다. 그때 옥스퍼드 대학교에 가서 인문학을 전공했다면 이 책에서 설명한 내 연구에 대해 내가 무슨 말을 했을지 쉽게 짐작할 수 있다. 그리고 그것이 다음에 취할 단계일 것이다.

아마 상상 속의 세계에서 나는 수치는 좋은 것이고 유용하다고 말할 것이다. 그러나 수치에 너무 빠지지 않도록 조심해야 한다. 아인슈타인이 한 유명한 말이 있다. "중요하다고 해서 다 측정할 수 있는 것은 아니고 측정할 수 있다고 해서 다 중요한 것은 아니다."[13] 컴퓨터와 알고리즘 시대를 살아가다 보니 이런 사실을 깜빡하는 사회학자들도 있다.

문화비평가인 리언 위즐티어Leon Wieseltier는 〈뉴욕타임스〉에서 이렇게 말했다. "계량적으로 측정할 수 없는 현상을 측정할 수 있는 '매트릭스'가 있다. 수로 포착할 수 없는 대상에 수치가 할당된다."14) 이런 소박한 확신은 아무 관련도 없는 영역까지 기세등등하게 밀고 들어간다. 위즐티어는 이를 시적으로 표현했다. "지혜가 있던 곳에 지금은 계량화가 들어선다."

이런 관점에는 많은 진실이 담겨 있는 것 같다. 세상에는 수를 마치 신성한 지혜를 제공하는 토템처럼 여기는 사람들이 의외로 많다. 그런데 정말로 계산에 능한 사람들은 그렇게 생각하지 않는다. 수치는 도구일 뿐, 그 이상도 그 이하도 아니며, 수치는 천박한 자리에서부터 화려한 지위에 이르기까지 두루 걸쳐 있는 다용도 도구에 불과하다는 걸 그들은 알고 있다. 코드먼의 최종 결과 시스템을 잘못 받아들여 단순히 환자의 생존 여부만 추적하게 되면, 증세가 심각한 환자는 받지 않으면서 환자들을 100% 살렸다고 우쭐대는 병원의 속임수를 알아낼 방법이 없다. 따라서 수치는 끊임없이 검토되고 개선되어야 한다. 이는 벅찬 작업일 뿐만 아니라 끝도 없다. 그래서 점진적인 개선은 가능할 수 있어도 완벽할 수는 없는 것이다.15)

나는 예측의 정확성에 대한 브라이어 지수 산정방식을 이러한 관점에서 본다. 브라이어 지수는 점진적인 작업이다. 1가지 문제는 브라이어 지수가 허위 경보를 경고 누락과 동일하게 취급한다는 점이다. 만약 테러리스트의 공격일 경우 사람들은 허위 경보보다 경고 누락을 더 우려할 것이다. 다행히 이런 우려를 불식시키기 위한 점수 산정 조정 방법은 그리 어렵지 않다. 예측자들에게 해당 규정(잘못된 긍정 판단은 잘못된 부정 판단의 10분의 1에 해당하는 감점을 받는다)이 무엇인지 미리 알려만 줘도 된다. 그래야 그 규정에 따라 자신의 판단을 수정할 수 있으니 말이다.

점수 체계는 수정이 필요한 작업이니 큰 개선을 기대할 수 없다고 생각하기 쉽다. 하지만 그렇지 않다. 결함이 많다는 비판으로 자주 도마 위에 오르는 소비자 신용평가를 생각해보자. 몇십 년 전, 신용평가가 나오기 전에 대출 담당자는 거의 기분에 따라 대출 여부 결정을 내렸다. 전날 밤 잠을 제대로 못 잤다든가 고객이 누구를 닮았다든가 '좀 덜 떨어진 흑인' 혹은 '변덕스러운 여자'와 같은 고정관념에 따라 대출을 받는 사람의 운명이 결정되는 일이 흔히 벌어졌다. 신용평가 점수는 지금도 완벽과는 거리가 멀지만, 그때에 비하면 큰 진전을 이룬 편이다. 마찬가지로 나의 점수 시스템이 완벽하다고 주장할 생각은 없다. 하지만 직함이나 자신감, 혹은 말을 그럴듯하게 풀어내는 화술이나 팔린 책의 부수, CNN에 출연한 횟수나 다보스에서 보낸 시간 등, 요즘 흔히 통하는 기준으로 예측자를 판단하는 관례에 비하면 큰 진전을 이룬 편이라고 자부한다.

의심 많은 인문학 교수라고 해도 이 점은 인정할 것이다. 힘든 과제는 저 깊은 곳에서 세력을 행사한다. 그런 과제는 꼭 측량해야 할 가치가 있는 것은 아니더라도 그래도 측량할 수 있는 것으로 눈을 되돌리게 만든다.

📍 좋은 판단을 이끄는 좋은 질문

2013년 봄에 나는 실리콘밸리의 미래학자이자 시나리오 컨설턴트인 폴 새포Paul Saffo를 만났다. 한반도에서 또 하나의 위기가 조성되고 있었다. 그래서 나는 새포에게 예측 토너먼트에 대해 대략적으로 설명한 다음 IARPA에서 제시했던 질문을 언급했다. 북한이 "2013년 1월 7일부터 2013년 9월 1일 사이에 다단계 로켓을 발사할까?" 새포는 그것은 중요한 문제가 아니라고 말했다. 국방부의 몇몇 영관급 장교들에게는 중요한 문제일지 몰라도 일반 사람들이 관심을 가질 질문은 아니라는 말이었다. "그보다 더 근본적인 질문이 있습니다. '결국 이 모든 것이 어떤 식으로 귀결될 것인가?' 하는 점입니다. 그것이 훨씬 더 고민해볼만한 문제입니다." 그런 다음 그는 긴 대답을 내놓았다.

이 국가에서 저 국가로, 이 지도자에서 저 지도자로 물 흐르듯 이어지는 그의 대답은 싱크탱크 회의에 참석하거나 TV에서 전문가 패널을 보는 사람이라면 누구나 알아볼 수 있는 그런 종류의 당당한 내용이었다. 그러나 새포가 옳았을까? 지금도 나는 잘 모르겠다. 그가 말한 내용은 너무 모호해서 뭐라 판단하기가 어렵다. 그것은 "결국 이 모든 것이 어떤 식으로 귀결될 것인가?" 같은 거창하고 중요한 질문에 대한 전형적인 답이었다.

그래서 우리는 딜레마에 직면하게 된다. 중요한 것은 거창한 질문이지만 거창한 질문에 대해서는 점수를 매길 수 없다. 사소한 질문은 중요하지 않지만 점수를 매길 수 있다. 그래서 IARPA 토너먼트는 그런 질문을 취급했다. 체계적이고 정확한 것처럼 보이기 위해 중요하지 않은 문제를 중요시한 것 아니냐고 말할 사람이 있을지 모른다.

하지만 그것은 부당한 평가다. 토너먼트에 올린 질문은 전문가들이 추려낸 것으로, 정보 분석가들이 다루는 현안과 밀접한 관련이 있고 또 어려운 문제들이다. 그러나 이런 질문은 "결국 이 모든 것이 어떤 식으로 귀결될 것인가?"처럼 우리가 대답하기 좋아하는 중요한 문제보다 좀 더 범위를 좁힌 질문이라고 말하는 편이 공정할 것이다. 과연 점수를 매길 수 없는 거창하고 중요한 문제와 점수를 매길 수 있는 사소하고 중요하지 않은 문제를 두고 선택해야 하는가? 그렇게 한다고 달라지는 것은 없다. 그러나 좀 더 색다른 관점에서 생각할 수 있는 방법이 있다.

폴 새포의 "결국 이 모든 것이 어떤 식으로 귀결될 것인가?"하는 질문에는 한반도의 갈등을 악화시킨 최근의 사건들이 포함되어 있었다. 북한은 UN 안보리의 결정을 어기고 로켓을 발사했다. 북한은 새로운 핵실험을 단행했다. 그들은 한국과 1953년에 맺은 휴전협정을 위반했다. 북한은 한국에 대해 사이버 공격을 가했고 양측 정부 간에 설치되어 있던 핫라인을 단절하고 미국에 핵공격을 가하겠다고 위협했다. 이런 식으로 보면 작은 질문이 쌓여 중요한 질문을 만드는 것이 분명하다. "북한이 로켓 발사 실험을 강행할 것인가?"도 작은 질문이다. 그들이 실험을 강행한다면 갈등은 조금 더 고조될 것이다. 그렇지 않다면 상황은 조금 가라앉을 것이다. 그런 작은 질문 하나로 큰 질문이 해결되는 것은 아니지만, 그래도 어느 정도 사태를 파악하는 데는 도움이 될 수 있다. 사소하더라도 적절한 질문을 많이 던지다 보면 큰 질문에 조금씩 다가

갈 수 있다. 북한이 다시 핵실험을 할까? 북한이 핵 프로그램에 관한 외교적 대화를 거부할까? 북한이 한국에 다시 포격을 가할까? 북한 함정이 한국 함정을 향해 발포할까? 이런 질문에 대한 답이 누적되고 '그렇다'는 답이 많아질수록 중요한 질문에 대한 답은 "결국 매우 안 좋게 끝날 것이다"가 될 가능성이 크다.

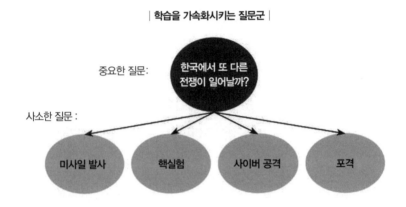

| 학습을 가속화시키는 질문군 |

나는 이것을 베이즈식 질문군Bayesian question clustering이라고 부른다. 7장에서 설명한 베이즈식 업데이트와 매우 닮았기 때문이다. 관점을 조금 바꾸면 점묘법으로 설명할 수도 있다. 점묘법은 캔버스에 작은 점들을 찍어 표현하는 화법으로 점 외에 다른 요소는 없다. 점 하나하나는 아무런 의미가 없지만 점들이 모이면 어떤 패턴이 나타난다. 점이 많으면 마치 살아있는 듯 보이는 인물의 초상화부터 탁 트인 풍경화까지 무엇이든 그려낼 수 있다.

IARPA 토너먼트에는 질문군이 있지만 이는 '진단 전략diagnostic

strategy'보다 사건의 중대성에 대해 더 많은 것을 제기했다. 앞으로 진행될 연구에서는 이런 개념을 발전시켜 점수를 매길 수 없는 '주요 문제'에 대해 많은 사소한 질문군으로 얼마나 효율적인 답을 이끌어낼 수 있는지 알아내는 작업이 이루어질 것이다.

그러나 리언 위즐티어는 여전히 생각을 굽히지 않을 것이다. 우선 나는 내 연구 프로그램을 '좋은 판단 프로젝트'라고 불렀다. 정확한 예측과 좋은 판단이 사실 같다는 말처럼 들리겠지만, 이는 내가 의도했던 바가 아니다. 예지력은 좋은 판단을 내리는 데 필요한 하나의 요소이지만 다른 것들도 있다. 그중에는 점수를 매길 수 없고 과학자의 알고리즘이 통하지 않는 것들도 있다. 도덕적 판단이 그런 경우다.

좋은 판단의 또 다른 중요한 차원은 좋은 질문을 던지는 것이다. 사실 재앙이나 기회를 미리 간파하여 신호를 보내주는 선견지명을 가진 예측은 누가 그런 질문을 제기할 생각을 해야 나올 수 있다. 그렇다면 어떤 질문이 좋은 질문일까? 좋은 질문은 정말로 생각해봐야 할 문제를 실제로 생각하게 만드는 질문이다. 그런 질문을 식별하는 방법이 한 가지 있다. 내가 '이마 치기smack-the-forehead' 테스트라고 이름을 붙인 방법이다. 시간이 지난 다음에 어떤 질문을 보았을 때 이마를 치며 이렇게 말하게 된다면 그것은 좋은 질문이다. "아, 이런 질문을 좀 더 미리 생각했어야 했는데!"

토머스 프리드먼이 2002년 9월에 제기한 질문이 있다. "사담 후세인을 축출하고 이라크에 민주주의를 재건하려던 부시 대통령의 계획과 관련지어 생각해볼 때, 1가지 의문이 나를 괴롭힌다. 사담 후세인이 그렇기 때문에 현재 이라크가 이 지경이 된 것인가? 아니면 이라크가 이 지경이기 때문에 사담 후세인이 그렇게 된 건가? 이 나라가 사실 아랍의 유고슬라비아라고 할 수 있을 만큼 부족성이 강하고, 매우 인위적인 국가이기 때문에 잔인하고 냉혹한 독재자의 지배를 받는 전체주의 국가가 된 것일까? (중략) 아니면 지금 이라크는 진정한 국가로 자리를 잡은 것일까? 아마도 잔혹한 사담의 독재 체제를 보다 계몽적인 지도 체제로 바꾸면, 재능 있고 교양 있는 이라크 국민들은 서서히 연방 민주주의를 만들어낼 것이다."16) 프리드먼의 질문은 2003년 미국의 이라크 침공 이후로 이라크를 황폐화시켰던 야만적 분파주의를 비롯하여 최근 사건의 핵심 원인이라고 알려진 사실에 대한 주의를 환기시켰다. 그래서 그것은 함정에 빠지기 쉬운 검증을 통과한다. 이것은 프리드먼이 이라크 침공을 강력하게 지지하는 쪽으로 돌아섰기 때문에 특히 놀랍다. 그렇게 태도가 바뀐 것은 그의 예측이 실제로 사건이 전개된 방식과 전혀 달랐던 탓도 어느 정도 있다.

슈퍼 예측가는 슈퍼 질문자이고 또 슈퍼 질문자는 슈퍼 예측가라고 흔히들 생각하기 쉽지만, 그런지 안 그런지는 사실 정확히 모른다. 과학적인 방법에 입각해서 추측하자면 그렇지 않은 경우가 많은 것 같다. 이상적인 슈퍼 예측가를 만들어내는 데 필요한 심리적 조리법과 이상적인 슈퍼 질문자를 만드는 조리법은 완전히 다를지도 모른다. 고슴도치처럼 우유부단한 사람도 멋진 질문을 만들어내면 어떤 사건을 일으키는 원동력을 제대로 이해하고 있다는 자신감을 갖고 있는 것처럼 보일 때가 많다. 그것은 멋진 예측의 특징인 불확실성에 대한 민감함과 여우의 절충

주의와는 확연히 다른 마인드세트다.

그렇다면 프리드먼의 분석도 달리 볼 수 있게 된다. 프리드먼은 2014년 12월에 유가 폭락의 영향을 분석한 칼럼을 썼다. "지난번 유가가 가파르고 지속적인 하락세를 이어갔을 때(1986년부터 1999년까지), 석유 의존 국가와 그들의 산출량에 의존하는 국가들은 그로 인해 큰 영향을 받았다." 프리드먼은 그렇게 썼다. "몇 가지 예를 들면 소련 제국은 무너졌고, 이란에서는 개혁주의자 대통령이 선출되었으며, 이라크는 쿠웨이트를 침공했다. 그리고 소련이란 배후와 아랍 은행가들을 잃은 아라파트는 이스라엘을 인정했다." 프리드먼의 결론은 무엇인가? "이제 다시 유가 하락이 지속된다면, 우리는 또다시 여러 가지 뜻밖의 결과를 맞게 될 것이다. 베네수엘라와 이란과 러시아 같은 석유 국가들이 특히 그렇다.17)

이런 분석에는 구체적으로 밝히지 않은 시간 프레임 속에서 구체적으로 밝히지 않은 뜻밖의 사건에 대한 모호한 경고가 담겨 있다. 예측으로서 이런 경고는 전혀 도움이 되지 않는다. 사람들이 프리드먼을 절대 모험을 하지 않으면서도 위험을 무릅쓰는 것처럼 보이게 하는 기술로 성공한 전문가라고 여기는 것도 이 때문이다. 그러나 이 칼럼을 달리 보면 예측이 아니라 예측자들이 생각해야 하는 문제에 대한 관심을 환기시키기 위한 시도일 수도 있다. 다시 말해 이 칼럼은 대답이 아니라 하나의 질문인 것이다.

슈퍼 예측가가 프리드먼보다 더 잘 예측할 수 있는지는 알 수 없다. 또 그런 것은 우리의 관심사도 아니다. 슈퍼 예측가와 슈퍼 질문자는 근거 없이 상대방의 약점을 따지기보다 서로의 보완적 장점을 인정해야 한다. 프리드먼은 슈퍼 예측가들이 예지력을 연마하기 위해 사용해야 하는 도발적인 질문을 제기한다. 슈퍼 예측가는 잘 보정이 된 대답을 내놓는다. 슈퍼 질문자들은 이런 대답을 활용하여 현실에 대한 그들의 정신적 모델을 조율하고 검사해야 한다. 이 책을 시작할 때 언급했던 '토머스 대 빌' 프레임은 우리가 만나는 마지막 잘못된 이분법이다. 우리에게는 토머스와 빌의 공생이 필요하다.

공생은 어려운 주문이다. 그러나 정말로 보고 싶은 훨씬 더 큰 협업이 있다. 그것이 아마 내 연구 프로그램의 성배聖杯일 것이다. 그 성배는 예측 토너먼트를 사용하여 불필요하게 극단적이 된 정책 토론의 극성을 완화시키고 우리를 집합적으로 더 똑똑하게 만드는 것이다.

📍 승리보다 진실을 추구하라

2014년 10월, 〈블룸버그〉 기자들이 나의 부탁을 받아 3장에서 밝혔던 공개 서한의 서명자들에게 연락을 취했다. 2010년 11월에 연방준비위원회 벤 버냉키 의장에게 보낸 그 서한에서 서명자들은 버냉키의 자산 인수 정책이 "통화 가치 하락과 인플레이션의 위기를 초래할 위험이 있다"고 경고했다. 버냉키는 아랑곳하지 않고 정책을 밀고 나갔다. 이후 몇 년 동안 미국 달러화는 강세를 유지했고 인플레이션도 악화되지 않았다. 많은 비평가들은 서명자들이 틀렸다고 했다. 그러나 3장에서 설명했듯이 그 서한에서 사용된 표현들은 아주 모호해서 그렇게 단정하기가 어려웠다.

내가 3장을 쓴 뒤 몇 개월이 지났을 무렵, 〈블룸버그〉 기자들은 서명자들에게 지금 시점에서 그 서한을 어떻게 보느냐고 질문했다. 그들은 이구동성으로 자신들이 옳았다고 응답했다. 그들은 말을 바꿀 생각이 없었다.

그 이유는 2가지로 생각할 수 있다. 첫째, 사람들이 보고 있는 척도가 잘못되었기 때문에 예측이 틀린 것처럼 보일 뿐이다. "인플레이션은 심화되었다고 생각합니다." 금융 평론가 제임스 그랜트James Grant는 〈블룸버그〉 기자에게 그렇게 말했다. "일반 시장에서는 꼭 그렇다고 할 수 없지만 월스트리트에서는 심화되었습니다." 둘째, 그 서한에 쓰인 언어를 자세히 본다면 틀린 말이 아니라는 것을 분명히 알 수 있다. "'위험이 있다'는 표현도 그렇고 정해진 기한도 없지 않습니까?" 니얼 퍼거슨은 기자에게 그렇게 반문했다. "사실 통화 가치 하락과 인플레이션의 위험은 지금도 여전합니다."18)

이는 요즘 많이 볼 수 있는 공개적 논의의 문제점이 무엇인지를 완벽하게 보여준다.

2008년과 2009년에 있었던 심각한 경제적 격변에 대해 사람들이 벌였던 치열한 정책 논쟁을 상기할 필요가 있다. 케인지언과 긴축주의 양 진영은 팽팽히 맞섰다. 케인지언은 중앙은행들이 과감한 지원 조치를 취하고 정부도 적극적인 적자 지출을 단행해야 한다고 촉구했다. 긴축주의자들은 정부예산 삭감 등의 긴축을 요구했고 케인지언의 주장이 인플레이션을 촉발하고 통화 가치를 하락시킬 것이라고 경고했다. 결국 각국 정부들은 다양한 타협안을 내놓았다. 케인지언이 득세한 나라도 있었고 긴축주의자들이 우세한 나라도 있었다. 그리고 시간이 흘렀다. 그다음은? 당연히 예측과 실제로 나타난 결과에 대한 비교가 있어야 했다. 그리고 틀렸으면 틀렸다고 말하고 그에 따라 생각을 수정해야 했다. 그것이 이치에 맞다. 존 메이너드 케인스가 한 말은 아니지만 그가 말했다고 알려진 말 그대로다. "사실이 바뀌면 나도 생각을 바꾼다. 여러분은 어떠신가?"

하지만 별다른 변화는 없었다. 사람들은 자신의 생각을 좀처럼 수정하려고 하지 않았다. 그 때문에 긴축주의자인 미니애폴리스 연방준비은행장이 케인지언이 진실에 더 가까이 다가갔다고 공개적으로 말했을 때, 그 발언이 대서특필되었다. 그 발언은 "증거가 나오면 그에 따라 마음을 바꾼다"는 말로 들릴 수 있었다. 2010년 서한에 대한 〈블룸버그〉의 2014년 후속 조치는 그렇지 않다는 사실을 보여주는 사례다. 그 서한을 작성한 사람들의 요지가 틀렸다고 말하는 건 아니다. 나는 내 분야가 아닌 문제에 대해서는 입을 다무는 불가지론자다. 실패는 과정의 하나다. 즉 2010년에 어떤 집단이 자신들의 생각을 글로 드러냈고 버냉키가 당초 정책을 고집할 경우 어떤 결과가 뒤따를 것이라고 경고했다. 또 다른 집단은 말도 안 되는 소리라고 반대 의사를 표명했다. 4년이 흘렀고 아무도 생각을 바꾸지 않았다. 그들의 견해에 대한 시시비비를 떠나 이는 모두에게 석연치 않은 결말이다.

그 기간에 벌어진 일련의 사태를 통해 교훈을 찾으려는 시도가 있긴 했지만, 대부분 무차별적 공격이었다. 상대방의 예측이 틀렸거나 그들을 인정할 수 없다는 이유로 상대방을 공격하는 것은 폴 크루그먼 칼럼의 단골 수법이다. 그는 노벨 경제학상 수상과 〈뉴욕타임스〉 칼럼니스트라는 지위를 십분 활용하여 케인지언의 유명인사가 되었다. 크루그먼의 적수들도 반격했다. 니얼 퍼거슨은 크루그먼의 오류를 지적하는 3부작을 썼다. 그렇게 공방이 오가는 가운데 양측은 상대방의 예측이 틀리기만을 기다렸다가 기회가 오면 가차 없이 날 선 비난을 퍼부었다. 양측의 팬들에게는 짜릿한 관전 기회였을지 모른다. 하지만 집단을 이루면 더 현명해지지 않을까 희망하는 사람들에게 이는 거물들의 논쟁이라기보다 라이벌 집단들의 밥그릇 싸움처럼 보이는 볼썽사나운 소동에 불과했다. 이들은 현안 문제를 두고 논쟁을 벌이는 저명인사들이지만, 이들 중 자신의 원래 당초 입장을 고집하는 것 외에 다른 어떤 것을 깨달은 이는 없는 것 같았다.

이러한 풍토는 바람직하지 않다. 대니얼 카너먼과 게리 클라인이 보여준 '적대적 공동 연구'를 상기할 필요가 있다. 이 두 심리학자는 사고에 대한 상반된 이론으로 각자의 학파를 이루어 주목을 받았고 각자 상대방의 이론에 위협을 가했다. 그러나 그들은 과학적 기본수칙을 철저히 지켰기 때문에, 서로 다른 견해를 갖게 된 근거와 서로 화해할 수 있는 방법에 대해 머리를 맞대고 논의할 수 있었다. 원칙적으로 예측에서도 이런 일은 얼마든지 가능하다.

'케인지언 대 긴축주의자' 같은 논쟁이 벌어질 때 핵심 인물들은 믿을 수 있는 제3자의 도움을 받아 머리를 맞대고 어떤 부분에서 의견이

갈리며 어떤 예측이 그런 의견 불일치를 제대로 검증할 수 있는지 확인할 수 있다. 핵심은 정확성이다. 어떤 정책을 놓고 긴축주의자들은 인플레이션을 초래한다고 주장하고 케인지언은 그렇지 않다고 말하는 것도 그중 하나다. 그러나 그들이 말하는 인플레이션이 어느 정도의 인플레이션을 의미하는가? 어떤 기준으로 인플레이션의 정도를 측정할 것인가? 기간은 어떻게 정할 것인가? 결국 필요한 것은 모호성을 최소화하는 예측 질문이다.

캔버스에 찍은 점 하나로는 그림을 그릴 수 없고 단 한 번의 견해 표명으로는 복잡한 이론적 논쟁을 해결할 수 없다. 여기에는 많은 질문과 질문군이 필요하다. 물론 많은 질문을 한다면, 양편은 어떤 예측에서는 적중하고 어떤 예측에서는 빗나갈 수 있다. 그러나 결과적으로 볼 때 저명인사들의 발언 한마디가 신문 톱기사가 되는 경우와는 다른 방식의 결말이 나올 것이다. 소프트웨어 엔지니어들이 사용하는 표현을 빌리자면, 빗나간 예측도 하나의 기능일 뿐 결코 버그가 아니다. 어떤 견해이든 귀담아 들을 부분이 전혀 없는 경우는 드물며, 예측 콘테스트에서 판정이 엇갈린다고 해도 현실은 양측이 생각하는 것보다 훨씬 더 복잡하다는 사실을 배울 수 있을 것이다. 상대방의 실패를 고소하게 여기는 것이 아니라 콘테스트를 통해 교훈을 얻는 것이 목표라면, 그것만으로도 하나의 진전이다.

카너먼과 클라인의 협업에는 상대방에 대한 신뢰가 전제되어 있었다. 두 사람은 각자 자신의 이론이 맞기를 원했지만 그러면서도 그들은 그 이상의 진실을 원했다. 애석하게도 떠들썩한 원형경기장에서는 그런 분위기를 기대하기가 어렵다. 귀에 거슬리는 소리가 토론을 지배하고 사람들은 적대적 협업에 전혀 관심을 보이지 않는다. 그러나 토론을 지배해야 토론에서 이긴다고 생각하는 냉소주의자들의 실수를 반복하지는 말자. 그들은 목소리가 가장 큰 사람들이고 언론은 확성기에 대고 소리치는 사람들에게 초점을 맞추기 때문에 우리는 그들이 말하는 내용을 거의 다 듣는다. 이제는 그들과 반대되는 의견을 가진 사람과 사회자를 동원하여 그들의 신념을 분명하게 검증할 계획을 짜야 할 때다. 결과가 자신의 신념과 다르게 나올 경우, 사실과 관계없이 자신의 주장을 합리화하려는 사람이 있을 것이다. 그러나 그렇게 하면 그들의 평판에 금이 갈 것이다. 당당하게 "내가 틀렸다"라고 말하는 사람도 있을 것이다. 그러나 무엇보다 중요한 것은 모두가 지켜보는 가운데 결과를 알게 되면 모두가 조금 더 현명해질 수 있다는 사실이다.[19]

이제 우리의 할 일은 예측에 대해 점수를 기록하는 문제를 좀 더 진지하게 생각해보는 것이다.

수정하고 다시 도전하라

책을 마무리하기 전, 나는 빌 플랙에게 1장을 보여주었다. 알고 보니 그는 '네브래스카 토박이'가 아니었다. 빌이 태어난 곳은 미주리 주 캔자스시티였다. 그가 일곱 살 때 그의 가족이 네브래스카로 이주한 것이었기에 그를 네브래스카 토박이로 볼 수 있는가 아닌가는 어떤 사전을 펼치느냐에 따라 달라진다.

그런 문제를 왜 골치 아프게 따지느냐고 물을 사람도 있을 것이다. 그러나 나는 정확한 것이 좋다. 빌 플랙이 슈퍼 예측가인 탓도 있다.

그 외에도 1가지 이유가 더 있다. 빌은 자신이 다보스에 초대받아야 한다고 생각하지 않는다. "나는 파나티스탄Fanatistan의 총리가 누구인지 몰라 인터넷에서 검색합니다." 그는 그렇게 말했다. "다보스에는 파나티스탄의 정책과 경제와 인구 구성을 메모 없이 강의할 수 있는 사람이나 총리의 처남이 참모총장의 딸의 결혼식에서 불미스러운 술주정을 벌였다는 이유로 총리와 처남이 서로 못 잡아먹어 안달한다는 사실을 아는 사람들이 초대받아야 합니다." 이것이 바로, 지적 겸손이다. 빌은 그가 모르는 것이 무엇인지 알고 있고 그가 모르는 것을 아는 사람들을 존중한다. "세상에는 만만치 않은 깊이 있는 지식을 가진 토머스 프리드먼들이 많이 있습니다. 그 때문에 그들은 가치가 있습니다."

그럼에도 빌 플랙은 까다로운 현실 세계를 예측하는 데 남다른 성과를 올렸다. 그의 브라이어 지수가 그 사실을 입증한다. '세상의 많은 토머스 프리드먼들'은 그렇지 못하다. 빌 같은 성적을 올린 사람 중에는 우쭐하는 사람도 있지만 그는 그렇지 않다. 빌은 전문가를 무시하지 않으며, 오히려 전문가를 십분 활용한다. "물론 내 목적에 비추어 이야기하자면 좋은 전문가도 있고 나쁜 전문가도 있습니다. 나쁜 전문가는 어떤 뒷받침할만한 논증도 없이 예측을 내놓으면서 자신의 선언이 마치 성경 속 시내산에서 가져온 신성한 말처럼 간주되기를 바랍니다. 그들은 유용한 사실보다는 비화로 자신의 예측을 뒷받침합니다. 좋은 전문가는 자신의 예측을 뒷받침할 논거를 제시합니다. 사실 그들은 대심구조 사법체계에서 변호사 같은 기능을 하는 사람들입니다. 그들은 X라는 사건이 일어날 만한 이유에 대해 가장 좋은 주장을 제시합니다. 그리고 나는 그들의 모든 주장을 고려하고, 필요하다면 그 배경까지 파헤쳐 그것들의 가중된 합계로 나만의 예측을 생각해냅니다."

빌과 토머스 프리드먼이 서로 보완할 수 있는 방법을 두고 그가 보여준 잠자리의 눈 견해에 나도 공감하는 편이다. 그는 법정을 비유로 설명했지만 나는 야구에 빗대어 말하고 싶다. 프리드먼처럼 대단한 전략을 가진 사상가는 빌 같은 슈퍼 예측가들과 타율이 비교되는 것을 원치 않기 때문에 타석에 들어서지 않을 것이다. 그러나 그들도 야심찬 타자들에게 예측 질문을 던지라고 하면 흔쾌히 응할 것이다. 2002년에 프리드먼은 이라크와 관련된 중요한 질문을 몇 가지 던졌다. 2014년에 그가 던진 산유국 관련 질문들도 아주 그럴듯한 질문이었다는 것이 곧 입증될 것이다.

빌은 자신의 타율이 계속 유지될 거라는 보장이 없다는 사실을 잘 알고 있다. 그는 또한 던지는 질문의 수준에만 의지하여 성공을 기대할 수 없다는 사실도 안다. 우리는 불확실성으로 가득 찬 역사의 여러 국면(이런 곳에서는 운이 실력을 이긴다)을 자주 겪기 때문에 슬럼프를 피할 수 없다. 바로 이 순간 통계법칙은 베팅을 바꿔 양적으로 많은 평균회귀에 돈을 걸라고 알려준다.

이럴 때 그는 어떤 반응을 보일까? "그런 일을 겪을 가능성이 큽니다." 그는 그렇게 말했다. "지금까지의 성공에는 운이 어느 정도 작용했습니다." 행운의 여신은 언제든 등을 돌릴 수 있다. "지나치게 자신했다가 예측이 빗나가면 브라이어 지수가 크게 올라갑니다. 이런 경우가 몇 번만 되도 멋지게 만들 수 있었던 시즌을 망치게 됩니다. 물론 그렇다고 해서 어느 정도 궤도에 오른 슈퍼 예측가로서의 내 이미지가 망가지지는 않을 것입니다. 그러나 그런 일을 겪게 되면 더욱 조심스러워지고 극단적인 예측을 피하게 됩니다. (중략) 물론 그것은 좋은 현상이죠. 브라이어 지수는 내 자신감이 부족한지 지나친지를 파악할 수 있는 피드백이기 때문에 그에 따라 예측을 수정할 수 있습니다."[1]

"도전하고 실패하고 분석하고 수정하여 다시 도전하는 것"보다 더 좋은 설명은 없을 것이다. 그리고 계속 이런 사이클을 유지하고 개선해 가는 그릿보다 더 좋은 것은 없다. 빌 플랙은 영원한 베타다.

그리고 바로 이 점이 그를 슈퍼 예측가로 만든 원동력이다.

INVITATION

· 초대장 ·

슈퍼 예측가와 GJP에 대해 지금까지 읽은 내용이

마음에 든다면, 우리와 함께하기를 바란다.

우리 프로젝트에 동참하면

여러분 자신의 예측 능력을 개선할 수 있을 뿐만 아니라

다른 사람들의 예측 기술 향상에도 도움을 줄 수 있다.

www.goodjudgment.com에 들어오면

더 많은 것을 알 수 있다.

부록

슈퍼 예측가를 꿈꾸는
사람들을 위한 십계명

여기에 제시하는 지침은 현실 세계 예측 콘테스트에서 정확성을 높이기 위해 실험적으로 입증한 훈련 체계와 이 책의 핵심 내용을 간추린 것이다. 자세한 내용은 다음 사이트에서 확인하길 바란다. www. goodjudgment.com.

(1) 선별하라

힘들인 만큼 보상이 뒤따를 것 같은 질문에 초점을 맞춰라. '시계처럼' 정확하고 쉬운 질문(어림짐작만으로도 정답에 근접할 수 있는 질문)이나 '구름처럼' 앞이 보이지 않는 질문(아무리 그럴듯한 통계 모델을 들이대도 다트를 던지는 원숭이를 이기기 어려운 질문)에 시간을 낭비하지 마라. 골디락스 존의 난이도를 갖는 질문에 집중하라. 그런 질문에 노력을 투자해야 좋은 성과를 거둘 수 있다.

예를 들어 "12년 뒤인 2028년에 누가 대통령 선거에서 승리할 것인가?"와 같은 질문은 지금으로서는 예측이 불가능하다. 이런 질문은 아예 쳐다볼 생각도 말아야 한다. 1940년에 1952년의 선거를 예측할 수 있었겠는가? 당시 세상에 전혀 알려지지 않았던 미 육군 대령 드와이트 아이젠하워가 대통령이 될 것을 알아낼 수 있었다고 생각하는 사람이 있다면, 그 사람은 심리학자들이 말하는 사후확신편향증 환자 중에서도 가장 상태가 안 좋은 환자일 것이다.

물론 선별적 판단은 홈에 가까워질수록 더 어려워진다. 2016년 선거에 당선될 사람을 2015년 3월에 예측할 경우 얼마나 자신감을 가질 수 있겠는가? 2028년 선거를 예측하는 것보다는 쉽겠지만 그리 쉬운 문제는 아니다. 하지만 적어도 2016년 경기장에 나타날 경쟁자들로 구성된 작은 집합으로 범위를 좁히는 것은 가능하다. 2028년에 일어날 수 있는 아이젠하워 같은 미지의 거대한 집합보다는 훨씬 더 좋은 집합이다.

결국 이렇게 선별된 수준의 집합은 유가나 통화시장처럼 매우 예측하기 어렵다는 나름대로 이유 있는 평판을 받는다. 그러나 분석의 실마리를 당기기 위해 애쓰면서 물레바퀴에서 실을 뽑아낼 때까지는 어느 정도 예측하기 어려운지 알 수 없다. 이때 흔히 저지르게 되는 기본적인 실수 2가지를 조심해야 한다. 하나는 예측할 수 있는 것을 예측하지 못하는 경우이며, 다른 하나는 예측할 수 없는 것을 예측하느라 시간을 낭비하는 경우다. 지금 여러분이 마주하고 있는 상황에서는 어떤 실수가 더 나쁜가?

(2) 다루기 까다로운 문제는 다룰 수 있는 부차적인 문제로 분해하라

장난을 좋아하면서도 규칙을 철저히 추구하는 엔리코 페르미의 정신을 따라가보자. 그는 세계 최초의 원자로를 설계하기 전, "우주에는 얼마나 많은 외계 문명이 존재할까?"와 같은 난감한 질문을 제시하면서 정확한 수치를 동반한 답을 요구했다. 이런 문제는 알 수 있는 부분과 알 수 없는 부분으로 분해해야 한다. 그리고 모르는 것은 모른다고 밝혀야 한다. 가정을 드러내고 검토하라. 틀릴까 봐 겁내지 말고 최선을 다해 추측하라. 모호한 어투로 실수를 감추기보다는 빨리 실수를 찾아내는 편이 낫다.

슈퍼 예측가들은 페르마이징을 체질화한다. 아라파트의 부검, 조류독감, 유가, 나이지리아 테러조직 보코하람Boko Haram, 시리아의 알레포 전투, 채권수익률처럼 수치화하기 어려운 질문을 만났을 경우, 페르마이징이 아니고는 달리 숫자를 사용한 답변을 만들기 어려울 것이다.

수치로 나타낼 수 없는 사랑에 대한 문제도 페르마이징으로 효과를 볼 수 있다. 런던에 사는 외로운 독신남 피터 배커스Peter Backus는 주변에서 자신이 찾을 수 있는 잠재적 짝의 수를 대충 계산해보았다. 우선 런던의 인구는 약 600만 명이다. 그중 여성의 비율은 약 50%이며, 독신자의 비율도 약 50%이다. 그중 자신과 맞는 연령대의 비율이 약 20%이고 대학 졸업자의 비율은 약 26%이라고 할 때, 그가 매력을 느낄만한 여성의 비율은 약 5%밖에 안 되고 그 여성들이 자신에게 매력을 느낄 비율 역시 5%밖에 안 될 것이다. 그중 그와 사이좋게 지낼 수 있을 것 같은 사람의 비율은 약 10%이다. 결론적으로 그가 파트너로 삼을 수 있는 여성은 대충 26명이었다. 짝을 찾는 일이 쉽지는 않겠지만 26명이라면 아주 어려운 일도 아니다.[1]

　진정한 사랑을 따지는 질문에는 객관적인 정답이 있을 수 없다. 그러나 슈퍼 예측가들이 IARPA 토너먼트에서 만들어낸 페르미 추산의 정확성에는 점수를 매길 수 있다. 눈에 띄게 미숙한 여러 가정과 추산이 이어지다가 눈에 띄게 정확한 추산이 나타나는 경우도 많다.

(3) 내부 관점과 외부 관점의 균형을 맞춰라

　슈퍼 예측가들은 태양 아래 새것이 없다는 사실을 절감한다. 100% '독특한' 것은 없다. 언어의 순수성을 고집하는 사람들은 마땅히 지탄받아야 한다. 독특함은 정도의 문제다. 그래서 슈퍼 예측가들은 조지프 코니Joseph Kony 같은 요주의 테러리스트의 색출 결과나 아테네의 신생 사회주의 정부와 그리스 채권국들 사이의 교착 상태 같은 언뜻 독특해 보이는 사건조차 비교하고 분류하기 위해 독창적인 연구를 수행한다. 슈퍼 예측가들은 습관적으로 외부적 관점에서 질문을 제기한다. "이런 종류의 상황에서 이런 종류의 일들이 얼마나 자주 일어나는가?" 등이 그런 질문이다.

　재무 장관을 역임한 바 있는 하버드 대학교 래리 서머스 교수도 그렇게 한다. 그는 계획의 오류를 누구보다 잘 안다. 사장이 종업원에게 어떤 일을 끝내는 데 시간이 어느 정도 걸리느냐고 물으면 종업원은 실제 필요한 시간보다 보통 2~3배 짧게 대답한다. 서머스는 자신의 직원도 다르지 않다고 생각한다. 저명한 경제학자로 맹활약 중인 그레그 맨큐Greg Mankiw도 한때 서머스 밑에서 일했다. 그는 서머스의 전략을 이렇게 회상한다. 서머스는 직원이 계산한 기간을 2배로 늘린 뒤 한 차원 높은 시간 단위를 적용한다. "그래서 연구 조수가 1시간이 걸린다고 답하면 그는 2일로 받아들인다. 그가 2일이라고 말하면 4주로 생각한다."2) 물론 웃자고 하는 말일 수도 있다. 서머스는 직원들의 추산에 대해 외부 관점을 취함으로써 직원들이 추산할 때 취하는 외부 관점의 실패를 바로잡았고, 그다음 재미있는 교정 요소를 만들어냈다.

물론 서머스도 직원들이 의외로 제시간에 일을 처리하면 자신의 교정 방식을 즉시 수정했을 것이다. 특정 직원이 그 규칙의 예외적 경우였다는 새로운 내부 증거가 나오면 그에 맞춰 지연에 대한 그의 외부적 관점의 예측을 수정하여 둘의 균형을 맞추었을 것이다. 사람들은 각자 어느 정도 독특하기 때문에 그 편이 합리적이다.

(4) 증거에 대해서는 모자라지도 지나치지도 않게 반응하라

잠깐의 양치질이 치아에 좋은 것처럼 신념 업데이트는 예측에 유익하다. 업데이트는 귀찮고 간혹 불편하기도 하지만 장기적으로는 유익하다. 시간이 걸리지 않아 쉬울 때도 있지만 업데이트가 늘 쉽다고 생각한다면 오산이다. 업데이트를 제대로 하려면 산만한 뉴스의 홍수에서 미묘한 신호를 골라내되 자신의 은근한 희망이 스며들지 않도록 늘 경계해야 하기 때문이다.

분별력이 뛰어난 예측자는 다른 사람보다 먼저 단서를 찾아내는 법을 배운다. 그들은 사건 X에 앞서 어떤 일이 일어나야 했는지 알려주는 뚜렷하지 않은 선행적 지표를 캐낸다. 사건 X는 북극해 빙하의 확산이나 한반도의 핵전쟁 등 어떤 것도 될 수 있다. 그런 사건의 선행적 지표를 찾으려면 헷갈리게 만드는 단서에 넘어가지 않으면서 동시에 다른 사람들보다 먼저 모호한 단서에서 필요한 부분을 찾아낼 수 있어야 한다. 중국의 공식 언론에 북한에 대한 비판적 기사가 실렸다면 그것은 평양에 대한 압박을 암시하는 신호일까, 아니면 사설이 흔히 그렇듯 별 의도가 없는 문구일까? 예리한 예측자는 시간이 갈수록 신념을 업데이트하는 성향을 강화한다. 그래서 확률을 가령 0.4에서 0.35로 또는 0.6에서 0.65로 바꿔가며 '아마도'나 '어쩌면' 같은 모호한 말투로는 포착하기 힘든 미묘한 차이를 구분한다. 바로 그 부분이 괜찮은 예측자와 훌륭한 예측자를 가르는 경계다.

그러나 또한 슈퍼 예측가는 진단적 신호에 빠르게 반응하여 확률 추산을 신속하게 바꾼다. 슈퍼 예측가라고 해서 완벽한 베이즈주의에 입각해 업데이트를 하는 것은 아니다. 그들은 그저 우리 보통사람들보다 더 잘할 뿐이다. 그런데도 그들이 슈퍼 예측가가 될 수 있는 것은 그들이 이런 기술을 중시하여 열심히 익히고 체질화하기 때문이다.

⑸ 모든 문제에서 반목하는 원인을 찾아라

　　바람직한 정책 논의에는 적어도 인정할만한 반론이 따른다. 가령 위협적인 무력행사가 평화 정착에 전혀 도움이 되지 않는다고 믿는 비둘기파들도 자신들의 이론이 이란에서는 통하지 않을 수 있다고 생각할 줄 알아야 한다. 어정쩡한 '유화'정책으로는 아무런 성과를 거둘 수 없다고 믿는 매파에게도 같은 충고를 할 수 있다. 양측은 자신과 상반되는 견해에 일리가 있을 수도 있다고 알려주는 신호를 미리 확인해야 한다.

　　정말로 어려운 부분은 바로 지금부터다. 전형적인 변증법에서 테제는 안티테제를 만나 신테제를 낳는다. 잠자리의 눈으로 볼 때, 하나의 견해는 다른 견해와 또 다른 견해 그리고 제3, 제4의 견해를 만나게 되고, 이 모든 견해가 종합되어 하나의 이미지로 만들어진다. 번호에 따라 색을 칠하는 규칙은 여기에 없다. 신테제는 주관적일 수밖에 없는 여러 판단을 화해시키는 기술이다. 이런 일을 잘 처리하여 종합한다면 판에 박은 비둘기파나 매파에서 벗어날 수 있다. 그렇게 강경책과 유화정책의 효과를 미세한 차이로 저울질하면 조금은 낯설지만 하이브리드형의 비둘기·매파가 될 수 있다.

⑹ 의심의 정도를 구분하되 그 이상은 구분하려고 하지 말라

　　세상에는 확실한 것이 거의 없으며, 불가능한 것도 그리 많지 않다. 그리고 '아마도'는 그다지 도움이 되지 않는다. 그러니 불확실성의 눈금

판을 3가지 이상으로 세팅해야 한다. 미묘한 차이를 중요시해야 한다. 불확실성의 정도를 더욱 자세히 구분할수록 좋은 예측자가 될 수 있다. 포커에서 40/60의 베팅과 60/40 베팅 또는 45/55 베팅과 55/45 베팅을 잘 구분한다면, 상대방보다 더 훨씬 유리한 입장에 설 수 있다. 모호한 말투의 암시를 수치적 확률로 바꾸는 작업도 자꾸 하다 보면 익숙해진다. 그러기 위해서는 꾸준한 인내심이 필요하다. 슈퍼 예측가들이 그런 사실을 기록으로 입증해준다.

불확실성을 세분화하는 방식은 의외로 빨리 익힐 수 있다. 아보타바드의 높은 담장에 둘러싸인 건물에 거주하고 있는 의문의 인물이 오사마 빈 라덴인지 알아내려는 오바마 대통령의 경우를 보자. 정보계 관리들의 확률 추산에 대해 대통령은 이렇게 반응했다. "그러니까 50 대 50. 동전 던지기군." 오바마 대통령은 또한 농구를 좋아하는 친구들과 전미 대학농구선수권대회 토너먼트의 승자를 알아맞히는 게임을 벌인다. 그들은 우승팀을 놓고 서로의 의견을 내놓는다. 이때의 추산과 정보계 관리들의 추산을 비교해보자. 대통령이 농구에서도 어깨를 으쓱이며 "50 대 50이군"이라고 말했을까? 아니면 "3 대 1이나 4 대 1 사이라는 말이군"이라고 말했을까? 틀림없이 후자일 것이다. 전미 대학농구선수권대회 토너먼트의 승자를 알아맞히는 게임은 통계학자들도 관심을 갖는 확률 퍼즐이다. 그러나 민주당이나 공화당의 전임 대통령들과 마찬가지로 오바마 대통령은 국가적 안보 문제에는 농구와 같은 기준을 적용하지 않는다. 왜일까? 기준이 달라지면 그를 지배하는 사고 과정도 달라지기 때문이다. 복잡한 암시를 수치를 사용한 확률로 나타내는 절

차는 스포츠에서는 필요하지만 국가 안보에는 필요하지 않다.[3]

그러니 사소한 일에 엄격한 논리를 동원하지 말라. 스포츠 경기를 지켜보는 노련한 도박꾼들이 거의 본능처럼 들이대는 증거의 잣대를 조지 W. H. 부시 대통령이 요구했다면 CIA 국장 조지 테닛도 이라크의 대량살상무기에 대해 '슬램덩크'라는 말을 감히 사용하지 않았을 것이다. 슬램덩크는 무한 확률을 배당한다는 의미이므로 하나만 잘못되어도 모든 것을 잃을 수 있다.

(7) 자신감은 부족해도 넘쳐도 안 된다. 성급하거나 우유부단하지 않도록 균형을 유지하라

슈퍼 예측가는 성급한 판단을 내리거나 '아마도' 주변에서 너무 오래 서성거릴 때 어떤 폐해를 입을 수 있는지 잘 안다. 그들은 단호한 입장을 취해야 할 때와 자신의 입장을 수정해야 할 때를 잘 구분한다. 그들은 측정치를 계속 수정하면서도 단호할 때는 단호해야 장기적으로 정확성을 높일 수 있다고 생각한다.

수정하고 결단하려면 실패에 대한 책임 전가와 상호 비방을 초월해야 한다. 최근의 실수를 피하는 것만으로는 충분하지 않다. 변화무쌍한 세계에서 정확성을 개선하기가 쉽지는 않겠지만, 중요한 부분을 놓치거나 허위 경보를 내는 2가지 실수를 피할 수 있는 나름대로의 방법을 찾아야 한다.

(8) 실패의 원인을 찾아내되 사후확신편향을 조심하라

실패를 변명하거나 정당화하지 마라. 실패를 인정하고 껴안아야 한다! 확실한 사후검토도 필요하다. 정확히 어느 부분이 잘못되었는지 찾아내야 한다. 실패보다 더 큰 문제는 실패로부터 교훈을 얻지 못하고 기본 가정의 결함을 보지 못하는 것이다. 별다른 문제가 없어도 사소한 기술적 실수로 인해 엉뚱한 결과를 만드는 경우가 있다. 성공했을 경우에도 사후검토는 반드시 필요하다. 성공했다고 해서 자신의 논리를 과신해서는 안 된다. 운이 좋아 성공한 것일 수도 있다. 몇 번의 성공으로 같은 방식을 고집하다 보면, 뜻밖의 엄청난 실패를 자초하는 경우가 있다.

(9) 다른 사람의 장점을 취하고 다른 사람들이 당신의 장점을 취하게 만들어라

팀 운영의 묘미를 터득해야 한다. 특히 관점을 확보하고(상대방의 주장을 이해하고 상대방을 만족시킬 수 있는 주장을 재생산해야 한다), 정확히 질문하고(다른 사람들이 자신의 주장을 분명히 밝힐 수 있도록 돕되, 그들의 오해를 사지 않도록 해야 한다), 건설적인 대립(상대방의 기분을 상하지 않게 하면서 그들의 주장에 반대하는 법을 배워야 한다)의 기반을 마련해야 한다. 현명한 리더는 도움이 되는 제안과 시시콜콜한 간섭, 완고한 집단과 결단력이 있는 집단, 산만한 집단과 개방적 태도를 가진 집단의 미세한 차이를 구분한다.

LA 다저스의 감독이었던 토미 라소다Tommy Lasorda 는 이 문제를 이렇게 설명한다. "선수 관리란 비둘기를 손으로 잡고 있는 것과 같다. 너무 꽉 쥐면 비둘기가 갑갑해하고, 너무 느슨하게 잡으면 날아간다."4)

(10) 실수의 균형을 잡는 자전거 타기를 터득하라

각 계명을 잘 지키려면 그 계명과 어긋나는 실수를 저지르지 않도록 균형을 잘 잡아야 한다. 물리 교과서로 자전거 타는 법을 배울 수 없듯, 훈련 매뉴얼을 읽는다고 슈퍼 예측가가 되는 것은 아니다. 직접 예측해봐야 배울 수 있다. 피드백을 통해 앞으로 잘 가고 있는지 아니면 어디에 부딪히지 않는지 확인하여 석연치 않은 구석을 남기지 말아야 한다. 단순히 예측해보고 뉴스를 읽고 확률을 계산해보는 과정으로는 충분하지 않다. 다른 전문적인 분야와 마찬가지로, 슈퍼 예측은 조심스럽고 공들인 연습의 산물이다.

(11) 십계명을 계명으로 취급하지 말라

"절대적인 규정은 있을 수 없다." 헬무트 폰 몰트케는 그렇게 경고했다. "정확히 같은 사례는 있을 수 없기 이 때문이다."5) 전쟁만 그런 것이 아니다. 확실한 것도 똑같이 반복되는 것도 없는 이 세상에서 우리가 할 수 있는 최선의 길은 지침을 따르는 것이다. 슈퍼 예측에는 늘 세심함이 필요하다. 이런 계명을 따르려고 애를 쓸 때는 특히 더 그렇다.

감사의 말

필립 E. 테틀록PHILIP E. TETLOCK

이 책을 1인칭 단수로 썼지만, 그런 설정이 GJP의 협업적 본질을 흐리게 할 수는 없다. 연구 파트너인 바버라 멜러스는 내 인생의 반려자이기도 하다. 우리는 사랑하는 딸을 잃은 견디기 힘든 슬픔 속에서 이 프로젝트를 함께 시작했다. 이 책을 우리 딸 지니에게 바친다. 이 프로젝트는 메울 수 없는 상실감을 의미 있는 수단으로 채웠다. 이 책의 메시지가 진정으로 받아들여진다면, 결함이 많은 이 세상을 조금이라도 바로 잡는 데 도움이 되리라고 우리는 믿는다.

이 프로젝트에 도움의 손길을 베푼 분들이 많다. 테리 머레이와 데이비드 웨이라이넨David Wayrynen이 아니었다면 이 프로젝트는 여러 번 중단되었을 것이다. 스티브 리버와 제이슨 매서니가 아니었으면 아무리 우리 다윗이 졸라댄다 해도 IC라는 골리앗 같은 관료조직이 돌팔매를 살 돈을 대주었을 것 같지 않다. 라일 엉거Lyle Ungar, 앤젤라 민스터Angela Minster, 데이비드 스콧David Scott, 존 배런Jon Baron, 에릭 스톤Eric Stone, 샘 스위프트Sam Swift, 필립 리스커버Phillip Rescober, 빌 새토파Ville Satopaa에 이르기까지 이들이 통계를 잡아주고 프로그래밍을 해주지 않았다면 우리는 예측 토너먼트에서 이길 수 없었을 것이다. 마이크 호로위츠Mike Horowitz와 그의 질문 작성 팀원인 케이티 코크란Katie Cochran, 제이 얼펠더, 앨리슨 볼스Allison Balls, 자나 래퍼포트Janna Rappoport, 리지너 조지프Regina Joseph의 정치학적인 전문적 도움이 없었다면 우리의 토너먼트는 그렇게 많은 신경세포를 자극하는 도전을 비축할 수 없었을 것이고, 우리가 지금 다음 세대의 예측 토너먼트를 보다 재미있고 쓸모 있게 만들기 위해 확보한 방법론을 그렇게 분명하게 찾을 수 없었을 것이다. 테리 머레이, 에바 첸Eva Chen, 톰 호프만Tom Hoffman, 마이클 비숍Michael Bishop, 캐서린 라이트Catherine Wright가 아니었다면 이 프로젝트는 어수선한 구성을 면하지 못했을 것이다.

박사후 과정 연구원과 대학원생들 중 에바 첸은 특별한 헌신과 의지력으로 무슨 일을 맡기든 확실하게 처리해주었다. 파블 아타나소프Pavel Atanasov와 필립 리스커버는 예측시장 운영에서 주축이 되는 역할을 했다. 에바와 바블 그리고 카트리나 핀처Katrina Fincher와 웰턴 창Welton Chang은 예측 기술을 가르치는 것이 가능하다는 사실을 입증해 보였다. 그것은 대단한 발견이었다.

그리고 이 책의 초고를 읽고 평을 해준 친구들과 동료들에게도 감사하다는 말을 빼놓을 수 없다. 대니얼 카너먼을 비롯하여 폴 슈메이커 Paul Schoemaker, 테리 머레이, 웰턴 창, 제이슨 매서니, 앤젤라 더크워스 Angela Duckworth, 아론 브라운, 마이클 모부신, 카트리나 핀처, 에바 첸, 마이클 호로위츠, 돈 무어, 존 카츠John Katz, 존 브로크먼John Brockman, 그 레그 미첼Greg Mitchell 그리고 당연히 바버라 멜러스에게도 감사하다.

마지막으로 3가지만 덧붙이고 싶다. 첫째 나와 오랫동안 힘들게 공동저술을 해온 댄 가드너와 편집을 해준 아만다 쿡Amanda Cook에게 감사하다. 두 사람 덕분에 나는 내가 할 수 있는 것보다 더 이야기를 잘할 수 있었다. 그들은 본질적으로 간단한 요점을 '복잡하게 만드는' 나의 직업적 버릇에 2년 동안 시달려야 했다. 독자들에게는 다행스러운 일이지만 그들이 이겼다. 여우에게는 권말의 주석이 필요하다. 둘째, 다윗과 골리앗이 겨루는 예측 토너먼트를 후원하기로 한 IARPA의 용기 있는 관료 차원의 결정이 없었다면, 우리는 슈퍼 예측가들을 찾아낼 수 없었을 것이다. 나는 이처럼 완전히 공개적인 경쟁을 허락하고 그런 다음 그 결과를 거리낌 없이 공개할 수 있는 정보기관이 이 지구상에 있으리라고는 기대조차 하지 않았다. 마지막으로 슈퍼 예측가라는 존재들이 있다. 일일이 이름을 대기도 어려울 정도지만, 그들이 없었다면 딱히 이렇게 책으로 묶을 이야기도 나오지 않았을 것이다. 그들은 똑똑한 사람들이 언제 스스로를 한계에까지 밀어붙일 수 있는지를 보여주었다. 그들은 우리 모두를 놀라게 했다. 이제 그들이 독자들에게 영감을 주어 독자 스스로 예측 능력을 연마하기만을 바랄 뿐이다.

댄 가드너(DAN GARDNE)

필립이 쓴 감사의 말에 전적으로 동의한다. 그리고 영국 세인트폴 성당을 설계한 건축가 크리스토퍼 렌Christopher Wren이 성 바오로의 묘비에 새긴 문구로 그의 말에 사족을 붙이고 싶다. "네 주위를 돌아보라."

또한 특별한 네 분 여성의 이름을 언급하지 않을 수 없다. 아만다 쿡, 내 아내, 나의 어머니, 그리고 엘리자베스 여왕이다. 아만다는 이 책을 편집해주었다. 그녀가 보여준 놀라운 인내와 끈기가 없었다면 이 책은 존재하지 않았을 것이다. 내 아내 산드라Sandra에게도 감사하다는 말을 하고 싶다. 그녀가 없으면 나는 이 세상에 존재해야 할 의미를 찾을 수 없을 것이다. 그리고 내 어머니 준June은 나를 낳으셨고 이 책을 만드는 데 내가 참여할 수 있게 해준 없어서는 안 될 분이다. 그리고 여왕은 여왕이시다. 만수무강하시기를.

| 주

1장_**낙관적 회의론자** : 미래를 보다 명확하게 볼 수 있다는 희망

1) 저명한 권위자들도 그런 일을 할 수 있는데 왜 하필 토머스 프리드먼인가? 그를 선택하게 만든 것은 간단한 공식 때문이다. (전문가의 지위)×(그가 한 예측의 정확성을 확인하기가 어렵다는 점)×(세계 정세와 전문가의 작업과의 연관성). 점수가 높은 사람이 이긴다. 프리드먼은 지위가 높다. 미래에 대한 그의 주장은 정확성을 확인하기가 매우 어렵다. 그리고 그가 하는 일은 지정학적 예측과 매우 밀접한 관련이 있다. 그의 사설이 마음에 들지 않아서 프리드먼을 선택한 것은 결코 아니다. 실제로 나는 마지막 장에서 그의 글이 갖는 몇 가지 쉽지 않은 장점을 드러낼 것이다. 예측가로서 프리드먼은 분통이 터질 만큼 궁지를 교묘히 빠져나가지만, 한편으로 그는 미래에 대한 멋진 질문을 만드는 현자이기도 하다.

2) 그렇다고 이런 점에서 프리드먼이 유별나다는 의미는 아니다. 사실 세상의 모든 정치 전문가들은 이와 똑같은 묵시적 기본 규칙에 따라 움직인다. 그들은 앞에 놓인 사안에 대해 무수히 많은 주장을 내놓지만 늘 모호한 표현을 사용하기 때문에 진위를 검증할 방법이 없다. "NATO의 팽창은 러시아의 호전적인 반응을 유발할지 모르고 그래서 새로운 냉전으로 이어질 가능성이 있다." 또는 "아랍의 봄은 아랍 세계에 유례없는 전제 정치가 들어설 날이 얼마 남지 않았다는 신호일지 모른다." 말이야 그럴듯하지만 이를 어떻게 해석해

야 하는가? '일지도 모른다'나 '일 수도 있다could' 같은 의미론적인 춤사위에 사용된 핵심 어구들을 해석하는 안내서가 있는 것도 아니다. '일 수도 있다'라는 말은 "앞으로 100년 안에 지구에 소행성이 충돌할" 0.0000001의 확률부터 "2016년에 힐러리 클린턴이 대통령에 당선될" 0.7의 확률까지 모든 것을 의미할 수 있다. 따라서 시간과 질문을 종합하여 정확성을 따지기가 불가능하다. 그 때문에 전문가들은 어떤 일이 일어났을 때 "나는 그럴 수 있다고 말했다"라며 우기고 그런 일이 일어나지 않았을 때도 "그럴 수 있다고 말했을 뿐"이라며 발뺌할 수 있다. 이런 다루기 힘든 언어적 문제의 사례를 독자들은 계속 만나게 될 것이다.

3) 이렇게 되면 양키스 팀의 선발 라인업을 예측하는 것이 남수단에서 대량학살이 자행될 위험을 예측하는 것보다 더 중요하다고 말하는 것과 다를 바 없다. 물론 정치를 야구에 비유하는 것은 문제가 있다. 야구는 정상적인 상황에서 반복적으로 치러지는 게임이다. 정치는 규칙이 계속 바뀌고 상황 변화의 굴곡이 심하다. 그래서 정치 예측이 야구 통계를 집계하는 일보다 훨씬 더 어렵다. 그러나 더 어렵다고 해서 불가능한 것은 아니다. 정치 예측은 얼마든지 가능한 일이다. 이런 비유를 마뜩잖게 여기는 이유는 또 있다. 전문가들의 예측은 예측 이상의 의미를 갖는다. 그들은 사건을 역사적 관점에서 설명하면서 특정 정책을 옹호하거나 도발적인 질문을 던진다. 맞는 말이다. 그러나 전문가들은 직접적이든 간접적이든 예측도 많이 한다. 예를 들어, 전문가들이 인용하는 역사적 비유에는 대부분 예측이 함축되어 있다. 가령 유화정책을 비난하며 '뮌헨 협정'을 들먹이는 것은 "X 국가의 비위를 맞춰주면, 그 나라가 더 많은 것을 요구한다"는 조건부 예측이다. 제1차 세계대전을 언급하는 것은 "위협 수단을 사용하면 갈등이 고조될 것"이라는 예측의 다른 표현이다. 이런 정책이나 저런 정책을 취하면 더 잘 산다거나 더 못 산다는 가정을 하지 않고는 정책을 옹호할 수 없다. 적어도 암시적인 예측을 하지 않는 전문가가 있다면, 그의 말은 차라리 선문답禪問答에 가까울 것이다.

4) 다음을 참조하라. James Gleick, *Chaos: Making a New Science* (New York: Viking, 1987); Donald N. McCloskey, "History, Differential Equations, and the Problem of Narration," *History and Theory* 30 (1991): 21~36.

5) Pierre-Simon Laplace, *A Philosophical Essay on Probabilities*, trans. Frederick Wilson Truscott and Frederick Lincoln Emory (New York: Dover Publications, 1951), p. 4.

6) 하지만 이런 사실을 누구보다 잘 알고 있을 역사가들조차 뻔뻔한 장담을 멈추지 않는다. 2014년 9월 7일자 〈뉴욕타임스〉에 실린 모린 다우드Maureen Dowd의 칼럼에 인용된 옥스퍼드 교수 마거릿 맥밀런Margaret MacMillan의 주장을 보자. "21세기에는 뚜렷한 성과도 없는 저질의 험악한 전쟁이 끊이지 않고 이어져 시민들은 두려움 속에서 지내게 될 것이다."

이런 결론이 최근의 몇 가지 사건에 대한 요약이 될 수 있을지는 모르지만 2083년의 세계를 설명하는 말로는 수상하기 짝이 없는 예측이다. 《100년 후*The Next 100 Years: A Forecast for the 21st Century*》같은 책들은 여전히 베스트셀러 목록에서 빠지지 않는다. 이 책의 저자는 공교롭게도 공공 부문이나 민간 부문의 돈 많은 고객들에게 지정학적 예측을 제공해주는 스트랫포*Stratfor*의 CEO 조지 프리드먼*George Friedman*이다. 이 책이 발간된 지 불과 2년 뒤에 아랍의 봄이 중동 지역을 들쑤셔놓았지만, 프리드먼의 책 어디에서도 이를 암시하는 내용은 찾을 수 없었다. 그래서인지 앞으로 남은 98년에 대한 그의 예측에 대해서도 나는 의구심을 떨칠 수 없다. 프리드먼은 또한 1991년에 《제2차 태평양전쟁*The Coming War with Japan*》을 발표하여 일본과 미국이 다시 맞붙는 상황을 가정했지만 이 역시 아직은 입증된 사실이 아니다.

7) 잘못된 관행의 바다에 떠 있는 전문성의 섬에 대해서는 다음 자료에서 개관하는 예측 개념과 예측 도구를 참조하라. Nate Silver, *The Signal and the Noise: Why So Many Predictions Fail-but Some Don't* (New York: Penguin Press, 2012); J. Scott Armstrong, ed., *Principles of Forecasting: A Handbook for Researchers and Practitioners* (Boston: Kluwer, 2001). 아울러 다음 자료도 참조하라. Bruce Bueno de Mesquita, *The Predictioneer's Game* (New York: Random House, 2009). 결국 이들 섬을 확대하는 일은 어려운 것으로 밝혀졌다. 평균회귀처럼 교실에서 배우는 통계 개념이 나중에 실생활로 옮겨가는 경우는 거의 없다. 다음 자료를 참조하라. D. Kahneman and A. Tversky, "On the Study of Statistical Intuitions," *Cognition* 11 (1982): 123~41. 이 책은 슈퍼 예측가처럼 생각하도록 훈련시키려는 '좋은 판단 프로젝트'의 노력에 대한 거대한 도전장이다.

8) "Bill Gates: My Plan to Fix the World's Biggest Problems," *Wall Street Journal*, January 25, 2013, http://www.wsj.com/articles/SB10001424127887323539804578261780648285770.

9) B. Fischhoff and C. Chauvin, eds., *Intelligence Analysis: Behavioral and Social Scientific Foundations* (Washington, DC: National Academies Press, 2011); Committee on Behavioral and Social Science Research to Improve Intelligence Analysis for National Security, Board on Behavioral, Cognitive, and Sensory Sciences, Division of Behavioral and Social Sciences and Education, National Research Council, *Intelligence Analysis for Tomorrow: Advances from the Behavioral and Social Sciences* (Washington, DC: National Academies Press, 2011).

10) P. E. Tetlock, B. Mellers, N. Rohrbaugh, and E. Chen, "Forecasting Tournaments: Tools for Increasing Transparency and Improving the Quality of Debate," *Current Directions in Psychological Science* (2014): 290~95.

11) 아론 브라운, 필자와의 대담에서. 2013년 4월 30일.

12) Paul Meehl, *Clinical Versus Statistical Prediction* (Minneapolis: University of Minnesota Press, 1954).

13) Stephen Baker, *Final Jeopardy* (Boston: Houghton Mifflin Harcourt, 2011), p. 35.

14) 데이비드 페루치, 필자와의 대담에서. 2014년 7월 8일.

2장_ **지식의 허상** : 왜 전문가의 판단을 의심하지 않는가?

1) Archibald L. Cochrane with Max Blythe, *One Man's Medicine: An Autobiography of Professor Archie Cochrane* (London: British Medical Journal, 1989).

2) 위와 동일한 자료, p. 171.

3) 위와 동일.

4) Druin Burch, *Taking the Medicine: A Short History of Medicine's Beautiful Idea, and Our Difficulty Swallowing It* (London: Vintage, 2010), p. 4.

5) 위와 동일한 자료, p. 37.

6) Ira Rutkow, *Seeking the Cure: A History of Medicine in America* (New York: Scribner, 2010), p. 98.

7) 위와 동일한 자료, p. 94.

8) Burch, *Taking the Medicine*, p. 158.

9) Richard Feynman, commencement address at the California Institute of Technology, Pasadena, 1974.

10) Richard Feynman, *The Meaning of It All: Thoughts of a Citizen-Scientist* (New York: Basic Books, 2005), p. 28.

11) 위와 동일한 자료, p. 27.

12) Cochrane with Blythe, *One Man's Medicine*, pp. 46, 157, 211, 190.

13) Daniel Kahneman, *Thinking, Fast and Slow* (New York: Farrar, Straus and Giroux, 2011), p. 209.

14) 인지심리학적으로는 휴리스틱과 편향 이론에 대한 반론이 만만치 않다. 회의주의자들은 시스템 1의 놀라운 정확성에 감탄한다. 사람들은 의미 없는 빛 에너지와 음파를 자동적으로 그리고 가장 적합해 보이는 상태의 언어로 합성하여 그 언어에 의미를 부여한다(Steven Pinker, *How the Mind Works*, New York: Norton, 1997). 툭하면 우리를 엉뚱한 길로 이끄는 시스템 1의 휴리스틱(Gerd Gigerenzer and Peter Todd, *Simple Heuristics*

주 • 435

that Make Us Smart, New York: Oxford University Press, 1999)과 훈련이나 동기부여를 통해서도 극복하기 어려운 WYSIATI 착각(Philip Tetlock and Barbara Mellers, "The Great Rationality Debate: The Impact of the Kahneman and Tversky Research Program, *Psychological Science* 13, no. 5 [2002]: 94~99)에 대한 논의가 있다. 심리학자들은 아직도 이들 모자이크를 짜 맞추지 못했다. 그러나 휴리스틱과 편향이라는 관점은 현실 세계를 예측하는 사람들이 저지르는 실수에 대해 가장 좋은 1차적 근사값을 제공하고, 아울러 그들이 실수하는 확률을 줄일 수 있는 방법에 대해 가장 쓸만한 지침을 제공하는 것 같다.

15) Michael Gazzaniga, *The Mind's Past* (Berkeley: University of California Press, 1998), pp. 24~25.

16) Ziva Kunda, *Social Cognition: Making Sense of People* (Cambridge, MA: MIT Press, 1999).

17) Kahneman, *Thinking, Fast and Slow*, p. 212.

18) 선거 때만 되면 시스템 1의 작용을 쉽게 확인할 수 있다. 현직 대통령이 재출마했을 때, 유권자들이 가장 많이 묻는 질문은 이것이다. "대통령이 첫 임기 동안 직무를 잘 수행했는가?" 하지만 자세히 들여다보면 이는 아주 까다로운 질문이다. 이런 질문에 답하려면 지난 4년 동안 대통령이 한 일과 하지 못한 일을 검토해야 한다. 더욱 어려운 것은 다른 지도자가 대통령이었을 경우 상황이 어떻게 달라졌을지 생각해보는 것이다. 그런 문제는 백악관 출입기자라고 해도 결론을 내리기 쉬운 일이 아니고, 정치를 잘 모르는 일반인이라면 더더구나 감을 잡기 어렵다. 그래서 당연히 유권자들은 미끼와 바꿔치기를 한다. 선거 전 6개월 동안 이 나라의 경제뿐 아니라 지역 경제 상황에 대해 유권자들이 어떻게 느끼고 있는가, 하는 질문이 지난 4년 동안 대통령의 업무 수행 능력을 판단하는 기준이 된다. 그래서 "지난 4년 동안 대통령이 직무를 잘 수행했는가?"라는 질문은 "최근 6개월 동안 이 나라가 제대로 가고 있다고 느끼는가?"라는 질문으로 대체된다. "대통령의 실적을 판단하기가 어렵기 때문에 나는 당초 질문을 다른 질문으로 바꾸겠다"고 말하는 유권자는 없다. 그러나 우리는 알게 모르게 그러한 행동을 한다. 이런 사례로는 2004년에 시카고에서 열린 미국 정치학회에서 발표한 다음 논문을 참조하라. Christopher Achen and Larry Bartels, "Musical Chairs: Pocketbook Voting and the Limits of Democratic Accountability."

19) Daniel Kahneman and Gary Klein, "Conditions for Intuitive Expertise: A Failure to Disagree," *American Psychologist* 64, no. 6 (September 2009): 515~26.

20) W. G. Chase and H. A. Simon, "The Mind's Eye in Chess," in *Visual Information Processing*, ed. W. G. Chase (New York: Academic Press, 1973).

21) Kahneman and Klein, "Conditions for Intuitive Expertise," p. 520.

22) 위와 동일.

23) Nigel Farndale, "Magnus Carlsen: Grandmaster Flash," *Observer*, October 19, 2013.

24) Peggy Noonan, "Monday Morning," *Wall Street Journal*, November 5, 2012, http://blogs. wsj.com/peggynoonan/2012/11/05/monday-morning/.

3장_**점수 매기기** : 예언이 아닌, 숫자로 예측하라

1) Mark Spoonauer, "The Ten Worst Tech Predictions of All Time," *Laptop*, August 7, 2013, blog.laptopmag.com/10-worst-tech-predictions-of-all-time.

2) Bryan Glick, "Timing Is Everything in Steve Ballmer's Departure—Why Microsoft Needs a New Vision," *Computer Weekly Editor's Blog*, August 27, 2013, http://www. computerweekly.com/blogs/editors-blog/2013/08/timing-is-everything-in-steve.html.

3) "Starr Report: Narrative." Nature of President Clinton's Relationship with Monica Lewinsky (Washington, DC: US Government Printing Office, 2004), footnote 1128.

4) Sameer Singh, *Tech-Thoughts*, November 18, 2013, http://www.tech-thoughts. net/2013/11/smartphone-market-share-by-country-q3-2013.html#.VQM0QEJYW-Q.

5) Barry Ritholtz, "2010 Reminder: QE = Currency Debasement and Inflation," *The Big Picture*, November 15, 2013, http://www.ritholtz.com/blog/2013/11/qe-debasement-inflation/print/.

6) 스티브 발머를 헷갈리게 했던 아이폰 예측도 비슷한 문제다. 내가 제시한 아이폰의 시장 점유율은 아이폰이 출시된 지 6년이 지났을 때의 수치이고 7년 뒤에는 이보다 더 높았다. 그래서 발머는 자신이 말로 표현하지 않았을 뿐 실제로는 2년이나 3년 아니면 5년 정도의 기간을 염두에 두고 한 말이라고 주장할 수도 있다. 이것은 "기다려보라. 그렇게 될 때가 있다"는 변명과는 종류가 조금 다르다. 물론 다분히 의도적이고 억지스러운 표현이지만 말이 안 되는 주장은 아니다. 이렇게 되면 예측의 정확성을 두고 논쟁을 벌여도 쉽게 결론 을 얻을 수 없다.

7) Jonathan Schell, *The Fate of the Earth and The Abolition* (Stanford, CA: Stanford University Press, 2000), p. 183.

8) Brian Till, "Mikhail Gorbachev: The West Could Have Saved the Russian Economy," *Atlantic*, June 16, 2001, http://www.theatlantic.com/international/archive/2011/06/

mikhail-gorbachev-the-west-could-have-saved-the-russian-economy/240466/.

9) Sherman Kent, "Estimates and Influence," *Studies in Intelligence* (Summer 1968): 35.

10) Sherman Kent, "Words of Estimative Probability," in *Sherman Kent and the Board of National Estimates*, ed. Donald P. Steury (Washington, DC: History Staff, Center for the Study of Intelligence, CIA, 1994), pp. 134~35.

11) 위와 동일한 자료, p. 135.

12) Richard E. Neustadt and Ernest R. May, *Thinking in Time* (New York: Free Press, 1988).

13) *Sherman Kent and the Profession of Intelligence Analysis*, Center for the Study of Intelligence, Central Intelligence Agency, November 2002, p. 55.

14) 위와 동일.

15) David Leonhardt, "When the Crowd Isn't Wise," *New York Times*, July 7, 2012.

16) Henry Blodget, "Niall Ferguson: Okay, I Admit It-Paul Krugman Was Right," *Business Insider*, January 30, 2012, http://www.businessinsider.com/niall-ferguson-paul-krugman-was-right-2012-1.

17) 브라이어 지수는 예측자들로 하여금 자신의 신념을 드러내고 정치적 압력에 굴복하지 않을 수 있는 동기를 부여하기 때문에 '적절한' 도구다. 브라이어 지수에만 관심을 가지는 사람이 가령 2015년에 이란이 핵실험을 강행할 확률을 4%라고 생각한다면 그는 그런 수치를 그대로 드러내지만, 나중에 비난받을 일을 걱정하는 사람은 "당신이 4%의 확률밖에 없다고 말했잖아!"라는 핀잔을 피하기 위해 확률을 올릴 것이다. 브라이어 지수를 매기면 지나친 자신감으로 인해 평판에 흠이 갈 수 있는 위험을 감수해야 한다. 이는 도박가들이 지나친 자신감 때문에 입는 금전적 벌칙과 밀접한 연관이 있다. 그래서 어떤 확률에 베팅하는 것이 내키지 않을 때는 그 확률의 정확성을 다시 따져보아야 한다. 다음 자료를 참조하라. Glenn W. Brier, "Verification of Forecasts Expressed in Terms of Probability," *Monthly Weather Review* 78, no. 1 (1950): 1-3; Robert L. Winkler, "Evaluating Probabilities: Asymmetric Scoring Rules," *Management Science* 40, no. 11 (1994): 1395~405.

18) 래리 커들로는 EPJ의 고슴도치들이 보여주는 특징에 썩 잘 부합하는 인물이지만 익명을 보장하는 EPJ에는 참가하지 않았다. 그리고 분명히 말하지만 래리는 보수주의자이기 때문에 나는 그를 선택하지 않았다. EPJ는 좌파 고슴도치의 사례를 많이 제공한다. 실제로 EPJ의 많은 고슴도치들은 좌우를 막론하고 '고슴도치'라는 말을 흉이 아니라 칭찬으로 받아들인다. 그들은 모호한 입장을 취하는 여우들보다 결단이 빠르고 단호하다. 2004년 대통령 선거에서 벌어진 양당의 홍보 전쟁을 떠올리면 알 수 있는 일이다. 존 케리^{John Kerry}는 융통성 있는 책략가인가 기회주의적인 변덕쟁이인가? 조지 W. 부시는 원칙주의

자인가 교조적인 얼간이인가? '여우'니 '고슴도치'니 하는 호칭은 사실 그렇게 단정적으로 붙일 수 있는 꼬리표가 아니다.

19) Larry Kudlow, "Bush Boom Continues," *National Review*, December 10, 2007, http://nationalreview.com/article/223061/bush-boom-continues/larry-kudlow.

20) Larry Kudlow, "Bush's 'R' is for 'Right'," Creators.com, May 2, 2008, http://www.creators.com/opinion/lawrence-kudlow-bush-s-r-is-for-right.html.

21) Larry Kudlow, "If Things Are So Bad...," *National Review*, July 25, 2008.

22) 애니 듀크, 필자와의 대담. 2013년 4월 30일. 포커 플레이어들에게만 해당되는 말이 아니다. 불면증으로 며칠 동안 잠을 제대로 자지 못했다. 그래서 쉽게 자제력을 잃고 친한 동료에게 소리친다. 그리고 사과한다. 이런 모습이 무엇을 말하는가? 잠을 자야 된다는 말이다. 그 외에는 아무 말도 필요 없다. 그러나 다른 사람이 갑자기 다가와 소리친 다음 사과하면서 불면증으로 며칠 동안 잠을 제대로 못 잤다고 해명한다. 이런 모습을 보고 무슨 생각을 하는가? 논리적으로 따지자면 '잠을 자야겠군'이라고 생각해야 하겠지만, 연구 결과에 의하면 그렇게 생각하는 사람은 거의 없다. 보통은 돼먹지못한 인간이라고 생각하는 것이다. 심리학자들은 이를 '기본적 귀인 오류fundamental attribution error'라고 부른다. 우리는 불면증 같은 상황적 요인이 우리 자신의 행동에 영향을 미칠 수 있다는 사실을 잘 알고 있다. 그리고 우리의 행동을 이런 요인의 탓으로 돌린다. 그러나 다른 사람에게는 그런 관용을 베풀지 않는다. 대신 그들이 그렇게 행동하는 것은 그 사람의 됨됨이가 그 정도밖에 안 되기 때문이라고 생각한다. 왜 그 사람은 돼먹지못한 행동을 하는가? 돼먹지못한 인간이기 때문이다. 대단한 편견이다. 어떤 학생에게 공화당 후보를 지지하는 연설을 해달라고 말했다면, 지켜보는 사람은 그 학생을 공화당 지지자로 여길 것이다. 그 학생이 돈을 받고 시키는 대로 했다고 해도 상관없다. 심지어 지켜보는 사람이 그 부탁을 한 장본인이라 해도 마찬가지다! 자신에게서 물러나 다른 사람의 입장에서 상황을 본다는 것은 이처럼 어렵다. 다음 자료를 참조하라. Lee Ross, "The Intuitive Psychologist and His Shortcomings: Distortions in the Attribution Process," in *Advances in Experimental Social Psychology*, ed. Leonard Berkowitz, vol. 10 (New York: Academic Press, 1977), 173~220; Daniel T. Gilbert, "Ordinary Personology," in *The Handbook of Social Psychology*, vol. 2, ed. Daniel T. Gilbert, Susan T. Fiske, and Gardner Lindzey (New York: Oxford University Press, 1998): 89~150.

23) 중간 어딘가에 진실이 있는 문제에 대해 극단적인 입장을 취하면 학계에서 매우 좋은 대우를 받을 수 있다. 사례 1가지를 들어보자. 우리의 사고방식은 성격에 따라 정해지는가? 아니면 우리가 맡는 사회적 역할에 따라 달라지는가? 어중간하지만 정답은 각자의 융통성

정도와 상황의 위력에 따라 달라진다는 것이다. 사례를 하나 들자면, 모든 예측자에게 익명을 보장한 초기 EPJ와 달리, 공개 경쟁 속에서 순위표를 공개하는 IARPA 토너먼트에 참가한 예측자들은 확실히 과도한 자신감으로 인한 문제점을 많이 드러내지 않았다. 1가지 결과. 고슴도치와 여우 구분은 IARPA 토너먼트에서는 그다지 큰 의미를 갖지 못했다.

4장_슈퍼 예측가들 : 전문가를 뛰어넘은 평범한 사람들

1) National Intelligence Estimate background debriefing at the White House on weapons of mass destruction in Iraq, October 2001, http://fas.org/irp/cia/product/iraq-wmd.html.

2) Condoleezza Rice, interview with Wolf Blitzer, CNN, September 8, 2002.

3) Committee on Behavioral and Social Science Research to Improve Intelligence Analysis for National Security, Board on Behavioral, Cognitive, and Sensory Sciences, Division of Behavioral and Social Sciences and Education, National Research Council, *Intelligence Analysis for Tomorrow: Advances from the Behavioral and Social Sciences* (Washington, DC: National Academies Press, 2011).

4) 비용편익분석 측면에서 볼 때, 이는 미국이 2조 달러짜리 확실한 '실수'로 이어질지 모르는 위험을 20~30% 줄일 수 있는 개선된 확률평가 시스템에 얼마를 지급할 의사가 있는가, 하는 문제다. 기대치 이론으로 말하자면 정답은 수천억 달러다. 이런 기준으로 본다면 GJP는 세기의 거래다. 그러나 두려움으로 인한 '실수'의 비용을 생각해볼 필요가 있다. 2003년 이라크 침공은 누구나 실수라고 보고 있지만, 사담 후세인이 지금도 권력에 집착하고 있다면 우리의 상황이 얼마나 안 좋아졌을지, 아니면 우리가 그런 상황에서 국가 안보에 얼마나 많은 비용을 지출했을지 자신 있게 말할 수 있는 사람은 아무도 없다. 개인적인 생각이긴 하지만, 이 토너먼트는 여전히 저렴한 대안이다. 비록 우리가 불쾌한 가정을 전제로 기본적인 비교를 통해 세상을 그릴지라도 말이다.

5) The Commission on the Intelligence Capabilities of the United States Regarding Weapons of Mass Destruction, *Report to the President of the United States* (Washington, DC: March 31, 2005), p. 155.

6) 로버트 저비스, 필자와의 대담에서. 2013년 3월 27일.

7) Committee on Behavioral and Social Science Research to Improve Intelligence Analysis for National Security, *Intelligence Analysis for Tomorrow*, National Academies Press, 2011.

8) 골디락스 존에 속하는 질문을 만드는 일은 결코 쉽지 않았다. 우선 너무 쉽거나(발생 확

률이 10% 미만이거나 90% 이상인) 너무 어려운(논리적으로는 어느 누구도 답을 알아내기 어려운) 질문을 걸러내는 작업이 필요했다. 마이클 호로위츠가 주도한 질문 작성 팀의 공로가 컸다.

9) 이에 대해서는 펜실베이니아 대학교에서 나와 같이 일하는 라일 엉거와 조너선 배런 이 두 사람에게 공을 돌려야 한다. 라일은 우리 프로젝트에서 활용된 모든 알고리즘을 책임지고 있다. 단 'L2E'는 라이스 대학교의 데이비드 스콧David Scott이 개발한 것이다.

10) 다음 자료를 참조하라. David Ignatius, "More Chatter Than Needed," *Washington Post*, *November* 1, 2013. 이그네이셔스는 미국 정부의 내부 기밀자료를 취급할 수 있는 사람과 이야기를 나누었을 것이다.

11) 위와 동일한 자료. IC는 이그네이셔스의 이야기를 문제 삼은 적이 없다. 그리고 그것이 사실일 것이라고 나는 생각한다. 실제로 나는 비교할 수만 있다면 어느 해이든 슈퍼 예측가들이 정보 분석가들을 누른다는 데 베팅할 의향이 있다. 슈퍼 예측가들이 정보 분석가들보다 좋은 성적을 내는 이유는 알려져 있지 않다. 그러나 슈퍼 예측가들이 더 똑똑하거나 더 열린 마음을 갖고 있기 때문이라고는 생각하지 않는다. 그보다는 그들이 예측을 다듬고 가꿀 수 있는 기술로 간주하는 사고방식 때문일 것이다. 반면 분석가들은 예측을 주축 사업의 일부가 아니라 지엽적인 업무로 취급하는 조직에서 일을 한다. NIC 의장이었던 토머스 핑거Thomas Fingar는 이렇게 말한다. "예측은 전략 분석가의 목표가 아니다. 또 그래서도 안 된다. (중략) 목표는 사태의 흐름이 서로 어떻게 작용하는지, 어디로 가는지, 그 과정을 추진하는 것이 무엇인지, 경로의 변화를 알려주는 징표가 무엇인지 등, 전개 과정에서 가장 중요한 흐름을 찾아내는 것이다." 다음 자료를 참조하라. Thomas Fingar, *Reducing Uncertainty: Intelligence Analysis and National Security* (Stanford, CA: Stanford University Press, 2011), pp. 53, 74. 토머스 핑거와 나는 2010년에 NIC에서 함께 일할 당시, IC에게 IARPA 같은 유형의 실험을 하도록 촉구했다. 토머스는 박식한 데다 매우 헌신적인 공무원이다. 그의 말을 들어보면 당분간 IC가 슈퍼 예측가를 양성하는 데 투자할 생각을 하지 않는 이유를 알 수 있을 것 같다. 하지만 예측을 하지 않고 어떻게 "전개 과정의 흐름이 어디로 가는지 알아낼 수 있다"는 말인가? 자신이 하는 일에 예측 행위가 얼마나 많이 관련되어 있는지 인정하지 않으려는 사람은 분석가들만이 아니다. 언론인 조 클라인Joe Klein을 보자. "펜실베이니아 대학교 와튼 스쿨의 어떤 교수가 나를 컴퓨터와 엮어서 예측을 얼마나 잘하는지 알아보려고 한다." 내가 그를 비롯한 몇몇 전문가들에게 예측 토너먼트에 참여해달라고 요청한 뒤 조 클라인은 〈타임〉 지에 그렇게 썼다. "물론 나는 그를 곤경에서 구해줄 수 있다. 기자들은 과거에 관한 분석이라면 선수들이고, 지금 일어나는 일도 능숙하게 분석하지만, 사흘 뒤에 일이라면 한심할 정도로 손을 못 쓴다. 조지

W. 부시가 2000년 뉴햄프셔 예비선거에서 패한 뒤 나는 CNN의 제이크 태퍼Jake Tapper에게 부시가 공화당 대통령 후보 지명을 받지 못할 것이라고 자신 있게 말했다. 그 직후에 나는 예측을 중단했다." 다음 자료를 참조하라. http://swampland.time.com/2013/04/11/congress-may-finally-do-a-budget-deal/. 클라인에게는 미안하지만(그리고 나는 예측 실패를 깨끗이 인정하는 사람들을 존경하지만) 그는 틀렸다. 그는 예측을 중단하지 않았다. 그는 그가 한 예측이 예측이라는 사실을 인정하지 않을 뿐이다. "더욱 방자해진 북한의 군사적 위협이 미국에서 별다른 언론의 관심을 끌지 못하는 것은 흥미롭지 않은가?" 클라인은 다시는 예측을 하지 않겠다고 말한 직후에 그렇게 썼다. "전쟁이 정말 일어나리라 예상하는 사람은 아무도 없다. 그러나 전쟁이 일어난다면? 김정은이 더 이상 물러설 수 없는 벼랑 끝에서(한국과 미국을 모두 공격하겠다고 위협하며) 반격한다면? 가능성이 희박하지만 아주 불가능한 일은 아니다." 다음 자료를 참조하라. http://swampland.time.com/2013/03/29/the-kim-who-cried-wolf/. "가능성이 희박하지만 아주 불가능한 일은 아니다"라는 말은 예측이다. 그리고 이 외에도 클라인의 글이나 다른 전문가의 글에는 그런 예측이 많다. 이들 말고도 많은 사람들이 이러한 발언을 한다. 우리는 누구나 예측을 한다. 끊임없이. 결론은 이것이다. 자신이 어떤 일을 하고 있다는 사실도 모른다면 그 일을 더 잘할 방법을 배우기가 어렵다.

12) Ellen Langer, "The Illusion of Control," *Journal of Personality and Social Psychology* 32, no. 2 (August 1975): 311~28.

13) 엉터리라는 사실이 금방 드러나는 사례가 있다. 노텔Nortel과 엔론Enron 같은 모델을 따르라고 촉구했던 《래디컬 E*Radical E*》가 그런 경우다. 이 책은 엔론이 파산하기 8개월 전에 출판되었다. 그러나 실체가 쉽게 드러나지 않는 책들도 있다. 그런 책들의 형편없는 예측 능력은 몇십 년 동안 모른 채 지나치게 되기 일쑤다. 명문 경영 대학원에서도 알아채지 못한다. 1994년에 짐 콜린스Jim Collins와 제리 포러스Jerry Porras는 《성공하는 기업들의 8가지 습관*Built to Last: Successful Habits of Visionary Companies*》을 펴냈다. 이 책은 18곳의 모범적 기업을 검토한 뒤 "다가오는 시대에도 계속 번창할 수 있는 조직을 만드는 데 필요한 청사진"을 제시했다. 이 책에 대한 독자들의 호응은 대단했다. 그러나 경영학 교수 필 로젠즈와이그Phil Rosenzweig의 지적대로 콜린스와 포러스가 맞다면, 여기에 제시된 최소한 18개 모범 기업들은 꾸준한 실적을 보여주었어야 한다. 콜린스와 포러스는 1990년에 연구를 끝냈다. 로젠즈와이그는 이후 10년 동안 그 기업들이 이룩한 실적을 확인했다. "돈이 있다면 콜린스와 포러스가 제시한 미래가 확실하다는 기업보다는 인덱스펀드에 투자하는 편이 더 나았을 것이다." 다음 자료를 참조하라. Phil Rosenzweig, *The Halo Effect ... and the Eight Other Business Delusions That Deceive Managers* (New York: Free Press, 2014), p.

98. 다트 던지는 원숭이가 또 이겼다.

14) 아버지와 아들의 상관관계에 따라 아들의 키에 대한 예측을 일반인 평균키인 173cm 쪽으로 얼마나 움직여야 하는지가 결정된다. 아버지와 아들의 상관관계가 완벽하여 1.0이라면 오로지 아버지의 키만 가지고 판단하면 된다. 평균회귀 효과는 없다. 상관관계가 0이면, 계속 평균 쪽으로 움직일 것이고 아버지의 키에는 전혀 가중치가 주어지지 않는다. 본문에 제시된 사례는 상관관계가 0.5이기 때문에 평균을 향해 움직이는 것이 정답이다.

15) Michael J. Mauboussin, *The Success Equation: Untangling Skill and Luck in Business, Sports, and Investing* (Boston: Harvard Business Review Press, 2012), p. 73.

16) http://fivethirtyeight.com/features/the-conventional-wisdom-on-oil-is-always-wrong/.

17) 1년에 적어도 50개 이상의 문항에 답하는 '적극적인' 슈퍼 예측가들 중 대략 90%는 성적으로 볼 때 상위 20%의 범주에 들어갔다. 성적이 떨어졌을 때에도 많이 떨어지는 경우는 거의 없었다. 이런 점으로 미루어 보아 슈퍼 예측가의 실력/운의 비율은 당연히 일반 예측자들의 비율보다 훨씬 높다. 그러나 실력/운의 비율을 정확히 산출하기는 어렵다. 그 수치는 예측자들의 표본, 설정 기간, 질문의 유형에 따라 바뀐다. 4년 내내 맹활약을 했던 슈퍼 예측가들의 비율을 추측해보라고 하면, 최소 60/40은 된다고 말하고 싶다. 어쩌면 90/10까지 올라갈지도 모른다.

5장_**슈퍼 스마트**: 최고의 예측가들은 모두 천재인가?

1) 샌포드 실먼, 필자와의 대담에서. 2013년 2월 15일과 2014년 5월 19일.

2) B. A. Mellers, L. Ungar, K. Fincher, M. Horowitz, P. Atanasov, S. Swift, T. Murray, and P. Tetlock, "The Psychology of Intelligence Analysis: Drivers of Prediction Accuracy in World Politics," *Journal of Experimental Psychology: Applied* 21, no. 1 (March 2015): 1–14; B. A. Mellers, E. Stone, T. Murray, A. Minster, N. Rohrbaugh, M. Bishop, E. Chen, J. Baker, Y. Hou, M. Horowitz, L. Ungar, and P. E. Tetlock, "Identifying and Cultivating 'Superforecasters' as a Method of Improving Probabilistic Predictions," *Perspectives in Psychological Science* (forthcoming 2015).

3) 이 문제는 그레그 미첼Greg Mitchell과 프레드 오스왈드Fred Oswald가 개발한 예측적성일람 Forecasting Aptitude Inventory에서 가져왔다.

4) 이 분석은 CIA 국장의 지시로 행해졌다. 이 보고서에서는 베트남을 잃을 경우 어떤 대가를 치르게 되겠지만 정책 입안자들이 생각하는 극단적인 결과는 없을 것이라고 결론지었

다. 탁월한 선견지명이었다. CIA 국장은 이 보고서를 존슨 대통령에게 직접 건넸지만, 이미 50만 명의 병사들은 존슨이 우려했던 수렁에 발을 깊이 담근 상태였다. 존슨은 그 보고서를 아무에게도 보여주지 않았다. 맥나마라만이 그 보고서의 존재를 알았다. 그것도 몇십 년 뒤에.

5) Robert McNamara, *In Retrospect* (New York: Vintage, 1996), p. 33.

6) Daniel J. Levitin, *The Organized Mind: Thinking Straight in the Age of Information Overload* (New York: Dutton, 2014).

7) 슈퍼 예측가는 틀리는 것을 두려워하지 않기 때문에 페르마이징을 필수적인 절차로 간주한다. 인터넷에서 코블러Cobbler라는 닉네임을 사용하는 슈퍼 예측가의 경우를 보자. 그는 버지니아에 사는 소프트웨어 엔지니어다. 코블러는 나이지리아 정부가 이슬람 극단주의 집단인 보코하람Boko Haram과 공식 협상을 시작할지 말지를 묻는 질문을 2012년에 받았지만 나이지리아에 대해서는 아는 것이 거의 없었다. 그는 외부 관점에서 시작하여 보코하람뿐 아니라 다른 테러 집단과 협상을 벌인 과거의 시도가 성공한 비율이 어느 정도인지 확인했다. 코블러는 두 수치(보코하람과의 협상 성공률 0% 그리고 일반적인 반정부 폭력집단과의 협상 성공률 추산치 40%)에 대한 평균을 냈다. 그런 다음 그는 내부 관점으로 방향을 바꿔 양편의 선택을 평가했다. 나이지리아 정부는 정부와 테러리스트를 중재하여 양쪽에 영향력을 행사하려는 온건파 이슬람주의자들과 좋은 관계를 유지하려고 한다. 보코하람은 또한 적어도 협상 테이블에 나타날 생각 정도는 하고 있을 것이다. 코블러는 또한 진행 중인 대화에 대한 많은 소문을 주시했다. 그는 그 모든 자료를 보코하람의 과격성에 비추어 평가한 후 30%라는 추정치를 얻었다. 그다음 코블러는 내부 관점과 외부 관점의 평균을 계산하여 25%라는 추정치를 얻었다. 마감일이 가까워지자 그는 수치를 내려야겠다고 생각했다. 이렇게 틀릴 것을 각오하고 계산한 최종 추정치는 상위 10% 브라이어 지수라는 결과로 나타났다. 진행 중인 대화를 놓고 떠도는 소문에 대한 반응으로 인해 긍정 오류에 속한 답이 많았다는 점을 생각하면 상위 10%도 대단한 성적이었다. 역시 슈퍼 예측가인 리지나 조지프Regina Joseph의 사례도 있다. 리지나는 중국에 또다른 치명적인 조류 독감이 발생할 위험을 묻는 질문에 대해 조사했다. 조류 독감이라 해서 특이할 것은 없었다. 늘 하는 대로 정치 분석을 하다 보면 조류 독감 문제를 다루는 일도 자연스럽게 그녀의 작업에 포함되곤 했다. 그녀는 경력도 다채로워 디지털 매체에서 맹활약 중이고 미국 올림픽 여자 펜싱 팀을 훈련시킨 적도 있지만 유행병과 관련된 일을 한 적은 없었다. 그녀 역시 외부 관점으로 시작했다. 조류 독감으로 인한 사망자 수가 역치閾值를 넘어가는 경우가 얼마나 자주 있는가? 약 80%? 그러나 독감 시즌은 이미 4분의 1이 지나가고 있었다. 그래서 그녀는 수치를 60%로 낮췄다. 그다음 그녀는 내부 관점을

택해 개선된 공중보건 정책과 더 나아진 경고 장치를 확인했다. 이 모든 것을 종합하여 그녀는 수치를 40%로 정했다. 최종 결과. 놀랄 정도의 기록은 아니지만 그녀는 전체 예측자의 85%를 눌렀다. 웰턴 창의 경우도 있다. 이라크 전에 장교로 참전했다 퇴역한 창은 2013년에 알레포가 반군 조직인 자유시리아군의 손에 떨어질 가능성을 외부적 관점에서 추정하기 시작했다. 군사적 우위를 확실하게 유지하는 군대가 알레포 같은 대도시를 점령하는 데 얼마나 오래 걸리는가? 단답식으로 말하면 성공할 기본율은 10~20%이다. 그런 다음 내부 관점을 취한 창은 자유시리아군이 군사력에서 우위를 차지할 가능성이 아주 없지 않다는 사실을 확인했다. 그래서 그는 확률을 조금씩 내렸다. 이 질문에 대한 그의 성적은 브라이어 지수 상위 5%였다. 이렇게 많은 독단적인 가정이 정확한 예측의 밑바탕이 되었다는 사실은 놀랍다. 그러니 중요한 것은 막연한 추측 작업에 매달리느냐 마느냐의 선택이 아니다. 그런 작업을 드러내놓고 하느냐 은밀하게 하느냐의 문제만 남는다.

8) 빌 플랙, 필자와의 대담에서. 2014년 8월 5일.

9) Peggy Noonan, "The Presidential Wheel Turns," *Wall Street Journal*, April 26, 2013.

10. Amos Tversky and Daniel Kahneman, "Judgment Under Uncertainty: Heuristics and Biases," *Science* 185 (4157): 1124~31.

11. 뉴욕 대학교 정치학과 석좌교수인 브루스 부에노 데 메스키타Bruce Bueno de Mesquita는《프리딕셔니어 미래를 계산하다*The Predictioneer's Game*》(New York: Random House, 2009)에서 게임 이론을 바탕으로 내부 관점의 확률 추정을 결집하는 데 필요한 아주 근사한 방법을 제시한다. 우선 의도가 분명한 질문을 한다. "누가 핵심 인물들인가?" "각자의 능력은 어느 정도인가?" "각자 원하는 것은 무엇인가?" "어느 정도 원하는가?" 그런 다음 가능한 합종연횡을 타진한다. 브루스 부에노 데 메스키타는 또한 대중의 지혜를 사용한다. 그는 다수의 전문가들이 각각의 내부 관점 문제에 답하도록 만든다. 그런 기법으로 어떻게 슈퍼 예측가와 대등한 수준을 유지하는지는 알려져 있지 않지만 알려고만 한다면 알 수도 있다.

12) 이 문제는 결국 '그렇다'로 끝났다. 그러니 데이비드가 코끝 관점을 사용했다면 더 좋은 점수를 올렸을 것이다. 샤를리에브도 사건이 일어난 직후에 또 다른 테러 공격을 상상하기는 것은 쉽기 때문에 확률을 높였으면 정답이 되었을 테지만 슈퍼 예측가들은 문제를 풀 때 대부분 시스템 1의 직관을 시스템 2의 정밀조사에 종속시키는 방법으로 좋은 성적을 올린다. 눈치 빠른 독자들은 알겠지만, 데이비드는 계속 추정치를 수정했다. 하루 단위로 따졌을 때 공격할 확률이 1.8/365라면, 이후 69일 동안 공격할 가능성은 $1.0-(1.0-1.8/365)^{69}$가 되어 답은 .34가 아니라 .29가 된다.

13) Stefan Herzog and Ralph Hertwig, "The Wisdom of Many in One Mind," *Psychological*

Science 20, no. 2 (February 2009): 231~37.

14) George Soros, *Soros on Soros: Staying Ahead of the Curve* (New York: Wiley, 1995).

15) 리서처들은 이런 정반합 논리를 다룰 때 종종 통합복합성 분류체계를 사용한다. 내 첫
번째 멘토였던 피터 서드펠드 교수가 개발한 시스템이다. 이를 통해 확인한 사실이지
만, 종합적으로 생각하는 사람들은 시스템 1의 편견에 더 내성을 가지는 편이다. 다음 자
료를 참조하라. P. E. Tetlock and J. I. Kim, "Accountability and Judgment in a Personality
Prediction Task," *Journal of Personality and Social Psychology* 52 (1987): 700~709; P.
E. Tetlock, L. Skitka, and R. Boettger, "Social and Cognitive Strategies of Coping with
Accountability: Conformity, Complexity, and Bolstering," *Journal of Personality and Social
Psychology* 57 (1989): 632~41. 그러나 복잡하게 생각하는 사람들이 불리한 상황이
있다. 다음 자료를 참조하라. P. E. Tetlock and R. Boettger, "Accountability: A Social
Magnifier of the Dilution Effect," *Journal of Personality and Social Psychology* 57 (1989):
388~98; P. E. Tetlock and R. Boettger, "Accountability Amplifies the Status Quo Effect
When Change Creates Victims," *Journal of Behavioral Decision Making* 7 (1994): 1~23; P.
E. Tetlock and A. Tyler, "Churchill's Cognitive and Rhetorical Style: The Debates Over Nazi
Intentions and Self-Government for India," *Political Psychology* 17 (1996): 149~70.

16) 5대 특성과 개방성 요소에 대해서는 다음 자료를 참조하라. Oliver P. John and
Sanjay Srivastava, "The Big Five Trait Taxonomy: History, Measurement, and Theoretical
Perspectives," in *Handbook of Personality: Theory and Research*, 2nd ed., ed. Lawrence A.
Pervin and Oliver P. John (New York: Guilford Press, 1999), 102~38; Robert R. McCrae,
"Social Consequences of Experiential Openness," *Psychological Bulletin* 120, no. 3 (1996):
323~37. 인지 욕구와 적극적 개방성 규모는 포괄적 개방성과 관련이 있다.

6장_**슈퍼 퀀트** : 예측은 수학 천재들에게 유리한가?

1) 라이오넬 르빈, 필자와의 대담에서. 2013년 2월 14일.

2) 리온 퍼네타, 필자와의 대담에서. 2014년 1월 6일.

3) 실제의 마야도 슈퍼 예측가처럼 생각했을 것이다. 회고록《값진 전투*Worthy Fights, New
York*》(Penguin, 2014)에서 퍼네타도 "100%"라는 말은 하지 않았다고 썼다. 하지만 그녀
는 거침없이 그리고 확고한 말투로 "95%"라고 단정했다.

4) Mark Bowden, *The Finish: The Killing of Osama Bin Laden* (New York: Atlantic Monthly

Press, 2012), pp. 158~62.

5) Baruch Fischhoff and Wandi Bruine de Bruin, "Fifty-Fifty=50%?," *Journal of Behavioural Decision Making* 12 (1999): 149~63.

6) 이런 논의는 결정을 내릴 때 확률 수치를 사용하는 방법에 대해 더 어려운 의문을 제기한다. 전형적인 기대효용 모델은 확률의 변동을 모두 중요한 것으로 간주한다. 사람들이 하나의 행동에 대한 각각의 가능한 결과의 확률에 각각의 결과의 효용을 곱한 다음 곱집합을 합해 그런 선택의 편향성을 계산하기 때문이다. 우리가 단순히 공격이라는 선택에 대해 1가지 결과만을 가정할 때, 오사마 빈 라덴의 존재 확률을 초기 50%에서 75%로 바꾸게 되면 공격 선택의 순 편향성은 50%가 올라간다. 좀 더 질적이고 심리적으로 현실적인 모델은 '이유기반선택reason-based choice'이다. 확률을 바꾸는 것은 그렇게 해서 어떤 일을 할만한 충분한 이유가 생기거나 아니면 더 이상 충분한 이유가 되지 않는 요인을 유발할 때만 의미를 갖는다. 오바마가 회의에 들어가기 전까지 결정을 내리지 못하고 있다가 회의가 끝난 뒤에 "50 대 50"이라고 말했다면, 그것은 어떤 선택을 내릴 만큼 확률 다이얼을 움직이게 만드는 말을 아직 듣지 못했다는 신호였다. 다음 자료를 참조하라. Eldar Shafir, Itamar Simonson, and Amos Tversky, "Reason-based Choice," *Cognition* 49 (1993): 11~36. 이것은 앞서 설명한 확률 판단을 모아 '극단화'하는 방법을 적용했을 때 크게 달라질 수 있는 경우다. 조언자의 관점이 얼마나 다양한지에 따라, 75%라는 평균적 조언자의 판단은 가령 90%로 바뀔 수 있다. 그렇게 되면 대통령은 이렇게 말했을 것이다. "좋소. 이제 행동을 개시할 명분이 충분히 생겼군." 이런 점에서 확률 변경은 이유를 기반으로 한 조치의 임계값을 넘을 때만 중요하다.

7) 이 점에 대한 설득력 있는 부연 설명은 다음 자료를 참조하라. Richard Zeckhauser and Jeffrey Friedman, "Handling and Mishandling Estimative Probability: Likelihood, Confidence, and the Search for Bin Laden," *Intelligence and National Security* 30, no. 1 (January 2015): 77~99.

8) 이 연구 결과를 요약한 내용은 다음 자료를 참조하라. Daniel Kahneman, *Thinking, Fast and Slow* (New York: Farrar, Straus and Giroux, 2011).

9) 이런 불확실성에 대한 반감은 엘즈버그 역설의 기초를 이룬다. 엘즈버그 역설은 대니얼 엘즈버그Daniel Ellsberg의 이름을 딴 역설로 그는 국방부 기밀문서 유출로 유명해지기 오래전에 학부 연구 논문을 작성하면서 이 사실을 발견했다. 가장 간단한 예를 들어보자. 여기 각각 공깃돌 100개가 담긴 항아리가 2개 있다. 첫 번째 항아리에는 하얀 공깃돌이 50개, 까만 공깃돌이 50개 들어 있다. 두 번째 항아리에는 하얀 공깃돌과 까만 공깃돌이 섞여 있는데 그 비율은 알 수 없다. 하얀 공깃돌이 99개이고 까만 공깃돌이 1개일 수 있고,

하얀 공깃돌이 98개이고 까만 공깃돌이 2개일 수도 있고, 이런 식으로 계속 나아가 하얀 공깃돌이 1개이고 까만 공깃돌이 99개일 수도 있다. 이제 어느 한 항아리에서 공깃돌을 하나 꺼낸다. 까만 공깃돌을 꺼내면 상금을 받는다. 어느 항아리에서 꺼내겠는가? 어느 항아리에서 꺼내든 까만 공깃돌을 꺼낼 확률이 같다고 이해하는 데는 그리 많은 생각이 필요 없을 것이다. 그러나 엘즈버그가 보여준 대로, 사람들은 대부분 첫 번째 항아리를 택한다. 왜 그런지는 확실하지 않다. 두 항아리 모두 까만 공깃돌을 뽑을지 하얀 공깃돌을 뽑을지 확실하지 않다. 그러나 첫 번째 항아리는 두 번째 항아리와 달리, 내용물에 대해서는 어떤 불확실성도 없다. 그런 점이 첫 번째 항아리를 택하고 싶게 만든다. 불확실성에 대한 반감은 심지어 단순히 나쁠 가능성보다 확실히 나쁜 쪽을 더 선호하게 만든다. 예를 들어, 연구 결과에 따르면 인공항문 수술을 받은 사람들 중 의사로부터 인공항문을 평생 지니고 있어야 한다는 말을 들은 사람들은 인공항문을 평생 지닐 수도 있고 그렇지 않을 수도 있다고 들은 사람들보다 6개월 뒤에 더 즐겁게 지내는 것으로 알려졌다. 다음 자료를 참조하라. Daniel Gilbert, "What You Don't Know Makes You Nervous," *New York Times*, May 20, 2009, http://opinionator.blogs.nytimes.com/2009/05/20/what-you-dont-know-makes-you-nervous/.

10) J. F. Yates, P. C. Price, J. Lee, and J. Ramirez, "Good Probabilistic Forecasters: The 'Consumer's' Perspective," *International Journal of Forecasting* 12 (1996): 41~56.

11) 심리학자 게르트 기거렌처Gerd Gigerenzer는 그의 저서 《지금 생각이 답이다Risk Savvy》, (New York: Viking, 2014)에서 베를린 시민들이 날씨 예보를 어떻게 잘못 해석하는지 보여주었다. "내일 비 올 확률 30%"에 대한 오해 중에는 (a) 내일 하루 24시간 중 30%의 시간에 비가 올 것이다, (b) 베를린 전체 면적 중 30% 지역에 비가 올 것이다, (c) 기상캐스터의 30%가 비가 온다고 예보한다, 등이 있다. 정확한 해석은 이해하기가 훨씬 더 어렵다. 기상 전문가가 현재 베를린 주변의 기상 조건을 양화量化한 다음 가장 좋은 모델을 적용하면, 방정식이 내일 비 올 확률을 30%로 정한다. 로렌츠의 컴퓨터 시뮬레이션을 사용하는 방법도 있다. 바람이나 기압 같은 선행 조건에 의한 측정 오차에 대해 약간의 나비효과 비틀기를 한 다음 베를린의 날씨를 수천 번 되돌리면, 컴퓨터 시뮬레이션을 거친 세계의 30%에서 비가 올 것이다. 베를린 시민들이 좀 더 구체적인 단순화에 기대는 것도 당연한 일이다.

12) David Leonhardt, "How Not to Be Fooled by Odds," *New York Times*, October 15, 2014.

13) 로버트 루빈, 필자와의 대담에서. 2012년 6월 28일.

14) William Byers, *The Blind Spot: Science and the Crisis of Uncertainty* (Princeton, NJ: Princeton University Press, 2011), p. vii.

15) 위와 동일한 자료, p. 56.

16) 다음 자료를 참조하라. Samuel Arbesman, *The Half-Life of Facts: Why Everything We Know Has an Expiration Date* (New York: Current, 2012).

17) Jacob Weisberg, "Keeping the Boom from Busting," *New York Times*, July 19, 1998.

18) 루빈, 필자와의 대담에서.

19) 예측불가능성(금융용어로 변동성)을 예측할 수 있다면 예측자들이나 알고리즘은 매우 유리한 입장을 확보할 것이다. 극단화 알고리즘은 가령 75%를 무조건 죄다 90%로 바꾸는 식이지만, 언제 예측을 자제하고 완화할지 '아는' 극단화 군집 알고리즘aggregation algorithm 은 이런 극단화로 인한 브라이어 지수 벌칙을 피할 수 있다. 그렇다고 슈퍼 예측가들이 이런 신비한 기술이나 과학을 터득했다는 뜻은 아니다. 그들이 평온한 시절뿐 아니라 역사적 격변기에서 보통사람들보다 뛰어난 실적을 올리는 것은 사실이지만, 그들이 거두는 승리의 편차는 격변기에 줄어든다. 이 문제는 나심 탈레브가 토너먼트를 비판하는 11장에서 다시 다룰 것이다.

20) 예측을 처음 하는 사람들은 '전혀 모르는' 문제를 대할 때마다 동전 던지기 확률 0.5는 왜 안 되느냐고 반문한다. 안 되는 이유는 많다. 우선 1가지는 자기모순의 덫에 빠질 위험이 있기 때문이다. 2015년 6월 30일에 닛케이 평균 주가지수가 2만을 넘긴 수치로 마감될지 아닐지를 묻는 질문을 받았다고 하자. 아무것도 모르면 0.5라고 답한다. 이제 2만 2,000이 넘는 수치로 마감될지 물었다고 하자. 다시 0.5라고 답한다. 2만에서 2만 2,000 사이라고 물어도 0.5라고 답한다. 질문자가 더 많은 가능성을 제시할수록, 0.5를 아무렇지도 않게 사용하는 사람은 1.0을 초과하는 터무니없는 답을 내놓을 확률이 크다. 다음 자료를 참조하라. Amos Tversky and Derek Koehler, "Support Theory: A Nonextensional Representation of Subjective Probability," *Psychological Review* 101, no. 4 (1994): 547~67. 또한 아무리 스스로 아무것도 모른다고 생각할 때도 보통은 조금은 알고 있으며 바로 그 조금 알고 있다는 사실 때문에 그들은 최대한의 불확실성으로부터 조금이나마 빠져나갈 수 있다. 천체물리학자인 J. 리처드 가트J. Richard Gott는 예측자 모두가 내란이나 경기침체나 유행병 같은 어떤 것이 지금까지 얼마나 오래 지속되었는지 알고 있을 때 그들이 취해야 할 자세를 알려준다. 다름 아니라 '코페르니쿠스적 겸손'을 갖고 우연히 그 현상을 지켜보게 된 시점에 대해 별로 대수롭지 않은 것처럼 행동해야 한다는 말이다. 예를 들어 시리아 내전이 2년째 지속되고 있는 상황에서 IARPA가 그에 대한 문제를 제시한다면, 그 사건이 시작된 지 얼마 되지 않거나(즉 우리는 전쟁에 개입할 확률이 5% 밖에 안 된다) 아니면 거의 끝나간다고(즉 전쟁은 95% 완결되었다) 생각하면 된다. 그렇게 하면 대충이나마 95%의 확률 신뢰 대역을 세울 수 있다. 즉 전쟁은 2년 중 1/39밖에

지속되지 않을 것이다(아니면 1개월도 채 되지 않아 끝날 것이다). 아니면 39×2년, 즉 78
년 지속될 것이다. 대단한 결과를 얻은 것 같지는 않지만 '0에서 영원'이라고 말하는 것보
다는 낫다. 그리고 78년이 터무니없이 길어 보인다면, 그것은 '아무것도' 모르는 것이 틀
림없다는 기본 규칙을 어김으로써 스스로를 속였기 때문이다. 그래봐야 전쟁에 대한 외
부적 관점의 기본율 지식을 도입한 것일 뿐이다(예를 들어, 당신은 그 정도로 오래 지속
된 전쟁이 매우 드물다는 사실을 안다). 당신은 이제 더 좋은 예측자로 가는 기나긴 여정
에 올랐다. 다른 자료를 참조하라. Richard Gott, "Implications of the Copernican Principle
for Our Future Prospects," *Nature* 363 (May 27, 1993): 315~20.

21) 브라이언 라바트, 필자와의 대담에서, 2014년 9월 30일.

22) B. A. Mellers, E. Stone, T. Murray, A. Minster, N. Rohrbaugh, M. Bishop, E. Chen, J.
Baker, Y. Hou, M. Horowitz, L. Ungar, and P. E. Tetlock, "Identifying and Cultivating
'Superforecasters' as a Method of Improving Probabilistic Predictions," *Perspectives in
Psychological Science* (forthcoming 2015).

23) Charlie Munger, "A Lesson on Elementary Worldly Wisdom," address to the University
of Southern California Marshall School of Business, April 14, 1994, http://www.
farnamstreetblog.com/a-lesson-on-worldly-wisdom/.

24) '정부 업무에 아주 유익하다'는 유감스러운 표현이 떠오른다. 금융 분석가들은 시장이
급변할 확률이 1/1,000 대 1/100,000 정도로 미세하게 구분된 상황에서 옵션이 적절한
가격으로 책정되었는지를 놓고 미세한 차이를 파악하기 위해 고심한다. 상식적으로 말해
그것이 충분히 감당할 수 있는 작업이고 그렇게 해서 충분히 이익을 낼 수 있다면, 사람들
은 결국 그 일을 이해할 것이다. 하지만 이런 관점에서 볼 때, 공공 부문보다 민간 부문에
서 미세함의 한계에 대한 탐구에 관심이 더 많다는 사실은 걱정스럽다. 국토안보부가 테
러 위협을 평가할 때 골드만삭스의 시장추세 평가처럼 엄격한 기준을 적용하도록 요구해
야 하는가? 물론 미세조정의 강도를 높인다고 해서 정확성이 커진다는 보장은 없다. 많은
NIC 차원의 문제에 대한 최적 세분화는 결국 그들이 체계화시킨 5~7점 만점이 될 것이
다. 그러나 정량분석을 거부하는 분석가들이 필요한 호기심을 갖지 못하고 있다는 사실
이 이런 가능한 개선책을 찾기 어렵게 만든다.

25) Kurt Vonnegut, *Slaughterhouse-Five* (New York: Dell Publishing, 1969), pp. 116,
76~77.

26) Oprah Winfrey, commencement address, Harvard University, May 30, 2013, http://news.
harvard.edu/gazette/story/2013/05/winfreys-commencement-address/.

27) Konika Banerjee and Paul Bloom, "Does Everything Happen for a Reason?," *New York*

Times, October 17, 2014.

28) J. A. Updegraff, R. Cohen Silver, and E. A. Holman, "Searching for and Finding Meaning in Collective Trauma: Results from a National Longitudinal Study of the 9·11 Terrorist Attacks," *Journal of Personality and Social Psychology* 95, no. 3 (2008): 709~22.

29) Laura Kray, Linda George, Katie Liljenquist, Adam Galinsky, Neal Roese, and Philip Tetlock, "From What Might Have Been to What Must Have Been: Counterfactual Thinking Creates Meaning," *Journal of Personality and Social Psychology* 98, no. 1 (2010): 106~18.

30) 로버트 실러, 필자와의 대담에서. 2013년 8월 13일.

7장_**슈퍼 뉴스광** : 정보 수집과 업데이트의 힘

1) 데이비드 버데스큐David Budescu와 에바 첸은 어떤 일을 다른 사람보다 먼저 보는 사람에게 특별한 가중치를 부여하는 기여도 가중치 방식의 예측 채점 방식을 고안해냈다. 다음 자료를 참조하라. D. V. Budescu and E. Chen, "Identifying Expertise to Extract the Wisdom of Crowds," *Management Science* 61, no. 2 (2015): 267~80.

2) 더그 로치, 필자와의 대담에서. 2014년 9월 30일. 북극해 빙하 문제는 아라파트-폴로늄 문제만큼이나 예측자들 사이에서 뜨거운 이데올로기 논쟁을 불러 일으켰다. 그들은 사소한 질문 뒤에 감추어진 더 큰 질문을 보았다. 그 큰 질문들은 선동적이었다. 지구 온난화는 현실이 될까? 이스라엘이 아라파트를 살해했을까? 그다음 그들은 예의 그 미끼와 바꿔치기를 끌어들였다. 그들은 기술적으로 까다롭고 어려운 문제를 정서가 개입되는 문제로 대체했다. 정서가 실리는 데다 개인의 견해까지 들어가면 답이 과격해질 수밖에 없다. 결국 이들은 브라이어 지수가 가파르게 올라가는 대가를 치렀다.

3) 빌 플랙, 필자와의 대담에서. 2014년 8월 5일.

4) G. Edward White, *Earl Warren: A Public Life* (New York: Oxford University Press, 1987), p. 69.

5) 워런을 두둔하는 사람들은 위협을 과소평가할 경우의 위험이 과대평가할 경우의 위험보다 더 크다고 주장할 수 있을 것이다. 그래서 워런은 경고의 측면에서 잘못을 저질렀다. 로버트 게이츠Robert Gates는 고르바초프의 의도를 파악해야 하는 CIA 분석가로서 그의 의구심을 옹호하며 비슷한 사례를 보여주었다. EPJ에서 나는 이런 술책을 "내 실수는 옳았다" 변명이라고 불렀다. 그리고 이런 변명이 때로는 가능하다고 지적했다. 그러나 전쟁이 끝난 직후에도 자신의 입장을 바꾸지 않으려고 했던 워런의 태도는 그런 변명에 의구

심을 갖게 만든다. 전쟁이 끝나고 몇 해가 지난 뒤에도 워런은 자신이 옳았다고 계속 우겼다. 1971년에 쓴 그의 회고록에서만 유감을 표명했을 뿐이었다. 다음 자료를 참조하라. G. Edward White, "The Unacknowledged Lesson: Earl Warren and the Japanese Relocation Controversy," *Virginia Quarterly Review* 55 (Autumn 1979): 613~29.

6) John DeWitt, *Final Report: Japanese Evacuation from the West Coast*, 1942, https://archive.org/details/japaneseevacuati00dewi.

7) Jason Zweig, "Keynes: He Didn't Say Half of What He Said. Or Did He?," *Wall Street Journal*, February 11, 2011, http://blogs.wsj.com/marketbeat/2011/02/11/keynes-he-didnt-say-half-of-what-he-said-or-did-he/.

8) Charles A. Kiesler, *The Psychology of Commitment: Experiments Linking Behavior to Belief* (New York: Academic Press, 1971).

9) 장-피에르 뷔곰, 필자와의 대담에서. 2013년 3월 4일.

10) P. E. Tetlock and Richard Boettger, "Accountability: A Social Magnifier of the Dilution Effect," *Journal of Personality and Social Psychology* 57 (1989): 388~98.

11) 자산시장 가격의 과도한 변동 폭에 대한 초기 자료는 다음을 참조하라. Robert Shiller, "Do Stock Prices Move Too Much to Be Justified by Subsequent Changes in Dividends?," National Bureau of Economic Research Working Paper no. 456, 1980; Terrance Odean, "Do Investors Trade Too Much?," *American Economic Review* 89, no. 5 (1999): 1279~98.

12) John Maynard Keynes, *The General Theory of Employment, Interest, and Money* (CreateSpace Independent Publishing Platform, 2011), p. 63.

13) Burton Malkiel, *A Random Walk Down Wall Street*, rev. and updated ed. (New York: W. W. Norton, 2012), p. 240.

14) 위와 동일한 자료, p.241. 거래 빈도에 대한 이 같은 비교에는 거래를 결정하는 사람이 관련되어 있다는 사실을 잊지 말아야 한다. 소위 단타 위주의 거래는 컴퓨터나 알고리즘에 의해 이루어지며 이는 전적으로 다른 문제다.

15) 팀 민토, 필자와의 대담에서. 2013년 2월 15일.

16) Sharon Bertsch McGrayne, *The Theory that Would Not Die*, Yale University Press, 2011, p. 7.

17) Jay Ulfelder, "Will Chuck Hagel Be the Next SecDef? A Case Study in How (Not) to Forecast," *Dart-Throwing Chimp*, February 9, 2013, http://dartthrowingchimp.wordpress.com/2013/02/09/will-chuck-hagel-win-senate-approval-a-case-study-in-how-not-to-forecast/. 릭스의 실수는 흔히 볼 수 있다. 데이비드 레온하트는 2015년 3월 16일 〈뉴욕타임스〉에 실린 기사에서 후보들의 실수에 전문가들이 과도한 반응을 보이는 경향을 경고

했다. 가령 버락 오바마가 미국 근로계층이 총기와 종교에 관심을 갖는 것을 좋지 않은 경제 사정 탓으로 돌리는 경우나 조지 W. 부시가 녹음기가 돌아가고 있는 상황에서 어떤 기자에 대해 욕설을 섞어 흉을 보는 경우 등이었다. 레온하트는 경제나 인구통계 같은 정치적 기본 문제가 선거를 좌우한다는 사실을 예측자들에게 다시 한 번 제대로 일깨워준다("From the Upshot's Editor: Political Mysteries").

18) 내가 보기에는 얼펠더가 논쟁에서 이겼다. 그러나 이것은 사견이지 수학적 사실이 아니다. 베이즈 정리를 사용하면 릭스를 두둔할 수도 있다. 어떻게? 달리 방어할 수 있는 기초율을 찾아 최초의 확률을 정하면 된다. 국방장관 지명자가 상원을 통과할 확률을 96%가 아니라 다음과 같은 기초율을 근거로 삼을 수 있다. 즉 지명이 난항을 겪어 기사화될 때 인준을 받는 경우가 얼마나 자주 있는가? 내 추측으로 당시에는 60%에서 70%였다. 두 기초율을 섞으면, 대략 80%라는 사전 확률을 얻는다. 최종 결과. 릭스의 판단은 처음에 비해 조금 나아 보인다. 현실에서의 예측은 과학만큼이나 치밀해야 하는 기술이다. 얼펠더, "척 헤이글이 차기 국방장관이 될 수 있을까?"

19) 심리학자들은 사람들이 베이즈식 업데이트를 얼마나 능숙하게 할 수 있는지 테스트하는 실험을 수없이 행해왔다. 복잡하고 어수선한 현실을 다루는 IARPA 문제와 달리, 이런 실험실 문제는 맞고 틀리고가 분명한 베이즈식 해결책이 있다. 항아리에서 무작위로 공을 꺼낸다고 생각해보자(꺼낸 공은 다시 넣는다). 항아리에 빨간 공이 70개, 파란 공이 30개가 있거나 아니면 파란 공이 70개, 빨간 공이 30개가 있을 확률은 50/50이다. 이제 빨간 공 8개와 파란 공 5개를 꺼낸다. 이제 50/50의 항아리에서 공을 꺼낸다는 생각을 얼마나 바꿔야 할까? 베이즈식 정답은 0.92이지만 사람들은 대부분 이런 증거에 소극적인 반응을 보여 70%에 가깝게 생각한다. 이런 실험을 통해 바버라 멜러스는 슈퍼 예측가들이 일반 예측자보다 베이즈식 사고에서 확실히 뛰어나다는 사실을 입증해 보였다. 다음 자료를 참조하라. B. A. Mellers, E. Stone, T. Murray, A. Minster, N. Rohrbaugh, M. Bishop, E. Chen, J. Baker, Y. Hou, M. Horowitz, L. Ungar, and P. E. Tetlock, "Identifying and Cultivating 'Superforecasters' as a Method of Improving Probabilistic Predictions," *Perspectives in Psychological Science*.

8장_**영원한 베타**: 사실이 바뀌면 생각도 바꾼다

1) 메리 심슨, 필자와의 대담에서. 2013년 4월 26일.
2) 잘 알려진 드웩의 연구는 다음 자료를 참조하라. Carol Dweck, *Mindset: The New*

Psychology of Success (New York: Ballantine Books, 2006), pp. 23, 18.

3) 고정적 마인드세트를 가진 사람들이 불리하다고 여겨지는 이유는 2가지다. 첫째, 성장 마인드세트를 가진 사람들이 쉽게 붙잡는 기회를 그들은 잡지 못하기 때문에. 그리고 둘째, 해보고 실패하는 것보다 아예 노력하지도 않는 쪽이 더 나쁘기 때문에. 그러나 사람들은 자신이 성장 마인드나 고정적 마인드 중 어느 쪽에 더 가까운지 정확히 잘 모르는 것 같다. 이런 문제를 따지다 보면 '선천성인가 후천성인가?' '유전인가 환경인가?' '천성이 중요한가 교육이 중요한가?'와 같은 오래된 논쟁으로 귀결된다. 이런 이분법적 논쟁은 피해야 할 함정이다. 행동유전학을 통해 밝혀진 것처럼, '선천성인가 후천성인가'보다는 '선천적이기도 하고 후천적이기도 하다'가 더 일반적인 현실이다. 우리 몸 세포 속에 있는 DNA는 우리가 태어난 세계와 복잡한 방식으로 소통하고 교류한다. 천성쪽 장부에 기입된 아기들이 전부 아인슈타인이나 베토벤이나 프로농구선수나 슈퍼 예측가가 될 잠재력을 가지는 것은 아니다. 한계가 주어져도 결과의 범위는 생각하기 어려울 정도로 넓다. 어떤 사람이 되고 무엇을 이룰 수 있는지는 우리가 사는 세상에 널린 기회와 그것을 잡으려는 의지에 달려 있다.

4) John F. Wasik, "John Maynard Keynes's Own Portfolio Not Too Dismal," *New York Times*, February 11, 2014, http://www.nytimes.com/2014/02/11/your-money/john-maynard-keyness-own-portfolio-not-too-dismal.html. 다음 자료를 참조하라. David Chambers and Elroy Dimson, "Retrospectives: John Maynard Keynes, Investment Innovator," *Journal of Economic Perspectives* 27, no. 3 (Summer 2013): 213~28.

5) Wasik, "John Maynard Keynes's Own Portfolio Not Too Dismal."

6) John Maynard Keynes, *Essays in Biography* (Eastford, CT: Martino Fine Books, 2012), p. 175.

7) Noel F. Busch, "Lord Keynes," *Life*, September 17, 1945, p. 122.

8) Michael Polanyi, *Personal Knowledge* (Chicago: University of Chicago Press, 1958), p. 238.

9) 이런 분석이 옳다면, 슈퍼 예측가뿐만이 아니라 IARPA 토너먼트에 참가한 예측자들도 연습만 하면 능력이 향상될 것이다. 정말로 그런가? 이론적으로는 그런지 안 그런지 알아내기가 쉽다. 예측자들의 브라이어 지수를 기록하고 시간이 지남에 따라 지수가 올라가는지 확인하면 된다. 그러나 그런 변화를 추적하여 기록한다고 해도 그렇게 쉽게 판정할 수 있는 문제는 아니다. GJP 자원자들은 난이도가 일정한 실험실용 문제를 푸는 것이 아니다. 일반적으로 시간이 가면서 점수가 오르면, 퍼즐을 푸는 사람의 능력이 더 좋아지는 것을 알 수 있다. 하지만 현실 세계는 종잡을 수 없다. 상황은 수시로 변하고 질문의 난이도도 들쭉날쭉 제멋대로다. 그래서 예측 결과가 갈수록 정확해진다면, 그것은 예측자

가 더 좋아졌거나 아니면 문제가 쉬워졌기 때문일 것이다. 아쉬운 대로 원인을 알아내는 1가지 방법은 시간을 두고 지능과 정확성의 상관관계를 지켜보는 것이다. 상관관계가 일정하다면, 그것은 토너먼트에서 습득한 실력의 역할이 별로 많아지지 않았음을 의미한다. 그러나 시간이 갈수록 상관관계가 줄어든다면, 지능의 역할이 줄고 실력의 역할이 늘어난 것으로 보아도 될 것이다. 이상적인 측정 방법은 아니다. 하지만 내가 플라톤의 이데아를 지지하는 완벽주의자라고 해도, 실험을 멈출 수는 없었다. 결과가 어땠을까? 지능과의 상관관계가 줄어들었다. 이런 점에서 현재로서는 연습이 실제로 예측의 정확성을 향상시킨다는 사실을 인정할 수밖에 없다.

10) 이 주(註)를 읽기만 해도 이 책을 사는 데 드는 돈의 수십 수백 배 많은 돈을 절약할 수 있다. 자신감이 지나치면 비싼 대가를 치르기 십상이다. 퇴직 적금 10만 달러를 투자하기로 한 두 사람을 생각해보자. 한 사람은 주식시장의 기본수익(S&P 500 평균)을 기대하여 인덱스펀드에 투자하고, 또 한 사람은 적극적인 전문가의 투자로 시장 평균 실적을 상회할 수 있다고 주장하는 유명 투자 전문회사에 투자한다. 우선 적극적인 펀드의 실적이 수동적 펀드의 실적을 매년 상회한다는 보장은 없다는 정형화된 사실로 시작하되, 투자 전문회사는 펀드 운용비로 매년 1%의 수수료를 부과하고 수동적 펀드는 0.1%를 부과한다고 하자. 그러면 30년 뒤에 승자를 고르는 능력을 과신한 대가가 어떤 누적 결과를 낳는지 계산해볼 수 있다. 두 펀드에 대한 수수료를 제하기 이전의 연간 수익이 10%라고 가정하면(수동적 펀드의 순수익률은 9.9%이고 능동적 펀드는 9%이다), 수익률을 재투자한 뒤에 보다 조심성이 있는 투자자는 1,698,973달러를 갖게 되는 반면, 자신감이 지나친 투자자는 1,327,000달러를 갖게 될 것이다. 371,973달러의 차이는 인지적 착각치고는 너무 큰 대가다. 물론 이런 가정은 정형화된 설정이라 설정을 바꾸면 뛰어난 펀드매니저를 찾는 쪽이 더 유리한 시나리오가 나올 수도 있다. 그러나 현재의 증거로는 보다 겸손하고 게으른 전략이 더 유리하다는 결과가 나온다. 2015년 3월 15일에 제프 소머(Jeff Sommer)는 이렇게 썼다. "시장을 이긴 뮤추얼펀드가 몇 개나 되는가? 하나도 없다." 이런 시각으로 본다면, 아무리 슈퍼 예측가라고 해도 매우 똑똑하고 넉넉한 자본을 갖춘 많은 트레이더들이 냉혹할 정도로 서로의 의중을 추측하며 공격하는 유동성이 높은 시장을 이길 수는 없다는 결론이 나온다. 다만, 이런 명제를 검증해본 적은 없지만 슈퍼 예측가들은 유동성이 낮은 시장은 이길 수 있다(9장 참조).

11) B. R. Forer, "The Fallacy of Personal Validation: A Classroom Demonstration of Gullibility," *Journal of Abnormal and Social Psychology* 44, no. 1 (1949): 118~23.

12) 장-피에르 뷔곰, 필자와의 대담에서. 2013년 3월 4일.

13) 에너지 전문가 바클라프 스마일(Vaclav Smil)은 1975년의 예측을 회상했다. 그는 1985년

부터 1990년까지 중국이 소비할 에너지를 완벽하게 예측했고, 1983년에도 2000년의 세계 에너지 수요량을 정확히 맞혔다. 다음 자료를 참조하라. Vaclav Smil, *Energy at the Crossroads* (Cambridge, MA: MIT Press, 2005), p. 138. 놀랍지 않은가? 스마일은 자신이 했던 여러 예측 결과를 공개했다. 그 예측들은 개별적으로는 잘못된 판단을 근거로 삼았지만 종합한 최종 수치는 우연히도 정확했다. 스마일과 같은 수준에 있는 예측자들이라면 쾌재를 부르면서 같은 방법을 더 많이 썼을 것이다.

14) Devyn Duffy, in discussion with the author, February 18, 2013. 예전에 실시했던 EPJ 작업을 통해 우리는 여우형 사고를 가진 전문가들이 자신들의 예측이 적중했을 경우 이를 운으로 보는 데 조금 더 개방적이라는 사실을 확인할 수 있었다. 다음 자료를 참조하라. P. E. Tetlock, "Close-Call Counterfactuals and Belief-System Defenses: I Was Not Almost Wrong But I Was Almost Right," *Journal of Personality and Social Psychology* 75 (1998): 639~52.

15) 토너먼트에서 우연의 역할이 클수록, 예측자는 실력을 기르기 위한 노력을 게을리할 것이다. 하지만 운은 흥미로운 요소다. 그리고 예측자로 하여금 노력하여 좀 더 높은 단계로 올라가게 만드는 실력과 운의 어떤 최적의 혼합비는 분명히 있다. 포커를 보면 그런 최적 비율을 찾을 수 있을 것 같다. 하지만 포커와 달리, 지정학 예측 토너먼트에서 실력과 운의 혼합비가 갑자기 바뀌어 90/10이 10/90으로 운이 좌우하는 경우가 있다. 예측자는 상황이 갑자기 달라지는 세상을 다루는 기술을 연마하기 위해 몇 년씩 투자하는 마르쿠스 아우렐리우스Marcus Aurelius의 용기가 필요하다. 또 예측하다 보면 이런 일이 자주 일어난다. 조율이 전혀 되지 않은 피아노로 연주해야 하는 피아니스트의 경우를 생각해보라. 얼마나 난감할 것인가.

16) 다음 자료를 참조하라. PolitiFact.com analysis at http://www.politifact.com/truth-o-meter/article/2008/sep/09/e-mail-heard-round-world/.

17) 앤 킬커니, 필자와 주고받은 이메일에서. 2014년 1월 5일.

9장_**슈퍼 팀**: 대중의 지혜가 개인의 지혜를 이기는가?

1) 슐레진저는 다음 자료를 인용했다. Irving L. Janis, *Victims of Groupthink: A Psychological Study of Foreign-Policy Decisions and Fiascoes* (Boston: Houghton Mifflin, 1972), p. 20.

2) 위와 동일.

3) 위와 동일.

4) 위와 동일한 자료, p. 26.

5) 마티 로젠탈, 필자와의 대담에서. 2014년, 11월 13일.

6) 일레인 리치, 필자와의 대담에서. 2014년 11월 20일.

7) 폴 시런, 필자와의 대담에서. 2014년 11월 16일.

8) 크리스토퍼 차브리스Christopher Chabris 팀은 집합적 지성에 관한 연구를 통해 집단 차원의 인지 기능의 발현적 속성을 언급하며 이 점을 강조한다. 다음 자료를 참조하라. A. W. Wooley, C. Chabris, S. Pentland, N. Hashmi, and T. Malone, "Evidence for a Collective Intelligence Factor in the Performance of Human Groups," *Science* 330 (October 2010): 686~8, http://www.sciencemag.org/content/330/6004/686.full.

9) 슈퍼 예측가이자 정치학자인 캐런 애덤스Karen Adams는 사회에 조금이라도 도움이 될까 하여 이 프로젝트에 합류했다. 그녀는 IARPA 토너먼트에서 배운 교훈을 몬태나 주 미줄러에 있는 모의국제연합Model United Nations 학생들에게 알려준다. 또 누가 알겠는가? 그녀에게 배운 학생들 중에서 다음 세대의 슈퍼 예측가들이 나올지.

10) Scott Page, *The Difference: How the Power of Diversity Creates Better Groups, Firms, Schools, and Societies* (Princeton, NJ: Princeton University Press, 2008).

11) 토너먼트에서 이길 수 있는 이들의 전략에 대해서는 다음 자료를 참조하라. P. E. Tetlock, B. Mellers, N. Rohrbaugh, and E. Chen, "Forecasting Tournaments: Tools for Increasing Transparency and Improving the Quality of Debate," *Current Directions in Psychological Science* 23, no. 4 (2014): 290~95; B. A. Mellers, L. Ungar, J. Baron, J. Ramos, B. Gurcay, K. Fincher, S. Scott, D. Moore, P. Atanasov, S. Swift, T. Murray, E. Stone, and P. Tetlock, "Psychological Strategies for Winning a Geopolitical Tournament," *Psychological Science* 25, no. 5 (2014): 1106~15; V. A. Satopaa, J. Baron, D. P. Foster, B. A. Mellers, P. E. Tetlock, and L. H. Ungar, "Combining Multiple Probability Predictions Using a Simple Logit Model," *International Journal of Forecasting* 30, no. 2 (2014): 344~56; J. Baron, L. Ungar, B. Mellers, and P. E. Tetlock, "Two Reasons to Make Aggregated Probability Forecasts More Extreme," *Decision Analysis* 11, no. 2 (2014): 133~45; V. Satopaa, S. Jensen, B. A. Mellers, P. E. Tetlock, and L. Ungar, "Probability Aggregation in the Time-Series: Dynamic Hierarchical Modeling of Sparse Expert Beliefs," *Annals of Applied Statistics* 8, no. 2 (2014): 1256~80.

10장_리더의 딜레마 : 최고의 예측과 리더의 실적

1) Helmuth von Moltke, *Moltke on the Art of War: Selected Writings*, ed. Daniel J. Hughes, trans. Daniel J. Hughes and Harry Bell (New York: Ballantine Books, 1993), p. 175.

2) 위와 동일한 자료, p. 228.

3) Jörg Muth, *Command Culture: Officer Education in the U.S. Army and the German Armed Forces, 1901~1940, and the Consequences for World War II* (Denton, TX: University of North Texas Press, 2011), p. 167.

4) 위와 동일한 자료, p. 169.

5) Bruce Condell and David T. Zabecki, eds., *On the German Art of War: Truppenfuhrung. German Army Manual for Unit Command in World War II* (Mechanicsburg, PA: Stackpole Books, 2009), p. 19.

6) Moltke, *Moltke on the Art of War*, p. 173.

7) Condell and Zabecki, *On the German Art of War*, p. 23.

8) Moltke, *Moltke on the Art of War*, p. 77.

9) 위와 동일한 자료, p. 230.

10) Muth, *Command Culture*, p. 174.

11) Condell and Zabecki, *On the German Art of War*, p. 18.

12) Werner Widder, "Battle Command: Auftragstaktik and Innere Fuhrung: Trademarks of German Leadership," *Military Review* 82, no. 5 (September~October 2002): 3.

13) Condell and Zabecki, *On the German Art of War*, p. 22.

14) 위와 동일한 자료, p. ix.

15) Jean Edward Smith, *Quoted in Eisenhower in War and Peace*, p. 55.

16) Muth, *Command Culture*, p. 174. 이 말은 주로 육군에 해당되는 문제였다. 해군과 해병대는 문화나 전통이 육군과 달랐다.

17) George S. Patton, *War as I Knew It* (New York: Houghton Mifflin Harcourt, 1995), p. 357.

18) Jean Edward Smith, *Eisenhower in War and Peace* (New York: Random House, 2012), p. 612.

19) Eitan Shamir, *Transforming Command: The Pursuit of Mission Command in the U.S., British, and Israeli Armies* (Stanford, CA: Stanford University Press, 2011), p. 90.

20) Fred Kaplan, *The Insurgents* (New York: Simon and Schuster, 2013), p. 74.

21) Thomas Ricks, *The Generals* (New York: Penguin, 2012), p. 433.

22) Ralph Peters, "Learning to Lose," *American Interest* 2, no. 6 (July/August 2007), http://www.the-american-interest.com/2007/07/01/learning-to-lose/.

23) 데이비드 퍼트레이어스, 필자와의 대담에서. 2013년 8월 16일.

24) 퍼트레이어스 장군은 논란이 많은 인물이다. 독자들은 래리 커들로나 페기 누난, 로버트 루빈, 헬무트 폰 몰트케, 래리 서머스 등 좋거나 나쁜 판단 때문에 이 책에 인용된 대표적 인물들에 대해 자주 제기되는 것과 같은 질문을 그에 대해 제기할지도 모른다. 다시 한 번 강조하지만 이 책이 가장 중요하게 여기는 부분은 정확성이다. 미끼 상술에 넘어가서는 안 된다. 예측 판단과 인물 판단을 혼동해서는 안 된다. 예측하는 사람을 간부姦夫로 보든, 상냥한 TV 프로그램 진행자로 보든, 아니면 능숙한 연설문 작성자나 월스트리트 내부자나 프러시아의 제국주의자나 아이비리그의 성차별주의자로 보든, 그런 것은 중요하지 않다. 심지어 예측하는 사람이 제3제국 초기에 서구가 자신의 환심을 사기 위해 애쓴다는 사실을 누구보다 더 확실히 알았던 아돌프 히틀러인지도 중요하지 않다. 사람들이 이런 적절치 않은 질문을 끈질기게 던진다는 사실을 보면 예측하는 행위를 순수한 정확성 게임으로 취급하기가 얼마나 어려운지 알 수 있다. 나는 또 다른 연구에서 이런 경향을 '기능주의적 모호함'이라고 불렀다. 다음 자료를 참조하라. P. E. Tetlock, "Social Functionalist Frameworks for Judgment and Choice: Intuitive Politicians, Theologians, and Prosecutors," *Psychological Review* 109, no. 3 (2002): 451~71.

25) 3M Company, *A Century of Innovation: The 3M Story* (St. Paul, MN: 3M Company, 2002), p. 156.

26) Drake Baer, "5 Brilliant Strategies Jeff Bezos Used to Build the Amazon Empire," *Business Insider*, March 17, 2014.

27) Andrew Hill, "Business Lessons from the Front Line," *Financial Times*, October 8, 2012.

28) Maxine Boersma, "Interview: 'Company Leaders Need Battlefield Values'," *Financial Times*, April 10, 2013.

29) Stephen Ambrose, *Eisenhower: Soldier and President* (New York: Simon and Schuster, 1990), p. 267.

30) 애니 듀크, 필자와의 대담에서. 2013년 4월 30일.

31) 조슈아 프랭클, 필자와의 대담에서. 2013년 2월 13일.

11장_ **그들은 정말 슈퍼인가?** : 다른 사람이 아니라, 다르게 행동할 뿐

1) James Kitfield, "Flynn's Last Interview: Iconoclast Departs DIA with a Warning," *Breaking Defense*, August 7, 2014, http://breakingdefense.com/2014/08/flynns-last-interview-intel-iconoclast-departs-dia-with-a-warning/.

2) 다음 보고서를 참조하라. Stockholm International Peace Research Institute and the Human Security Report Project: *Human Security Report 2013: The Decline in Global Violence* (Vancouver, BC: Human Security Press, Simon Fraser University, 2013).

3) Daniel Kahneman and Shane Frederick, "Representativeness Revisited: Attribute Substitution in Intuitive Judgment," in *Heuristics and Biases: The Psychology of Intuitive Judgment*, ed. Thomas Gilovich, Dale Griffin, and Daniel Kahneman (Cambridge: Cambridge University Press, 2002), pp. 49~81.

4) Nassim Taleb, *The Black Swan: The Impact of the Highly Improbable* (New York: Random House, 2010), p.10.

5) Louise Richardson, *What Terrorists Want* (New York: Random House, 2007), pp. xviii~xix.

6) Taleb, *The Black Swan*, p. 50.

7) J. Bradford DeLong, "Cornucopia: The Pace of Economic Growth in the Twentieth Century," National Bureau of Economic Research Working Paper Series, Working Paper 7602, National Bureau of Economic Research, March 2000.

8) Duncan Watts, *Everything Is Obvious: *Once You Know the Answer* (New York: Crown Business, 2011), p. 153.

9) 조지 부시 대통령에게 보낸 도널드 럼스펠드의 메모. 2001년 4월 12일. http://library.rumsfeld.com/doclib/sp/2382/2001-04-12%20To%20George%20W%20 Bush%20et%20al%20re%20Predicting%20the%20Future.pdf.

10) Richard Danzig, *Driving in the Dark: Ten Propositions About Prediction and National Security* (Washington, DC: Center for a New American Security, October 2011), p. 8.

11) *Oxford Essential Quotations* (New York: Oxford University Press, 2014).

12) 1993년에 선풍을 일으킨 베스트셀러로, 전 MIT 슬론 경영대학원 학장 레스터 서로^{Lester Thurow}가 쓴 《세계경제전쟁^{Head to Head}》이 그런 경우다. 이 책은 21세기 초의 세계 경제를 생생하고 설득력 있게 그리고 있지만 이는 분명 잘못된 그림이다. 이 책은 일본과 독일을 미국의 가장 강력한 도전자로 내세우지만 중국은 거의 언급조차 하지 않는다. 1993년의

돌풍이 멋쩍을 정도로 《세계경제전쟁》은 사람들의 뇌리에서 잊혔다.

13) 전쟁 사망자 예상치는 때로 그 폭이 넓다. 어떤 것을 '전쟁'으로 간주할 것인가에 대한 논란도 매우 다양하다.

14) 대량살상의 기술이 빠르게 진보하고 있었다는 사실을 감안할 때, 정책을 입안하는 사람은 많은 사상자를 낼 확률을 20%나 40% 아니면 80% 정도로 밀어 올렸을 것이다. 그러나 그런 것은 당면 문제에 대한 최근의 내부 관점에 맞서 외부 관점을 고려한 역사적 기초율의 균형을 잡아야 하는 또 하나의 개인적인 의견이다.

15) 언젠가 나심 탈레브가 내게 난감한 질문을 한 적이 있다. 몇십 년에 한 번밖에 일어나지 않는 결과를 놓고 예측자의 정확성을 평가할 수 있는가, 라는 질문이었다. 간단히 대답하자면 평가할 수 없다. 그러나 점괘를 풀 듯 접근한다면 아주 불가능한 노릇도 아니다. 우선 11장에서 다룬 범위 감각에 대한 연구를 토대로 예측자들이 차량 사고 같은 드문 일로 1년 내에 부상당할 가능성과 10년 내에 부상당할 가능성을 추산하는 데 얼마나 논리적으로 일관성을 보이는지를 평가한다. 예측자가 대략 같은 답을 제시하면, 그들은 기본적인 논리적 일관성을 유지하지 못한 것이다. 그들에게 요령을 가르치면 예측의 논리적 일관성은 향상될 것이다. 그것이 정확성의 충분조건은 아니지만 필요조건이다. 또 다른 방법은 쉽게 일어나지 않는 큰 사건을 미리 경고해주는 지표를 개발하여 그 지표에 대한 예측자의 정확성을 평가한 다음 더 좋은 예측자를 우리가 처한 역사적 궤도를 일러주는 가이드로 대우하는 것이다. 이 2가지 방법 중 어떤 것으로도 탈레브의 문제를 완벽히 풀 수는 없지만 그래도 없는 것보다 낫고 또 극단적인 사전경고 원칙을 적용하는 것보다도 낫다. 사실 사전경고 원칙은 어떤 변화도 거부하게 강요하기 때문에 그럴듯한 최악의 시나리오를 만드는 함정에 빠지기 쉽다.

16) 카너먼은 그런 실험을 해도 조건적 가능성으로 소용돌이치는 바다의 표면만 훑는 정도 이상이 될 수 없다고 생각했다. 하지만 예리한 대안적 역사는 작은 비틀기를 통해 커다란 변화를 낳는 사례를 만들 수 있다. 게티즈버그에서 남부 연방이 승리했을 경우와 제1차 세계대전이 독일의 승리로 끝났을 경우를 추적하는 윈스턴 처칠의 에세이가 바로 그런 경우다. 게티즈버그 전투는 몇몇 용감한 장교와 병사들의 결단으로 승패가 갈린 전투였다. 나는 이런 사실과 어긋나는 역사 속으로 떠나는 소풍을 즐긴다. 그리고 실제로 나는 역사가 제프리 파커Geoffrey Parker와 함께 그럴싸한 대안적 역사를 판단하는 문제를 다룬 책을 쓰기도 했다. 다음 자료를 참조하라. P. E. Tetlock, R. N. Lebow, and N. G. Parker, eds., *Unmaking the West: "What-If?" Scenarios That Rewrite World History* (Ann Arbor: University of Michigan Press, 2006). 다음 자료도 참조. P. E. Tetlock and A. Belkin, "Counterfactual Thought Experiments in World Politics: Logical, Methodological,

and Psychological Perspectives," in *Counterfactual Thought Experiments in World Politics*, ed. P. E. Tetlock and A. Belkin (Princeton, NJ: Princeton University Press, 1996); P. E. Tetlock and R. N. Lebow, "Poking Counterfactual Holes in Covering Laws: Cognitive Styles and Historical Reasoning," *American Political Science Review* 95 (2001): 829~43.

12장_예측의 미래 : 불확실한 미래를 명확히 볼 수 있다면

1) 슈퍼 예측가들은 어떻게 이길 수 있었을까? 그들은 철저한 인과적 논리에 입각한 모형을 종합하여 맞추었다. 그 모형은 적절한 증거에는 빠르게 맞춰지지만 부적절한 증거로 인해 흔들리는 정도는 크지 않다. 슈퍼 예측가들은 다른 나라의 경우에서 투표 유형을 알아냈다. 변화를 택하는 쪽은 여론조사가 예측한 것보다 더 잘나올 수 없다. 여론조사자들에게 자신이 '따분한' 쪽을 지지한다는 사실을 알리기를 꺼리는 유권자들이 있기 때문이다. 이런 효과는 1995년 캐나다 퀘벡 분리에 대한 주민투표에서 표면화되었다. 이런 사실들을 종합하면 처음부터 자신 있게 부결을 짐작할 수 있다. 그리고 슈퍼 예측가들은 영국의 여론조사기관인 유거브^{YouGov}가 찬성이 7% 앞서고 있다고 발표했을 때에도 대부분 흔들리지 않았다. 그들은 30%로 잠깐 올렸지만 나중에 실시한 여론조사들이 유거브의 결과를 인정하지 않자 다시 원래의 10%로 재빨리 내렸다. 반대로 투표 전날 영국의 베팅 시장은 주민투표가 3 대 1 정도로 부결될 것이라고 보았다. '아마도'의 옳은 편에 섰지만 슈퍼 예측가가 당시 자신 있게 제시했던 9 대 1에 비하면 크게 빗나간 예측이었다. 다음 자료를 참조하라. Simon Neville, "Scottish Independence: Late Surge at the Bookies as Punters Catch Referendum Fever," *The Independent*, September 18, 2014, http://www.independent.co.uk/news/business/news/scottish-independence-late-surge-at-the-bookies-as-punters-catch-referendum-fever-9739753.html.

2) Daniel W. Drezner, "What Scotland's Referendum Teaches Me About Punditry," *Washington Post*, September 19, 2014, http://www.washingtonpost.com/posteverything/wp/2014/09/19/what-scotlands-referendum-teaches-me-about-punditry.

3) 위와 동일한 자료.

4) "Silver Speaks, Democrats Despair," *Slate*, March 24, 2014.

5) Mac Margolis, "Brazil Threatens Banks for Honesty," *Bloomberg View*, August 1, 2014, http://www.bloombergview.com/articles/2014-08-01/brazil-threatens-banks-for-honesty.

6) 이것은 레닌의 말을 영어로 번역한 것 중에 가장 일반적인 번역이다. 실제 발음은 '크토

크보'에 가깝다.

7) http://www.nydailynews.com/news/election-2012/dick-morris-offers-explanation-predicting-romney-landslide-article-1.1201635.

8) Ira Rutkow, *Seeking the Cure: A History of Medicine in America* (New York: Scribner, 2010), p. 143.

9) 위와 동일한 자료, p. 145.

10) 다음 웹사이트를 참조하라. Coalition for Evidence-Based Policy-coalition4evidence.org-or Ron Haskins and Greg Margolis, *Show Me the Evidence: Obama's Fight for Rigor and Results in Social Policy* (Washington, DC: Brookings Press, 2014).

11) James Surowiecki, "Better All the Time," *New Yorker*, November 10, 2014, http://www.newyorker.com/magazine/2014/11/10/better-time.

12) 비난이 오가는 탁구 게임은 연방준비위원회가 모호한 표현을 포기하지 못하는 이유를 짐작하게 해준다. IC와 달리 연방준비위원회는 이미 내부 심의에서 양적(거시경제적) 모델에 크게 의존하기 때문이다. 마음만 먹으면 그들은 실제 의도를 훨씬 더 명확하게 밝힐 수 있었다. 하지만 그렇게 하지 않았다. 전 연준 의장 벤 버냉키가 연준 의장이 되기 이전 교수 시절에 과장된 페드스피크Fedspeak(연준 의장의 모호한 어법을 비꼬는 표현-옮긴이)를 그만두라고 요구했을 때도 소용없었다. 여기서 우리는 과학으로 알 수 있는 것의 한계가 아니라 정치적으로 할 수 있는 것의 한계에 부딪히게 된다. 연준은 모호한 어법 뒤에 숨어야 할 이유가 많다. 그들도 '아마도'의 잘못된 쪽에 섰다는 이유로 비난받고 싶지는 않을 것이다. 그 쪽은 아무리 계산을 잘하고 조정을 잘하는 예측자라 해도 종종 헛발을 짚는 부분이다. 그리고 대중들은 신념 업데이트를 합리적인 신호가 아니라 헷갈리게 하는 신호로 보는 경우가 많기 때문에 연준은 마음을 자주 바꾸는 그들의 변덕을 대중이 눈치채는 것을 원하지 않는다. 연준은 이처럼 대중이 진실을 말하라고 극성스럽게 요구한다고 해도, 대중은 진실을 받아들일 준비가 되어 있지 않다고 결론을 내린 것 같다. 온화한 벤 버냉키가 영화 〈어 퓨 굿 맨*A Few Good Men*〉에서 "당신들은 진실을 감당할 수 없어"라며 소리치는 잭 니콜슨Jack Nicholson의 분노를 재현하는 모습을 상상해보라. 이런 식으로 보면 우리는 수치를 감당할 만큼 성숙하지 않았다. 그래서 우리는 2015년 2월에 연준 의장 재닛 옐런Janet Yellen의 입에서 나온 이런 식의 진술을 계속 해독해야 한다. "선제 안내*forward guidance*의 변경이 위원회가 2~3번 정도의 회의를 통해 목표금리를 인상한다는 암시로 읽혀서는 안 된다는 것을 강조할 필요가 있습니다." 다음 자료를 참조하라. James Stewart, "Wondering What the Fed's Statements Mean? Be Patient," *New York Times*, March 13, 2015, C1. 이 같은 사실이 IC에 주는 의미는 분명하다. IC가 결국 내부 심의에

서 연준처럼 불확실성의 양적 평가를 추구하더라도, IC는 스핑크스 같은 외부 메시지 전
달을 고수해야 한다.

13) 흔히 아인슈타인의 말로 알려져 있지만, 실제 이 말을 한 사람은 사회학자 윌리엄 브
루스 캐머런^{William Bruce Cameron}이다. 다음 자료를 참조하라. http://quoteinvestigator.
com/2010/05/26/everything-counts-einstein/.

14) Leon Wieseltier, "Among the Disrupted," *New York Times*, January 18, 2015.

15) Elisabeth Rosenthal, "The Hype over Hospital Rankings," *New York Times*, July 27, 2013.
슈퍼 병원, 슈퍼 교사, 슈퍼 정보 분석가 등 '슈퍼'를 가려내려는 노력은 2가지 이유에서
무시당하기 쉽다. 첫째, 탁월성은 다차원적이고 환자 수명이나 검증 결과나 브라이어 지
수 등 일부 측면을 포착한다고 해도 완벽할 수 없다. 둘째, 공식 실적 측정기준을 정하기
무섭게 중환자를 거부하거나 문제 학생들을 내침으로써 새로운 체제와 힘겨루기를 할 인
센티브를 만들어낸다. 그렇다고 해서 측정기준을 버리는 것은 해결책이 아니다. 해결책
은 측정기준을 과도하게 해석하지 않도록 조심하는 것이다.

16) Thomas Friedman, "Iraq Without Saddam," *New York Times*, September 1, 2002.

17) Thomas Friedman, "Is Vacation Over?" *New York Times*, December 23, 2014.

18) Caleb Melby, Laura Marcinek, and Danielle Burger, "Fed Critics Say '10 Letter Warning
Inflation Still Right," *Bloomberg*, October 2, 2014, http://www.bloomberg.com/news/
articles/2014-10-02/fed-critics-say-10-letter-warning-inflation-still-right.

19) '성배' 프로젝트는 그만큼 소박하기 때문에 이름을 제대로 붙였다고 말하는 사람들이 있
다. 대결 캠프를 소집하기에는 불순한 의도들이 너무 많다. 조너선 하이트^{Jonathan Haidt}는
2012년에 발표한 《바른 마음^{The Righteous Mind}》이라는 비범한 책에서 비관주의의 근거를
설명했다. 그러나 얼마 되지 않는 성공도 멋진 선례가 될 수 있다. 사람들이 승자를 공개
하는 토너먼트에서 예측을 시작하게 되면 그들은 보다 열린 마음을 갖게 된다. 그렇게 생
각할 이유는 얼마든지 있다. 내가 익명을 보장해주었던 예전의 EPJ 토너먼트보다 공개적
인 IARPA 토너먼트에 저명 예측자들이 훨씬 많다는 사실은 주목할 부분이다. 그리고 실
험실에서 나온 증거도 훨씬 더 확실하다. 공개 토너먼트는 우리가 틀렸을 가능성에 맞는
사실을 밝힐 의무를 만들어낸다. 토너먼트는 새뮤얼 존슨이 말한 교수대의 효과를 갖는
다. 토너먼트의 경우 평판에 의해 죽임을 당하지 않으려면 정신을 바짝 차려야 한다. 다
음 자료를 참조하라. P. E. Tetlock and B. A. Mellers, "Structuring Accountability Systems in
Organizations," in *Intelligence Analysis: Behavioral and Social Scientific Foundations*, ed. B.
Fischhoff and C. Chauvin (Washington, DC: National Academies Press, 2011), pp. 249~
70; J. Lerner and P. E. Tetlock, "Accounting for the Effects of Accountability," *Psychological*

Bulletin 125 (1999): 255~75.

맺음말_**수정하고 다시 도전하라**

1. 빌 플랙, 필자와의 대담에서. 2014년 8월 5일.

부록_**슈퍼 예측가를 꿈꾸는 사람들을 위한 십계명**

1) Jo Graven McGinty, "To Find a Romantic Match, Try Some Love Math," *Wall Street Journal*, February 14, 2015.

2) Greg Mankiw, "The Overoptimism of Research Assistants," http://gregmankiw.blogspot. com/2013/11/the-excessive-optimism-of-research.html.

3) 대안적 가설이 있다. 스포츠는 반복적인 사건인데 반해 빈 라덴 수색은 1회적인 사건이기 때문에 농구와 테러에 대한 확률 추산을 서로 다르게 취급해야 한다고 주장할 수 있다. 테러 판단은 막연한 가운데 단서를 찾아야 하는 반면 농구에 대한 판단은 과거의 성적에 대한 풍부한 자료를 바탕으로 만들어지기 때문에 오바마가 자신 있게 말하는 것도 당연할지 모른다. 다음 증거들이 이 문제를 푸는 데 도움이 될 수 있다. (1) 오바마는 국가 안보의 반복적인 사건(드론 공습 같은)을 언급할 때 스포츠만큼 정확하게 말할 수 있을까? (2) 자주 반복되지 않는 영역에서의 확률 판단이 자주 반복되는 영역에 대한 확률 판단만큼 믿을만하다는 사실을 정책 입안자들이 안다면 그들은 반복되지 않는 사건에 대한 확률 판단에 불리한 그들의 '편견'을 포기할까? 애석하게도 정책 입안자들이 자신의 정확성을 평가하는 문제는 고사하고 독특해 보이는 사건에 대한 확률 판단을 수집하는 작업의 의미를 인정하지 않는 한 후자의 가설을 검증할 방법이 없다.

4) Tommy Lasorda and David Fisher, *The Artful Dodger* (New York: HarperCollins, 1986), p. 213.

5) 모순적인 제11 '계명'은 창조성의 필수적 역할을 떠올리게 한다. 예를 들어, 핵무기 발명이나 슈퍼 컴퓨터나 유전공학 같은 '선례가 없는' 블랙 스완에 대비하려면 핵심 계명에 초점을 맞춰야 한다. 그것은 역사적 기본 금리에 대한 신뢰를 줄이고 '극단적인' 시나리오에 대한 거짓 경보를 계속 울리는 위험을 더욱 많이 감수하는 것이다. 물론 세상에 공짜는 없다. 절대로 일어나지 않을 사건에 높은 확률을 부여하는 긍정 오류를 범하지 않고 정말

로 일어날 영향력이 높은 희귀 사건에 높은 확률을 부여하기란 상상력이 풍부한 시나리오 작가라고 해도 쉽지 않은 일이다. 개선된 적중률의 가치를 지나치게 중시하는 것인지 아닌지를 판별하는 일은 긍정 오류 비율을 계속 낮게 유지하고 다른 사람들이 상상하지 못한 사건에 대한 대비를 얼마나 잘 하느냐에 달려 있다. 다시 한 번 말하지만 슈퍼 예측은 끊임없이 균형을 유지해야 하는 활동이다.

사실이 바뀌면 나도 생각을 바꾼다.
여러분은 어떠신가?

옮긴이_ 이경남

숭실 대학교 철학과와 동대학원을 수료하고 뉴욕 〈한국일보〉 취재부 차장을 역임했다. 현재 전문 번역가로 활동하며 비소설 분야의 다양한 양서들을 우리말로 옮기고 있다. 옮긴 책으로는 《매칭》《새로운 부의 시대》《부의 독점은 어떻게 무너지는가》《애덤 스미스 경제학의 탄생》《공감의 시대》《불평등의 킬링필드》 외 다수가 있다.

슈퍼예측,
그들은 어떻게 미래를 보았는가

초판 1쇄 발행일 2017년 6월 23일
초판 3쇄 발행일 2022년 6월 13일

지은이 필립 E. 테틀록, 댄 가드너
옮긴이 이경남

발행인 윤호권
사업총괄 정유한

편집 신수엽 **디자인** 전경아 **마케팅** 명인수
발행처 ㈜시공사 **주소** 서울시 성동구 상원1길 22, 6-8층(우편번호 04779)
대표전화 02-3486-6877 **팩스(주문)** 02-585-1755
홈페이지 www.sigongsa.com / www.sigongjunior.com

ISBN 978-89-527-7869-7 03320